MYTHEN UND METALLE

Der Trojanische Krieg,
die Seevölker und der Kulturbruch
am Ende der Bronzezeit

JÖRG MULL

MYTHEN UND METALLE

Der Trojanische Krieg, die Seevölker und der Kulturbruch am Ende der Bronzezeit

LEIPZIGER UNIVERSITÄTSVERLAG 2017

Bibliografische Information der Deutschen Nationalbibliothek
Die Deutsche Nationalbibliothek verzeichnet diese Publikation in der Deutschen Nationalbibliografie; detaillierte bibliografische Daten sind im Internet über http://dnb.d-nb.de abrufbar.

Umschlaggestaltung und Satz: Annett Jana Berndt, Grafikdesign
Druck: UFER Verlagsherstellung, Leipzig
ISBN 978-3-96023-106-6

Inhaltsverzeichnis

Abkürzungsverzeichnis

a.a.O.	am angegebenen Ort
assyr.	assyrisch
BCE	before [the] Common Era; vor [der] Gewöhnlichen/Üblichen Ära
Bspw.	beispielsweise
bzgl.	bezüglich
bzw.	beziehungsweise
ca.	circa (bei Maß-, Mengen- und Zeitangaben) ungefähr, etwa
CE	Common Era; [der] Gewöhnliche[n]/Übliche[n] Ära
d.h.	das heißt
etc.	et cetera; und so weiter bedeutet wörtlich und die übrigen [Dinge]
evtl.	eventuell
f.	folgend
ff.	folgend (Plural), mehrere Seiten
ggfs.	gegebenenfalls
Herv.	Hervorhebung
Hrsg.	Herausgeber
i.A.	im Allgemeinen
incl.	inclusive
i.d.R.	in der Regel
i.e.	lateinisch id est für das heißt
i.S.	im Sinne
Jh.	Jahrhundert
Jtsd.	Jahrtausend
kg	Kilogramm
km	Kilometer
km^2	Quadratkilometer
lt.	laut
max.	maximal
o.a.	oben angeführt
rd.	rund
s.	siehe
s.u.	siehe unten
sog.	sogenannt
t	Tonne
u.a.	unter anderem
u.U.	unter Umständen
v.u.Z.	vor unserer Zeitrechnung
vgl.	vergleiche
z.T.	zum Teil

Abbildungsverzeichnis

1 Prolog

1.1 Vorwort

Das Ende der Bronzezeit im östlichen Mittelmeerraum umschreibt einen Zeitraum erheblichen kulturellen Wandels und einen der größten historischen Umbrüche in der Geschichte. Strauss schreibt hierzu: *„Few events had a bigger impact on the evolution of the ancient world than the end of the bronze age“*.[1] Ähnlich äußert sich Drews, wenn er sagt: *„Altogether the end of the Bronze Age was arguably the worst disaster in history, even more calamitous than the collapse of the Western Roman Empire.“*[2]

In Griechenland, Kleinasien, der Levante und Ägypten beinhaltet das abrupte Ende dieser glanzvollen und hochkomplexen Epoche, die wir mit dem Überbegriff *späte Bronzezeit* klassifiziert haben, noch viele ungeklärte Elemente. Gleichzeitig ist es auch das mythische Zeitalter mit einem reichhaltigen Erbe an Wanderungs- und Eroberungsmythen, darunter auch die homerischen Epen, die Ilias und die Odyssee. Auf das Ende der Bronzezeit folgte mit den sog. *Dark Ages* ein Zeitraum von 400 Jahren mit kulturellen Rückschritten, bevor die uns häufig eher vertrauten klassischen Kulturen in Griechenland, Kleinasien und den Anrainerstaaten des Mittelmeerraumes aufsteigen.

Gesicherte Erkenntnisse über die dramatischen Abläufe um 1200 BCE im Detail sind trotz neuer Forschungsergebnisse Ende der 90er Jahre immer noch rar.[3] Fortschritte in den einzelnen wissenschaftlichen Disziplinen – z.B. der Archäologie und der Linguistik – werfen oft wieder neue Fragen auf. Die zeitgenössische schriftliche Quellenlage ist lückenhaft, die der nachfolgenden Generationen i.d.R. interpretationsbedürftig. Jüngste archäologische Funde helfen, neues Licht auf die Ereignisse zum Ende der Bronzezeit zu werfen. Wichtige Einflussfaktoren wie z.B. die umfangreichen Wanderungsbewegungen nicht sesshafter Volksgruppen schlagen sich allerdings nicht

1 Strauss im Vorwort zu Cline, Eric H. 2014, S. xiii.

2 Drews, Robert 1993, S. 3.

3 Vgl. Bittel, Kurt: „Die archäologische Situation in Kleinasien um 1200 v. Chr. und während der nachfolgenden vier Jahrhunderte“, in: Deger-Jalkotzy, Sigrid (Hrsg.): „Griechenland, die Ägäis und die Levante während der Dark Ages vom 12. bis zum 9. Jh. v. Chr.“, Symp. Zwettl, Wien, 1983, S. 25–46; Otten, Heinrich: „Die letzte Phase des Hethitischen Großreiches“, in: Deger-Jalkotzy, Sigrid (Hrsg.): „Griechenland, die Ägäis und die Levante während der Dark Ages vom 12. bis zum 9. Jh. v. Chr.“, Symp. Zwettl, Wien, 1983, S. 13–21.

oder nur widersprüchlich in den materiellen Befunden nieder. Die Linguistik liefert zusätzliche Hinweise über die Abstammungsgeschichte der beteiligten Personengruppen und Stämme. Allerdings gibt es auch in diesem Forschungsgebiet noch viele offene Themen.

Aufgrund der nur lückenhaften Datenlage und des von einigen Wissenschaftlern gesehenen Risikos einer Überspezialisierung der Einzeldisziplinen scheint ein ganzheitlicher Ansatz für die Erklärung der noch ungeklärten Abläufe am Ende der Bronzezeit geboten.[4] Was wir glauben zu wissen, ist dabei hauptsächlich erschlossen über materielle Kulturhinterlassenschaften (kulturelle Hardware). Die wenigen zeitgenössischen schriftlichen Dokumente schließen die Erklärungslücken nur zum Teil. Bis heute werden die mythischen Überlieferungen, die als ein Teil der kulturellen Software der Bronzezeit von den Zeitgenossen und bis in die klassischen Epochen durchaus als Geschichte verstanden wurden, als Quelle zur Erklärung historischer Abläufe nur zögerlich herangezogen.

Das Ende des 19. Jh. und der Beginn des 20. Jh. waren dabei zunächst gekennzeichnet von einer Euphorie im Zuge der Ausgrabungen von Heinrich Schliemann, die die Worte Homers im Detail zu bestätigen schienen. Dieser positive Glaube wich nach dem Zweiten Weltkrieg einem verbreiteten Skeptizismus, der die Mythen wieder in die Nähe von Märchen und Geschichten rückte. Erst in den 90er Jahren des letzten Jahrhunderts wurden die homerischen Epen wieder etwas rehabilitiert. Übersetzungen hethitischer Schriftdokumente nannten nicht nur die Stadt Troja bzw. Ilion, sondern auch die Gegner, die Achäer, tauchten in diesen Dokumenten auf. Neue Ausgrabungen u.a. in Troja und Milet bestätigten z.T. die Angaben aus der Ilias und anderen Mythen.[5]

Auf den Trojanischen Krieg, der in der Überlieferung von Homer geschildert wird und zeitlich in die turbulente Phase der späten Bronzezeit fällt, gibt es bis heute keine

4 Vgl. Kristiansen, Kristian; Larsson, Thomas B. 2005, S. 1; Zangger, Eberhard 1994, S. 18; Lehmann, Gustav Adolf: „Zum Auftreten von ‚Seevölker'-Gruppen im östlichen Mittelmeerraum – Eine Zwischenbilanz", in: Deger-Jalkotzy, Sigrid (Hrsg.): „Griechenland, die Ägäis und die Levante während der Dark Ages vom 12. bis zum 9. Jh. v. Chr.", Symp. Zwettl, Wien, 1983, S. 79. Als positive Beispiele interdisziplinärer Studien bzw. Publikationen seien die von Deger-Jalkotzy zusammengetragenen Ergebnisse des Symposiums Zwettl (vgl. Deger-Jalkotzy, Sigrid (Hrsg.): „Griechenland, die Ägäis und die Levante während der Dark Ages vom 12. bis zum 9. Jh. v. Chr.", Symp. Zwettl, Wien, 1983) sowie die jüngst erschienene „Studia Troica" herausgehoben (vgl. Pernicka E., Rose, C., Jablonka, P.: „Studia Troica Monographien 5", Tübingen, 2014).

5 Vgl. Niemeier, Wolf-Dietrich: „Milet in der Bronzezeit – ein pulsierendes Zentrum zwischen Orient und Okzident", Archäologisches Institut Heidelberg, (Internetpublikation), Ausgabe 1, 2000; Jablonka, Peter: „Bronzezeitliche Archäologie in Troja seit 1987", in: Pernicka, Ernst; Rose, Charles Brian; Jablonka, Peter (Hrsg.): „Studia Troica Monographien 5", Tübingen 2014, S. 158–189.

konkreten kontemporären Hinweise aus anderen Quellen als aus den Mythen. Aufgrund von Namensparallelen wird heute mitunter die Auffassung vertreten, dass die Sagen des Epischen Zyklus, zu denen auch die Ilias und die Odyssee gehören, keine historisch exakten Abläufe schildern, sondern eine Zusammenfassung von Namen und zeitlich auseinanderliegenden Ereignissen darstellen, die etwa zwischen 1280 und 1250 BCE stattgefunden haben. Diese Einschätzung läuft allerdings der Anschauung der antiken Griechen zuwider, für die der Trojanische Krieg als historisch fassbares und konkretes Ereignis galt.

Vereinzelt wird von zeitgenössischen Autoren versucht, den Trojanischen Krieg in den Kontext der Seevölkerwanderungen um 1180 BCE einzuordnen.[6] Diese Wanderungsbewegungen werden vielfach in einen Kausalzusammenhang mit dem Kulturbruch am Ende der Bronzezeit gestellt. Dies ist auch der Ansatz, der in dieser Arbeit vertreten wird. Was für diesen Ansatz bis heute fehlt, ist eine plausible Erklärung, warum ein Konflikt dieser Größenordnung stattgefunden hat und in welchem Zusammenhang der Trojanische Krieg zu den Seevölkerwanderungen möglicherweise steht.

Die Kernthesen der vorliegenden Arbeit, die im Folgenden begründet werden, sind:

1. Der Trojanische Krieg ist als ein historisch plausibilisierbares Ereignis zu werten und gehört zeitlich und inhaltlich in den Kontext der Seevölkerwanderungen um 1180 BCE.
2. Die Ursachen des Trojanischen Krieges lassen sich wirtschaftsstrategisch über den wichtigen Zugang zu den metallischen Rohstoffen im und aus dem Schwarzmeerraum erklären.
3. In einer Phase insgesamt wachsender Bedarfe nach metallischen Rohstoffen wird der Zugang zu Zinn und Kupfer zu einer systemrelevanten Frage. Für die mykenischen Palastkulturen wird der Zugriff auf Zinn über die Sizilienroute sowie über Ugarit in der Endphase der Bronzezeit möglicherweise schwieriger.
4. Der Zugang zu den Rohstoffen aus dem Schwarzmeerraum wurde in der Bronzezeit durch die Stadt Troja kontrolliert, die lange als Vasallenstaat der Hethiter fungierte und den Seehandel im „Dreimeereeck" (Ägäis, Marmarameer, Schwarzes Meer) koordinierte.
5. Mit dem schrittweisen Kollaps des Hethiterreiches in der zweiten Hälfte des 13. Jh. BCE geht die Kontrolle der Hethiter über die Stadt Troja und deren Umland verloren.

6 Vgl. Wood, Michael 2005, S. 224 ff.

6. In diesem Zeitraum wandern verstärkt Stämme thrako-phrygischer Herkunft aus dem Balkan in das nordwestliche Kleinasien ein und gefährden für die Mykener/Achäer den kurz zuvor erstrittenen wichtigen Zugang zum Schwarzen Meer.
7. Der aus dieser Konstellation resultierende Trojanische Krieg eskaliert zu einem überregionalen Konflikt über die Kontrolle des Schwarzmeerzugangs. Er stellt für die beteiligten Parteien das herausragende Ereignis der Epoche dar und wird daher in den Mythen als solches behandelt.
8. Möglicherweise als Folge des massiven Angriffs der Mykener/Achäer sowie des nachfolgenden Untergangs der mykenischen Palastkultur wandern Volksstämme aus Griechenland und Nordwestkleinasien aus. Diese Verdrängungen setzen Wanderungsbewegungen aus Kleinasien fort, die bereits um 1212 BCE infolge von Trockenheit, Nahrungsmittelknappheit und Hunger begonnen hatten.
9. In den homerischen Epen und dem sog. *Epischen Zyklus* finden sich deutliche Spuren dieser sog. Seevölkerwanderungen incl. des Angriffs auf Ägypten um 1180 BCE.
10. Die dem Trojanischen Krieg und den Seevölkerwanderungen nachfolgenden Epochen markieren eine Zeit des drastischen kulturellen Wandels.

Durch die Begründungen für diese Kernthesen soll ein plausibles Schließen von noch vorhandenen Wissens- und Interpretationslücken im Bezug auf die Ereignisse am Ende der Bronzezeit möglich werden. In Summe ergibt sich eine konsistente und plausible Storyline für das Ende der Bronzezeit im östlichen Mittelmeerraum.

1.2 Acknowledgements

In dieser Arbeit werden der Trojanische Krieg, aber auch die Mythen im Umfeld des Trojanischen Krieges, genauer in den Kontext der Seevölkerwanderungen, d.h. in den Zeitraum um 1180 BCE, eingeordnet. Hierzu wird auf die Herkunft der an den Umwälzungen beteiligten Völker und

- neben den umfangreichen Wanderungsbewegungen der Zeit auch auf
- die Motivlage für den Konflikt unter Berücksichtigung des
- ökonomisch-strategischen Umfelds sowie auf
- die erheblichen kulturellen Veränderungen in dieser kritischen Phase eingegangen.

Für die *indo-europäischen Einwanderungen* in den Mittelmeerraum, die den Hintergrund für viele gesellschaftliche und kulturelle Veränderungen in der Bronzezeit bilden, ist bei Mallory (1996) eine gute Übersicht über die vorliegenden Theorien zu finden, die jüngst von Anthony (2007) in einen Gesamtkontext gebracht wurden. Die folgende *Ethnogenese* der dortigen Völker, die in den Wirren am Ende der Bronzezeit eine Rolle spielen, wird hervorragend von Woudhuizen in seiner Dissertation „The Ethnicity of the Sea Peoples“ (2006) sowie auch von Killebrew (2005) zusammengefasst. Zum Themenkomplex der Ethnogenese der Völker am Ende der Bronzezeit hat zusätzlich die Aufarbeitung der Quellen klassischer Historiker, darunter im Besonderen Herodot und Thukydides, eingehende Berücksichtigung gefunden.[7]

Noch weitgehend ungeklärt ist die Rolle der thrakischen Stämme, die möglicherweise genau in der kritischen Phase um 1200 BCE nach Nordwest-Kleinasien einwanderten und u.a. in der Ilias Erwähnung finden. Zu dieser Vermutung, die der Ägyptologe Gaston Maspero bereits vor rd. 100 Jahren äußerte, liegen nur wenige moderne Ansätze vor.[8] Eine Zusammenfassung der bei Strabo zitierten klassischen Quellen zu der Herkunft der thrakischen Stämme ist bei Boshnakov (2003) und bei Haefs (2007) zu finden.

Die analytische Struktur zur Abgrenzung ethnischer Gruppen orientiert sich an den bei Woudhuizen zitierten Indikatoren von Johnathan Hall, erweitert diese aber um die gesamte kulturelle Software bestimmter Ethnien, insbesondere deren Mythen. Die Bedeutung kultureller Transfers in der Bronzezeit auch über große Entfernungen wird bei Kristiansen und Larsson (2005) hervorgehoben. Weiterführende Hinweise insbesondere zu dem Themenkomplex der Bedeutung kultureller Transfers im Kontext von Wanderungsbewegungen und der Herausbildung ethnischer Gruppierungen verdanke ich Prof. Dominic Sachsenmaier (Universität Göttingen).

Zum Thema der *Seevölker* und ihrer Wanderungsbewegungen ist der damalige Stand der archäologischen, historischen und ein Teil der linguistischen Diskussion 1983 von Deger-Jalkotzy im Nachgang zu einem Symposium in der Nähe von Wien zusammengetragen worden, darunter die Beiträge von Otten und Bittel zum Ende des Hethiterreiches, von Hölbl und Lehmann über die Rolle der *Seevölker* sowie von Akurgal über die thrakischen Wanderungen. Weitere umfangreiche Aktualisierungen sind u.a. bei Robbins (2001), Latacz (2004) und dem jüngst erschienenen Buch von Cline

7 Bei der Interpretation klassischer Historiker ist es wichtig, den jeweiligen Erzählkontext (z.B. bei Herodot die Vorgeschichte der Perserkriege) sowie die unterschiedliche Verlässlichkeit der jeweils verwendeten Quellen zu berücksichtigen. Bei aller Relativierung beinhalten die Schriften der klassischen Historiker grundsätzlich wertvolle Erinnerungen und Hinweise für den hier untersuchten Themenkomplex.

8 Vgl. Akurgal, Ekrem: „Das dunkle Zeitalter Kleinasiens“, in: Deger-Jalkotzy, Sigrid (Hrsg.): „Griechenland, die Ägäis und die Levante während der Dark Ages vom 12. bis zum 9. Jh. v. Chr.“, Symp. Zwettl, Wien, 1983, S. 50.

(2014) zu finden. Yasur-Landau (2010) hat die Wanderungsbewegungen der Seevölker aus der Ägäis ganzheitlich bewertet. Der aktuelle Status der Seevölkerforschung wird außerdem bei Sternberg-el Hotabi (2012) zusammengefasst.

Im Bereich der *archäologischen Erforschung* der Spätbronzezeit im östlichen Mittelmeerraum haben die Ausgrabungen und Forschungsergebnisse von W. D. Niemeier (2000) in den 90er Jahren u.a. über die Ausgrabungen in Milet neue Perspektiven gebracht. Den Stand der Ausgrabungen in Troja fassen die jüngst erschienenen Grabungsberichte *Studia Troica* (2014) zusammen. Aufbauend auf den Ergebnissen u.a. von Dothan werden die materiellen Spuren der Seevölker in Zypern und der südlichen Levante von Killebrew (2005) bzw. Killebrew und Lehmann (2013) nachverfolgt.

Im Hinblick auf die *ökonomische Entwicklung* des östlichen Mittelmeerraumes in der späten Bronzezeit wird zunächst auf die jüngst erschienenen Übersichten über die Metallgewinnung in Europa von O'Brien (2015), und Gering (2011) sowie verschiedene Beiträge von Rahmstorf (u.a. 2010) zur Ökonomie der Bronzezeit eingegangen. Die Entwicklung des Handels mit metallischen Roh- und Fertigprodukten in dieser Region wurde u.a von Maran (2004, 2007) und Sherratt (2000, 2010) untersucht sowie in einem Kompendium über *Eastern Mediterranean Metallurgy and Metalwork in the Second Millennium BC* von Kassianidou und Papasavvas (2012) herausgegeben.

Für die Analyse der machtstrategischen Frage des Zugangs zu metallischen Rohstoffen in der späten Bronzezeit, die einen wichtigen Kontext für die Konflikte am Ende der Bronzezeit im östlichen Mittelmeerraum liefern, sind die Beiträge vor allem von Pernicka, Muhly und Gerloff (veröffentlicht und zusammengefasst in Pare (2000)) sowie die entsprechenden Passagen von Latacz (2004) und Cline (2014) herangezogen worden. Der Übergang von der Bronze- in die Eisenzeit in Teilen des östlichen Mittelmeerraumes ist bei Nieling (2009) dargestellt.

Im Hinblick auf die *mythischen Überlieferungen* ist die Tradition des trojanischen Krieges, der hier ebenfalls in die späte Bronzezeit eingeordnet und im Kern als Konflikt um den Zugang zu metallischen Rohstoffen dargestellt wird, von Burgess (2001) ausgezeichnet erläutert worden. Zusätzlich wurde zu diesem Thema auf das Homer-Kompendium von Fowler (2004) zurückgegriffen.

Die Frage der Historizität der homerischen Epen und eine Einordnung in den Kontext der ausklingenden Bronzezeit ist dabei vielfach in der Literatur diskutiert worden. Es gibt zu dieser Frage mehrere Auffassungen. Eine Denkrichtung lehnt eine exakte historische Relevanz der homerischen Epen ab (u.a. Hertel 2001) bzw. ordnet die Inhalte und Bilder u.a. in den Kontext der indo-europäischen Mythen und Themen ein. J. Puhvel (1993) hat in seinem Buch *Comparative Mythology* zu dem indo-europäischen Kontext und übergeordneten Motiven in den griechischen Mythen eine gute Übersicht geliefert.

Eine andere Denkrichtung gesteht zu, dass die homerischen Werke einen geschichtlichen Kontext grob abbilden, der aber auf verschiedene Ereignisse in einem Zeitraum von ca. 100 Jahren referenziert und in einem Epos zusammenfasst.[9] Diejenigen, die an eine genauere Historizität des Trojanischen Krieges glauben, ordnen den Konflikt entweder dem Zeitraum zwischen 1280 und 1250 BCE zu oder versuchen, einen groben Bezug zu den Ereignissen der Seevölkerwanderungen um 1180 BCE herzustellen.

Auch Woudhuizen widmet dem Thema *Homer* und der Frage der Historizität des Trojanischen Krieges einen Abschnitt. Er kommt zu der Schlussfolgerung, *„the heart and core of the Homeric poems reflects a Late Bronze Age politico-historical setting“*.[10]

Bei der Fragestellung der zeitlichen Einordnung des Trojanischen Krieges vermutet er – wie auch einige andere – den Zeitabschnitt um 1280 BCE. Wood (2005) kommt zu einem ähnlichen Schluss bezüglich der bronzezeitlichen Verortung, lässt aber sowohl 1250 als auch 1180 BCE als mögliche Zeitpunkte zu.[11] Diese Arbeit folgt im Kern den zusammenfassenden Ansätzen von Latacz (2004), der von einem konkreten historischen Konflikt ausgeht und – ohne sich final festzulegen – die Möglichkeit einer Einordnung in den Kontext um 1180 BCE zulässt.[12]

Viele nützliche Hinweise über weiterführende Untersuchungen zu den genannten Themenkomplexen verdanke ich außerdem Prof. Diamantis Panagiotopoulos (Universität Heidelberg) sowie Dr. Tobias Mühlenbruch (Universität Marburg).

9 Vgl. Bryce, Trevor: „The Trojan War“ in: Cline, Eric H. (Hrsg.) „The Oxford Handbook of the Bronze Age Aegean“, Oxford, 2010, S. 480.

10 Woudhuizen, Frederik Christiaan 2006, S. 26.

11 Vgl. Wood, Michael 2005, S. 245, 254 und 277.

12 Vgl. Latacz, Joachim 2004, S. 286.

2 Kulturen und Ethnogenese in der Bronzezeit

2.1 Kulturen und kultureller Wandel

Huntington formuliert in seinem Werk *The clash of civilizations: „the most important distinctions between people are not political or ideological, they are cultural"*.[1] Kulturen und deren mitunter drastische Veränderungen infolge katalytischer Ereignisse sind in der Folge ein zentrales Thema dieser Arbeit.

Der Begriff *Kultur* beinhaltet eine materielle Komponente (*kulturelle Hardware*), die u.a. aus den wesentlichen Gebrauchsgegenständen, der Kleidung, den Waffen, der bevorzugten Nahrung etc. einer abgrenzbaren Bevölkerungsgruppe besteht. Für Kulturen, die bereits seit längerer Zeit wieder verschwunden sind, werden in der Archäologie im materiellen Befund, z.B. über Keramikanalysen, Gemeinsamkeiten aufgezeigt und Datierungen vorgenommen.[2] Hierin liegt jedoch eine besondere Schwierigkeit. So ist beispielsweise die Einteilung verschiedener Epochen auf der Grundlage von Baustilen oder Keramikfunden mit dem Ziel der Identifikation von Besiedelungen durch Menschen mit einer bestimmten Herkunft oder Orientierung ein wichtiger Ansatz, der jedoch im Detail in vielen Fällen schwierig und der Erkenntnis gewichen ist, dass diese materiellen *Stile* über Distanzen kopierbar oder durch Handel austauschbar und in den Abgrenzungen daher oft nicht trennscharf sind.[3] Dies gilt unbeschadet der unbestreitbaren Fortschritte bei der Datierung und der geographischen Lokalisierung von Keramik mit Hilfe moderner Analyseverfahren.[4] Wanderungsbewegungen nicht sesshafter Stämme lassen sich überdies im archäologischen Befund häufig nicht oder nicht ausreichend nachweisen.[5]

---

1 Huntington, Samuel P. 1997, S. 21.

2 Vgl. Schachermeyr, Fritz: „Die Zeit der Wanderungen im Spiegel ihrer Keramik", in: Deger-Jalkotzy, Sigrid (Hrsg.) „Griechenland, die Ägäis und die Levante ...", 1983, S. 241–256.

3 Vgl. Killebrew, Ann E. 2005, S. 9.

4 Vgl. Pernicka in „Studia Troica Monographien 5", Tübingen 2014.

5 Vgl. die o.a. Beiträge von Schachermeyr und Bittel in den Schriften des Symposiums Zwettl aus 1980, 1983 herausgegeben von Deger-Jalkotzy.

Kultur besteht neben der materiellen auch aus einer immateriellen Komponente (*kulturelle Software*). Mindestens genau so wichtig für die Identifikation von Kulturen sowie die Erklärung von Veränderungsprozessen ist diese kulturelle Software, d.h. Werte, Einstellungen und Orientierungen von Menschen. In diesem Bereich sprechen wir also z.B. auch von den ungeschriebenen und kodifizierten Regeln im Umgang miteinander, von sozialen Institutionen, Vorstellungen von den Göttern und von spezifischen Traditionen und Erinnerungen, die in vor- und frühschriftlichen Kulturen häufig in der Form von Mythen überliefert wurden.[6]

Für den Kulturbegriff liegen mehrere Definitionen vor, die für den weiteren Kontext wichtig sind. Huntington betont die Software-Komponente des Kulturbegriffs, wenn er diesen zusammenfasst als *„die Gesamtheit der Werte, Einstellungen, Glaubensüberzeugungen, Orientierungen und Grundvoraussetzungen, die Menschen einer Gesellschaft prägen“.*[7] Hofstede fasst zusammen *„Culture is the collective programming of the mind that distinguishes the members of one group or category of people from others“.*[8]

Im Hinblick auf die zeitliche Komponente ist zu ergänzen, dass bei Kulturen üblicherweise davon ausgegangen wird, dass sie über verschiedene Generationen hinweg stabil bleiben.[9] Kulturen werden von jedem Einzelnen in der Tat als relativ unveränderlich wahrgenommen. Die Ursachen dafür liegen in dem menschlichen Wunsch nach Orientierung, der Tatsache, dass es für den einzelnen häufig schwierig ist, von seinen eigenen Wertmaßstäben zu abstrahieren, sowie in der Konstanz einiger kultureller Inhalte wie bspw. religiösen Orientierungen, die oft über mehrere Generationen erhalten bleiben.[10]

In der Realität unterliegen Kulturen einem *stetigen Wandel.*[11] Ursachen für diese meist langsamen Veränderungsprozesse können in Kriegen, Wanderungsbewegungen, technischem Fortschritt, Einkommensverschiebungen etc. gefunden werden.[12] Auch die Verwendung und Verbreitung bestimmter materieller Kulturelemente, z.B. Gebrauchsgegenstände, Metalle oder Legierungen wie die Ablösung der Bronze durch

6 Vgl. Fortson, Benjamin W. IV 2010, S. 18 ff.; Mull, Jörg 2005, S. 35–43.

7 Huntington, Samuel P.; Harrison, L. (Hrsg), a.a.O., S. 12.

8 Hofstede, Geert 2011, S. 3.

9 Huntington und Cavalli Sforza unterstellen kulturelle Elemente, die u.a. durch religiöse Anschauungen und familiäre Traditionen geprägt werden und über Jahrhunderte für Orientierung sorgen (vgl. Huntington Samuel P. 1997 und Cavalli Sforza, Luigi Luca 2001).

10 Vgl. Mull, Jörg, a.a.O., S. 36.

11 Vgl. die Beiträge von Huntington, Harrison und Inglehart in Huntington, S.P.; Harrison L. (Hrsg) „Streit um Werte – Wie Kulturen den Fortschritt prägen“, 1. Aufl., München, 2004.

12 Vgl. Huntington, Samuel P.; Harrison, Lawrence E. (Hrsg.): „Streit um Werte – Wie Kulturen den Fortschritt prägen“, 1. Aufl., München, 2004. Hier: Beitrag von Harrison, Lawrence E., S. 34ff.

Eisen werden z.T. als Indikator für (materiellen) Kulturwandel gesehen.[13] Die Veränderungsgeschwindigkeit kultureller Werte ist dabei zwischen den sog. Kulturalisten (u.a. Huntington, Weber), die die Stabilität kultureller Orientierungen betonen, und Modernisierungstheoretikern (u.a. Inglehart) umstritten.[14]

Einige Mechanismen, nach denen sich dieser Wandel vollzieht, hat Cavalli Sforza (2001) analysiert.[15] Er unterscheidet *horizontale* und *vertikale Kulturtransfers. Vertikale Kulturtransfers* erfolgen demnach häufig über die Weitergabe kultureller Prägungen innerhalb von Familien und tragen zu der o.a. wahrgenommenen Konstanz und Stabilität von Wertorientierungen über Generationen bei.

Kulturverändernd wirken dagegen die sog. *horizontalen Kulturtransfers* zwischen unterschiedlichen Bevölkerungsgruppen, die für die Ausbreitung neuer Orientierungen innerhalb von Gesellschaften verantwortlich sind und sich wie eine Virusepidemie ausbreiten. Als Beispiele seien hier die Einflüsse des Buchdrucks auf die Verbreitung von Ideen im Europa des 15. und 16. Jh. oder aktuell an die Auswirkungen des Internets auf die Gedankenwelt und Sprache gegenwärtiger Generationen genannt.

Es ist in diesem Zusammenhang auch für den Kontext der späten Bronzezeit wichtig zu betonen, dass sich Kulturen nur in seltenen Ausnahmefällen isoliert voneinander entwickeln. Über die gesamte Bronzezeit hinweg kam es im Zuge kommerzieller Kontakte, aber auch von Wanderungsbewegungen größerer Gruppen immer wieder zu einem kulturellen Austausch auch über weite Entfernungen.[16]

Kulturen wandeln sich dabei offenbar in unterschiedlichen Geschwindigkeiten. Unter bestimmten Rahmenbedingungen werden längere Perioden scheinbarer Stabilität – oft durch äußere Einflüsse – durch Phasen eines abrupten Wandels abgelöst. Ursachen für diesen beschleunigten Wandel sind häufig katalytische Ereignisse, wie z.B. der Zerfall des Römischen Reiches in Europa oder der hier betrachtete Untergang mehrerer Großreiche im östlichen Mittelmeerraum zum Ende der Bronzezeit, der oft mit dem Einfall der sog. *Seevölker* in Verbindung gebracht wird. Diese letztgenannte durchgreifende Veränderung steht im Folgenden im Mittelpunkt der Untersuchungen.

---

13 Vgl. Pare, Christopher: „Bronze and the Bronze Age", in: „Metals Make The World Go Round – The Supply and Circulation of Metals in Bronze Age Europe", Pare, Christopher T. E. (Hrsg.), Oxford, 2000, S. 1.

14 Vgl. Huntington, Samuel P., Harrison, Lawrence E. (Hrsg.): „Streit um Werte – Wie Kulturen den Fortschritt prägen", 1. Aufl., München, 2004. Hier: Beitrag „Kultur und Demokratie", von Inglehart, Ronald, S. 144ff.

15 Vgl. Cavalli Sforza, Luigi Luca 2001, S. 179ff.

16 Vgl. Kristiansen, Kristian; Larsson, Thomas B. 2005.

2.2 Die Kulturen der Bronzezeit im östlichen Mittelmeerraum

Die Bezeichnung *Bronzezeit* geht zurück auf eine Klassifizierung skandinavischer Archäologen aus dem 18. Jh., gemäß derer die Menschheitsgeschichte im Altertum in die Steinzeit, die Bronzezeit sowie die Eisenzeit eingeteilt wird. Die Reihenfolge ergab sich dabei in Anlehnung an das Material, aus dem die überwiegende Mehrzahl der Gebrauchsgegenstände in der jeweiligen Periode hergestellt wurde.[17] Diese bis heute gebräuchliche Gliederung wiederum lehnt sich an Hesiod an (8. oder 7. Jh BCE, wahrscheinlich Zeitgenosse Homers), der bereits über eine ähnliche mythische Abfolge der Zeitalter der Menschheit berichtete.

> „*First, all the deathless gods who dwell on Olympos made a golden race of mortal men ... and they lived like gods without sorrow ... Then those who dwell on Olympos made a second generation which was of silver and less noble by far ... Zeus the father made a third generation of mortal men, a brazen race ... in no way equal to the silver age but terrible and strong ... Their armour was of bronze, their houses were of bronze, and bronze were their implements. These were destroyed by their own hands and passed to the dark house of chill Hades ... And again, Zeus made yet another generation ... For now truly is a race of iron, and men never rest from labour and sorrow by day and from perishing by night*“.[18]

Interessant ist an diesem Mythos nicht nur die Tatsache, dass Hesiod die Reihenfolge, in der Metalle in Gebrauch genommen wurden, richtig beschreibt (ohne allerdings Kupfer zu erwähnen), sondern auch die Erinnerung an eine Zerstörung der „*bronzenen Generation*“[19] durch ihre eigenen Hände. Hierauf wird später noch zurückzukommen sein.

Als *Bronzezeit* wird somit die Periode in der Geschichte der Menschheit bezeichnet, in der Metallgegenstände vorwiegend aus Bronze hergestellt wurden. Dies geschah zunächst in der Form einer Arsen-Kupfer Legierung, ab ca. 2300 BCE dann in einer wesentlich härteren Legierung aus Kupfer unter einer Beimischung von Zinn, die noch besser für die Waffen- und Geräteherstellung geeignet war.[20]

---

17 Vgl. Robbins, Manuel 2001, S. 1. Ähnlich definiert Pare die Bronzezeit als „... the span of time in which bronze was the predominant material in metallurgical production.“ (Pare, Christopher: „Bronze and the Bronze Age ...“, a.a.O., S. 2).

18 Robbins, Manuel 2001, S. 1.

19 Robbins, Manuel 2001, S. 1.

20 Vgl. Woudhuizen, Frederik Christiaan 2006, S. 30, vor allem aber den Beitrag von Gering, Eberhard „Über die Bronzezeit im Vorderen Orient unter den Aspekten der Metallgewinnung, der Waffentechnik und der Energiebasis Holzkohle“, Internetpublikation, 2011.

Durch die Bezeichnung *Bronzezeit* werden regional und zeitlich sehr unterschiedliche Entwicklungen in einem Zeitraum von ca. 3300 BCE bis ca. 1000 BCE unter einer Überschrift subsumiert. Die Länge dieser Zeitspanne führte in der Folge zu einer weiteren Aufteilung in eine frühe, mittlere und späte bzw. jüngere Bronzezeit. Für das damalige Griechenland wird diese Einteilung wie folgt definiert: Frühe Bronzezeit ca. 3000 bis 2100 BCE, Mittlere Bronzezeit ca. 2100 bis 1600 BCE, späte Bronzezeit ca. 1600 bis 1150 BCE.

Es ist in diesem Zusammenhang allerdings bereits jetzt darauf hinzuweisen, dass die Abgrenzung historischer Perioden bei aller Nützlichkeit im Sinne einer Komplexitätsreduktion in der Forschung und der Kommunikation die Gefahr mit sich bringt, den Blick für Kontinuitäten zu verlieren und immer auch eine künstliche Grenzziehung ist.[21]

Regionaler Ausgangspunkt der Bronzezeit war Vorderasien. Im Mittelpunkt der folgenden Betrachtungen stehen die Entwicklungen im *östlichen Mittelmeerraum*.[22] Hierzu zählen insbesondere die bronzezeitlichen Kulturen in Ägypten, dem Hethiterreich und den umliegenden Staaten in Kleinasien, in Griechenland, Kreta und ägäischen Inseln sowie in der Levante.

Um die Bedeutung der Bronze für die kulturelle Entwicklung in dieser Region einzuordnen, lohnt sich ein Vergleich zu aktuellen Verhältnissen. Für die heutige Weltwirtschaft sind die Beschaffungsprozesse für bestimmte Rohstoffe lebenswichtig. Dies gilt z.B. für Rohöltransporte aus den Golfstaaten in die USA, russische Gaslieferungen nach Europa, für viele Metalle aus Afrika und Australien und in jüngster Zeit auch für sog. seltene Erden. Das erste Mal, dass die Ökonomie von Weltmächten auf diese Art entlang von Rohstoffbeschaffungs- und Verarbeitungsprozessen – in den Wirtschaftswissenschaften spricht man von einer *Supply Chain* – organisiert werden musste, geschah während der Bronzezeit mit profundem Einfluss auf die betreffenden Kulturen.[23]

Vor dem Hintergrund einer wachsenden Nachfrage bestand im Bereich der kulturellen Hardware im Mittelmeerraum während der Bronzezeit erstmalig die Erfordernis, eine Metallurgiekette zu organisieren, d.h. die Beschaffung der erforderlichen Rohstoffe, deren Verarbeitung und die Verteilung bzw. Verwendung der hergestellten Gegenstände. Hierfür waren erhebliche logistische und organisatorische Voraus-

21 Vgl. Tomkins, Peter: „Neolithic Antecedents", in Cline, Eric H. (Hrsg.), „The Oxford Handbook of the Bronze Age Aegean", Oxford, 2010, S. 32.

22 Dieser Terminus schließt die Ägäis mit ein.

23 So auch Guggisberg, Martin: „Nilpferdzähne auf dem Meeresgrund – Eine Ausstellung in Bochum zum Wrack in Uluburun", in: Neue Züricher Zeitung, Internetpublikation, 20.02.2006. S. außerdem den Hinweis von Cline zu den Aussagen von Carol Bell zur Bedeutung des Zinns in der Bronzezeit. Vgl. Cline, Eric H. 2014, S. xvi.

setzungen zu schaffen, insbesondere als nach dem Übergang von Arsenbronze zu Kupfer-Zinn-Legierungen um 2300 bis 2000 BCE eine Art *industrielle Fertigung* einsetzte.

Um z.B. innerhalb einer Armee zumindest eine Kriegerelite mit Bronzewaffen auszustatten, waren umfangreiche Produktions- und Transportkapazitäten erforderlich. In Ägypten mussten bspw. sowohl Kupfer als auch Zinn importiert werden. Bronze wurde daher in Ägypten erst ab dem 16. Jh. BCE in größerem Umfang für Waffen und Geräte verwendet. In den folgenden Jahrhunderten entwickelten sich Orte in Ägypten und Griechenland jedoch dann zu Zentren der *Massenproduktion* und des Exports metallischer Fertigprodukte.

Der Zugang zu den metallischen Rohstoffen war damit für die bronzezeitlichen Gesellschaften von absolut zentraler Bedeutung. Für die Schmelzprozesse mussten entsprechende Mengen nicht nur an Rohmetallen, sondern auch an Holz beschafft werden. Die Rohmetalle (Kupfer, Zinn) kamen im Allgemeinen nicht im direkten Umland vor, sondern wurden über Schiffe und Eselkarawanen u.a. aus Zypern, dem nördlichen Kleinasien und weiter entfernt liegenden Gebieten in Zentralasien, Böhmen und England transportiert.[24] Insbesondere Zinn wurde mit der Verbreitung der *Vollbronze* mit einem standardisierten Zinngehalt von rd. 10 Prozent zu einem systemrelevanten Rohstoff.

Häfen wie z.B. Ugarit und Troja gelangten so zu erheblicher Bedeutung und wurden zu Zentren bronzezeitlicher Kulturen.[25] Von den überregionalen Handelswegen der Epoche zeugen Schiffswracks aus der späten Bronzezeit vor der türkischen Küste. In einem dieser Wracks wurden 1988 neben anderen Gegenständen insgesamt rd. 11 Tonnen Kupfer und Zinn in Barrenform im Gewichtsverhältnis von 9:1 gefunden, was exakt dem Mischungsverhältnis von Zinnbronze entspricht.[26]

Eine weitere wichtige Voraussetzung für den nicht nur durch das Uluburun-Schiffswrack belegten Handel von Metallen über größere Entfernungen in der Bronzezeit war nicht zuletzt die Einführung standardisierter Gewichts- und Umrechnungseinheiten.[27] Für den Transport und Handel der Metalle waren außerdem schriftliche

24 Vgl. Mee, Christopher 1998, S. 137: „Metals almost certainly provided the main incentive for trade".

25 Zur strategischen Bedeutung Ugarits vgl. Bell, Carol: „Merchants of Ugarit: oligarchs of the Late Bronze Age trade in metals?", in: Kassianidou, Vasiliki; Papasavvas, George (Hrsg.), „Eastern Mediterranean Metallurgy and Metalwork in the Second Millennium BC", Oxford, 2012, S. 181. Zur ebenfalls strategischen Bedeutung Trojas als Hafen vgl. den entsprechenden Abschnitt im Text.

26 Vgl. Pulak, Cemal: „Uluburun Shipwreck", in Cline, Eric H. (Hrsg.): „The Oxford Handbook of the Bronze Age Aegean" Oxford, 2010, S. 866.

27 Vgl. Rahmstorf, Lorenz: „The concept of weighing during the Bronze Age in the Aegean, the Near East and Europe", in: Morley, Iain; Renfrew, Colin (Hrsg,) „The Archaeology of Measurement – Comprehending Heaven, Earth and Time in Ancient Societies", New York, 2010, S. 88–105.

Dokumente und Zahlungsvorgänge sowie eine Buchhaltung zu organisieren. Die ersten Schriftdokumente aus diesen Epochen haben vor allem diese Verwendungszwecke zum Inhalt. Es geht möglicherweise nicht zu weit, die Wirtschaftszentren der späten Bronzezeit als *Supply Chain Economies* zu bezeichnen, wobei Risiken beim Transport und wechselnde politische Konstellationen immer wieder auch zu regionalen Knappheiten geführt haben.

Die Notwendigkeit, Zugang zu Rohstoffen zu erhalten und Handelsströme zu organisieren verbunden mit der Möglichkeit, transportierbaren Reichtum anzuhäufen, trugen zur Entstehung von Machtzentren mit einer Oberschicht in den bronzezeitlichen Gesellschaften bei.[28] Aber auch Änderungen der Waffen- und Kriegstechnik wirkten sich auf die Gesellschaftsstrukturen aus und waren Treiber des kulturellen Wandels.[29]

Im Hinblick auf ihre kulturelle Software entwickelten die Menschen der Bronzezeit ein eigenes und spezifisches Verständnis ihrer Geschichte, die z.B. die Erfahrungen von Wanderungen, Eroberungen und Dynastiewechseln in der Form von Mythen beschrieb und festhielt. Der Übergang von Mythos zu einer modernen kritischen Geschichtsschreibung fand erst im klassischen Griechenland ab ca. 500 BCE zur Zeit von Herodot und Thukydides statt. Teil der bronzezeitlichen Gedankenwelt waren Vorstellungen von den Göttern, die menschliche Züge hatten und deren Einfluss auf die Geschehnisse sehr konkret erlebt wurde.[30] Zu einer distanzierten Auseinandersetzung mit dieser Vorstellungswelt kommt es ebenfalls erst in der Zeit von Herodotus und Thukydides. Herausragende Persönlichkeiten wurden als *Halbgötter* wahrgenommen, die Aristokratie lebte nach besonderen ethischen Maßstäben und Wertorientierungen.[31]

Das Ergebnis war eine einzigartige Kultur im östlichen Mittelmeerraum. Herausragende Leistungen wie die Entstehung von Schriften, architektonische Meisterwerke, der Bau von Schiffen und der Aufbau überregionaler Handelsrouten fallen in diese Epoche.

> *„The bronze age was a time of remarkable cultural and material accomplishment. The great pyramids, ... the palaces of Greece, ... the temples of Babylonia, ... trade linked lands from Greece through Anatolia, ... Syria, Mesopotamia, Canaan and Egypt in a network of mutual benefit. In the decades around 1250 BC the Bronze Age was stable, secure, sure of itself.“*[32]

---

28 Vgl. Robbins, Manuel 2001, S. 3.
29 Vgl. Drews, Robert 1993.
30 Vgl. Robbins, Manuel 2001, S. 4.
31 Vgl. Codino, Fausto 1970, S. 13 und 14.
32 Robbins, Manuel 2001, Preface S. vii.

Mit dem *Ende der Bronzezeit* im östlichen Mittelmeerraum um ca. 1200 BCE vollzog sich dann ein ebenso plötzlicher wie durchgreifender kultureller Umbruch[33], vergleichbar evtl. nur mit dem Ende des römischen Reiches in Europa. Dieser Umbruch manifestiert sich u.a. in den materiellen Hinterlassenschaften im heutigen Griechenland, der Türkei und den Levantestaaten.

> *„Then in a time close to 1200 BC a series of remarkable events began. These events changed forever the landscape of civilized nations. Greek civilization was severely damaged, and then descended into an ultimate collapse. Hittite power in Anatolia was destroyed, and the once mighty Hittites were never again to appear on the world stage. Life in Cyprus and the Syrian coast was severely disrupted as cities were abandoned or destroyed. The coasts of Egypt and Canaan were assaulted and the Nile mouth invaded. Egypt survived but sank into a profound decline. When these events had worked to completion, a new chapter in history had opened. Hardly anything of the past is more mysterious than the circumstances that brought the Bronze Age to this end".*[34]

Die Bronzezeit ist also nicht langsam ausgelaufen, sondern relativ abrupt und im Zuge umfangreicher kriegerischer Auseinandersetzungen zu Grunde gegangen. Die damit einhergehenden Veränderungen haben erhebliche Spuren in der kulturellen Software der betroffenen Menschen hinterlassen. Der Mythenkreis des sog. Epischen Zyklus, vom dem die Ilias einen Teil bildet, enthält Erinnerungen an diese Umwälzungen und wurde von den Folgegenerationen für die Nachwelt als das herausragende Ereignis der Epoche festgehalten.

Was aus den vorhandenen Quellen unter Einbeziehung der Mythen deutlich wird, ist, dass den Menschen der ausklingenden Bronzezeit und den Folgegenerationen offenbar sehr bewusst war, dass eine kulturelle Blütezeit zu Ende gegangen ist. Immerhin hat es Jahrhunderte gedauert, bis sich in der Nachfolge der sog. *Dark Ages* die Kulturen des sog. *klassischen Griechenland* herauszubilden begannen. In diesem dunklen Zeitalter blieb die Erinnerung an die vorausgehende glanzvolle Epoche über die Mythen und Geschichten der Völker lebendig.

---

33 In Griechenland und auf Zypern fand das Ende der Bronzezeit etwas später statt.

34 Robbins, Manuel, Preface, S. Vii.

2.3 Ethnogenese – Die Entstehung bronzezeitlicher Gesellschaften

Neben den historisch und archäologisch besser bekannten Kulturen der Ägypter, Hethiter und Minoer spielen am Ende der Bronzezeit im östlichen Mittelmeerraum auch Bevölkerungsgruppen eine Rolle, die im Rahmen verschiedener Wanderungsbewegungen eine neue Heimat fanden und sich mit den bereits ansässigen Bewohnern auseinandersetzen mussten. D.h. die Zusammensetzung sowie die ethnischen Grenzen einiger Kulturen in der Bronzezeit waren in dieser Periode nicht immer stabil.

Ein Teil dieser Bevölkerungsgruppen ist archäologisch kaum greifbar und uns nur aus den wenigen zeitgenössischen Texten, den wesentlich späteren Aufzeichnungen von Historikern und den mythischen Überlieferungen bekannt. Eine wichtige Rolle im Zusammenhang mit den Umbrüchen um 1200 BCE im östlichen Mittelmeerraum, spielten die sog. *Seevölker*, die an den Grenzen der etablierten Machtzentren auftauchten und diese bedrohten. Als der Ägyptenforscher Gaston Maspero Ende des 19. Jh. CE die Tempelinschriften in Medinet Habu untersuchte und für die dort abgebildeten Gegner der Pharaonen Merneptah und Ramses III den Terminus *Seevölker* schuf, schienen diese Völker zunächst historisch aus dem Nichts zu kommen.[35] Wer waren diese Krieger, die mit Hörnerhelmen und Federkronen abgebildet waren?

Für einzelne der in den bronzezeitlichen schriftlichen Quellen aufgeführten Stämme gab es bald erste Erklärungsansätze auf der Basis von Parallelen aus den deutlich später abgefassten klassischen historischen Quellen sowie den Mythen der Epoche. Dennoch erwies sich die Identifikation der beteiligten Ethnien und die Hintergründe ihrer Wanderungen über Jahrzehnte als ausgesprochen schwierig. Ein Grund für diese Probleme lag und liegt in der angesprochenen mangelnden Identifikationsmöglichkeit vieler beteiligter Volksgruppen im archäologischen Befund.

Aus diesem Grund wird hier in der Folge der Versuch unternommen, die Spuren der Seevölker in der Vorgeschichte der Umwälzungen am Ende der Bronzezeit aufzunehmen und vorrangig mittels historischer und archäologischer Quellen in die Vergangenheit, z.T. bis in mythische Ursprünge, zurückzuverfolgen. Auf diese Weise sollen über einen Zeitraum, der ca. 800 Jahre umfasst, die entsprechenden Volksgruppen mit einer eigenen Geschichte versehen werden, die im Mythos ihren Anfang nimmt und erst um 1200 BCE im modernen Sinne geschichtlich konkret greifbar wird.

Ansatzpunkt hierfür sind die Wanderungsbewegungen der indo-europäischen Stämme bzw. Bevölkerungsgruppen u.a. nach Griechenland, den gesamten östlichen Mittelmeerraum und weiter bin nach Persien und Indien ab ca. 2300 BCE. Diese umfangreichen Migrationen führten in der Folge in den Einwanderungsgebieten zu einer

35 Vgl. Maspero, Gaston 1895.

Mischbesiedelung von Menschen unterschiedlicher Sprachen, Phänotypen, religiösen Vorstellungen und mythologischen Traditionen.

Diese Phase ab 2300 BCE bis zum Ende der Bronzezeit ist daher auch eine formative Periode für die späteren Völker oder Ethnien im östlichen Mittelmeerraum, die uns eher vertraut sind. Unter einem *Ethnos* soll hier eine kulturell weitgehend homogene Gruppe von Menschen verstanden werden.[36] Der Begriff steht somit im Kontrast zu dem ebenfalls griechischen Begriff *Demos*, der eine politische Einheit bezeichnet, die durchaus unterschiedliche ethnische Gruppen oder nur eine ethnische Teilmenge umfassen kann. Ein Ethnos ist außerdem i.A. durch ein separates *Ethnonym* gekennzeichnet, d.h. also einen spezifischen Stammesnamen, durch den sich die Gruppe von anderen Ethnien abgrenzt oder von anderen abgegrenzt wird (z.B. die *Minoer*, die *Pelasger* oder die *Mykener*).[37]

Die Frage der konkreten Bezeichnung einer Bevölkerungsgruppe (*Ethnonym*) insbesondere bei einer Betrachtung lange zurückreichender Zeiträume ist komplexer, als es zunächst den Anschein hat. Folgene Dimensionen sind dabei relevant:

- Bei Ethnonymen ist zunächst zu fragen, ob sich die betreffende Bevölkerungsgruppe selber so genannt hat, oder von anderen Zeitgenossen so genannt wurde. Bereits die Bezeichnungen „deutsch" und „allemand" machen deutlich, dass dies nicht automatisch gleichzusetzen ist.
- Bei lange zurückliegenden Zeitabschnitten ist außerdem zu eruieren, ob das betreffende überlieferte Ethnonym in der jeweils betrachteten Epoche benutzt, oder von späteren Generationen quasi nachträglich erfunden bzw. zugeordnet wurde. Für bereits untergegangene Ethnien wurden und werden teilweise moderne Klassifizierungen oder Ethnonyme generiert, die keinen direkten Bezug zu den zeitgenössischen Namen haben müssen (s.u. zur Frage der *mykenischen Kultur* relativ zu Begriffen wie *Achäer* und *Danaer*).
- Besonders in Zeitabschnitten von Wanderungsbewegungen können sich ethnische Identifikationen ändern, Ethnonyme neu entstehen oder sich wandeln. Der Prozess der Entstehung und Wandlung spezifischer Ethnien wird auch als *Ethnogenese* bezeichnet.

---

36 Zur Frage des Zusammenhang zwischen den Begriffen *Ethnos* und *Kultur* vgl. Robbins, Manuel 2001, S. 12f.

37 Hofstede bezieht seinen Kulturbegriff im anthropologischen Kontext auf „tribes or ethnic groups" (Hofstede, Geert 2011, S. 3), also Stämme und ethnische Einheiten. Zu den Begriffen *Ethnos* und *Ethnizität* vgl. Woudhuizen, Frederik Christiaan 2006, S. 15 und Killebrew, A.E. 2005, a.a.O., S. 8ff.

Dieser Prozess der Ethnogenese für die betreffenden Völker in der Bronzezeit ist bei Woudhuizen (2006) dargestellt.[38] Neben der Zuordnung eines spezifischen Ethnonyms werden dort folgende weitere Kriterien bzw. Indikatoren für die Abgrenzung einzelner kulturell homogener Volksstämme herangezogen:[39]

a) Rasse und Physiognomie
b) Sprache bzw. Dialekte
c) Religion
d) Materielle Kultur, die *kulturelle Hardware.*

Zu beachten ist, dass diese Indikatoren für die Abgrenzung ethnischer Gruppen in der Regel nicht gleichzeitig zutreffen und darüber hinaus oft nicht trennscharf sind. In der Realität sind Ethnien häufig kaleidoskopisch aufgebaut.[40] Bei dem Versuch einer Abgrenzung ethnischer Gruppen stellt sich außerdem das Problem der Territorialität. In einer idealen Welt lassen sich Ethnien bestimmten Gebieten zuordnen. In der historischen Wirklichkeit – und insbesondere in der späten Bronzezeit – kommt es zu vielfältigen Wanderungs- und Eroberungsbewegungen. Die Frage der Ethnogenese muss also im Rahmen historischer Prozesse betrachtet werden. Im Zusammenhang mit diesen Prozessen verweist Killebrew – analog zur oben diskutierten Frage der Stabilität bzw. Wandlung von Kulturen – auf stabile (primordial) Elemente der ethnischen Identifikation vs. einer flexibleren (circumstantial) und wandelbaren ethnischen Identität.[41]

Eine besondere Rolle in diesem Kontext spielen *kulturelle Transfers* zwischen verschiedenen Volksgruppen nicht nur im Bereich der kulturellen Hardware, sondern u.a. auch im Bereich der Religionen und Bräuche. Dabei wird deutlich, dass die späte Bronzezeit eine Phase darstellt, in der nicht nur Wanderungsbewegungen und Kriege, sondern auch intensive Handelsbeziehungen zu einem vielschichtigen kulturellen Austausch geführt haben.[42] Killebrew beschreibt die späte Bronzezeit als ein *„interlocking system of economic, political and cultural relations"*.[43]

Insgesamt geht es bei der Identifikation der Ethnien am Ende der Bronzezeit also nicht nur darum, die entsprechenden Gesellschaften bestimmten nachträglich defi-

38 Vgl. hierzu auch Killebrew, die „Ethnogenese" als einen dynamischen und fortlaufenden Interaktionsprozess definiert. Killebrew, Ann E. 2005, S. 9.

39 Vgl. Woudhuizen, Federik Christiaan 2006, S. 16. Woudhuizen beruft sich hier auf den Kriterienkatalog von Johnathan Hall „Ethnic Identity in Greek Antiquity", 1997.

40 Vgl. Woudhuizen, Frederik Christiaan 2006, S. 18.

41 Vgl. Killebrew, Ann E. 2005, S. 8.

42 Vgl. Kristiansen, Kristian; Larsson, Thomas B. 2005.

43 Vgl. Killebrew, Ann E. 2005, S. 21.

nierten Epochen zuzuordnen[44], sondern auch darum, die Zusammensetzung und Strukturen besser zu verstehen und versuchen zu ergründen, wie gesprochen und gedacht wurde, d.h. die *kulturelle Software* zumindest in Ansätzen zu beschreiben. Dabei müssen die oft geringen wissenschaftlich gesicherten Erkenntnisse in den Kontext der o.a. und archäologisch oft nur schwer belegbaren Wanderungsbewegungen und kommerziellen Kontakte gestellt werden.[45]

In der hier vorliegenden Arbeit wird das dritte von Woudhuizen vorgeschlagene Kriterium der religiösen Vorstellungen bei der Identifikation oder Abgrenzung einzelner Ethnien auf die gesamte kulturelle Software der damaligen Menschen im östlichen Mittelmeerraum erweitert und wird also inclusive der mythologischen Traditionen sowie der darin enthaltenen Wertvorstellungen betrachtet. Der Inhalt der *Mythen* wird dabei daraufhin überprüft, inwieweit die verarbeiteten Inhalte spezifisch, konsistent und im historischen bzw. archäologischen Kontext plausibel sind. Hinter dieser Überlegung steht die Grundannahme, dass die in den Mythen beschriebenen Kulturen eine bronzezeitliche Realität zumindest in Ansätzen abbilden und nicht reine Erfindung sind oder im Wesentlichen kontemporäre Kulturelemente der späteren klassischen Epochen enthalten.

Die nachfolgenden Ausführungen zeigen, dass Mythen von den damaligen Menschen als *Geschichte* verstanden wurden und in wesentlichen Zügen mit den historisch nachvollziehbaren Entwicklungen konform gehen. Parallelen zum bronzezeitlichen Indien, dessen Werte und kulturelle Ausrichtungen sich gleichermaßen – und mit den gleichen Einschränkungen – aus den großen indischen Mythen erschließen lassen, sollen als Vergleich herangezogen werden und als Plausibilisierungsanker dienen.

44 Vgl. Schachermeyr in „Griechenland ...“, Zwettl, a.a.O., 1983, S. 241–256.

45 Vgl. Hinge, George: „Völkerwanderungen in Herodots Geschichtswerk“, elektronische Vorabveröffentlichung, später erschienen in Barjamovic G.; Elmerot I.; Hyllested A.; Nielsen B.; Okholm Skaarup B. (Hrsg.): „Language and Prehistory of the Indo-European Peoples“, Archäolingua, Budapest, 2006.

3 Die Quellenlage

Im Zentrum dieser Untersuchung steht der Versuch, die Kulturen des östlichen Mittelmeerraumes in der späten Bronzezeit sowohl in ihrer materiellen als auch in den immateriellen Komponenten zu beschreiben und aus den jeweiligen Quellen das Geschehen so gut wie möglich zu rekonstruieren. Bei diesem Rekonstruktionsversuch trifft man aufgrund der lange zurückliegenden Ereignisse auf eine Reihe von Problemen. Zum einen beinhalten die heute bekannten historischen Abläufe trotz deutlicher Fortschritte infolge u.a. einer stärker interdisziplinären Zusammenarbeit von Linguisten, Historikern und Archäologen[1] noch Lücken, die u.a. auf eine *unvollständige und interpretationsbedürftige Quellenlage* zurückgehen. Dieser Mangel an historischen Dokumenten führt dazu, dass die späte Bronzezeit bisweilen auch der *Proto-Historie* zugeordnet wird.

3.1 Die schriftlichen Quellen

An zeitgenössischen Schriftquellen aus der späten Bronzezeit sind aus *Ägypten* ikonographische Tempelinschriften und Papyri sowie diplomatische Korrespondenzen überliefert. Diese Texte und Reliefs beinhalten eine Mischung aus Propaganda, Religion und tatsächlichen Abläufen und geben keineswegs Geschichte nach objektiven Maßstäben wider. Insofern ist nicht nur in diesem Fall ein kritischer Umgang mit dem vorliegenden Quellenmaterial wichtig.

In den vergangenen beiden Jahrzehnten sind wichtige bronzezeitliche Schriftstücke aus Grabungen vor allem in Kleinasien und der Levante hinzugekommen. Hier sind die Ausgrabungen in Troja und Milet sowie Funde von Keilschriftkorrespondenz in der hethitischen Hauptstadt *Hattusha* und in *Ugarit* zu nennen.[2] Insbesondere die

1 Hier insbesondere zu erwähnen die Schriften des Symposiums Zwettl aus 1980, 1983 herausgegeben von Deger-Jalkotzy.

2 Eine komplette Zusammenfassung der bronzezeitlichen zeitgenössischen Texte incl. der in Ugarit gefundenen Korrespondenz, eine Darstellung verbleibender Schwierigkeiten mit deren Datierung und die zeitliche wie inhaltliche Interpretation findet sich bei Knapp, Bernard A.; Manning, Sturt W.: „Crisis in Context: The End of the Late Bronze Age in the Eastern Mediterranean", in: American Journal of Archaeology, 120. Jg., Nr. 1, Januar 2016, S. 118 ff.

Korrespondenz der Herrscher aus Ugarit, Zypern und Hattusha in der kritischen Phase der Seevölker-Attacken, die in der sog. *Alasia-Korrespondenz* und dem *Sikalayu-Brief* durchscheinen, vermögen einen Eindruck über die Dramatik der Ereignisse in dieser Phase zu vermitteln. Leider sind die gefundenen Schriftstücke i.d.R. nicht vollständig und lassen i.S. einer durchgängigen Storyline große Interpretationslücken. Außerdem beinhaltet die genaue Datierung der Schriftstücke Unsicherheiten.

Die *griechischen Historiker* der Antike nehmen Jahrhunderte später in ihren Werken vielfach auf Erinnerungen aus dem sog. *heroischen Zeitalter* Bezug.[3] Die griechische Historiographie begann mit *Hekataeus* von Milet (ca. 560–480 BCE). In der vorliegenden Arbeit werden häufig die Werke von *Herodotus* von Halikarnassos (484–425 BCE) zitiert, insbesondere bei der Beschreibung der kleinasiatischen Volksstämme in der späten Bronzezeit in den ‚*Historias*', außerdem *Thukydides* (460–395 BCE), der seiner Beschreibung des Peloponnesischen Krieges eine Analyse des Trojanischen Krieges und der Kriegsfolgen voranstellt sowie *Strabo* (63 BCE–24 CE) bei der Darstellung der thrakischen Ethnien in den ‚*Geographika*', Dionysius von Halikarnassos (60–7 BCE) bzgl. der mythischen Ursprünge der Stadt Rom, die bis nach Troja zurückreichen, und *Manetho* (frühes 3. Jh. BCE), der in seinen Arbeiten griechische und ägyptische Quellen verarbeitete.

Zwischen den Ereignissen der späten Bronzezeit und der Abfassung in den Werken der antiken Historiker liegen damit i.A. mehr als 700 Jahre. Burkert vermutet, dass die von den Historikern rezipierte mündlich überlieferte Geschichte nur in einem Zeitraum von max. 200 Jahren in der Lage ist, genaue historische Fakten zu übermitteln.[4] Im Fall von Herodot reicht diese *oral tradition* bis ca. 700 BCE hinab. Jenseits dieses Datums sind die Inhalte aus Sicht von Burkert ungenau und mit Vorsicht zu genießen. Dieser Erkenntnis steht allerdings die Einstellung der antiken Historiker selber entgegen, für die eine mündlich weitergegebene Tradition nicht allein deshalb glaubwürdiger war, weil sie aufgeschrieben wurde, und mit dem Alter der Überlieferung an Wert und Bedeutung eher zunahm.[5]

Hinzu kommt, dass die klassischen Historiker in ihren Werken eine bestimmte Erzählabsicht und -perspektive hatten (z.B. die Entstehung der Perserkriege, des peloponnesischen Krieges). Die griechischen Geschichtsschreiber betonten ausdrücklich,

---

3 Kristiansen und Larsson weisen darauf hin, dass für die Bronzezeit kontemporäre Texte hauptsächlich aus der Levante und dem Nahen Osten vorliegen, wohingegen in Europa mündliche Überlieferungen dominierten (vgl. Kristiansen, Kristian; Larsson, Thomas B. 2005, S. 21).

4 Vgl. Burkert, Walter: „Lydia between East and West or how to date the Trojan War: A Study in Herodotus", in: Carter, J.B. und Morris, S.B. (Hrsg.): „The Ages of Homer: A Tribute to Emily Townsend Vermeule", Austin, Texas, 1995, S. 139–148.

5 Vgl. Verbrugghe, Gerald P.; Wickersham, John M. 2001, S. 107.

dass sie die überlieferten Geschichten aus ihrer eigenen Perspektive und Beobachtung heraus beurteilen und nicht einfach unreflektiert von Dritten wiedergaben.[6] Auch wenn die Werke der antiken Historiker also aus dem jeweiligen Erzählkontext und der zeitlichen Distanz heraus beurteilt werden müssen, beinhalten die darin enthaltenen Erinnerungen doch wertvolle Hinweise für den hier diskutierten Zusammenhang.

Neben den Schriften der Historiker ist ein umfangreicher Schatz von Mythen aus der späten Bronzezeit überliefert. In den wissenschaftlichen Diszplinen, die sich mit der Bronzezeit befassen, gibt es jedoch sehr unterschiedliche Auffassungen darüber, welche *Beiträge die Mythen* dieser Epoche – also ein Teil der o.a. „kulturellen Software" – zur Interpretation der Vorgänge zum Ende der Bronzezeit leisten können. Kristiansen und Larsson weisen in diesem Zusammenhang darauf hin, dass mündliche Überlieferungen unter bestimmten Bedingungen Informationen durchaus über ein halbes Jahrtausend und länger inhaltsgetreu weitergeben können.[7] Dort, wo ein Zusammenhang zwischen den mythologischen Darstellungen und den Abläufen dieser Epoche zugestanden wird, sind die Deutungen und Datierungen allerdings in der Regel nicht einheitlich.

3.2 Der archäologische Kontext

Im Sinne einer ganzheitlichen Perspektive sollen in den folgenden Darstellungen die Informationen über die Abläufe am Ende der Bronzezeit aus den verschiedenen genannten schriftlichen Quellen mit dem Stand der archäologischen Forschung abgeglichen werden. Im Forschungsbereich der Archäologie ist der östliche Mittelmeerraum bereits seit über 150 Jahren Gegenstand intensiver Arbeiten, wobei in den vergangenen 15 Jahren durch neue Technologien[8] sowie neue Funde und Forschungsschwerpunkte erneut Erkenntnisfortschritte erzielt werden konnten.

Um den Stand der archäologischen Arbeiten in den Schwerpunktregionen des östlichen Mittelmeerraums kurz zu umreißen, sei hier folgende Übersicht gegeben:

Aus *Ägypten* sind für den Kontext der späten Bronzezeit wichtige zeitgenössische Schriftdokumente wie die Amarna-Korrespondenz, ikonographischen Tempelreliefs sowie Papyri erhalten. Ägypten ist als eines der wesentlichen Kulturzentren der Bronzezeit aber archäologisch nicht nur innerhalb seiner geographischen Grenzen relevant,

---

6 Vgl. diesbezügliche Aussagen bei Herodotus „The Histories", a.a.O., I, 5 und Thukydides „Geschichte des Peloponnesischen Krieges", Landmann, Georg Peter (Hrsg.), 3. Aufl. München, 1991, I, 1.

7 Zum Verhältnis kontemporärer Texte, späterer Aufzeichnungen und mythischer Überlieferung vgl. Kristiansen, Kristian; Larsson, Thomas B. 2005, S. 21f.

8 Z.B. durch die Neutronenaktivierungsanalyse zur Bestimmung der Herkunft von Keramik.

sondern auch bezüglich seiner materiellen Zeugnisse, die sich im gesamten östlichen Mittelmeerraum finden lassen und Anhaltspunkte für Datierungen von Funden auch in anderen Teilen dieser Region liefern. Zum einen geht es dabei um den ägyptischen Einfluss in Kanaan, zum anderen auch um ägyptische Waren, die in Kreta oder Griechenland gefunden wurden und einen Güteraustausch in der späten Bronzezeit mit diesen Gebieten belegen.[9]

Kreta war in der mittleren Bronzezeit das Zentrum der minoischen Machtsphäre. Die Paläste in Knossos, Phaistos, Chania u.a. wurden bereits seit Evans ab 1900 archäologisch bearbeitet. Nach Besiedlung durch Mykener und möglicherweise auch durch Teile der Seevölker schlägt sich die nachfolgende Mischbesiedlung auch in den materiellen Hinterlassenschaften nieder.[10]

Die sogenannte *mykenische Koine* oder Kulturraum umfasste in der späten Bronzezeit *Griechenland*, aber auch große Teile der Ägäis und ab ca. 1450 BCE auch Teile von Kreta. Dieser relativ einheitliche kulturelle Einflusskreis ist archäologisch erschlossen über Grabungen in verschiedenen Palastzentren, darunter Tiryns, Pylos und Mykene, wobei letztere Siedlung namensgebend für die griechische Kultur in der späten Bronzezeit geworden ist. Darüber hinaus wurden mykenische Siedlungen und/oder Handelsposten auf Sizilien und der italienischen Halbinsel gefunden. Die unterschiedlichen Keramikstile im bronzezeitlichen Griechenland erlauben eine Zuordnung zu zeitlichen Unterabschnitten mit jeweils typischer Ware und liefern damit wichtige Datierungshilfen.[11]

In *Zentralanatolien* waren die Hethiter mit ihrer Hauptstadt Hattusha nach dem Untergang der zentralanatolischen Städte um 1190 BCE so aus dem Bewusstsein der nachfolgenden Generationen verschwunden, dass erst die Entdeckungen von Texier, Winckler und nachfolgend Bittel diese Hochkultur, der zwischen 1500 und 1200 BCE ein Großmachtstatus auf Augenhöhe mit Ägypten zukam, wieder zum Gegenstand wissenschaftlicher Untersuchungen machte. Im Rahmen der Ausgrabungen in Hattusha wurden mehrere tausend Tontafelfragmente gefunden, die u.a. diplomatische Korrespondenzen enthalten. Der Erkenntnisstand der Ausgrabungen in Hattusha wird

9 Vgl. Phillips, Jacke: „Egypt", in: Cline, Eric H. (Hrsg.), „The Oxford Handbook of the Bronze Age Aegean", Oxford, 2010, S. 820–831.

10 Zum Status der Erforschung verschiedener Grabungsstätten auf Kreta vgl. Cline, Eric H. (Hrsg.), „The Oxford Handbook of the Bronze Age Aegean", Oxford, 2010, Part IV „Crete", S. 495–598 (verschiedene Autoren) sowie die Abschnitte 5–9 (verschiedene Autoren) in: Cynthia W. (Hrsg.), „The Cambridge Companion to the Aegean Bronze Age", Shelmerdine Cambridge, 2008, S. 109–229.

11 Zusammenfassende Darstellungen in: Cline, Eric H. (Hrsg.), „The Oxford Handbook of the Bronze Age Aegean", Oxford, 2010, „Mainland Greece", (verschiedene Autoren), S. 599–736 und die Abschnitte 10 – 12 sowie 13–15 (verschiedene Autoren) in: Shelmerdine, Cynthia W. (Hrsg.), „The Cambridge Companion to the Aegean Bronze Age", Cambridge, 2008.

von K. Bittel (1983)[12] zusammengefasst, wobei Genz (2012)[13] wichtige zusätzliche Erkenntnisse einbringt.

Das *westliche Kleinasien* ist für den hier diskutierten Kontext in doppelter Hinsicht von Bedeutung: a) als Spannungsfeld zwischen der hethitischen und der mykenischen Einflusssphäre und b) als Schauplatz des mythischen Kampfes um Troja. Die Grabungshistorie von Troja seit Heinrich Schliemann über Dörpfeld, Blegen, Korfmann bis zu Pernicka ist hervorragend in den jüngst erschienenen Grabungsberichten *Studia Troica* (2014) zusammengefasst.[14] Der mythische Kampf um Troja wird aus archäologischer Sicht außerdem kritisch von Hertel (2001) hinterfragt.[15] Milet, das als *Millawanda* u.U. bereits in der Bronzezeit im Wechsel unter minoischem, mykenischem und hethitischem Einfluss stand, wurde zuletzt von Niemeyer (2000) archäologisch untersucht.[16] Von großer Bedeutung für die Analyse kommerzieller Kontakte in der Bronzezeit sind außerdem die vor der Küste des südwestlichen Kleinasien gefundenen bronzezeitlichen Schiffswracks von Uluburun und Kap Gelidonya.[17]

In *Kilikien* blühten bereits in der Bronzezeit Städte wie Mersin, Tarsus und Adana und waren spätestens ab dem 14. Jh. BCE Teil der hethitischen Machtsphäre. Dort sind bei Ausgrabungen neben hethitischen Einflüssen in den nachfolgenden Schichten u.a. Keramikreste gefunden worden, die auf Hinterlassenschaften der sog. *Seevölker* mit wahrscheinlich ostmediterranem Hintergrund hindeuten. Hierbei ist jedoch darauf hinzuweisen, dass die kilikischen Siedlungsstätten bis heute archäologisch noch nicht großflächig erforscht sind. Überdies wurden in Kilikien spätbronzezeitliche Aufschriften auf Felswänden gefunden. Insbesondere die Arbeiten von French und Mountjoy haben zur Erweiterung der Erkenntnisse über die Rolle von Kilikien in der späten Bronzezeit beigetragen. Die Ausgrabungsgeschichte Kilikiens ist bei French (2013) zusammengefasst.[18]

Zypern war in der Bronzezeit für seine Lagerstätten an Kupfer bekannt, die der Insel auch ihren Namen gegeben haben. Zypern lag dabei strategisch an der Schnitt-

12 Vgl. Bittel, a.a.O., S. 25–46.

13 Vgl. Genz, Hermann: „No Land could stand before their arms, from Hatti ... on. New Light on the End of the Hittite Empire and the Early Iron Age in Central Anatolia", in: Killebrew and Lehmann (Hrsg.): „The Philistines and Other Sea Peoples in Text and Achaeology", Atlanta, 2012, S. 469–478.

14 Vgl. Pernicka, Ernst; Rose, Charles Brian; Jablonka, Peter (Hrsg.): „Studia Troica Monographien 5", Tübingen 2014.

15 Vgl. Hertel, Dieter 2001.

16 Vgl. Niemeier, Wolf-Dietrich: „Milet in der Bronzezeit – ein pulsierendes Zentrum zwischen Orient und Okzident", Archäologisches Institut Heidelberg, (Internetpublikation), Ausgabe 1, 2000.

17 Vgl. Guttandin, Thomas; Panagiotopoulos, Diamantis; Pflug, Hermann; Plath, Gerhard (Hrsg.): „Inseln der Winde – Die maritime Kultur der bronzezeitlichen Ägäis", Heidelberg, 2014.

18 Vgl. French, Elisabeth: „Cilicia", in: Killebrew, Ann E. und Lehmann, Gunnar (Hrsg): „The Philistines and Other Sea Peoples in Text and Achaeology", Atlanta, 2013, S. 479–484.

stelle zwischen dem Hethiterreich in Anatolien und der Levante. In den letzten Jahren ist auch durch archäologische Forschungen z.B. in Enkomi diese Schlüsselrolle Zyperns mehr und mehr in den Mittelpunkt des Interesses gerückt.[19]

In der *nördlichen Levante* ist insbesondere die Hafenstadt Ugarit zu nennen, die in der Bronzezeit eine zentrale Rolle im Mittelmeerhandel einnahm. Ausgrabungen in Ugarit haben die Zerstörungen am Ende der Bronzezeit, aber auch eine Zahl von Schrifttafeln zutage gebracht, die Hinweise auf die Vorgänge in den kritischen Jahren geliefert haben.

Die *südliche Levante*, das bronzezeitliche Kanaan, stand lange unter ägyptischer Vorherrschaft. Die anschließende Besiedlung durch Teile der *Seevölker*, so u.a. durch die Philister in der sog. *Pentapolis*, ist archäologisch u.a. von Mackenzie, Dothan, Albright, Artzy und Killebrew erkundet worden.[20] Eine Übersicht über die Ausgrabungsgeschichte ist bei Killebrew und Lehmann (2013) sowie Yasur-Landau (2010) zu finden.[21]

Bei einer Gesamtsicht der betrachteten Regionen im östlichen Mittelmeerraum ist auffällig, dass bei zahlreichen Ausgrabungsorten Zerstörungshorizonte für den hier betrachteten Zeitraum am Ende der Bronzezeit nachweisbar sind.[22] Das fast zeitgleiche Auftauchen eines neuen an mykenischen Vorbildern orientierten, aber offenbar lokal gefertigten Keramiktyps in Kilikien, Zypern und der Levante wirft darüber hinaus die Frage auf, ob diese materiellen Befunde auf eine gemeinsame Ursache zurückgehen. Zur Beantwortung dieses Fragenkomplexes sind in der Literatur verschiedene Ansätze diskutiert worden, die über Einfälle der *Seevölker* bis hin zu eher lokalen Entwicklungen oder natürlichen Einflüssen wie eine Kette von Erdbeben reichen.

Eine der Kernfragen der vorliegenden Arbeit ist nun, inwieweit die mythischen Überlieferungen mit den historischen Dokumenten zum einen und den archäologischen Funden zum anderen in Übereinstimmung zu bringen sind. In der Folge sollen die Abläufe in der Spätbronzezeit und ihre Reflexion in den Mythen daher wo immer möglich aus der Perspektive der historischen Schriftquellen, aber auch gegen die archäologischen Befunde gespiegelt werden.

Im Rahmen dieser übergreifenden Betrachtung ergibt sich jedoch das folgende Grundproblem: In den Schriftquellen werden einzelne Ethnien oder Bevölkerungs-

---

19 Vgl. Steel, Louise: „Cyprus", in: Cline, Eric H. (Hrsg.), „The Oxford Handbook of the Bronze Age Aegean", Oxford, 2010, S. 804– 819.

20 Vgl. Killebrew, Ann E. 2005.

21 Vgl. Silberman, Neil Asher: „When the Past was new: Moshe Dotan (1919–1999), „An Appreciation", in: Killebrew, Ann E.; Lehmann, Gunnar (Hrsg.), a.a.O., S. X ff.; Yasur-Landau, Assaf: „Levant", in: Cline, Eric H. (Hrsg.), „The Oxford Handbook of the Bronze Age Aegean", Oxford, 2010, S. 832– 848.

22 So u.a. in Mykene, Hattusha, Troja, Ugarit, Hazor, Megiddo, Lachisch und Ashdod. Vgl. Killebrew und Lehmann „The World of the Philistines ..." in Killebrew und Lehmann (Hrsg.), a.a.O., S. 6.

gruppen, die diese späte Phase der Bronzezeit im östlichen Mittelmeerraum möglicherweise maßgeblich mitgeprägt haben, mit dezidierten Ethnonymen genannt und z.T. sogar bildlich dargestellt. Es gibt dabei durchaus Fälle, bei denen sich das betreffende Ethnonym mit bestimmten materiellen Hinterlassenschaften in Verbindung bringen lässt und eine Zuordnung relativ eindeutig ist. Dies gilt z.B. für materielle Hinterlassenschaften (Keramik, Architektur etc.) der Ägypter oder der Hethiter.

Im Bezug auf einige der in den schriftlichen Quellen genannten Ethnien und Gruppen, für deren Existenz es im übrigen bei den klassischen Autoren keiner besonderen Begründung bedurfte, stößt die Zuordnung archäologischer Funde jedoch an Grenzen. So werden die für die späte Bronzezeit so wichtigen *Seevölker*, über die in den Folgekapiteln noch ausführlich gesprochen werden soll, mit einem bereits oben erwähnten Keramiktypus in Verbindung gebracht. Hier ist die Zuordnung auf bestimmte einzelne in den Schriftquellen aufgeführten Gruppen bzw. Ethnien (z.B. die *Tjeker*, die *Weshesh*) aber bereits schwierig bis unmöglich. Hinzu kommt, dass wichtige Entwicklungen in der späten Bronzezeit, wie die Wanderungen nicht-sesshafter Volksstämme, durch materielle Quellen immer noch nur spärlich oder überhaupt nicht belegt sind.

In der Archäologie werden die entsprechenden Ethnonyme der Historiker, wie z.B. *Danaer, Achäer, Leleger* oder *Pelasger*, sowie die Identifizierung bestimmter Personengruppen rein anhand der materiellen Kulturelemente zumindest sehr kritisch gesehen. Dieser Umstand macht einen Abgleich mythischer, historischer, linguistischer und archäologischer Quellen äußerst problematisch.

Dennoch soll im Folgenden der Versuch unternommen werden, die Vorgänge am Ende der Bronzezeit aus der Sicht kontemporärer Quellen, der Perspektive der klassischen Historiker, der Mythen sowie der archäologischen Befunde zu beschreiben. Dabei ist es insgesamt nicht verwunderlich, dass zu jeder vorgebrachten Deutung der verschiedenen materiellen und immateriellen Quellen auch alternative Ansätze vorliegen. Diese können in der vorliegenden Darstellung nicht alle in der gebotenen Ausführlichkeit dargestellt werden, um den roten Faden nicht zu verlieren. Auf die Verwendung der jeweiligen Ethnonyme wird, wo erforderlich, in den einzelnen Kapiteln erneut hingewiesen.

3.3 Das Problem genauer Datierungen

Eine weitere Schwierigkeit im Umgang mit Vorgängen in der Bronzezeit besteht in exakten Datierungen. Bereits Georg Grote hatte im 19. Jh. alle Ereignisse vor den ersten Olympischen Spielen im Jahr 776 BCE in den Bereich der Prä- oder Protohistorie verwiesen. Aus den Schriften der antiken Historiker konnten Datierungen in Ermangelung eines allgemeingültigen absoluten Referenzdatums i.d.R. nur *relativ* vorgenommen werden, d.h. also entweder in Relation zu bestimmten Herrscherdaten, die als einigermaßen gesichert gelten, oder relativ zu anderen Ereignissen (z.B. die Zerstörung Thebens *vor* dem Trojanischen Krieg). Aus den von den klassischen Historikern verwendeten Genealogien (Abstammungs- und Königslisten) lassen sich viele wertvolle Hinweise und Querreferenzen extrahieren, allerdings sind auch oft Ungenauigkeiten und spätere Hinzufügungen mit verarbeitet.

Die wichtigen erhaltenen kontemporären Korrespondenzen aus Keilschriftarchiven beinhalten in der Regel keine Datumsangabe, so dass aus dem Kontext auf die Datierung geschlossen werden muss. In ägyptischen und assyrischen Archiven finden sich Beurkundungen über Königslisten, deren Zeitangaben jedoch ebenfalls in einen Kontext zu stellen sind.[23] Präamblen hethitischer Königslisten erlauben immerhin, zeitliche Abfolgen von Herrschern zu erstellen (s. auch die im Anhang beigefügte Liste der hethitischen Könige mit ungefähren Regierungsjahren). Derartige Listen fehlen für die festlandsgriechischen (mykenischen) Regenten der Bronzezeit nahezu komplett, so dass für die mykenischen Palastzentren und andere geographischen Einheiten über Synchronismen oder Vergleiche relative Zeitfolgen erstellt werden müssen. In Zeiten größerer Umwälzungen wie der hier betrachteten Epoche um 1200 BCE fehlen allerdings vielfach selbst diese indirekten Hinweise.

Für das Ende der Bronzezeit lassen sich ferner ungefähre relative Datierungsansätze aus den materiellen Hinterlassenschaften generieren, z.B. über die Analyse der gefundenen Keramik in den jeweiligen zeitlich grob definierbaren Schichten. Auf der Basis stilistischer Gemeinsamkeiten werden hierbei ungefähre zeitliche und regionale Unterteilungen der Bronzezeit vorgenommen.[24] In Forschungsprojekten wird aktuell überdies versucht, u.a. über Keramikanalysen Zeitvergleiche zwischen einzelnen Regionen des östlichen Mittelmeerraumes zu erstellen und die Ergebnisse für die Präzisierung von Datierungen zu benutzen.[25]

Insbesondere die zunächst eher im griechischen Binnenland verwendete, ab ca. 1370 BCE dann aber im nahezu gesamten östlichen und zentralen Mittelmeerraum gehandelte Keramik aus griechisch/mykenischer Fertigung, aber auch die in Kilikien, Zypern und der Levante lokal nach mykenischen Vorbildern gefertigen Töpferwaren,

23 Vgl. Otten, a.a.O., S. 13.

24 Vgl. Manning, Sturt W.: „Chronology and Terminology", in: Cline, Eric H. (Hrsg.), „The Oxford Handbook of the Bronze Age Aegean", Oxford, 2010, S. 12ff; Vgl. auch die Tabelle im Anhang zur Chronologie der Bronzezeit aus Shelmerdine, Cynthia W. (Hrsg.), „The Cambridge Companion to the Aegean Bronze Age", Cambridge, 2008, S. 4.

25 Vgl. Mühlenbruch, Tobias: „Die Synchronisierung der nördlichen Levante und Kilikiens mit der ägäischen Spätbronzezeit", in: Bietak, Manfred (Hrsg.) „Ägypten und die Levante", XVII, Wien, 2007, S. 241–255.

sind für den nachfolgenden Zusammenhang von Bedeutung und lassen über typische Stilelemente sowie die Analyse der chemischen Komposition des verwendeten Tons immerhin grobe relative zeitliche Zuordnungen zu.

Ein fundamentales Problem der Zeitbestimmungen auf der Basis materieller Kulturgüter (z.B. Keramiktypen) besteht allerdings darin, dass ein unmittelbarer Zusammenhang zwischen diesen Gütern und fest definierbaren kulturellen Zeiträumen fraglich ist. Manning formuliert

> *„A fundamental problem [...] is the relationship between the typology of material culture classes [...] and time, history and human culture."*[26]

So scheinen sich bestimmte materielle Kulturgüter und deren Nutzung schneller zu ändern als andere. Darüber hinaus ist unklar, ob und inwieweit Diskontinuitäten in den stratigraphischen Ablagerungen wirklich kulturelle Brüche reflektieren.[27]

Neben den relativen Zeitbestimmungen wird daher außerdem über moderne Analyseverfahren versucht, Hinweise auf absolute zeitliche Zuordnungen zu erhalten. Werden organische Stoffe ausgegraben, erlaubt z.B. die Methode der Radiocarbon (C14) Analyse eine Datierung innerhalb einer gewissen Unsicherheits- bzw. Toleranzspanne.[28] Darüber hinaus lassen in einigen – allerdings seltenen – Fällen Holzfunde aus den betrachteten Epochen über das Verfahren der Dendrochronologie Schlüsse auf das Alter des gefundenen Materials zu.[29]

Die Liste der ägyptischen Pharaonen ist eine weitere vergleichsweise gute Bezugsgröße für absolute Datierungen in der späten Bronzezeit. Die Regierungszeiten der jeweiligen Herrscher sind in einem bestimmten zeitlichen Korridor relativ gut bekannt.[30]

---

26 Manning „Chronology and Terminology ...", a.a.O., S. 15.

27 Auch Schachermeyr weist auf die mangelnde Trennschärfe von Keramikdatierungen hin, die sich u.a. durch Überlappungen von bestimmten Keramikphasen ergeben. Vgl. Schachermeyr, Fritz „Die Zeit der Wanderungen im Spiegel ihrer Keramik", in „Griechenland, die Ägäis und die Levante ...", a.a.O., 1983, S. 241–256.

28 Bei dieser Methode wird der natürliche Zerfall radioaktiver C14 Isotope in organischem Material für die Zeitbestimmung genutzt.

29 Zum Vergleich von C14 Daten zu solchen über Dendrochronologie gewonnenen für die Bronzezeit vgl. Kristiansen, Kristian; Larsson, Thomas B. 2005, S. 116f.

30 Vgl. Müller, Vera: „Eine kritische Darstellung der derzeitigen Diskussion zur historischen Chronologie Ägyptens in der 2. Hälfte des 2. Jt. v. Chr.", in: Yalcin, Ünsal; Pulak, Cemal; Slotta, Rainer (Hrsg.) „Das Schiff von Uluburun – Welthandel vor 3000 Jahren", Katalog der Ausstellung des Deutschen Bergbau-Museums Bochum, Bochum, 2005, S. 193–210. Knapp und Manning verweisen auf die mögliche Erfordernis einer Neudatierung des Regierungsantritts Ramses II auf Basis historischer und absoluter chronologischer Daten, nach der die traditionellen Daten für das Ende der Bronzezeit um 10 Jahre früher anzusetzen wären (vgl. Knapp, Bernard A.; Manning, Sturt W.:

Als absolute Referenzdaten werden z.T. auch astronomische Ereignisse herangezogen.[31] Für die Bronzezeit wird in antiken Quellen außerdem über eine der wichtigsten Begebenheiten, die sog. *deukalische Flut*, berichtet, für deren Datierung es in der heutigen Forschung allerdings noch mehrere unterschiedliche Ansätze gibt (vgl. 5.3).

Ein noch ungelöstes Problem bei zeitlichen Bestimmungen für die Bronzezeit ist der Umstand, dass die modernen Verfahren im Bereich der absoluten Datierungen und die aus historischen Untersuchungen gewonnenen relativen Daten z.T. um bis zu 100 Jahre auseinanderfallen. Erstere werden daher als *höhere Chronologie*, letztere als *niedrigere Chronologie* bezeichnet.[32]

Abschließend ist erneut darauf hinzuweisen, dass trotz der insgesamt nützlichen Unterteilung einer Epoche wie der Bronzezeit in verschiedene Abschnitte die jeweiligen Übergänge natürlich nicht auf einen Schlag an einem bestimmten Datum stattfanden.[33]

Die sich aus diesen Schwierigkeiten in Summe zwangsläufig ergebenden Unsicherheiten bringen Knapp und Manning dazu, vor zu spezifischen Datenangaben für den hier betrachteten Zeitraum zu warnen.[34] Ungenauigkeiten, Erklärungslücken und Interpretationsdifferenzen machen es dennoch mitunter erforderlich, bestimmte Festlegungen bzw. plausible Annahmen zu treffen. Der Ansatz dieser Arbeit besteht in einer Zusammenschau der Erkenntnisse aus verschiedenen Disziplinen (u.a. Mythologie, Linguistik, Archäologie, Metallurgie). Neben den Texten der klassischen griechischen Autoren wird hierfür auf umfangreiche Sekundärliteratur zurückgegriffen.

„Crisis in Context: The End of the Late Bronze Age in the Eastern Mediterranean“, in: American Journal of Archaeology, 120. Jg., Nr. 1, Januar 2016, S. 117).

31 Vgl. Manning „Chronology and Terminology ...“, a.a.O., S. 19.

32 Vgl. Muhly, James D.: „History of Research“, in: Cline, Eric H. (Hrsg.), „The Oxford Handbook of the Bronze Age Aegean“, Oxford, 2010, S. 6ff.

33 Vgl. Manning, „Chronology and Terminology ...“, a.a.O., S. 16.

34 Vgl. Knapp; Manning, „Crisis in Context ...“, a.a.O., S. 117.

4 Wanderungsbewegungen in der Bronzezeit im östlichen Mittelmeerraum

4.1 Wanderungsbewegungen der Indo-Europäer in der Bronzezeit

Der östliche Mittelmeerraum, also die Ägäis, Kleinasien, die Levanteküste bis nach Mesopotamien sowie Ägypten, gehört zu den ältesten Kulturräumen der Menschheitsgeschichte. In diesem Gebiet tauchten in den Jahren zwischen 2300 und 1600 BCE größere Gruppen einwandernder Volksstämme mit ähnlichen Namensgebungen, Gottheiten und einer gemeinsamen Sprachfamilie auf. Die linguistische Verwandtschaft zwischen so weit auseinanderliegenden Sprachen wie u.a. Sanskrit (Altindisch), Persisch, Griechisch und Keltisch ist bereits im 18. Jh. von James Parsons und William Jones festgestellt worden. Im 19. Jh. sind die linguistischen Zusammenhänge von August Schleicher und Johannes Schmidt sowie in der jüngeren Vergangenheit von Tomas Gramkelidze und Vyacheslav Ivanov (1985) systematisiert worden.[1] Die offensichtlichen Parallelitäten zwischen den Sprachzweigen haben zur Sammelbezeichnung *Indo-Europäer* für die betreffenden Bevölkerungsgruppen geführt.

Die auffälligen sprachlichen Gemeinsamkeiten waren auch ein wesentlicher Grund dafür, dass seit über 100 Jahren über eine gemeinsame *Urheimat* oder ein Ursprungsland für die eindringenden Volksstämme spekuliert wurde, die von unterschiedlichen Autoren in so entfernten Gebieten wie Indien und Skandinavien lokalisiert wurde. Wissenschaftler haben in den letzten Jahrzehnten verschiedene Hypothesen und Theorien entwickelt, die die Kandidatensuche für die Ursprungsregion weiter einschränkt. Während M. Gimbutas die nördlichen Schwarzmeersteppen als Ursprungsregion annimmt, ist von C. Renfrew Anatolien als Ausgangspunkt der Wanderungen vermutet worden. J. Robb wiederum setzt ebenfalls auf die zirkumpontischen Landschaften, sieht die indo-europäischen Wanderungsbewegungen aber zeitlich früher im Kontext einer Ausbreitung der Landwirtschaft stattfinden.[2]

1 Vgl. Robbins, Manuel 2001, S. 16; Mallory, J.P. 1996, S. 9–21.

2 Die wesentlichen Theorien und Grundlagen zu den indo-europäischen Forschungen finden sich bei Mallory, vgl. Mallory, J.P. 1996.

Abb. 1: Geographische Verteilung indo-europäischer Sprachgruppen [Mallory 1996, S. 23]

Die Verbreitung der Indo-Europäer aus ihren Ursprungsgebieten setzt die Annahme umfangreicher Wanderungsbewegungen voraus. Inwieweit derartige Wanderungen ganzer Bevölkerungsgruppen stattgefunden haben, ist zwischen Geschichtswissenschaftlern allerdings bis heute z.T. noch umstritten. Die antiken Geschichtsschreiber – darunter Herodot und Strabo – setzten Migrationen als bekannte Tatsachen voraus.[3] Nachdem der Begriff *Völkerwanderung* Anfang bis Mitte des 20. Jh. für nationalistische und rassentheoretische Zwecke missbraucht wurde, sind diese Ansätze nach dem 2. Weltkrieg in Misskredit geraten und durch andere ersetzt worden (autochtone Entwicklungen, multiregionale Entwicklungen, kulturelle Diffusion[4]). Demgegenüber hat sich in den letzten Jahren allerdings wieder die Erkenntnis durchgesetzt, dass sich bestimmte Entwicklungen nicht ohne umfangreiche Migrationsbewegungen erklären lassen.

Für die Bronzezeit ist von Kristiansen und Larsson darauf hingewiesen worden, dass von einer erheblichen Mobilität der militärischen und handwerklichen Eliten auszugehen ist, die die Kulturzentren auch über weite Entfernungen miteinander verbunden haben.[5] Ferner sind für die Bronzezeit auch Wanderungsbewegungen ganzer

3 Vgl. Hinge, George „Völkerwanderungen in Herodots Geschichtswerk", elektronische Vorabveröffentlichung, a.a.O., 2006.

4 Vgl. Robbins, Manuel 2001, S. 16.

5 Vgl. Kristiansen, Kristian; Larsson, Thomas B. 2005, insb. S. 5, 39, 41ff.

Bevölkerungsgruppen anzunehmen.[6] Hierzu gehören auch die sog. indo-europäischen Wanderungen, deren genauer Ablauf jedoch bis heute in vielen Details kontrovers bleibt, u.a. auch deshalb, weil der archäologische Nachweis der Bewegungen ausgesprochen schwierig ist.

Aus heutiger Sicht vollzogen sich die indo-europäischen Wanderungen wahrscheinlich in verschiedenen Schüben und in unterschiedlichen Zeitabschnitten aus dem Gebiet der pontisch-kaspischen Steppen nördlich des Schwarzen Meeres und des Kaukasus.[7] Aus dem kulturellen und sprachlichen Verbund dieser Steppenbewohner lösten sich offenbar um ca. 3700 bis 3500 BCE zunächst mehrere Gruppen ab, die nach Anatolien zogen[8], sowie im weiteren Verlauf die Vorfahren der sog. *Tocharier*. Letztere zogen nach Osten in einem ersten Schritt in den Bereich des Altai-Gebirges. Von dort fanden sie Jahrhunderte später offenbar den Weg bis in das Tarimbecken im heutigen China. Durch Gräberfunde im westlichen Teil Chinas entlang der Seidenstraße sind sie unter ihrem späteren Namen *Tocharier* bekannt geworden. Der Name geht zurück auf ein den Griechen bekanntes Volk namens *Tokharoi*, das aus dem Gebiet des heutigen Turkestan nach Baktrien gewandert sein soll.[9]

---

6 Vgl. Eder, Birgitta: „Völkerwanderungen in der Spätbronzezeit aus althistorischer und archäologischer Sicht", in: Yalcin, Ünsal; Pulak, Cemal; Slotta, Rainer (Hrsg.) „Das Schiff von Uluburun – Welthandel vor 3000 Jahren", Katalog der Ausstellung des Deutschen Bergbau-Museums Bochum, Bochum, 2005, S. 275–282; Yasur-Landau, Assaf 2010.

7 Die nachfolgenden Darstellungen folgen der detaillierten Untersuchung von Anthony. Vgl. Anthony, David W.: „The Horse, the Wheel and Language – How Bronze-Age Riders from the Eurasian Steppes shaped the modern world", Princeton, N.-J., 2007, S. 305 ff. Anthony sieht die „*Yamnaya*" kulturhistorische Gemeinschaft von Steppenbewohnern mit mehreren zeitlichen und regionalen Untergruppen als die Keimzelle der späteren indo-europäischen Gruppen. Die erste archäologisch greifbare nachfolgende kulturelle Gruppe bildete dann die sog. *Andronovo-Kultur* (vgl. Anthony, David W. 2007, S. 307). Ähnlich auch Fortson (vgl. Fortson, Benjamin W. IV: „Indo-European Language and Culture", 2. Aufl., Oxford, 2010, S. 46).

8 Dies wird aus sehr archaischen Sprachelementen in den indo-europäisch anatolischen Sprachen geschlossen. Auf die einzelnen Sprachen in Anatolien wird in den folgenden Kapiteln noch eingegangen. Vgl. auch Fortson, Benjamin W. IV 2010, S. 11 und 171.

9 Die sog. *Tocharier* sind aus schriftlichen Dokumenten bekannt, die im Tarim Becken im westlichen China gefunden wurden und zwischen dem 6. und 8. Jh. CE verfasst wurden. Außerdem liefern Quellen aus China aus der Han-Dynastie Hinweise auf die Tocharier, die damals offenbar wichtige Siedlungen entlang der Seidenstrasse kontrollierten. Der Name *Tocharier* geht auf griechische Quellen zurück, in denen Gruppen, die als *Tocharoi* bezeichnet wurden, aus Turkestan nach Baktrien wanderten. Der Zusammenhang zwischen diesen Tochariern aus griechischen Quellen und den Verfassern der Dokumente im Tarim Becken wird jedoch heute bezweifelt (vgl. Mallory, J.P. 1998, S. 56 f.; Fortson, Benjamin W. IV 2010, S. 400). In der Literatur sind weitere spekulative Verbindungen der Tocharier mit wandernden Gruppen der Indo-Europäer zu finden. In Mesopotamien sind Teile der Gutäer, die um 2250 BCE das akkadische Reich unter Naram-Sin eroberten und für ein Jahrhundert kontrollierten, möglicherweise ebenfalls Teile dieser indo-europäischen Tocharier

Um 3100 bis 3000 BCE folgte eine größere Wanderung aus den pontischen Steppen westwärts entlang der Donau in das Karpathenbecken mit den Stammvätern verschiedener west-indo-europäischer Sprachgruppen, so u.a. den Vorfahren der italisch und keltisch sprechenden Gruppen.[10] Diese siedelten in einem größeren Gebiet mit unterschiedlichen regionalen Schwerpunkten bis in den Balkanraum, so dass sich verschiedene Dialekte und Sprachen herausbilden konnten.

In den folgenden Jahrhunderten von 2800 bis 2600 BCE traten die Indo-Europäer am Rande der Karpathen auch in Kontakt mit den dort siedelnden Bandkeramik-Gruppen. Aus dieser Mischung entwickelte sich später der Ursprung der germanischen, baltischen und slawischen Sprachverbunde.

Um 2200 bis 2000 BCE sonderte sich außerdem die sog. *Sintashta-Gruppe* aus den pontischen Steppen nach Osten ab, aus der sich dann der sog. indo-iranische Zweig herausbildete und nach Süden u.a. bis Persien und Indien weiterzog.[11] Außerdem werden in der Sintashta-Kultur die Ursprünge der Mitanni (s.u.) und anderer Gruppen vermutet, die um 1700 BCE in verschiedenen Staaten im Nahen Osten und der Levante eine militärische Oberschicht bildeten.[12] Evtl. lieferten Teile dieser wandernden Kriegergruppen auch Bestandteile für die Ethnogenese der Griechen (s.u.).[13] Merkmal dieser Sintashta-Gruppe war die wahrscheinlich erstmalige Nutzung von mobilen Streitwagen sowie die intensive Verwendung von Kupfer für Waffen und Gerätschaften.[14]

Mehrere Wissenschaftler gehen davon aus, dass bereits vor dem Beginn des 2. Jahrtausends BCE Stämme des indo-europäischen Sprachverbundes (der sog. *thrako-phrygische Sprachverbund)* aus dem Balkanraum auch nach Griechenland und Kleinasien einwanderten, die ausschließlich oder vorwiegend Viehzucht trieben und sich dort über eine zum Teil schon städtisch gewordene Kultur der Vorbewohner lagerten.[15]

---

gewesen. So eine interessante These von W. B. Henning nach Woudhuizen, Frederik Christiaan 2006, S. 29. Eine spätere Quelle aus der Zeit von Hammurabi (1792–1750 BCE) bezeugt, dass ein Teil des Landes der Gutäer *Tukri* genannt wurde. Zu diskutieren wäre, ob die später erwähnten Teukrer ebenfalls ihren Ursprung in der Bewegung der Tocharier/Tukri haben könnten.

10 Vgl. Fortson, Benjamin W. IV 2010, S. 48f.

11 Andere Wissenschaftler sehen in der nachfolgenden Andronovo-Kultur den Ursprung der Wanderungs-bewegungen (vgl. Mallory J.P. 1996 und Kuzmina 2001 in Kristiansen, Kristian; Larsson, Thomas B. 2005, S. 171).

12 Vgl. Kristiansen, Kristian; Larsson, Thomas B. 2005, S. 179.

13 Vgl. Kristiansen, Kristian; Larsson, Thomas B. 2005, S. 182ff.

14 Vgl. Anthony, David W. 2007, S. 390.

15 Vgl. Codino, Fausto 1970, S. 5; Anthony, David W. 2007, S. 305ff.

4.2 Die Ankunft der Indo-Europäer in Kleinasien und Griechenland

4.2.1 Indo-Europäer in Kleinasien

Bereits im Zeitraum vor den indo-europäischen Einwanderungen nach Kleinasien spielte das östliche Anatolien eine wichtige Rolle als Lieferant metallischer Rohstoffe, insbesondere nach Mesopotamien. Für diese Lieferungen etablierten sich dort urbane Handelszentren (assyr. *Karum*), darunter Kanesh (siehe Abbildung 4/2). Der Transport der Erze erfolgte per Schiff den Tigris hinunter.

Keilschrifttafeln assyrischer Handelsposten in Kleinasien geben Zeugnis davon, dass neben Gold und Silber insbesondere der Kupferexport aus Anatolien um 2000 BCE von Bedeutung für die Kulturzentren der damaligen Zeit in Mesopotamien gewesen ist. Assyrische Kaufleute importierten im Austausch Zinn und Textilien nach Anatolien. Das importierte Zinn spielte eine wichtige Rolle bei der Umstellung der dortigen Bronzeproduktion von Arsenbronze zu der viel härteren Kupfer-Zinn Legierung, insbes. für die Produktion von Waffen.[16]

Im Bereich der linguistischen Forschungen gibt es aus dieser Periode Anzeichen für drei vor-indo-europäische Sprachgruppen in Anatolien. Zum einen Hatti, eine der Sprachen, die im späteren Hethiterreich in Gebrauch waren, zum zweiten Hurritisch im späteren Ausbreitungsgebiet des Mitannireiches sowie drittens Akkadisch. Bei letzterer handelt es sich um eine semitische Sprache, die in Mesopotamien beheimatet und als Lingua Franca in weiten Teilen des vorderen Orients verbreitet gewesen ist.[17]

Aus etwa der gleichen Zeit wie der o.a. Einfall der Gutäer in Mesopotamien – also etwa um 2200 bis 2300 BCE – gibt es Indizien für umfangreiche Zerstörungen von Siedlungskomplexen in Anatolien, insbesondere in den Gebieten, die später von den sog. Luwiern bewohnt wurden.[18] Es ist möglich, dass diese Zerstörungen auf die o.a. Einwanderungen nomadischer indo-europäischer Stämme aus der Schwarzmeerregion nach Kleinasien zurückzuführen sind, wobei dieser Prozess archäologisch nur spärlich belegt ist.[19] Die wenigen archäologischen und linguistischen Indizien sprechen dafür, dass die Einwanderungsbewegung in einer Ostwärtsbewegung aus West-Anatolien kommend stattgefunden haben muss. Als Herkunftsgebiet der einwandernden Stämme wird insofern Südosteuropa bzw. der Balkanraum vermutet.[20]

---

16 Vgl. Woudhuizen, Frederik Christiaan 2006, S. 30.

17 Vgl. Woudhuizen, Frederik Christiaan 2006, S. 79.

18 Vgl. Woudhuizen, Frederik Christiaan 2006, S. 29. Mallory setzt den Zeitpunkt früher an (um 2700 bis 2600 BCE). Vgl. Mallory, J. P. 1996, S. 28.

19 So die These u.a. von Akurgal in Woudhuizen, Frederik Christiaan 2006, S. 29.

20 Mallory wägt die von einigen Wissenschaftlern ebenfalls vorgetragenen Argumente für eine Einwanderungsbewegung von Nordosten kommend nach Anatolien ab (vgl. Mallory, J. P. 1996, S. 29f).

Erste schriftliche Zeugnisse der einwandernden indo-europäischen Bevölkerungsgruppen in Kleinasien gibt es ab 1900 BCE in assyrischen Beschreibungen.[21] Ab der Mitte des 17. Jh. BCE lassen sich die indo-europäisch sprechenden Gruppen in Anatolien in drei Sprachgruppen aufteilen, von denen die hethitische über umfangreiche Tontafeln bei weitem am besten dokumentiert ist.[22] Neben der hethitischen Sprachgruppe sind außerdem palaisch und luwisch sprechende Bevölkerungsgruppen attestiert.[23] Letztere entwickelten dabei ihr eigenes Schriftsystem, die sog. *luwischen Hieroglyphen.*

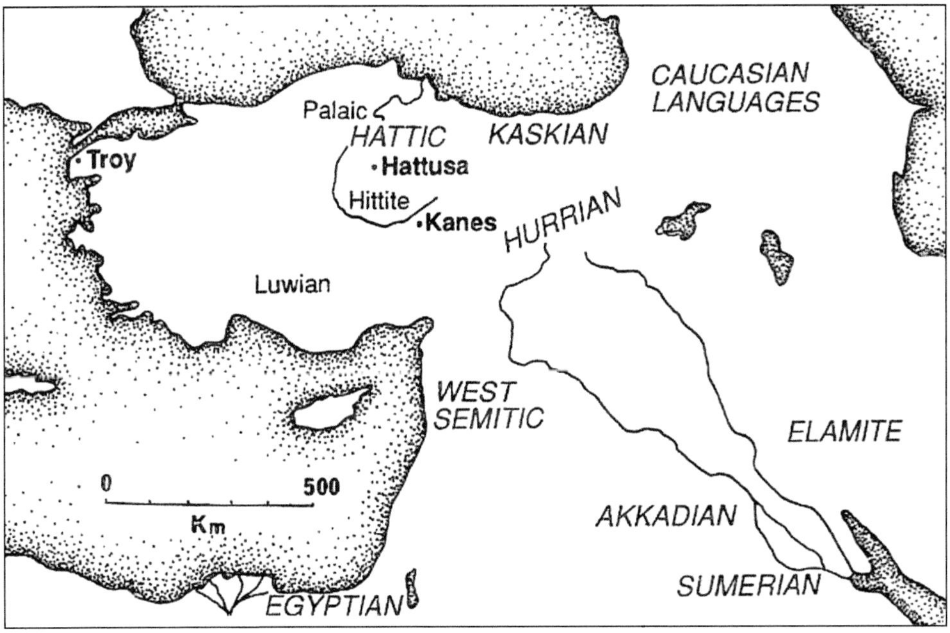

Abb. 2: Verbreitung indo-europäischer Sprachgruppen in Kleinasien im 2. Jtsd. BCE [Mallory 1996, S. 25]

Die Luwier siedelten hauptsächlich im Westen und Süden von Kleinasien, wobei die genaue Ausdehnung der Besiedlung umstritten ist. In einem hethitischen Gesetzeskodex aus dem 17. Jh. BCE wird die Region westlich des Halys als *„das Land der*

21 Vgl. Mallory, J.P. 1996, a.a.O., S. 24.

22 Neben den drei sprachlichen Hauptgruppen hat es möglicherweise noch weitere gegeben (Karisch, Pisidisch und Siderisch) (vgl. Fortson, a.a.O., S. 170ff.). An der kleinasiatischen Westküste wurden außerdem in dieser Zeit minoische Stützpunkte gegründet. Zu deren Bedeutung wird später Stellung genommen.

23 So werden im 17. Jh. BCE in hethitischen Gesetzen für den Schutz von Händlern die Regionen Hatti, Pala und Luwiya explizit genannt (vgl. Mallory, J.P. 1996, S. 25).

Luwier“[24] bezeichnet.[25] An der Süd-Ost-Küste Kleinasiens gehörten die Landschaften, die in hethitischen Quellen Tarhuntassa und Kizzuwatna genannt werden, zum luwischen Sprachraum. Auch Arzawa im Westen Kleinasiens, das im 15. und 14. Jh. BCE seine größte Ausdehnung erreichte, ist ein luwischer Staat gewesen. Außerdem sind Luwier in Mäonien (ebenfalls in Westkleinasien) nachgewiesen. Indizien sprechen dafür, dass auch die Stadt Troja luwischsprachig war.[26]

Bei der luwischen Sprache handelt es sich um einen indo-europäischen Sprachzweig, der mit dem Hethitischen und Pala verwandt ist. Luwisch entwickelt sich später weiter u.a. in Lydisch und Lykisch.[27]

Die Palaier oder Pala waren als separate indo-europäische Sprachgruppe im nördlichen bzw. nordwestlichen Teil Kleinasiens bis zum Fluss Halys identifizierbar. Das palaische Siedlungsgebiet an der Küste des Schwarzen Meeres wurde nach der späteren Einwanderung thrakischer Stämme von den Griechen Paphlagonien genannt, was aus einer Reduplikation des Namens *Pala* entstanden sein könnte.[28] Die Palaier verwendeten eine indo-europäische Sprache, die eng mit dem Hethitischen verwandt ist. Allerdings sind nur wenige sprachliche Zeugnisse der Palaier überliefert. Sie verehrten u.a. den Sonnengott Tiyaz (vgl. Zeus). Die palaische Sprache scheint kurz nach 1500 BCE bereits verschwunden zu sein.[29]

In Zentralanatolien etablierte sich um 1800 BCE das Hethiterreich. *„Der Hethiterstaat setzte sich nicht aus einem homogenen Volk, sondern aus der anatolischen – der sogenannten proto-hattischen – Urbevölkerung und von Norden her eingewanderten indogermanischen Stämmen zusammen.“*[30] Archäologisch ist dieser Einwanderungs- und Vermischungsprozess noch nicht abschließend belegt und datiert. Aus den sprachlichen Dokumenten lässt sich jedoch schließen, dass die eingewanderten Hethiter offenbar ein vor-indo-europäisches sog. *hattisches* Substratum überlagert haben.

Nach 1800 BCE bildete sich schrittweise ein hethitischer Feudalstaat heraus[31], der weite Teile Zentralanatoliens umfasste. Erste Hauptstadt einer indo-europäischen Dynastie war zunächst das o.a. Kanesh unter der Herrscherfigur Anitta. Die Hethiter

---

24 Vgl. Latacz, Joachim 2004, S. 116.
25 Vgl. Latacz, Joachim 2004, S. 116.
26 Vgl. Fortson, Benjamin W. IV 2010, S. 185.
27 Vgl. Woudhuizen, Frederik Christiaan 2006, S. 80.
28 Vgl. Fortson, Benjamin W. IV 2010, S. 192.
29 Vgl. Fortson, Benjamin W. IV 2010, S. 192.
30 Vgl. Zangger, Eberhard 1994, S. 141.
31 Vgl. Latacz, Joachim 2004, S. 65. An der Spitze des Hethiterstaates stand der Großkönig (Labarna bzw. Tabarna), wobei eine erhebliche Macht auch der Großkönigin (Tawananna) sowie dem Senat (Panku) zukam.

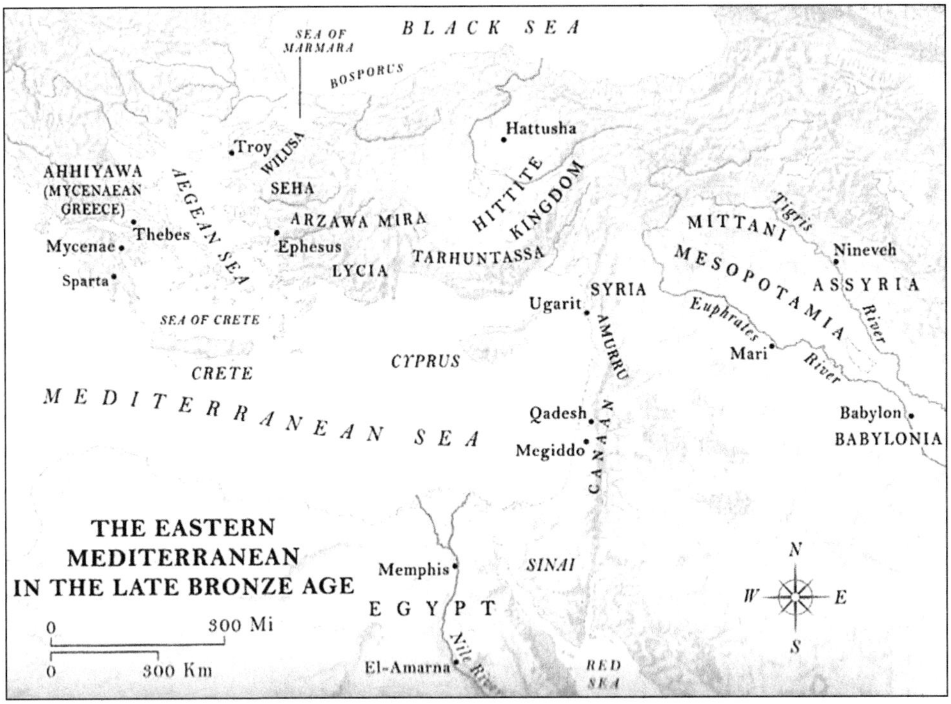

Abb. 3: Siedlungsgebiete in Kleinasien in der Bronzezeit [Strauss 2006, S. xxiii]

selber nannten sich nach ihrem ersten Zentrum auch *Neshiten.*[32] Hattusilis I verlegte später die Hauptstadt um 1650 BCE nach Hattusa. Es begann eine Expansionsphase unter den Großkönigen Hattusilis und Mursilis im sog. Alten Reich (ca. 1650–1500 BCE) mit Eroberungen in Syrien sowie im westlichen Kleinasien. Unter Großkönig Mursilis I wurde um 1595 BCE sogar Babylon erobert, aber nicht dauerhaft besetzt.[33]

Nach einer Phase interner Machtkämpfe, die zu einem Verlust der vormals eroberten Gebiete führte, wurde während des sog. Mittleren Reiches (ab 1500 BCE) unter Großkönig Telepinu die vormalige Eroberungspolitik durch die Bildung strategischer Allianzen komplementiert. Mit der erneuten Ausdehnung des hethitischen Reiches in Kleinasien ordneten sich Vasallenkönige einiger umliegender Gebiete per Eid dem hethitischen Großkönig unter, darunter die Fürsten von Tarhuntassa, Kizzuwatna und Karkemisch.

Ein möglicherweise wesentlicher Faktor für den Aufstieg der Hethiter zu einer regionalen Großmacht war die frühe Nutzung von Eisen und die Weiterverarbeitung

32 Vgl. Anthony, David W. 2007, S. 43.
33 Vgl. Drews, Robert 1988, S. 56.

von Eisen zu Stahl. ‚Weiches' – d.h. ungehärtetes – Eisen war in Zentralanatolien bereits um 1800 BCE bekannt, wurde aber zunächst lange nur selektiv für wenige Gebrauchs- und Repräsentativgegenstände benutzt. Spätestens ab 1400 BCE gelang es den Hethitern, durch Verhüttung von Eisenerz in einfachen Rennöfen und nachfolgendem Vergüten aus dem weichen Eisen harten Stahl zu erzeugen und Waffen und Werkzeuge daraus zu schmieden. Es ist dabei möglich, dass diese Erfindung von den Chalybern (s.u.) an die Hethiter überging, die in deren unmittelbarer Nachbarschaft und vermutlicher Abhängigkeit im nordanatolischen Gebirge siedelten. Bis zum Untergang des Hethiterreiches hielten diese dann ein Quasi-Monopol für die Stahlerzeugung.

4.2.2 Erste Indo-Europäer in Griechenland

Über den Zeitpunkt der Ankunft der indo-europäischen *Vor-Griechen* in ihren späteren Siedlungsgebieten gibt es eine Reihe von unterschiedlichen und teilweise widersprüchlichen Theorien.[34] Das sog. *klassische Modell* der Historiker unterstellt drei Einwanderungswellen, eine um 2000 bis 1900 BCE (auch die *ionische* genannt), eine um 1600 BCE (die *achäische*) und eine um 1200 BCE (die *dorische*). *Herodot* berichtet demgegenüber offenbar nur über eine Einwanderungswelle, die der Dorer um 1200 BCE. Die vorhergehenden Entwicklungen werden bei Herodot mit der „Hellenisierung" einer autochtonen und weitgehend pelasgischen Urbevölkerung erklärt (über die Pelasger mehr im folgenden Kapitel).[35]

Es ist allerdings auch möglich, dass die ersten indo-europäischen Einwanderer bereits im 23. Jh. BCE das griechische Festland erreichten.[36] Andere Theorien unterstellen z.T. eine noch wesentlich frühere Einwanderung der *Proto-Griechen*, so u.a. im Neolithikum im Zuge einer Ausbreitung der Landwirtschaft (um 6500 BCE) oder im Kontext der ersten indo-europäischen Wanderungswellen um ca. 3100 BCE.[37] Drews hingegen vertritt die Auffassung, dass die Griechen erst im Zuge einer Ausbreitung der Nutzung von Streitwagen und Pferden ab ca. 1700 BCE in ihre späteren Siedlungsgebiete eingewandert sind.[38]

34 Vgl. Mallory, J.P. 1996, S. 67.
35 Vgl. Herodotus „The Histories", a.a.O., I, 56–58.
36 Vgl. Woudhuizen, Frederik Christiaan 2006, S. 29f.
37 Vgl. Pullen, Daniel: „The Early Bronze Age in Greece", in: Shelmerdine, Cynthia W. (Hrsg.), „The Cambridge Companion to the Aegean Bronze Age", Cambridge, 2008, S. 38ff.
38 Vgl. Drews, Robert 1988.

Wie lassen sich diese verschiedenen Einwanderungstheorien nun mit den archäologischen Funden übereinbringen? Archäologische Diskontinuitäten im mittel- bis spätbronzezeitlichen Griechenland lassen sich für die Zeiträume um 2200, 2000, 1600 und 1200 BCE in der Tat nachweisen.[39]

Vor-indo-europäische Bevölkerungsgruppen befanden sich in einigen Regionen der Ägäis und in Griechenland offenbar bereits ab ca. 2500 BCE auf dem Weg in eine *Proto-Staatlichkeit.*[40] Die Ägäis gehörte in dieser Phase nach Rahmstorf zur sog. *Peripherie* eines ostmediterranen Aktionsraumes, dessen materielle Kultur (u.a. erste Zinnbronzen, standardisierte Gewichtssysteme) wohl wesentlich auch durch mesopotamisch/vorderasiatische Elemente beeinflusst wurde. Ab Mitte des 3. Jtds. BCE ist demnach die Einbindung der Ägäis in vorderasiatische Gesellschaftsstrukturen spürbar.[41] Diese Entwicklung in der Ägäis und auf dem griechischen Festland kam um 2200 BCE zum Abbruch. Nachfolgend wurden ähnliche Dimensionen der Gesellschaftsorganisation und des Warenaustausches erst wieder in mykenischer Zeit ab ca. 1600 BCE erreicht.[42]

Dieser Bruch um 2200 BCE markiert den Übergang der Phasen *Frühhelladisch II* auf *Frühhelladisch III* und das erste Auftreten der sog. minyischen Keramik (Mattmalerei), die bis in die 60ger Jahre des letzten Jahrhunderts mit dem Vordringen der Indo-Europäer nach Griechenland in Verbindung gebracht wurde.[43] Der zweite Übergang um 2000 BCE der Phasen *Frühhelladisch III* auf *Mittelhelladisch* wird mit der Verbreitung der sog. *Mattmalerei* (*mattpainted ware*) sowie den ersten pferdeähnlichen Tieren im archäologischen Befund in Verbindung gebracht und kommt insofern auch als Zeitpunkt der indo-europäischen Einwanderung nach Griechenland in Frage.[44] Inwieweit diese Änderungen in der Keramikherstellung mit Einwanderungen in einen Zusammenhang gebracht werden können, ist unter Experten allerdings noch umstritten.[45] Heute schließt sich die Mehrzahl der Wissenschaftler offenbar der These an, dass

---

39 Vgl. Woudhuizen, Frederik Christiaan 2006, S. 59ff.

40 Vgl. Maran (1998) in Rahmstorf, Lorenz: „Die Nutzung von Booten und Schiffen in der bronzezeitlichen Ägäis und die Fernkontakte in der Frühbronzezeit", in Meller, Harald; Bertemes, Francois (Hrsg.): „Der Griff nach den Sternen", Internationales Symp. in Halle (Saale), 16.–21. Februar, 2005, Tagungen des Landesmuseums für Vorgeschichte, Bd. 5, 2010, S. 682.

41 Vgl. Rahmstorf, „Die Nutzung von Booten und Schiffen ...", a.a.O., S. 691.

42 Vgl. Rahmstorf, „Die Nutzung von Booten und Schiffen ...", a.a.O., S. 692.

43 Vgl. Schachermeyr, Fritz in „Zwettl", a.a.O.; Robbins, Manuel 2001, S. 117ff. Vgl. auch die Tabelle zu den chronologischen Einteilungen der Bronzezeit im Anhang aus Shelmerdine, a.a.O., S. 4.

44 Schachermeyr weist darauf hin, dass im Mittelhelladikum die Minyische Keramik parallel zur sog. *Mattmalerei* auftrat (vgl. Schachermeyr, a.a.O., S. 243).

45 Vgl. Forsen, Jeannette: „Mainland Greece", in: Cline, Eric H. (Hrsg.), „The Oxford Handbook of the Bronze Age Aegean", Oxford, 2010, S. 54.

die Einwanderung der Griechen um 2200 BCE am Ende der Phase *Frühhelladisch II* bzw. im Übergang zu *Frühhelladisch III* stattfand.[46]

Auch über die Richtung der möglichen ersten Einwanderungswellen gibt es unterschiedliche Annahmen. Während einige Wissenschaftler von einer ersten indo-europäischen Einwanderungswelle aus dem Balkanraum ausgehen, vermuten andere eine Migration aus Kleinasien. Aufgrund von linguistischen Parallelen, z.B. bei Toponymen zu Kleinasien, hat Palmer eine Einwanderung indo-europäischer Bevölkerungsgruppen des anatolischen Zweiges (Luwier) unterstellt. Für eine Einwanderung aus dem Balkanraum (heute wohl Mehrheitsmeinung) spricht dagegen u.a. die Dominanz thrakischer Götter und Mythen im griechischen Pantheon sowie thrakische Orts- und Flurnamen in Griechenland.

Nach Woudhuizen und Best gehörten die indo-europäischen Einwanderer der ersten Migrationswelle (um 2300 BCE) zum thrako-phrygischen Sprachverbund aus dem nördlichen Balkan.[47] Im Hinblick auf die archäologischen Zeugnisse lassen sich diese Bevölkerungsgruppen in Zusammenhang zu der sog. *minyischen Keramik* bringen, die bei Ausgrabungen an vielen Stellen in Zentralgriechenland zutage getreten ist sowie mit dem architektonischen Typus der sog. *apsidical Houses*. Zeitlich etwas früher anzusiedelnde Parallelen zu diesem Hausbaustil lassen sich auf dem nördlichen Balkan finden.

Die Sprache dieser Einwanderer gehörte zur indo-europäischen Sprachfamilie, war aber trotz einiger Parallelen noch kein Griechisch. Die linguistische Analyse des späteren Griechisch deutet auf eine enge Verwandtschaft zu den thrako-phrygischen Vorstufen vermischt mit einer indo-europäisch-anatolischen Komponente.

Die ankommenden indo-europäischen Stämme trafen in den neuen Siedlungsgebieten im östlichen Mittelmeerraum auf verschiedene vor-indo-europäische Bevölkerungsgruppen, darunter u.a. die Minoer, die Karier sowie evtl. die nur aus Schriftquellen bekannten Pelasger und Leleger.

Indikationen für vor-indo-europäische Elemente in Griechenland gibt es auch im Bereich der Sprache. Linguisten vermuten ein vorgriechisches Substratum[48] in der griechischen Sprache, da sich bestimmte Worte und Endungen nicht aus den indo-europäischen Wurzeln herleiten lassen. Haley stellte bereits 1928 fest, dass das Griechische offenbar Elemente einer vor-indo-europäischen Sprache enthält, insbesondere für Pflanzenarten, Tierbezeichnungen, Gegenstände des täglichen Lebens, bestimmte politische und soziale Konzepte sowie für Helden und Götternamen.

---

46 Vgl. Pullen, a.a.O., S. 38.

47 Vgl. Woudhuizen, Frederik Christiaan 2006 (Kapitel „The Ethnogenesis of the Greeks"), S. 59 ff.

48 Vgl. Bryant, Edwin 2001, S. 99.

Auch Toponyme auf -nthos, -ssos oder -ndos sind offenbar vorgriechischen Ursprungs.[49] Hesselmeyer identifizierte bereits 1890 diese vor-indo-europäischen Sprachkomponenten mit den sog. Pelasgern bzw. Lelegern (vgl. nachfolgende Abschnitte).[50]

Über einen Zeitraum von mehreren Jahrhunderten vermischten sich im heutigen Griechenland die indo-europäischen Einwanderer *„mit den Ureinwohnern. Ihre Sprache wurde vorherrschend und auch ihre Religion verankerte sich fest in den neuen Sitzen, ließen aber doch den alten Gottheiten und ihren Kulturen viel Spielraum.“*[51]

4.3 Indo-europäische Takeovers um 1700/1600 BCE

Etwa zwischen 1700 und 1550 BCE kam es im östlichen Mittelmeerraum und darüber hinaus bis nach Mesopotamien und Indien erneut zu Migrationsbewegungen, an denen Indo-Europäer zumindest beteiligt gewesen sind. Vermutlich hatten diese Bewegungen im Gegensatz zu den Infiltrationen zum Ende des 3. Jtds. BCE eher den Charakter militärischer *Takeovers*. Gemeint sind damit nach Drews *„caste of raiders superimposed on an indigenous population loosely organized in townships“*.[52] Die militärische Überlegenheit der Einwanderer beruhte dabei auf der Einführung neuer leichterer Streitwagen und des Kompositbogens, verbunden mit einer ausgeprägten Pferdekultur.[53] Der Ursprung dieser Kampfstrategien mit leichten pferdegezogenen Streitwagen ist in den pontischen Steppen zu sehen und geht nach heutigen Erkenntnissen auf die o.a. Sintashta-Kultur um 2100 BCE zurück.[54] Die in verschiedene Gebiete einwandernden Krieger brachten dabei neue Bräuche, Rituale und kulturelle Vorstellungen mit.[55]

---

49 Vgl. Haley 1928: „Non-Greek place names in Greece, most of them being in east central Greece, the Peloponnese, Crete and the Aegean islands. He also showed that a surprising number of these place names (many of them ending in -nthos, -ssos or -ndos) duplicated names in western Asia Minor, some rather far inland“, in: Mallory, J.P. 1996, S. 67: „Many of the place names in the Aegean had been given by a non-Greek people, a people whom the Greeks must have conquered or driven out“. Beispiele hierfür sind u.a. Korinthos, Perinthos und im pontischen Gebiet Odessos.

50 Vgl. Hesselmeyer, Ellis 2006, Nachdruck des Originals aus Tübingen, 1890. Zu dieser Identifikation s. auch die folgenden Abschnitte.

51 Codino, Fausto 1970, S. 6. Vgl. auch Puhvel, Jaan 1993, S. 127 f.

52 Drews, Robert 1988, S. 70.

53 Die Vorgänger der leichten zweirädrigen Streitwagen waren eselgezogene vierrädrige Wagen, die erheblich langsamer und schwerer waren. Die neuen leichten Streitwagen sind im östlichen Mittelmeerraum ab etwa 1900 BCE belegt. Kristiansen, Kristian; Larsson, Thomas B. 2005, S. 63 und 71. In Troja tauchen Pferde erstmals ab ca. 1700 BCE im archäologischen Befund auf.

54 Vgl. Anthony, David W. 2007, S. 397–405.

55 Vgl. Kristiansen, Kristian; Larsson, Thomas B. 2005, S. 225.

Die Protagonisten der Bewegungen um 1700/1600 BCE gehörten wohl teilweise, aber nicht ausschließlich, zur indo-europäischen Sprachfamilie. Vorwiegend indo-europäische Einwanderer eroberten das Gebiet der Hurriter am *oberen Euphrat* und etablierten sich im neuen Reich *Mitanni* als dortige Kriegerelite. Auch die assyrischen Handelsstützpunkte im *östlichen Kleinasien*, in denen u.a. importiertes Zinn sowie Textilien gegen anatolische Metalle – insbesondere Silber und Gold – getauscht wurde, endeten in Zerstörung, als mit den Mitanni und ihren mobilen Streitwagen diese neue Kriegstechnik im östlichen Mittelmeerraum einzog.[56]

Im frühen 14. Jh. BCE wurden die meisten der wichtigen Siedlungskomplexe in *Syrien und Palästina* von Gruppen mit entweder indo-europäischen oder hurritischen Namen kontrolliert.[57] Diese ausländischen Militäreliten in der Levante und im Nahen Osten nannten sich *maryannu*, ein Wort im Plural in der hurritischen Sprache, welches auf das Sanskrit-Wort *marya* (junger Krieger) zurückgeht und somit indo-europäischen Ursprungs ist. Indo-europäische Sprachwurzeln finden sich außerdem in den Worten der Mitanni zur Aufzucht und Ausbildung von Pferden sowie in einigen Namen, darunter denen der mitannischen Könige. So trug der aus den ägyptischen Amarna Briefen bekannte Indraruta aus Achsaph den gleichen indo-europäischen Namen wie die kontemporären Indrota oder Indrauta aus der indischen Rigveda.[58]

Aus dem gleichen Zeitabschnitt sind auch Umwälzungen in *Mesopotamien* bekannt. Nachdem die Hethiter unter König Mursilis um 1595 BCE im Babylonischen Reich eingefallen waren und Babylon geplündert hatten, übernahmen dort ab ca. 1475 BCE einwandernde *Kassiten* die Macht.[59] Die Kassiten waren bereits seit Anfang des 17. Jh. BCE aus dem Zagros Gebirge im heutigen Iran in das nördliche Babylonien eingedrungen. Sie stellten dort in der Folge für ca. 450 Jahre die herrschende Dynastie.[60] Auch die Kassiten zeichneten sich durch Kenntnisse der Pferdezucht und des Wagenbaus aus.[61]

In *Ägypten* kam es zur sog. Zweiten Zwischenzeit (1720–1550 BCE), in der die *Hyksos* (ein Wort, das in einigen Quellen als *Fremdherrscher* übersetzt wird[62]) die 15. Dynastie mit Residenz in Avaris im Nildelta bildeten. Auch die Hyksos verdankten ihre

---

56 Vgl. Woudhuizen, Frederik Christiaan 2006, S. 30.

57 Vgl. Drews, Robert 1988, S. 59.

58 Vgl. Drews, Robert 1988, S. 59.

59 Vgl. Woudhuizen, Frederik Christiaan 2006, S. 30; Drews, Robert 1988, S. 58.

60 Vgl. Drews, Robert 1988, S. 58.

61 Woudhuizen stellt die Eroberung von Babylon durch die Kassiten in den Kontext der indo-europäischen Eroberungen (vgl. Woudhuizen, Frederik Christiaan 2006, S. 30). Eine indo-europäische Abstammung der Kassiten wird von anderen Wissenschaftlern jedoch heute aufgrund sprachlicher Unterschiede z.T. bezweifelt.

62 Hyksos = Hikau Khoswet (vgl. Rice 1997, in: Kristiansen, Kristian; Larsson, Thomas B. 2005, S. 71).

militärische Überlegenheit den leichten Streitwagen und dem Kompositbogen.[63] Linguistische Quellen belegen, dass sich die Hyksos aus semitischen, hurritischen und indo-europäischen Elementen zusammensetzten.[64] Ein Teil der Hyksos stand möglicherweise in einem diplomatischen, kulturellen oder militärischen Austausch mit den damaligen Einwohnern in Griechenland oder aber kam direkt von dort. Dies legt zumindest die Io Sage nahe, in der die in eine Kuh verwandelte Io nach Ägypten an den Hof von Epaphos flieht. Letzterer lässt sich identifizieren als Hyksos Pharao Apophis (ca. 1580–1550 BCE).[65]

Ebenfalls in den Zeitraum um 1700 bis 1550 BCE fällt die indo-europäische Einwanderung nach *Indien*.[66] Die in Persien und Indien ankommenden Stämme gehörten offenbar zur o.a. Sintashta-Gruppe und zur sog. indo-iranischen Sprachfamilie. Diese Sprachfamilie gliederte sich in zwei Untergruppen, die *indo-arische* oder auch rigvedische und die *iranische (auch Avesta)* Familie. Zwischen 1700 und 1400 v. existieren im östlichen Iran und Afghanistan diese zwei Gruppen nebeneinander, trennten sich aber in der Folge. Seit ca. 1700 v. sind Einwanderungen nomadischer Stämme der rigvedischen Sprachgruppe aus dem östlichen und südlichen Afghanistan in den indischen Subkontinent nachgewiesen. Ein erster indo-europäischer Stamm, der zur Untergruppe der indo-iranischen Sprachfamilie zählte und eine Frühform von Sanskrit sprach, erreichte den Indus ca. 1700 BCE.[67]

In Indien haben sich die indo-europäischen Sprachen anschließend über einen längeren Zeitraum mit den ansässigen vor-indo-europäischen (dravidischen) Sprachen vermischt. Die bronzezeitlichen Mythen der Einwanderer sind reichhaltig und stehen denen der Griechen nicht nach. Sie dienen bei späteren Betrachtungen als *Cross-reference* und Plausibilitätsanker.

63 Vgl. Cline Eric H. 2014, S. 15.
64 Vgl. Woudhuizen, Frederik Christiaan 2006, S. 64.
65 Zur Verbindung griechischer und ägyptischer Traditionen später mehr u.a. im Zusammenhang mit der Danaos Sage.
66 Vgl. Drews, Robert 1988, S. 62.
67 1400 BCE, d.h. 300 Jahre später, erfolgte die Ankunft eines Stammes, der sich *Aryan* nannte, aus dem Rigvedischen Zweig aus Afghanistan kommend in Indien. Diese Einwanderer hatten das Pferd domestiziert und Wagen mit Rädern entwickelt, was den Wanderungsprozess erleichterte. In der indischen Mythologie ist diese Phase reflektiert in zahlreichen Landnahmemythen, in denen die Gottheit Indra eine prominente Rolle spielt (vgl. Avari, Burjor: „India: The Ancient Past – A history of the Indian sub-continent from c. 7000 BC to AD 1200“, New York, 2007, S. 60ff.).

4.4 Die Ethnogenese der Griechen

Das Ethnonym *Griechen* ist römischen Ursprungs und geht auf einen Volksstamm in Nordgriechenland zurück, mit denen die Römer in ihrer Expansion nach Osten als erstes in Berührung kamen (*Graikoi*).[68] Die Griechen der klassischen Zeit nannten sich selber *Hellenen* nach dem mythischen Stammvater Hellen, wobei *Hellas* zunächst eine Landschaft in Zentralgriechenland beschrieb und erst später auf ganz Griechenland ausgedehnt wurde. Weitere Bezeichnungen der bronzezeitlichen Griechen, auf die später noch eingegangen wird, waren *Achäer* und *Danaer*.

Die griechische Sprache ist über Schrifttafelfunde aus Knossos erstmalig aus der Zeit um 1450 BCE belegt, auch wenn Latacz die dort dokumentierte Linear B Schrift eher als eine „technical innovation"[69] betrachtet und ältere sprachliche Traditionen des Griechischen vermutet.[70]

Auch die antiken Geschichtsschreiber gingen offenbar davon aus, dass sich die Griechen bzw. Hellenen erst nach der sog. *Deukalischen Flut* als eigener Volksstamm herausgebildet haben. Dies legt die bereits zitierte Textstelle bei *Thukydides* nahe:

> *„In der Zeit vor Deukalions Sohn (Hellen) gab es diese Bezeichnung (Hellenen) überhaupt noch nicht, und nur einzelne Stämme, zumal der pelasgische, breiteten Ihren Namen möglichst weit aus."*[71]

Die ersten nachweislich griechisch sprechenden Bewohner des heutigen Griechenland waren die Erbauer der mykenischen Schachtgräber ab ca. 1650 BCE. Nahezu gleichzeitig begannen sich in Griechenland ab ca. 1600 BCE im Zuge eines allgemeinen Bevölkerungswachstums größere Siedlungen herauszubilden und miteinander zu interagieren. Auch die Gesellschaft differenzierte sich weiter aus, verbunden mit einer neuen herrschenden Gruppe und der Zentralisierung von Macht und Autorität.[72] Insbesondere auf der Peloponnes und in der Argolis werden neue Gräberformen (tholos) und neuartige leichte Streitwagen eingeführt.

Eine in der Literatur häufig diskutierte Frage ist, ob die Ethnogenese der Griechen in diesem grob definierten Zeitabschnitt mit weiteren Einwanderungsbewegungen nach Griechenland verbunden war. Einige Wissenschaftler sehen Anzeichen für Ein-

---

68 Latacz, Joachim 2004, S. 120.

69 Latacz, Joachim 2004, S. 165.

70 Latacz, Joachim 2004, S. 165, Woudhuizen, Frederik Christiaan 2006, S. 59.

71 Thukydides „Geschichte des Pelponnesischen Krieges", a.a.O., I, 3, S. 24.

72 Vgl. Wright, James Clinton: „Early Mycenaean Greece", in: Shelmerdine, Cynthia W. (Hrsg.), „The Cambridge Companion to the Aegean Bronze Age", Cambridge, 2008, S. 242ff.

wanderungsbewegungen im 17. Jh. BCE, die möglicherweise einen Einfluss auf die Ethnogenese der Griechen gehabt haben.[73] Über den Zeitpunkt und Umfang dieser Einflüsse werden in der Literatur erneut unterschiedlichen Meinungen vertreten.

Die Einteilung der spätbronzezeitlichen Epochen in Griechenland basiert im Wesentlichen auf einer Klassifizierung der Keramikstile (siehe Abbildung 5/5). Im Bereich der Keramikdatierung wird für den hier diskutierten Zeitrahmen der Übergang von der *mittelhelladischen* zur *späthelladischen* (d.h. mykenischen) getöpferten Ware angesetzt. Aus diesen und weiteren archäologischen Befunden ist die These entwickelt worden, dass im südlichen Griechenland um 1600 BCE Krieger mit Streitwagen eingefallen sind (nach Latacz erst um 1500 BCE), die in der Folge dort aristokratische Eliten bildeten.[74]

In der Tat gibt es um 1600 BCE im archäologischen Befund Anzeichen für Brüche, die auf einen oder mehrere Einfälle externer Gruppen in Griechenland zurückgehen könnten.[75] Forschungen von Penner haben konkrete Hinweise auf militärische Einwanderungen vermutlich aus den pontischen Steppen geliefert, die auf einen Kontext zu den o.a. *Takeovers* dieser Epoche deuten. Dies wird u.a. aus Skelettfunden, Gräberformen, aber auch aus Ähnlichkeiten bei Gebrauchsgegenständen insbesondere zur Pferdehaltung geschlossen.[76] Auch Knochenfunde von Pferden deuten auf die nordöstlichen Steppenlandschaften als Ursprung der Einwanderer, aus denen sich in der Folge möglicherweise die Fürsten der Schachtgräberzeit rekrutierten.

Von einigen Wissenschaftlern wird im Befund bei Haushalts- und Schmuckgegenständen sowie bei den Bestattungformen möglicherweise auch auf Verbindungen bzw. kulturelle Transfers aus dem Ägypten der Hyksos-Ära in dieser Phase verwiesen. Inwieweit diese Indikationen in Verbindung mit Wanderungsbewegungen von Teilen der Hyksos, die von Pharao Ahmose um 1550 BCE aus Ägypten vertrieben wurden, nach Griechenland zu bringen sind, ist umstritten.[77] Wenn die Vermutung einer Zuwanderung von Gruppen aus Ägypten zutreffen sollte, dürften die Einwanderer zahlenmäßig nicht stark genug gewesen sein, um sprachlich dominant zu werden, denn

73 Vgl. Woudhuizen, Frederik Christiaan 2006, S. 59ff.

74 Vgl. Latacz, Joachim 2004, S. 134, Woudhuizen, Frederik Christiaan 2006, S. 59f.

75 Latacz geht von 1500 BCE aus (Latacz, Joachim 2004, S. 134), Drews von 1600 BCE (Drews 1988). Shelton sieht den Übergang deutlich früher um ca. 1700 BCE (Vgl. Shelton, Kim: „Mainland Greece", in: Cline, Eric H. (Hrsg.), „The Oxford Handbook of the Bronze Age Aegean", Oxford, 2010, S. 139).

76 Vgl. Penner (2002) in Kristiansen, Kristian; Larsson, Thomas B. 2005, S. 182ff.

77 Vgl. Stubbings, Best und Von Royen in Woudhuizen, Frederik Christiaan 2006, S. 59f. Andere Wissenschaftler bezweifeln vor dem Hintergrund minoischer Vorbilder in den materiellen Kulturelementen einen ägyptischen Einfluss.

die griechische Sprache entwickelte sich weiter aus den bereits ansässigen thrako-phrygischen Dialekten.[78]

Die These einer kulturellen Verbindung der griechischen Schachtgräberfürsten nach Ägypten wird durch mythische Erwähnungen in der Danaos Sage unterstützt. Danaos, ein Sohn des Belos (Baal = sem. für Herr, Herrscher), wird gemäß dieser Erzählung von seinem Bruder Aigyptos mit seinen Töchtern aus Ägypten nach Argos in Griechenland vertrieben.[79] In Argos angekommen, macht er dem dortigen Fürsten Gelanor die Herrschaft streitig. Danaos wird im Mythos mit einem Wolf verglichen, der mit einem Stier (Gelanor) kämpft. Dieses Sagenelement ist ein Indiz für einen Dynastiewechsel in Argos, verbunden mit der Einführung neuer religiöser Bräuche. Danaos und seine Nachkommen führen nach seinem Sieg den Kult des Apollon Lykios (Lykos = Wolf) ein.[80] Auch die Mysterien und der Kult der Demeter sind offenbar von den „Töchtern des Danaos"[81] aus Ägypten nach Griechenland gebracht und dort „den pelasgischen Frauen der Peloponnes gelehrt worden".[82]

Interessanterweise findet dieser griechische Mythos seine Entsprechung in Ägypten, wo eine parallele Überlieferung über Harmais/Danaos vorliegt, der mit seinen Töchtern von seinem Bruder Aigyptos in der Zeit der Hyksos-Herrschaft nach Griechenland vertrieben wurde. Diese und andere bemerkenswerte Parallelen zwischen griechischen und ägyptischen Traditionen tragen tendenziell zur Glaubwürdigkeit der Überlieferungen bei.[83]

In Ägypten ist der Name *Danaer* (Tanayu) für die bronzezeitlichen Griechen mehrfach belegt, so erstmals bei Thutmosis III (1479–1425 BCE) und weiter bei Amenhotep III (1390–1352 BCE). Im griechischen Mythos gründeten die Danaiden eine Dynastie auch in Mykene, die bis zu Eurystheus reichte. Nach Eurystheus kam es erneut zu einem Dynastiewechsel auf die sog. *Pelopiden* – also die Nachfahren von Pelops –, bei denen es sich vermutlich um ein Geschlecht aus der ursprünglich phrygischen Bevölkerungskomponente handelte.

In die gleiche Zeit fällt auch die Kadmos Sage um den mythischen Gründer des böotischen Theben mit seiner Burg *Kadmeia*. Kadmos, dessen Namen u.U. der „aus dem Osten Kommende" bedeutet, hat eine griechisch-phönizische Herkunft. Nach Herodot verdrängten die Kadmeer die Hellenen unter Doros aus der Phtiotis, wo sie seit der Zeit von Deukalion gelebt hatten, in die Gegend um die Berge Ossa und

78 Vgl. Stubbings in Woudhuizen, Frederik Christiaan 2006, S. 65.
79 Vgl. Woudhuizen, Frederik Christiaan 2006, S. 77.
80 Vgl. Pausanias „Reisen in Griechenland", 2.19.3.
81 Herodotus, „The Histories", a.a.O., II, 171, S. 215.
82 Herodotus, „The Histories", a.a.O., II, 171, S. 215.
83 Vgl. Verbrugghe, Gerald P.; Wickersham, John M. 2001, S. 108.

Olymp (Histiaiotis).[84] Auch den Atreiden (Pelops, Atreus und Agamemnon), den Nachfolgern der Perseiden in der Herrschaft über Mykene, wird eine kleinasiatische Abstammung nachgesagt.[85]

Nach Woudhuizen konstatieren diese möglichen Einwanderungen der Danaer und der Kadmeer einen Beitrag zur Ethnogenese der Griechen, die dann spätestens ab 1450 BCE in der mykenischen Kultur greifbar wurden.[86]

4.5 Die thrakischen Einwanderungen um 1250 BCE – Die Ankunft der Thraker, Phryger und Mysier in Kleinasien

Eine für den weiteren Erklärungszusammenhang sehr wesentliche Entwicklung vollzog sich mit großer Wahrscheinlichkeit in den Jahren um 1230 bis 1200 BCE, also unmittelbar vor dem Ende der Bronzezeit im östlichen Mittelmeerraum. Es gibt Anzeichen dafür, dass in dieser Zeit illyrische, aber vor allem thrakische Stämme aus dem Balkanraum in den südlichen Balkan bis auf die Halbinsel Athos und die nördliche Ägäis (Samothrake), den Bosporus und weiter bis nach Kleinasien eingewandert sind. Diese These wurde erstmals von Gaston Maspero vertreten, in neuerer Zeit aber u.a. auch von Bittel, Robbins, Akurgal und insbesondere Stadelmann (1969) diskutiert.[87] Da archäologische Belege für die entsprechenden Wanderungsbewegungen noch rar sind, beruht die These hauptsächlich auf schriftlichen und linguistischen Hinweisen.

Bei den Thrakern handelte es sich um eine indo-europäische Volksgruppe, deren Kernsiedlungsgebiete ursprünglich im Donauraum bis in die pontischen Steppen und später im Balkan gelegen haben. Das Ethnonym *Thraker* bezeichnet demnach eine größere Bevölkerungsgruppe mit Siedlungsschwerpunkten von Gebieten am Dnjestr und Dnjepr über den Balkan bis zu den Flüssen Axios und Strymon mit relativ einheitlichen wirtschaftlichen, kulturellen und sozialen Strukturen.[88] Diese Bevölkerungsgruppe teilte sich in verschiedene Stämme mit eigenem Königtum auf (nach Haefs „Königsstämme"), darunter in der späten Bronzezeit z.B. die Mysier, die Phryger, die Kikonen und die Päonier, im ersten Jtsd. BCE dann u.a. auch die Daker, Geten, Odrysen und Edonen. In Summe sind ca. 120 thrakische Unterverbände oder Stämme bekannt, die z.T. aus nach ihren Anführern benannten größeren Familiengruppen bestanden haben müssen.

84 Vgl. Herodotus „The Histories", a.a.O., I, 56, S. 30.
85 Vgl. Wood, Michael 2005, S. 178.
86 Vgl. Woudhuizen, Frederik Christiaan 2006, S. 60.
87 Vgl. Bittel, a.a.O., S. 59; Robbins, Manuel 2001, S. 113; R. Stadelmann „Die Abwehr der Seevölker unter Ramses III", (1969), zitiert nach Woudhuizen, Frederik Christiaan 2006, S. 38.
88 Vgl. Haefs, Hanswilhelm 2007, S. 41.

Nach Haefs sind die Thraker bereits ab dem 17. Jh. BCE aus dem Donauraum auch in die südlichen Balkangebiete eingewandert.[89] Mit ihren Wanderungen in die Ägäis, an den Bosporus und später nach Kleinasien, die sich wohl in mehreren Schüben vollzogen haben, gerieten die Thraker in engen Kontakt auch zu den griechischen Stämmen. Von den griechischen Historikern werden sie vom Erscheinungsbild her als blond und blauäugig beschrieben (*Xenophanes*). *Herodot* schrieb über die Thraker:

> *„Das thrakische Volk ist nach dem indischen das größte der Erde. Wäre es einig und hätte es nur einen Herrscher, so wäre es unbesiegbar und meiner Meinung nach bei weitem das mächtigste Volk, das es gibt. Aber da das unmöglich ist und gewiss niemals von ihnen erreicht werden wird, so sind sie schwach. In jeder Landschaft haben sie einen besonderen Namen, doch sind die Sitten des ganzen Volkes durchweg dieselben."*[90]

Zu den thrakischen Stämmen, die in dieser Zeit neue Siedlungsgebiete bezogen, gehörten zum einen die Thraker im engeren Sinne, deren Siedlungsgebiet auf der europäischen Seite der Dardanellen und des Marmarameeres lag.[91] Daneben wanderten aber auch mit den Thrakern eng verwandte Stämme wie u.a. die *Phryger*, die *Mysier* und evtl. die *Veneter* nach Kleinasien. Auf der europäischen Seite der Dardanellen siedeln neben den Thrakern weitere verwandte Untergruppen, so u.a. die aus den homerischen Epen bekannten mysischen Päonier und die Kikonen.

In diesem Migrationsprozess muss es zu einer gewissen Verdrängung der in Nordwest-Kleinasien bereits ansässigen Volksstämme, aber auch einer adstratum Besiedelung, z.B. mit den dortigen Teukrern, Tyrrhenern und Pelasgern gekommen sein (s.u.), die die gleichen Gebiete bewohnten. In Nordwest-Kleinasien siedelten die Neuankömmlinge auf den eben beschriebenen ehemaligen Gebieten von Arzawa und vormals hethitischen Protektoraten. Demetrios aus Skepsis verweist auf sprachliche Parallelen zwischen trojanischen und thrakischen Namen.[92] Woudhuizen vermutet, dass Thrako-Phrygisch wahrscheinlich die Umgangssprache der Bewohner der Troas während der Bronzezeit gewesen ist.[93]

89 Vgl. Haefs, Hanswilhelm 2007, S. 32.

90 Herodotus „The Histories", a.a.O., V, 3.

91 Der später im Zusammenhang mit der Argonautensage erwähnte König Kyzikos gehörte zu den Thrakern und führte den Stamm der Dolionen an.

92 Vgl. Boshnakov, Konstantin 2003, S. 227.

93 Vgl. Woudhuizen, Frederik Christiaan 2006, S. 80. Gleichzeitig ist Thrako-Phrygisch wie oben dargestellt wohl auch ein wesentlicher Stamm der griechischen Sprache. Anders Fortson, der die Troas in den luwischen Sprachraum einordnet (vgl. Fortson, Benjamin W. IV 2010, S. 185).

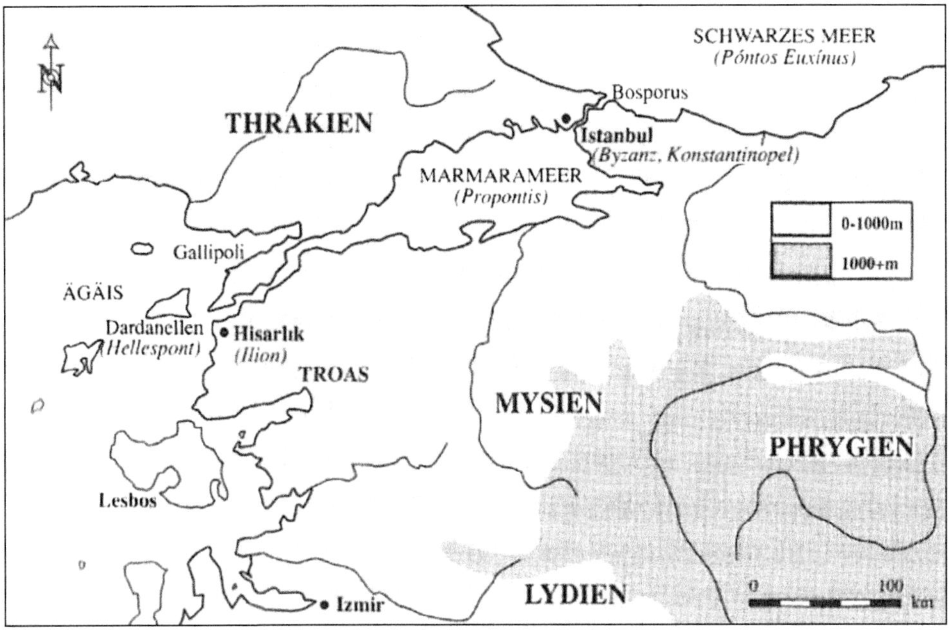

Abb. 4: Siedlungsgebiete der thrakischen Stämme im nordwestlichen Kleinasien in der späten Bronzezeit [Zangger 1994, S. 105]

Akurgal vertritt die Auffassung, dass die einwandernden thrakischen Stämme eine eher pastorale Landwirtschaft betrieben und daher wenige materielle Zeugnisse hinterlassen haben.[94] Städtebauliche Aktivitäten der thrakischen Bevölkerungsgruppen in Kleinasien sind erst ab ca. 700 BCE nachweisbar.

Die hier umrissenen Bewegungen der thrakischen Stämme sind für die Zusammenhänge der späten Bronzezeit insofern wichtig, als die Namen der beteiligten Stämme im Rahmen der Erzählungen um den Trojanischen Krieg, aber möglicherweise auch als Teile der sog. *Seevölker* in den Wirren um den Untergang der bronzezeitlichen Kulturen wieder anklingen.

94 Vgl. Akurgal, Ekrem: „Das dunkle Zeitalter Kleinasiens", in: Deger-Jalkotzy, Sigrid (Hrsg.): „Griechenland, die Ägäis und die Levante während der Dark Ages vom 12. bis zum 9. Jh. v. Chr.", Symp. Zwettl, Wien, 1983, S. 75.

5 Die großen Reiche und Bevölkerungsgruppen der späten Bronzezeit im östlichen Mittelmeerraum

Nachdem in den vorausgehenden Abschnitten Wanderungsbewegungen in der Bronzezeit im Mittelpunkt standen, die sich teilweise nur schwer aus den archäologischen Befunden rekonstruieren lassen und deren Ablauf noch spekulative Elemente beinhaltet, sollen im Folgenden die besser greifbaren Reiche und Machtstrukturen der späten Bronzezeit incl. deren Interaktionen dargestellt werden. Das Kapitel wird um eine Beschreibung der nur aus klassisch-historischen Quellen greifbaren Bevölkerungsgruppen im östlichen Mittelmeerraum ergänzt.

5.1 Ägypten in der späten Bronzezeit

Bei einer Betrachtung der einzelnen Kulturen und Ethnien der späten Bronzezeit fällt der dabei hier gewählte Aufsatzpunkt von ca. 1500 BCE in Ägypten zusammen mit der Gründung des sog. *Neuen Reiches* unter Pharao Ahmose (1570–1546 BCE)[1], dem es gelang, eine 120-jährige Fremdherrschaft der Hyksos abzuschütteln. Die Hyksos hatten eine Schwächeperiode der letzten Pharaonen des Mittleren Reiches ausgenutzt, Teile von Ägypten besetzt und mit Avaris eine Hauptstadt im Nildelta gegründet. Zur Zeit der Hyksos war auch die Kriegsführung mittels beweglicher Streitwagen nach Ägypten gelangt.

In den Regierungsjahren der auf Ahmose folgenden Thutmosiden begann in Ägypten eine Phase der militärischen Expansion. Thutmosis I (1524–1518 BCE) drang mit seinen Heeren nach Norden bis zum Euphrat vor. Gleiches tat Thutmosis III, der die ägyptische Herrschaft mit seinem Sieg bei Megiddo über Kanaan hinaus bis nach Ugarit ausdehnte. Aus dieser Machtausdehnung in die Levante entwickelte sich ein lange andauernder ägyptischer militärischer und kultureller Einfluss in Kanaan, aber auch eine Kette von wechselnden Konflikten und Bündnissen u.a. mit den Hethitern und den Mitanni um die Vorherrschaft über die syrischen Stadtstaaten.

1 Zur Datierung der Regierungsjahre der Pharaonen vgl. Clayton, Peter A. 1998, S. 9–13.

In der Folgezeit gelangte Ägypten zu einer bemerkenswerten kulturellen Blüte unter den Pharaonen Amenophis II (1453–1419 BCE) sowie Amenophis III (1386–1349 BCE)[2]. In dieser Phase des Neuen Reiches florierte auch der Handel zwischen Ägypten und den Anrainerstaaten im östlichen Mittelmeer, vor allem mit Kreta und Zypern, aber auch mit den aufkommenden Mykenern.[3] Unter Amenophis III wurde um ca. 1380 BCE eine ägyptische Handelsflotte mit diplomatischem Auftrag nach Griechenland und Kreta entsandt, deren Zielhäfen in der Ägäis auf einer Stele festgehalten wurden.

In den Jahren 1350 bis 1334 BCE folgte dann eine Periode, in der Ägypten sich neben dem Austausch mit anderen Mächten auch auf innenpolitische Themen konzentrieren musste. Amenophis IV schaffte den religiösen Staatskult mit dem Zentrum in Theben ab und führte die alleinige Verehrung der Sonnenscheibe Aton ein. Ebenfalls verlegte er die Hauptstadt von Theben in das neu gegründete Achetaton (heute Tell-el-Amarna) und änderte seinen Thronnamen in *Echnaton*.[4]

Die Regierungszeit von Echnaton ist dennoch von großer Bedeutung für die Geschichtsforschung über die Bronzezeit, weil in den Archiven der neu angelegten Hauptstadt ausgeprägte diplomatische Konversationen in verschiedenen Schriften und Sprachen wiedergefunden werden konnten (die sog. *Amarna Briefe*[5]), die uns einen Zugang zu den außenpolitischen Beziehungen der damaligen Epoche ermöglichen. Bereits unmittelbar nach seinem Tod wurde ein Großteil der religiösen Reformen wieder rückgängig gemacht. Sein Nachfolger Tut Anch Aton (1334–1325 BCE) änderte seinen Thronnamen zurück in Tut Anch Amun.

In dem für uns zentralen 13. Jh. BCE zu Beginn der rd. 70-jährigen Regierungszeit von Ramses II (1279–1212 BCE) kam es im Jahr 1274 BCE zu einer massiven kriegerischen Auseinandersetzung mit Hatti in Syrien in der Umgebung der Stadt *Kadesh*. Die hethitische Armee wurde in diesem Krieg durch Kontingente der westanatolischen Vasallenstaaten Arzawa (= das spätere Lydien), Dardania (= Troas), Masa (= das spätere Mysien), Karkissa (= Karien) und Lukka (= Lykien) unterstützt.[6]

Keine der beiden Mächte konnte einen nachhaltigen Sieg für sich verbuchen, so dass der Status Quo in Syrien festgeschrieben blieb und der Konflikt letztendlich in einem Bündnis endete. Allerdings blieb Syrien (Amurru) incl. der Stadt Kadesh Teil des hethitischen Staatenbundes.

---

2 Vgl. Strauss, Barry 2006, S. 191.

3 Vgl. Cline, Eric H. 2014, S. 44f.

4 Vgl. Kristiansen, Kristian; Larsson, Thomas B. 2005, S. 72f.

5 Vgl. Moran, William L. 1992.

6 Vgl. Woudhuizen, Frederik Christiaan 2006, S. 32; Robbins, Manuel 2001, S. 22ff.

Ende des 13. Jh. BCE zeichneten sich Veränderungen ab, die im Zentrum der nachfolgenden Betrachtungen stehen. Seit der Regierungszeit von Pharao Merneptah (1212–1202 BCE) kam es zu mehreren Auseinandersetzungen mit neuen Gegnern, darunter den Libyern und den mysteriösen *Seevölkern*. Die kriegerischen Auseinandersetzungen setzten sich bis in die Zeit von Ramses III (1182–1151 BCE) fort und wurden auf verschiedenen Tempelinschriften sowie dem Papyrus Harris festgehalten. Ägypten widerstand dem Angriff der Seevölker, trat aber anschließend in eine Phase des kulturellen Niedergangs ein. Diese letzten Jahre der Bronzezeit in Ägypten sind ein wesentlicher Teil der nachfolgenden Untersuchungen über das Ende der Bronzezeit im östlichen Mittelmeerraum.

5.2 Das hethitische Großreich

In Zentralanatolien hatte sich bereits um 1800 BCE der Staat der Hethiter etabliert. Nach einer Phase der Ausdehnung in der Periode des sog. *Alten Reiches* mit der Eroberung Babylons 1590 BCE und einer anschließenden Kontraktion während des *Mittleren Reiches* auf die Kerngebiete in Mittelanatolien (u.a. als Ergebnis von Konflikten mit dem Nachbarstaat Arzawa) re-institutionalisierte sich der Hethiterstaat zunächst ab 1460 BCE und nach einer von Rückschritten geprägten Zwischenphase erneut ab 1350 BCE unter Großkönig Suppiluliuma I als dominante Großmacht im gesamten Kleinasien. In dieser Zeit übten die Hethiter ausgehend von ihrem Kerngebiet Hatti in Zentralanatolien in verschiedenen Phasen über Bündnissysteme eine Vormachtstellung auch über die west- und süd-kleinasiatischen Nachbargebiete aus.

Zu diesen von Hatti dominierten Nachbargebieten gehörten Kizzuwatna und Tarhuntassa im Süden (das spätere Pamphylien und Kilikien), an der Westküste Kleinasiens Karkissa (Karien), im Norden Paphlagonien, das *Land der Pala*, und das östlich von Hatti gelegene Isuwa. Nicht unter dauerhafte hethitische Oberherrschaft fielen die Lukka Länder (Lykien) im Südwesten Kleinasiens.

Über die Außenbeziehungen des hethitischen Reiches ist in den Keilschriftarchiven der Hauptstadt Hattusha einiger diplomatischer Schriftverkehr gefunden worden. Die entsprechenden Schriftstücke lassen sich allerdings nicht in allen Fällen genau datieren, so dass die zeitliche Einordnung oft aus dem Kontext vorgenommen werden muss.[7] Ergänzt wird dieses Material durch die kontemporären sog. *Amarna Briefe* – ebenfalls eine Sammlung diplomatischer Korrespondenz – aus Ägypten.

7 Vgl. Otten, a.a.O., S. 13–15.

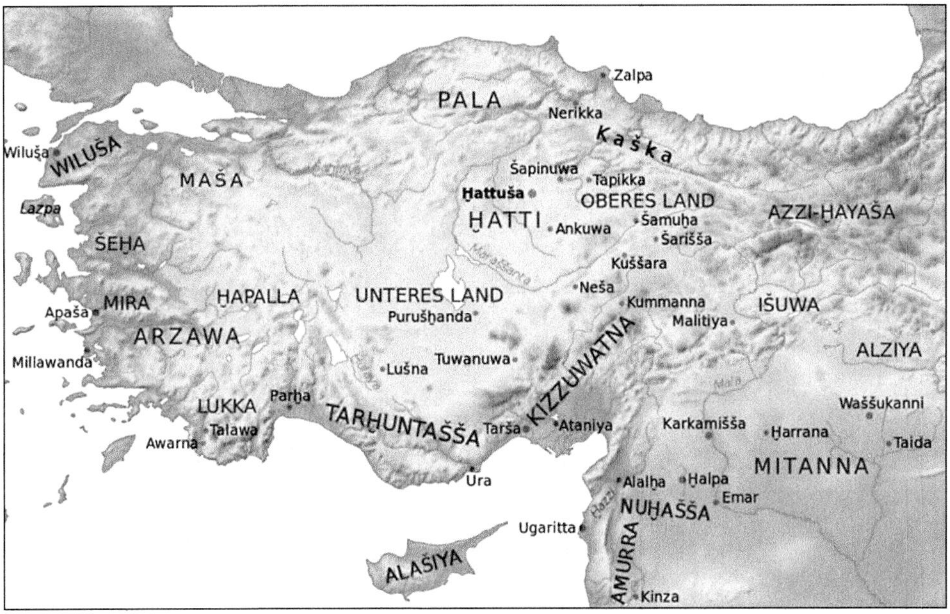

Abb. 5: Hethitische Provinzen vor Einwanderung der thrakischen Stämme (Quelle Wikipedia)

Vor 1450 BCE stand der Hethiterstaat außenpolitisch eine Zeit lang durch die benachbarten Machtzentren Arzawa, Assuwa und Mitanni unter Druck. In der ersten Phase der erneuten Expansion zwischen 1450 und 1390 BCE gewannen die Hethiter ihren militärischen Einfluss insbesondere in West-Kleinasien zurück. Diese Phase begann mit der Unterwerfung und Zerschlagung der nordwest-kleinasiatischen Allianz Assuwa mit dem Zentrum in Apasa (Ephesos) um 1420 unter Tudhalija I. Im Siegesbericht des Tudhalija werden unter den besiegten Ländereien auch Wilusija und Taruisa genannt. In den letzten Jahren ist die Gewissheit gestiegen, dass diese Bezeichnungen mit den Namen Ilion und Troja der homerischen Epen korrespondieren.[8]

Ab ca. 1410 BCE treten die Hethiter in erste Kontakte zu den *Mykenern,* die in dieser Zeit begannen, auf Rhodos und Kos zu siedeln und Milet als Stützpunkt auf dem kleinasiatischen Festland auszubauen. Die Mykener scheinen dabei im westlichen Kleinasien ein Machtvakuum ausgenutzt zu haben, das sich infolge der Unterwerfung der Assuwa-Allianz durch die Hethiter ergeben hatte.

Aus dieser Zeit stammt wohl die in hethitischen Archiven gefundene sog. Maduwatta-Anklageschrift, aus der hervorgeht, dass die Hethiter einen Vasallenkönig

8 Vgl. Latacz, Joachim 2004, S. 93f. Das im mykenischen Griechisch noch vorhandene Digamma als W-Laut ist im klassischen Griechisch entfallen. Daher wurde aus *Wilion* später im klassischen Griechisch *Ilion.*

namens Maduwatta aus West-Kleinasien trotz einiger Verratstatbestände lange schützten.[9] Maduwatta wurde in dieser Zeit von einem König aus *Ahhijawa* namens Attarissyas bedrängt, der in Kleinasien militärische Operationen durchführte und von einigen Autoren mit dem Atreus der griechischen Sage gleichgesetzt wurde.[10]

Die Identifizierung von Ahhijawa war lange Zeit umstritten. Die Gleichsetzung mit Achaia, einem Teil des mykenischen Griechenland, ist seit Ende der 90er Jahre aber herrschende Meinung.[11] Ahhijawa lag westlich von Hatti, Formulierungen legen nahe, dass es auf dem Seewege zu erreichen war. Ab ca. 1400 BCE lag Ahhijawa dann eindeutig im Fokus der Hethiter.

In den Jahren zwischen 1370 und 1350 BCE folgte eine erneute Zwischenphase[12], in der die Kaska im Verbund mit dem hethitischen Nachbarstaat Arzawa bis nach Hattusha vorstießen, die Stadt plünderten und ihr Siedlungsgebiet auf hethitisches Territorium ausdehnten. Die hethitische Regierungszentrale wurde in dieser Zeit in die südöstlichere Stadt Samuha verlegt.

Erst Suppiluliuma I (1355 bis 1320 BCE) und seinen Nachfolgern gelang es, nacheinander Hattusha von den Kaska zurückzuerobern, einen Schlag gegen Arzawa vorzunehmen und die Hauptstadt der Mitanni, Wassukanni, im zweiten Anlauf zu erobern. Ganz Nordsyrien (Amurru und Mukish) wurde unter hethitische Kontrolle gebracht, insbesondere die Festung Karkemish, aber auch Ugarit und Kadesh. Mit der Ausdehnung des Staatsgebietes bis nach Syrien wurde Suppiluliuma zum Begründer des hethitischen Großreiches.[13]

Im Westen des hethitischen Reiches hatte sich im 16. Jh. BCE ein luwischer Staat mit dem Namen *Arzawa* mit der Hauptstadt Apasa, dem späteren Ephesus, herausgebildet. Das Kerngebiet von Arzawa lag am Fluss Mäander.[14] Seine Blütezeit und größte Ausdehnung erreichte Arzawa im 15. und 14. Jh. BCE. In dieser Phase stand Arzawa auch im diplomatischen Kontakt zu Ägypten.

Beginnend mit Suppiluliuma wurde Arzawa ab Mitte des 14. Jh. BCE nach und nach gewaltsam in das hethitische Reich integriert. Die Hethiter unternahmen in dieser Phase mehrere Feldzüge in das westliche Kleinasien. Die finale Eroberung von

9 Nach Robbins unter Tudhalija und seinem Nachfolger Arnuwanda (vgl. Robbins, Manuel 2001, S. 37).

10 Vgl. Robbins, Manuel 2001, S. 37ff.

11 Diese Gleichsetzung wurde bereits 1924 von Emil Forrer vorgeschlagen.

12 Görke spricht in diesem Zusammenhang von einer „Vorgroßreichszeit“ (Görke, Susanne 2015, S. 62).

13 Vgl. Robbins, Manuel 2001, S. 42f.

14 Im Süden grenzte Arzawa an die Lukka Länder (Lykien). Weitere Nachbarländer waren damals Kizzuwatna und Luwien, das später ein Teil von Arzawa wurde.

Apasa (Ephesos) erfolgte unter Mursilis II (1318–1290 BCE), einem Sohn und Nachfolger von Suppiluliuma, um 1315 BCE.[15] Die Arzawa Länder wurden anschließend in 3 hethitische Provinzen aufgeteilt: 1. Mira = später Karia, Karkissa, 2. Seha River Land = später Lydia/Mäonien mit der Hauptstadt Sardis und 3. Hapalla.[16]

Neben Arzawa zog das hethitische Heer auch gegen andere west-kleinasiatische Länder. Kurz nach 1320 BCE erfolgte die Plünderung von Milet unter Mursilis II. Woudhuizen erwähnt als weitere Provinz Wilusa im Norden West-Kleinasiens.[17] Außerdem stand auch die benachbarte Provinz Masa unter hethitischem Einfluss, die später nach Einwanderung der thrakischen Mysier *Mysien* genannt wurde.

In die Phase der hethitischen Kontrolle über Wilusa gehört auch der sog. Alaksandu Vertrag aus 1280 BCE. Im Alaksandu Vertrag wird deutlich, dass Troja/Wilusa fest zum hethitischen Einflussgebiet in West-Kleinasien gehörte. Ein Ergebnis der hethitischen Expansionsphase nach 1450 BCE ist somit das Entstehen von Hatti abhängiger Vasallenstaaten oder Provinzen in West-Kleinasien – darunter auch Troja/Wilusa. Da parallel die Ausdehnung des achäischen Einflussgebietes in der Ägäis stattfand, kamen die beiden Machtzentren in diesem Prozess wiederholt in Kontakt.

Im Norden gelang den Hethitern unter Großkönig Mursilis II erneut ein erfolgreicher Schlag gegen die *Kaska*, so dass die Nordgrenze des Reiches abgesichert werden konnte. Die Stoßrichtung der hethitischen Expansion im 14. Jh. BCE unter Suppiluliuma und seinen Nachfolgern wendete sich auch und besonders nach Osten. Dort hatte sich Ende des 15. Jh. BCE mit Mitanni ein Staat in Nordsyrien zwischen dem Hethiterreich und Assyrien etabliert.

Mitanni mit der Hauptstadt Wassukanni war bei den Nachbarländern auch unter alternativen Bezeichnungen wie z.B. Hanigalbat (in Assyrien) und Naharina (in Ägypten) bekannt.[18]

---

15 Vgl. Strauss, Barry 2006, S. 98.

16 Vgl. Abbildung 5/1; Wood, Michael, 2005, S. 219.

17 Vgl. Woudhuizen, Frederik Christiaan 2006, S. 32.

18 Die Ursprünge des Staates *Mitanni* sind im Detail noch unklar. Die Staatenbildung erfolgte wahrscheinlich durch indo-europäische Einwanderer, die sich an die Spitze vormals hurritischer Fürstentümer und Stammesverbände setzten. Die Bevölkerung von Mitanni bestand aus einem Gemisch von Hurritern, Amoritern und Assyrern. Gesprochen wurden die Sprachen Hurritisch, Alt-Anatolisch sowie Akkadisch. Darüber hinaus sind einzelne indo-europäische Wörter belegt, u.a. bei Eigennamen (Artatama), im Götter Pantheon (vedische und persische Parallelen) und in der Pferde-Terminologie. In der ersten Phase der Staatengründung bis ca. 1380 BCE dominierte Mitanni das benachbarte Assyrien. Außerdem gelang es Mitanni, sich in der Phase der ägyptischen Expansion in die Levante unter Thutmosis I und Thutmosis III, die Feldzüge nach Syrien bis hin zum Euphrat unternahmen, vom ägyptischen Einflussgebiet abzugrenzen. Dabei kam es 1446 BCE zu einer bewaffneten Konfrontation gegen das Heer von Thutmosis III.

Ab 1350 bis 1250 BCE geriet das *Mitanni* Reich zwischen den Hethitern und den aufkommenden Assyrern in einen Zweifrontenkonflikt und wurde schließlich zerrieben. 1330 BCE eroberten die Hethiter unter Suppiluliuma I Mitanni und plünderten die Hauptstadt Wassukanni.[19] Nordsyrien bis zur Stadt Kadesh und einschließlich der wichtigen Hafenstadt Ugarit wurde dadurch hethitische Provinz. Suppiluliuma leitete hiermit eine stabile hethitische Herrschaft in Nordsyrien ein.

1330 BCE schüttelte auch der König von *Assyrien*, Assur Uballit I, das mitannische Joch ab. Mitanni zerfiel in der Folge in 3 Teile: a) das mittelassyrische Reich, b) hethitische Provinzen und c) das verbleibende Kernland Mitanni. In der Zeit von Adad Nirari (1305–1274 BCE) und Salmanassar I (1273–1244 BCE) erfolgte die weitgehende Inkorporation von Mitanni in das Mittelassyrische Reich.[20]

Die nachfolgende Phase der hethitischen Außenpolitik war gekennzeichnet durch die Beziehung zum ägyptischen Großreich. In der Auseinandersetzung mit *Ägypten* erreichte das Hethiterreich seinen machtpolitischen Höhepunkt und behauptete sich als zweite Großmacht im östlichen Mittelmeerraum.

Durch die Eroberungen von Suppiluliuma I in Syrien grenzten die Einflusssphären beider Mächte unmittelbar aneinander. Mit der Expansion der Ägypter nach Norden kam es zum offenen Konflikt. Vor der Stadt Kadesh im heutigen Syrien traf in einer der größten Schlachten der Bronzezeit nach ägyptischen Quellen die Armee Ramses II auf eine ca. 37.000 Mann starke hethitische Infanterie und 3.500 Streitwagen der hethitischen Alliierten.[21] Zu den verbündeten Truppenverbänden der Hethiter gehörten die west-kleinasiatischen Vasallenstaaten Arzawa (Mäonien), Dardania (Troas), Masa (Mysien), Karkissa (Karien) und Lukka (Lykien).

Die Schlacht von Kadesh in Syrien 1274 BCE zwischen Ramses II und Muwatalli II endete in einem machtpolitischen Patt. Die Hethiter konnten anfängliche Vorteile eines Überraschungsangriffs nicht ausnutzen. Pharao Ramses II, der auf seinen Tempelreliefs einen großen Sieg für sich proklamierte, musste sich schließlich mit seinem Heer zurückziehen.

Der Krieg mit Ägypten zementierte somit den Status Quo in Syrien, das unter hethitischer Kontrolle und Kanaan, das ägyptisches Einflussgebiet blieb.[22] Gleichzeitig

---

19 Vgl. Otten, a.a.O., S. 17ff.

20 Vgl. Miglus, Peter A.: „Assyrien im 2. Jt. v. Chr. und der Weg zum Mittelmeer“, in: Yalcin, Ünsal; Pulak, Cemal; Slotta, Rainer (Hrsg.) „Das Schiff von Uluburun – Welthandel vor 3000 Jahren“, Katalog der Ausstellung des Deutschen Bergbau-Museums Bochum, Bochum, 2005, S. 241–248.

21 Vgl. Drews, Robert 1993, S. 107.

22 Im Gegensatz zur einseitigen ägyptischen Hegemonie in Kanaan beinhaltete die hethitische Kontrolle über Nordsyrien durchaus wechselseitige Verpflichtungen. Zum Ausmaß des ägyptischen Einflusses in Kanaan vgl. Killebrew, Ann E. 2005, S. 51ff.; Wilhelm, Genot: „Kadesch und der Friedensvertrag der „Supermächte““, in: Yalcin, Ünsal; Pulak, Cemal; Slotta, Rainer (Hrsg.) „Das Schiff

markierte die Auseinandersetzung auch das Ende der hethitischen Expansionsphase. Ein wichtiges Ergebnis des Konfliktes der Supermächte war außerdem, dass die strategisch wichtige Zinnlieferroute von Mesopotamien (Emar) nach Ugarit, einem der bedeutendsten internationalen Häfen der späten Bronzezeit, fest in hethitischer Hand verblieb.[23]

1259 BCE, also etwa 15 Jahre nach der Schlacht von Kadesh, schlossen die Hethiter schließlich einen Friedensvertrag mit Ägypten unter Ramses II und Hattusilis II[24], an den sich die Aufnahme diplomatischer Beziehungen anschloss und der sich als ausgesprochen dauerhaft erwies. In der späten Bronzezeit etablierte sich so eine Art Machtbalance zwischen dem sog. *Club der Großmächte*, der Babylon, Assyrien, Hatti und Ägypten einschloss.[25]

5.3 Das minoische Kreta

Die folgenden Untersuchungen stellen ökonomisch-strategische Entwicklungen der späten Bronzezeit in den Mittelpunkt, darunter insbesondere den Zugang zu metallischen Rohstoffen und die Entwicklung des Handels mit diesen Rohstoffen, bzw. den Fertigprodukten. Maran hat dargestellt, dass es seegestützte kommerzielle Kontakte im Mittelmeerraum bereits seit dem Neolithikum gegeben haben muss.[26] Bereits für das 3. Jtsd. BCE spricht Maran von einer „Konnektivität der Mikroregionen“[27] im Mittelmeerraum nach einem Prinzip der „interlocking exchange networks“[28], bei dem der Zugang zu Metallen ein wichtiger Impulsgeber gewesen ist und das spätestens ab 2200 BCE weite Teile des Mittelmeerraumes verbunden hat.[29]

Eine der ersten Bevölkerungsgruppen, die nachweislich ein überregionales Netzwerk von umfangreichen Handelskontakten im östlichen Mittelmeerraum aufgebaut

von Uluburun – Welthandel vor 3000 Jahren“, Katalog der Ausstellung des Deutschen Bergbau-Museums Bochum, Bochum, 2005, S. 235–240.

23 Vgl. Bell, Carol: „Merchants of Ugarit: oligarchs of the Late Bronze Age trade in metals?“ in: Kassianidou, Vasiliki; Papasavvas, George (Hrsg.) „Eastern Mediterranean Metallurgy and Metalwork in the Second Millennium BC“, Oxford, 2012, S. 181.

24 Vormals Hattusilis III, vgl. die Liste der hethitischen Könige im Anhang.

25 Vgl. Kristiansen, Kristian; Larsson, Thomas B. 2005, S. 67.

26 Vgl. Maran, Joseph: „Seaborne contacts between the Aegean, the Balkans and the Central Mediterranean in the 3rd Millennium BC: The unfolding of the Mediterranean world“, in: Galanaki, Ioanna; Tomas, Helena; Galanakis, Yannis; Laffineur, Robert (Hrsg.), Aegaeum 27 „Between the Aegean and the Baltic Seas – Prehistory across borders“, Liege, 2007, S. 11; Anthony, David W. 2007, S. 355.

27 Maran, „Seaborne contacts ...“, a.a.O., S. 11.

28 Maran, „Seaborne contacts ...“, a.a.O., S. 14.

29 Maran, „Seaborne contacts ...“, a.a.O.

hatte, u.a. auch um Zugriff auf metallische Rohstoffe zu erhalten, waren die sog. Minoer, also die bronzezeitlichen Bewohner Kretas. Das *Ethnonym Minoer* für die bronzezeitliche Bevölkerung Kretas ist dabei eine moderne Schöpfung und geht auf den mythischen König Minos zurück. In bronzezeitlichen Quellen aus Mesopotamien wird Kreta als *Kaphtor* bezeichnet, in ägyptischen Aufzeichnungen als Kftjw (Keftiu).[30] Erst in späteren Quellen werden die Bewohner Kretas *Cheretiter*, also Kreter genannt.[31]

Das wirtschaftliche Zusammenspiel und der Einfluss Kretas bzw. der minoischen Kultur mit und auf den östlichen Mittelmeerraum soll in zwei Zeitabschnitten betrachtet werden, dem Zeitraum von ca. 2000 bis ca. 1700 BCE, der auch als *proto-palatial period* bezeichnet wird sowie von 1700 bis 1450 BCE, der sog. *neo-palatial period*. Vor diesen Zeitabschnitten, also vor 2000 BCE im Bereich der *Early Minoan period* gibt es nur wenige archäologische Indizien für umfangreiche externe Kontakte der Minoer.[32]

Die minoische Palastkultur auf Kreta ist u.a. durch die Ausgrabungen von Evans seit ca. 2000 BCE nachgewiesen. In dieser Zeit begann mit der Phase, die im Bereich der Keramikdatierung als *Middle Minoan* bezeichnet wird (vgl. Darstellung der Zeitfolgen im Anhang), nicht nur der Bau der ersten Palastkomplexe auf Kreta (daher *proto-palatial period*) sowie die Verwendung der kretischen Hieroglyphenschrift, sondern es lassen sich auch die ersten signifikanten Kontakte der Minoer nach Ägypten, in die Levante und nach Anatolien nachweisen.[33] Bereits in dieser Phase sind auch minoische Stützpunkte auf Rhodos und Kythera belegt.[34] Ab ca. 1900 bis 1700 BCE[35] expandierte die minoische Zivilisation über die ägäischen Inseln, insbesondere die Kykladen und das Küstengebiet des westlichen Kleinasien. Die *proto-palatial* Phase endete um 1700 BCE, wobei viele der Palastzentren offenbar durch Feuer zerstört wurden.[36]

In der nachfolgenden sog. *neo-palatial* Phase, die von ca. 1700 bis etwa 1450 BCE reichte, änderte sich der Einfluss Kretas insbesondere auf den ägäischen Raum dann grundlegend. Durch Ausgrabungen auf den Inseln Thera/Santorin, Melos, Keos und Rhodos sowie auf dem westkleinasiatischen Festland (u.a. Milet) wird eine durchgrei-

30 Vgl. Betancourt, Philip P.: „Minoan Trade", in: Shelmerdine, Cynthia W. (Hrsg.), „The Cambridge Companion to the Aegean Bronze Age", Cambridge, 2008, S. 215 und 219.

31 So an verschiedenen Stellen der Bibel, u.a. in den Büchern Samuel und Könige.

32 Vgl. Manning, Sturt W.: „Formation of the Palaces", in: Shelmerdine, Cynthia W. (Hrsg.), „The Cambridge Companion to the Aegean Bronze Age", Cambridge, 2008, S. 109.

33 Vgl. Manning, „Formation of the Palaces", a.a.O., S. 198.

34 „... Evidence of Minoan activity in the eastern Aegean in the protopalatial period (MM I-II). MM I-II pottery found in Rhodes, Samos, at Iasos, Miletos and possibly Knidos" (Mee, Christopher 1998, S. 137).

35 In der Keramikdatierung beschreibt diese Periode die Zeit von *Mittelminoisch III* bis zu *Spätminoisch IA*.

36 Vgl. Younger, John G.; Rehak, Paul: ‚The Material Culture of Neopalatial Crete „, in Shelmerdine, Cynthia W. (Hrsg.), „The Cambridge Companion to the Aegean Bronze Age", Cambridge, 2008, S. 141.

fende *Minoisierung* dieser Siedlungsstätten in den Phasen *Mittelminoisch (MM) III* und *Spätminoisch (SM) IA* deutlich.[37] Lokale Traditionen wurden dabei zugunsten minoischer kultureller Einflüsse nahezu aufgegeben. Diese Gebiete gerieten dabei offenbar unter einen starken kulturellen Einfluss der Minoer was Architektur, Keramik etc. betrifft, so dass von einer Präsenz von Kretern in den ägäischen Zentren ausgegangen werden kann.[38]

Die Expansion des minoischen Einflusses in dieser Phase ging offenbar in mehreren Stoßrichtungen vonstatten. Santorin hatte als Siedlungs- und Handelsstützpunkt für die Kreter nach Norden in die Ägäis eine zentrale Bedeutung, da diese südlichste der Kykladeninseln innerhalb von einer Tagesschiffsreise erreichbar war und insofern neben der Insel Kythera einen wichtigen *Trittstein* für den Handel in den Ägäisraum darstellte. Interessant ist dabei, dass über die Inseln Thera, Melos und Keos offenbar der strategische Zugang auf Südgriechenland und der Zugriff auf die Metallvorkommen in Attika, insbesondere Silber und Kupfer, in den Minen von Laurion im Vordergrund standen.[39] Zwischen ca. 1650 und 1470 BCE ist in den südlichen Teilen Griechenlands und dort in den küstennahen Gebieten ein deutlicher Einfluss der minoischen Kultur u.a. im Bereich der Keramikherstellung in den Phasen *Späthelladisch I* und *IIa* spürbar. Davis schreibt hierzu:

> *„Metals, then, are the commodities that likely encouraged the Minoans to sail north through the Aegaean islands toward Attica, and it is likely that they were a motivating force in encouraging travel to Miletos“.*[40]

Die Forschungen und Grabungen von Niemeier belegen, dass auch in Milet an der kleinasiatischen Westküste auf der Grundlage einer lokalen, südwest-anatolischen Siedlung[41] bereits ab etwa 1900 BCE das Eindringen eines starken minoischen Elementes festzustellen ist.[42] Eine wesentliche Rolle für den Aufstieg der minoischen

---

37 Vgl. Davis, Jack L.: „Minoan Crete and the Aegean Islands“, in: Shelmerdine, Cynthia W. (Hrsg.), „The Cambridge Companion to the Aegean Bronze Age“, Cambridge, 2008, S. 190. In jüngsten Ausgrabungen wurden überdies minoische Siedlungsspuren bis hinauf nach Samothrake gefunden.

38 Vgl. Davis, Jack L., a.a.O., S. 202ff.

39 Vgl. Davis, Jack L., a.a.O., S. 200f; Kristiansen, Kristian; Larsson, Thomas B. 2005, S. 124.

40 Davis, Jack L., a.a.O., S. 201.

41 Strabo und Ephoros weisen darauf hin, dass das Land um Milet ursprünglich Besitz der Leleger gewesen ist. (Vgl. Boshnakov, Konstantin 2003, S. 83).

42 Vgl. Niemeier, a.a.O., S. 3. Daher wohl auch bei Bartonek der Hinweis auf ein „kretisches“ Millawanda (Bartonek, Antonin: „Handbuch des mykenischen Griechisch“, Heidelberg, 2003). Außerdem Greaves, Alan M.: „Western Anatolia“, in: Cline, Eric H. (Hrsg.), „The Oxford Handbook of the Bronze Age Aegean“, Oxford, 2010, S. 877– 889.

Zivilisation scheint der Handel mit anatolischen Metallen insbesondere nach Ägypten gespielt zu haben.[43]

Die kretischen Siedlungsspuren auf Rhodos deuten u.U. noch in eine weitere Richtung: Das für die Bronzeherstellung erforderliche Zinn wurde möglicherweise aus Zentralasien über Ugarit mit Zypern und Rhodos als Zwischenstationen nach Kreta und in den Ägäisraum geschafft.[44] Auch Kupfer aus Zypern wurde für die minoischen Kreter neben den Vorkommen in Laurion zunehmend von Bedeutung, nachdem die weitere Ausbeutung anderer Lagerstätten in Griechenland und auf den Kykladen mit sinkenden Kupferkonzentrationen Ende des 3. Jtsd. BCE immer schwieriger geworden war.[45]

Die Minoer unterhielten außerdem einen regelmäßigen kommerziellen Austausch mit Ägypten unter den Hyksos-Herrschern und den nachfolgenden Dynastien.[46] Darüber hinaus sind minoische Handelskontakte bis nach Italien und Sardinien (u.a. zur Beschaffung von Kupfer) bekannt. Direkte Kontakte werden über Samothrake hinaus auch für das Schwarze Meer vermutet.[47] Die minoischen Handelsnetzwerke in der mittleren Bronzezeit reichten möglicherweise über die Donau, das Karpathenbecken und die Oder bis an die Ostsee.[48]

Auch die kretischen Schriften, die sich z.T. unter dem Einfluss der luwischen Hieroglyphenschrift unter Einbeziehung ägyptischer Elemente entwickelt haben, wurden offenbar vor allem auch zur Dokumentation der vielfältigen Handelstransaktionen eingesetzt.[49] Tomas schreibt hierzu:

---

43 Vgl. Woudhuizen, Frederik Christiaan 2006, S. 30.

44 Während sich die Herkunft des auf Kreta verarbeiteten Kupfers über eine Bleiisotopenanalyse auf Laurion konzentriert, ist der Ursprung des minoischen Zinns noch ungeklärt (Vgl. Betancourt, a.a.O., S. 215f.).

45 Vgl. Betancourt, Philip P.: „Cyprus and Crete: the transformation of the Minoan metalworking industry“, in: Kassianidou, Vasiliki; Papasavvas, George (Hrsg.), „Eastern Mediterranean Metallurgy and Metalwork in the Second Millennium BC“, Oxford, 2012, S. 132; Bassiakos, Yannis; Tselios, Thomas: „On the cessation of local copper production in the Aegean in the 2nd millennium BC“, in: Kassianidou, Vasiliki; Papasavvas, George (Hrsg.) „Eastern Mediterranean Metallurgy and Metalwork in the Second Millennium BC“, Oxford, 2012, S. 151–161; Kristiansen, Kristian; Larsson, Thomas B. 2005, S. 124.

46 Vgl. Kristiansen, Kristian; Larsson, Thomas B. 2005, S. 98f.

47 Vgl. Betancourt, Philip P.: „Minoan Trade“, in: Shelmerdine, Cynthia W. (Hrsg.), „The Cambridge Companion to the Aegean Bronze Age“, Cambridge, 2008, S. 222 und Kristiansen; Larsson, a.a.O., S. 168.

48 Vgl. Kristiansen, Kristian; Larsson, Thomas B. 2005, S. 100, 125 und 211.

49 Vgl. Woudhuizen, Frederik Christiaan 2006, S. 30, Guttandin u.a. (Hrsg.), „Inseln der Winde“, a.a.O., S. 51.

„… wider use of Cretan Hieroglyphic and Linear A is best explained as a result of expanding economic activities that accompanied the growth of Cretan palatial centers and a consequent need for a well-structured administrative system.“[50]

Diese Phase wird daher auch als *minoische Thalassokratie* bezeichnet. Ob diese kulturelle Dominanz auch eine politische Hegemonie beinhaltet hat, ist in der Wissenschaft nach wie vor umstritten.[51] Niemeier wertet die archäologischen Funde in Milet IV als Indiz für eine historische Realität der Seeherrschaft der Minoer.[52] Andere Wissenschaftler stellen diese Seeherrschaft der Minoer im östlichen Mittelmeerraum i. S. einer wörtlichen Übersetzung des Wortes *Thalassokratie* heute in Frage.[53] Ungeachtet dieser laufenden Diskussion steht außer Zweifel, dass die Minoer zwischen 1800 und 1450 BCE eine wesentliche ökonomische und möglicherweise auch machtstrategische Größe in der Region darstellten.

Im Bereich der mythischen und klassisch-historischen Überlieferungen wird an verschiedenen Stellen auf einen kretischen König Minos hingewiesen, der heute namensgebend für die minoische Kultur geworden ist. Hinweise sind u.a. bei Homer, Thukydides und dem Dichter Baccylides zu finden.[54] Thukydides nimmt aller Wahrscheinlichkeit nach auf die o.a. Phase der *minoischen Thalassokratie* bezug, wenn er schreibt:

„Minos nämlich war der erste, von dem wir Kunde haben, dass er eine Flotte baute, das heute hellenische Meer weithin beherrschte und die Kykladen eroberte und meistenteils zuerst besiedelte, wobei er die Karer verdrängte und seine eigenen Söhne als Fürsten einsetzte.“[55]

Herodot erwähnt verschiedene Völker kretischen Ursprungs an der kleinasiatischen Küste, so u.a. die Caunier, die sprachlich die Karier mit beeinflusst haben.[56] Dabei werden die ursprünglich auf den Kykladen ansässigen Karier (s.u.) von den Minoern unterworfen und in neue Siedlungsgebiete im westliche Kleinasien verdrängt.

---

50 Tomas, Helena: „Cretan Hieroglyphic and Linear A“, in: Cline, Eric H. (Hrsg.), „The Oxford Handbook of the Bronze Age Aegean“, Oxford, 2010, S. 340.

51 Vgl. Marinatos (1984) in Kristiansen, Kristian; Larsson, Thomas B. 2005, S. 96.

52 Vgl. Niemeier, a.a.O., S. 5.

53 Vgl. Cline, Eric H. 2014., S. 22; Betancourt, a.a.O., S. 217; Davis, a.a.O., S. 188.

54 Vgl. Davis, a.a.O., S. 187f.

55 Thukydides: ‚Geschichte des Peloponnesischen Krieges“, 3. Aufl., München, 1981, Einleitung S. 25.

56 Vgl. Herodotus „The Histories“, 11. Aufl., New York, 1997, I, 171, 172.

„Now, of the above nations the Carians are a race who came to the mainland from the islands. In ancient times they were subjects of king Minos ...“[57]

Auch die Grabungsbefunde in Milet decken sich mit Hinweisen in der antiken Geschichtsschreibung, nach denen Milet *“von Kretern über dem Meer gegründet und von Sarpedon* [Hinweis des Verfassers: Einem Bruder des sagenumwobenen Königs Minos] *besiedelt* [wurde*], der die Einwohner des kretischen Miletos herbrachte und die Stadt nach jenem Miletos benannte“*.[58]

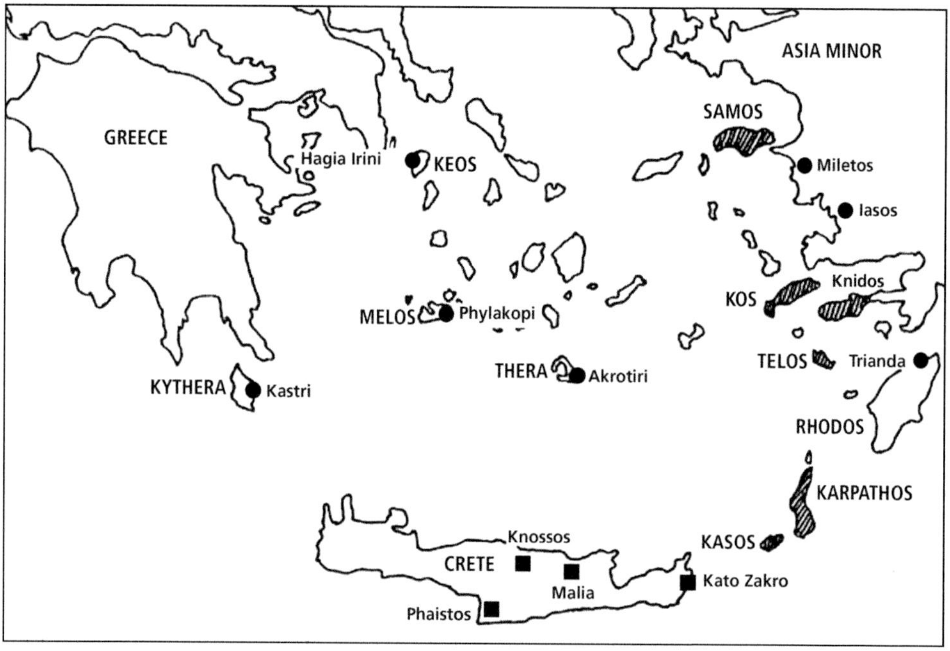

Abb. 6: Die minoische Einflusssphäre Ende der 1. Hälfte des 2. Jtsd. BCE [Woudhuizen 1992, S. 52]

Der Untergang des minoischen Handelsnetzwerks mit Siedlungen und Stützpunkten im gesamten östlichen Mittelmeerraum, das manchmal auch als *Thalassokratie* bezeichnet wird, wird mit einer Reihe von Naturkatastrophen verbunden. Es ist noch nicht vollständig geklärt, welche Rolle in diesem Zusammenhang der verheerende Ausbruch des Vulkans auf dem wichtigen kretischen Siedlungstützpunkt Santorin (Thera), der möglicherweise um 1600 BCE stattgefunden hat, gespielt hat. Pyroklasti-

57 Herodotus „The Histories“, a.a.O., I, 171, S. 94.

58 So zitiert Strabon den Ephoros von Kyme aus dem 4. Jh. BCE in: Niemeier „Milet in der Bronzezeit ...“, a.a.O., S. 2.

sche Ablagerungen (Tephra) von erheblicher Dicke sind in Bohrkernen in einem größeren Gebiet im östlichen Mittelmeer gefunden worden.

Dieser Vulkanausbruch, die sog. *minoische Eruption*, und eine Flutwelle, die erhebliche Zerstörungen an den Palästen an der Nordküste Kretas hinterließ und bis nach Israel reichte, markieren als *Deukalische Flut* neben dem Trojanischen Krieg und dem Regierungsantritt von Ramses II in Ägypten eines der wichtigsten relativen Referenzdaten für die antiken und modernen Geschichtsschreiber der Bronzezeit und den Beginn der *späten Bronzezeit*.[59]

Die Datierung sowohl des Ausbruchs als auch der Flutwelle sind jedoch bis heute umstritten. Es gibt drei für sich genommen plausible Theorien für die zeitliche Fixierung dieses für die späte Bronzezeit zentralen Ereignisses.[60]

Die Aussagen für oder gegen den einen oder anderen Zeitpunkt sind auch innerhalb der jeweiligen Disziplinen noch in Diskussion und reflektieren den in den einleitenden Abschnitten beschriebenen Unterschied zwischen der absoluten (höheren) und der historischen (niedrigeren) Chronologie.[61]

---

59 Bei Deukalion handelt es sich im Mythos und der antiken Geschichtsschreibung um einen Sohn des Minos, der nach der Flut in Knossos regiert hat. Woudhuizen nimmt hierfür grob den Zeitraum 1440 bis 1370 BCE an. Vgl. Woudhuizen, Fred 1992, S. 64f. sowie Thukydides, „Geschichte des Peloponnesischen Krieges",a.a.O., I, 3, S. 24. Vgl. auch Otten, a.a.O., S. 13.

60 A) Um 1613 BCE: In der Asche von Santorin gefundene Holzproben haben sich per C14-Methode (Über den Zerfall von Kohlenstoffisotopen) auf den Zeitraum um 1613 BCE datieren lassen (Unsicherheit +/- 7 Jahre). In Eisbohrkernen auf Grönland wurde außerdem für das Jahr 1644 BCE (Unsicherheit +/- 20 Jahre) eine Schicht Asche festgestellt, die dem Ausbruch auf Santorin zugeschrieben wurde, was allerdings von anderen Wissenschaftlern in Frage gestellt wird.

B) Um 1520 BCE: Die sog. *Parische Chronik* gibt das Datum der Deukalischen Flut mit 1529 BCE an. Außerdem deutet eine ägyptische Inschrift auf der sog. *Unwetter-Stele* des Pharao Ahmose (Begründer des *Neuen Reiches*) aus den Jahren 1539–1528 BCE eine Naturkatastrophe an, die zu den Phänomenen im Zusammenhang mit einer Vulkaneruption passen. Bei der sog. *Parischen Chronik* handelt es sich dabei um eine auf der Insel Paros gefundene Zeittafel aus Marmor, die in Teilen erhalten ist und Vorgänge aus dem Zeitraum von ca. 1580 bis 260 BCE beschreibt.

C) Um 1450 BCE: Der ägyptische Priester Manetho (frühes 3. Jh. BCE) erwähnt die deukalische Flut in der Regierungszeit des 6. Pharaos der 18. Dynastie mit dem griechischen Namen Misphragmutosis. Letzterer wird von Woudhuizen mit Thutmosis III (1468–1436 BCE) gleichgesetzt (aus der sprachlichen Umformung von Menkheperre Thutmosis und der Analogie der Regierungsfolgen). Woudhuizen argumentiert für diese spätere Datierung auch auf der Grundlage von zeitgleichen Brüchen in den Keramikstilen auf Kreta (vgl. Woudhuizen, Fred 1992, S. 65).

61 Vgl. Manning „Chronology and Terminology ...", a.a.O., S. 22.

Hochdatierung BCE	Kreta	Griechenland	Tiefdatierung BCE	Ägypten
1750			1700	
	MM III	MH III		
1700				
			1600	
	LM IA	LH I		
			1500	
1600				
		LH IIA		
	LM IB		1430	
		LH IIB		Hatshepsut/ Tuthmosis III (1479–1425)
1490				
	LM II			
			1390	
		LM IIIA1		
1430				
	LH IIIA1			
				Amenhotep III (1391–1353)
			1370/1360	
1390				
	LH IIIA2	LM IIIA2		
1300			1300	

Abb. 7: Unterschied zwischen der höheren und der niedrigeren Chronologie bezogen auf Kreta und Griechenland in der späten Bronzezeit [In Anlehnung an Shelmerdine, Cynthia W. 2008, S. 5]

Auch der archäologische Befund lässt keine eindeutige Entscheidung für die höhere oder niedrigere Chronologie zu.[62] Der Vulkanausbruch ereignete sich im Hinblick auf die auf Keramikdatierungen basierende Phaseneinteilung in der späten Phase *Spätminoisch I A*. Die kretischen Paläste wurden offenbar erst in der nachfolgenden späten Phase *Spätminoisch I B* zerstört.[63] Evtl. hat es auch mehrere Katastrophen gegeben.

Der Ausbruch und die nachfolgende Flutwelle haben die minoische Zivilisation also nicht vollständig und mit einem Schlag zerstört. Der Ausbruch auf Santorin muss mit Vorwarnungen (z.B. Erdbeben) vonstatten gegangen sein, da in der Asche keine Skelettreste gefunden worden sind. Einige der beschädigten Gebäude auf Thera sind im Anschluss wieder restauriert worden, wie auch die durch die Flutwelle zerstörten

62 Vgl. Manning, Sturt W.: „Eruption of Thera/Santorini", in: „The Oxford Handbook of the Bronze Age Aegean", Cline, Eric H. (Hrsg.), Oxford, 2010, S. 462.

63 Vgl. Manning, „Eruption ...", a.a.O., S. 458.

Gebäude an der Nordküste Kretas im Anschluss wieder aufgebaut worden sind. Auch für den Zeitraum nach der Katastrophe lassen sich Handelskontakte der Minoer im Mittelmeerraum nachweisen. Dennoch ist u.U. ein langfristiger Gesamteinfluss der Naturkatastrophen u.a. auf den Handel der Minoer zu verzeichnen gewesen, deren Seeherrschaft im östlichen Mittelmeer sich dem Ende zuneigte.

Relativ sicher ist, dass ab 1450 BCE Mykener einen Teil der Paläste auf Kreta übernommen haben, wobei die ursprüngliche – sog. eteokretische – Bevölkerung auch in der Folge weiter bestimmte Gebiete der Insel besiedelte.[64] Im Bereich der Keramikherstellung entwickelten sich die mykenischen Töpferwaren weg von den bisherigen stilprägenden minoischen Einflüssen und wurden selber Referenz für Töpfer auf Kreta sowie im weiteren östlichen Mittelmeerraum. Die Handelsverbindungen der Minoer werden teilweise von den mykenischen Griechen übernommen, was durch Wandmalereien aus Ägypten belegt ist.[65] Auch diese Machtverlagerung verbunden mit kulturellem Wandel wird vermutlich durch den Mythos des Theseus, der die Tributzahlungen an Knossos beendet und den Minotaurus tötet, angedeutet.

Lehmann betont, dass sich die mykenische Landnahme auf Kreta vor allem auf den Westen der Insel konzentrierte.[66] Auch die Stadt Kydonia an der kretischen Nordwestküste scheint in dieser Phase eine überregionale Bedeutung eingenommen zu haben.[67] Dadurch war es möglich, daß das Machtvakuum im Zentrum und vor allem der Osten Kretas durch Ethnien gefüllt wurde, die später auch in der Seevölkerbewegung eine Rolle spielen sollten. Aufgrund von Keramikfunden der sog. *handmade burnished ware* wird auf die Anwesenheit von Bevölkerungselementen, insbesondere aus Süditalien und Sardinien im östlichen Kreta in diesem Zeitabschnitt geschlossen.[68]

Für diese Besiedlung Kretas durch neue Bevölkerungselemente gibt es ebenfalls mythische Referenzen in der Odyssee.[69] Dort werden Leleger, Pelasger und drei Clans der *Dorer* explizit genannt. Möglicherweise schließt der Begriff *Dorer* bei Homer auch ein Volk namens Shardana oder Sherden als eine Untergruppe mit ein, die im weiteren Verlauf als Teil der Seevölker Ägypten bedrohten.

64 Dazu gehörte insbesondere die Mesara-Ebene (vgl. Woudhuizen, Fred 1992, S. 71; Lehmann, a.a.O., S. 83).

65 Sichtbar im Grab des Rekhmare (vgl. Woudhuizen, Fred 1992, S. 69).

66 Vgl. Lehmann, a.a.O., S. 83.

67 Vgl. Jung, Reinhard: „Die mykenischen Palastzentren und das mykenische Staatssystem“, in: Yalcin, Ünsal; Pulak, Cemal; Slotta, Rainer (Hrsg.) „Das Schiff von Uluburun – Welthandel vor 3000 Jahren“, Katalog der Ausstellung des Deutschen Bergbau-Museums Bochum, Bochum, 2005, S. 269.

68 Vgl. Hallager, Erik: „Crete“, in: Cline, Eric H. (Hrsg.), „The Oxford Handbook of the Bronze Age Aegean“, Oxford, 2010, S. 157.

69 Vgl. Homer: „The Odyssey“, Translation by E.V. Rieu, 4. Ausg., London, 2009, XIX, 170, S. 57.

5.4 Die mykenische Koine[70]

Der Begriff *mykenisch* wird im Folgenden stellvertretend für große Anteile der griechisch sprechenden Bevölkerungsgruppen in der späten Bronzezeit, insbesondere auf der Peloponnes und dem südgriechischen Festland[71] verwendet, die ab 1600 BCE die Kontrolle über weite Teile Griechenlands bekamen. Die Bezeichnung *mykenisch* für diese kulturelle Einheit ist dabei eine moderne Wortschöpfung. Das namensgebende Mykene war ein wichtiger Stadtstaat in der Argolis auf der nordöstlichen Peloponnes, dessen Name in der modernen Wissenschaft auch auf die anderen Bewohner des bronzezeitlichen Griechenland übertragen wurde.[72] Darüber, wie die damalige Bevölkerung von anderen genannt wurde und wie die *Mykener* sich selber genannt haben, wird in der Literatur noch spekuliert.

In den homerischen Epen werden die mykenischen Griechen teilweise als *Achäer* oder *Danaer* bezeichnet. Beide Ethnonyme werden heute als authentische Bezeichnungen für die Bewohner des damaligen Griechenland gewertet.[73] Allerdings werden die Achäer und Danaer jeweils nicht als eigenständige materielle Kultur greifbar.

Die *Achäer* bewohnten gemäß der Aufzeichnungen der klassischen Historiker Zentralgriechenland, d.h. das südliche Thessalien und Böotien bis zur Lokris, die nördliche Peloponnes sowie die südliche bis südöstliche Ägäis (Rhodos, den Dodekanes, Zypern und Kreta). Ihr Ethnonym wird ausserhalb Griechenlands hauptsächlich in hethitischen Quellen gefunden, in mindestens einem Fall auch in einer ägyptischen.

Die *Danaer* werden ab ca. 1500 BCE auf der Peloponnes in der Argolis und der Insel Kythera lokalisiert. Pindaros bezieht die Bezeichnung *Danaer* in ähnlicher Weise auf die *vor-dorischen* Einwohner von Argos, Mykene und Lakedaimon.[74] Die Verwendung der Bezeichnung *Danaer* ausserhalb des griechischen Sprachraums ist vorwiegend aus äyptischen Quellen belegt (dort: *Tanayu* und/oder *Denyen*).

Im folgenden Text wird für die bronzezeitlichen Bewohner Griechenlands im archäologischen oder historischen Kontext auf die Bezeichnung *Mykener* oder *mykenische* Griechen zurückgegriffen, während bei der Diskussion der mythischen Quellen auch die Begriffe *Achäer* und *Danaer* verwendet werden.

---

70 In der Archäologie wird ausschließlich der Begriff der *mykenischen Kultur* verwendet, da weder Achäer noch Danaer im materiellen Befund nachweisbar sind. Auf der Grundlage von zeitgenössischen bronzezeitlichen Schriftdokumenten aus Ägypten und Hattusha wird argumentiert, dass die Begriffe *Achäer* und *Danaer* historisch authentische Bezeichnungen gewesen sind.

71 Die Kykladen mit ihrer eigenständigen Kultur fallen somit nicht unter diesen Begriff.

72 Vgl. Jung, a.a.O., S. 265–274.

73 Vgl. Latacz, Joachim 2004, S. 121 ff., 128–130.

74 Vgl. Pindaros „Pythian Odes“, 4,85f in Woudhuizen, Frederik Christiaan 2006, S. 77.

Innerhalb Griechenlands bildeten sich im Späthelladikum mehrere Machtzentren (u.a. Pylos, Theben, Orchomenos, Mykene, Argos), die jeweils eine Palastorganisation im Zentrum hatten. Unter den verschiedenen Machtzentren stand bis in das 13. Jh. BCE wohl *Theben* heraus.[75] Theben muss in der späten Bronzezeit ein größerer Siedlungskomplex gewesen sein, der Böotien sowie den Süden der Insel Euböa eingeschlossen und Aulis als Haupthafen gehabt hat.[76] In der Endphase der Palastzeit löste *Mykene* Theben möglicherweise als wichtigstes Palastzentrum ab.[77] Strauss legt diesen Wechsel, der mit einer Eroberung Thebens einhergegangen sein soll, zeitlich auf „etwa das Jahr 1250" BCE.[78]

In der Mythologie entspricht zudem der o.a. vermutete Wechsel in der Führerschaft unter den achäischen Zentren der Sage der *Sieben gegen Theben*, die von Hesiod überliefert ist.[79] In der Sage zieht eine Allianz von sieben mykenischen Fürsten unter Führung des Königs von Argos gegen die böotische Stadt Theben. Theben mit seiner Burganlage Kadmeia wird in dieser Zeit von König Eteokles regiert, einem Sohn des Ödipus. Eteokles war entgegen einer früheren Absprache nicht bereit gewesen, die Herrschaft mit seinem Bruder Polyneikes zu teilen. Polyneikes hatte schließlich den König von Argos, Adrastos, um militärische Hilfe ersucht. Der Angriff der sieben Fürsten (neben Polyneikes die Argiver Adrastos, Tydeus, Hippomedon, Amphiaraos, Kapaneus sowie der Arkadier Parthenopaios) auf Theben scheitert. Bei den verlustreichen Kämpfen kommen bis auf den König von Argos alle anderen Heerführer ums Leben.

Theben wird jedoch ca. 10 Jahre nach dieser Auseinandersetzung von den Söhnen der sieben Heerführer erobert und zerstört. Dieser Mythos beschreibt neben dem trojanischen Krieg einen der wesentlichen militärischen Konflikte in der späten Bronzezeit in der Ägäis und ist zeitlich etwa eine Generation vor dem trojanischen Krieg einzuordnen. Letzteres erschließt sich über die Teilnahme einer Reihe von Kämpfern, die Väter der achäischen Krieger vor Troja gewesen sind (u.a. Tydeus, dem Vater des Diomedes).

Interessant ist in dieser Sage auch die sprachliche Parallelität des thebanischen Heerführers Eteokles mit dem Adressaten des sog. *Tawagalawa*-Briefes an den achäischen Herrscher, der in hethitischen Archiven gefunden wurde und auf den später

75 Vgl. Godart und Sacconi (1999) in Latacz, Joachim 2004, S. 242.

76 Vgl. Latacz, Joachim 2004, S. 126; Jung „Die mykenischen Palastzentren ...", a.a.O., S. 270.

77 Vgl. Latacz, Joachim 2004, S. 242 und 244–246. Es gibt griechische Archäologen, die demgegenüber den Untergang der thebanischen Palaststrukturen zeitgleich mit dem der anderen mykenischen Paläste sehen.

78 Strauss, Barry 2006, S. 21. Im Rahmen der folgenden Darstellungen wird aufgrund der genealogischen Reihenfolgen im Kontext des Trojanischen Krieges von einem etwas späteren Datum um 1230 bis 1220 ausgegangen.

79 Vgl. Dowden, Ken, a.a.O., S. 196.

noch zurückzukommen ist (Tawagalawa = Ete(w)okle(w)os). Diese Hochphase der mykenischen Kultur ist deckungsgleich mit dem sog. *heroischen Zeitalter*, auf dessen Darstellung in den Mythen ebenfalls später noch ausführlich eingegangen wird.

Über ihre Handelsnetzwerke hatten die Mykener einen Einfluss, der weit über ihr Kernsiedlungsgebiet und die Palastzentren in Griechenland hinausreichte. Vor der mykenischen Zeit – d.h. also vor ca. 1600 BCE – hatte sich der Warenaustausch von Griechenland aus auch nach Westen und insbesondere nach Italien orientiert, wohl um den Zugang zu dem sog. *atlantischen Zinn* aus Cornwall und der Bretagne abzusichern, aber offenbar auch, weil die Minoer den Handel in der Ägäis dominierten.[80] Im mykenischen Späthelladikum ab ca. 1600 bis 1000 BCE bildete sich im Mittelmeerraum eine neue Dimension im Bereich der *Konnektivität der Mikroregionen* heraus mit einem deutlich fortgeschritteneren Niveau der ökonomischen Aktivitäten basierend auf einem Warenaustausch zur See.[81] In diesen Austauschbeziehungen wurden die Mykener etwa um 1450 Erben des minoischen Seeimperiums und erweiterten dadurch sukzessive ihren Einflusskreis auf den gesamten östlichen Mittelmeerraum. Bartonek schreibt hierzu:

> *„Die noch nicht genügend geklärte kretische Katastrophe um 1450 vor Chr., die in kurzer Zeit eine fast totale Vernichtung der minoischen Zivilisation bedeutete, hat es den festländischen Griechen, den Achäern, ermöglicht, in das schwer getroffene Land einzuwandern, den Palast von Knossos in Besitz zu nehmen und auch andere kretische Gegenden unter ihre Kontrolle zu bringen.“*[82]

Um 1450 wurde Kreta somit offenbar zumindest teilweise von den Festlandsgriechen erobert und die dortige Palastkultur gewaltsam zerstört, so dass die Träger der mykenischen Kultur die südwestliche ägäische Inselwelt, Stützpunkte an der kleinasiatischen Westküste sowie Teile von Zypern kontrollierten.[83] Die Mykener nutzten in den Folgejahren aggressiv oder opportunistisch das entstandene Machtvakuum der minoischen Kultur aus. Spätestens ab dem 15. Jh. BCE siedelten die Mykener auch auf Rhodos und Kos.[84]

Die Mykener trieben auf den ehemals von kretischen Schiffen befahrenen Routen Handel und etablierten einen Wirkungskreis von Sardinien bis Oberägypten. Die Handelsrouten liefen dabei Meeresströmungen und vorherrschenden Windrichtungen

80 Vgl. Maran „Seaborne contacts …“, a.a.O., S. 18.
81 Vgl. Maran ‚Seaborne contacts …“, a.a.O., S. 5f.
82 Bartonek, Antonin 2003, S. 13.
83 Vgl. Strauss, Barry 2006, S. 3.
84 Vgl. Mee, Christopher 1998, S. 142.

folgend von Griechenland über Kreta nach Ägypten, anschließend weiter nach Syrien, das südliche Kleinasien, Rhodos und zurück, wobei auch die umgekehrte Route gefahren wurde. In dieser Phase verlagerte sich auch der Schwerpunkt des ägyptischen Außenhandels im östlichen Mittelmeer von Kreta auf den Einflusskreis der Mykener. Mee schreibt zum Wirkungskreis und zur Motivation der Mykener:

> *„In the Late Helladic Period the Mycenaeans established an extraordinary network of overseas contacts, which streched the length of the Mediterranean and beyond. A prime motive will have been the acquisition of crucial raw materials that Greece lacked ...“.*[85]

Im Hinblick auf die für die Mykener interessanten Rohmaterialien wird Mee noch konkreter:

> *„The acquisition of metals may have been the motivation for these ventures ...“.*[86]

Es ist allerdings noch offen, in welchem Umfang die Mykener in diesen Handelsbeziehungen wirklich selber aktiv gewesen sind, bzw. sich auf zypriotische und syro-levantinische Zwischenhändler abgestützt haben. Die zeitgenössischen Quellen liefern derzeit nur wenige Belege für einen unabhängigen mykenischen Handel. Umgekehrt gibt es zahlreiche Indizien dafür, dass insbesondere beim Handel mit zyprischem Kupfer die regionalen Zentren auf Zypern und die dort ansässigen Händler eine wichtige Rolle eingenommen haben.[87]

Für den Export der Mykener scheinen Textilien und Stoffe sowie parfümierte Öle eine große Rolle gespielt zu haben.[88] Die Transportbehälter für diese Öle, Keramikamphoren mit engen Hälsen, finden sich im gesamten mediterranen Raum. Mykenische Keramik (hellgrundig mit dunklem Firnis) der Phasen *Späthelladisch III A2* und *B* wurde zwischen 1370 und 1190 BCE in viele Gegenden des zentralen und östlichen Mittelmeerraumes (Sizilien, Westanatolien, Zypern, Syrien, Palästina und Ägypten) exportiert. Die Ware dieser Epochen weist dabei ein hohes Maß an technischer und stilistischer Uniformität auf (Koine Stil).

Im 13. Jh. BCE hatte das mykenische Einflussgebiet eine Ausdehnung von Griechenland, über die Kykladen und Kreta bis nach Rhodos und Teile des westlichen Kleinasien. Deger-Jalkotzy und Woudhuizen sprechen von einer *kulturellen Koine* zwi-

---

85 Mee, Christopher: „Mycenaean Greece, the Aegean and Beyond“, in: Shelmerdine, Cynthia W. (Hrsg.), „The Cambridge Companion to the Aegean Bronze Age“, Cambridge, 2008, S. 362.

86 Mee, „Mycenaean Greece ...“, a.a.O., S. 381.

87 Vgl. Yasur-Landau, Assaf 2010, S. 55 und 140.

88 Vgl. Mee ‚Mycenaean Greece ...“, a.a.O., S. 365.

Phase[89]	Grober Zeitrahmen (BCE)[90]	Keramik-Stilelemente	Historische Rekonstruktion
I) Späthelladisch I bis II a (frühmykenisch)	**1650 bis 1470**	**Minoische Einflüsse**	**Minoer, die im Küstenbereich der Peloponnes siedeln**
Späthelladisch I	1650 bis 1550	Dunkel auf hellem Hintergrund mit leuchtenden Farben	Minoischer Einfluss größer in Süd-griechenland und in Küstenbereichen Minyscher Keramikstil (grau, schwarz) verschwindet langsam
Späthelladisch II a	1550 bis 1470	Wachsende Uniformität der Formensprache Leuchtende Farbgebung	Graue Minyische Keramik ist komplett verschwunden
II) Späthelladisch II b bis III a1	1470 bis 1370	**Entwicklung weg von minoischen Stilelementen, Herausbildung der mykenischen Formensprache**	**Mykener übernehmen die minoischen Paläste auf Kreta**
Späthelladisch II b	1470 bis 1405	Eingeschränkte Formenvielfalt der mykenischen Keramik	Rückgang minoischer Einflüsse
Späthelladisch III a1	1405 bis 1370	Stilistische Neuerungen (Kylix, „stirrup" jar)	Mykenische Keramik wird stilistische Referenz
III) Späthelladisch III a2 bis IIIb	**1370 bis 1190**	**Hellgrundig mit dunklem Firnis (Koine Stil)**	**Mykener treten in regelmäßigen Kontakt mit den Kultur- und Handelszentren im Mittelmeerraum. Mykenische Keramik wird in den gesamten östlichen und zentralen Mittelmeerraum exportiert**
Späthelladisch III a2	1370 bis 1300	Große Uniformität in Stil und Formensprache	Mykenische Keramik in Ägypten, Zypern, Sizilien und in der Levante gehandelt
Späthelladisch III b	1300 bis 1190	Große Uniformität in Stil und Formensprache	Am Ende von Späthelladisch III b Zerstörung der mykenischen Paläste
IV) Späthelladisch III c (weitere Unterteilung in SH III c 1:a,SH III c 1:b etc. folgt im Text)	**1190 bis 1025**	**Stilistische Uniformität geht zurück, Entwicklung regional unterschiedlicher Stilrichtungen mykenischer Keramik im Mittelmeerraum z.T. lokale Fertigung nach mykenischen Vorbildern (u.a. *mykenisch III c 1:b*)**	**Rückgang des kommerziellen Warenaustausches im Mittelmeerraum, Auftreten neuer Keramikarten aus dem Donaugebiet**

Abb. 8: Phaseneinteilung mykenischer Keramik in der Spätbronzezeit

89 Die Grundlagen der Phasen oder Stufeneinteilung für die mykenische Keramik, d.h. die auf dem

schen 1350 und 1185 BCE für diesen relativ einheitlichen Kulturraum. Dies wird u.a. durch die Einheitlichkeit der materiellen Kulturelemente innerhalb der sog. *mykenischen Palastkultur* dieser Zeit gestützt.

Archäologische Zeugnisse sprechen für einen regen Austausch der Mykener mit den *Kykladen*, jedoch nicht für eine Kolonisierung der Inseln.[91] Gräber legen Zeugnis davon ab, dass eine Bewegung von mykenischen Siedlern auf die Inseln des *Dodekanes* hingegen durchaus möglich ist.[92]

An der *kleinasiatischen Küste* übernahmen die Mykener den vormals minoischen Handelsstützpunkt Millawanda (Milet). Die minoische Siedlung ging Mitte des 15. Jh. BCE zugrunde, wobei eine gewaltsame Eroberung durch mykenische Griechen nicht ausgeschlossen werden kann.

Archäologische Belege für Kontakte der Mykener nach *Italien* liegen bereits seit dem Frühhelladikum vor und setzten sich im Späthelladikum fort.[93] Im Fokus standen dabei zunächst die italienischen Küstengebiete, *Sizilien*, das in der Bronzezeit eine zentrale Rolle im Zinn-Handel von der Ägäis über die iberische Halbinsel bis zu den Britischen Inseln innehatte, sowie die *äolischen Inseln*.[94]

Später veränderte sich der Schwerpunkt mykenischer Handelsaktivitäten in Italien zugunsten von *Sardinien*, dem aufgrund seiner Metallvorkommen eine wichtige Bedeutung für die expandierenden Mykener zukam[95], und Süditalien. Die Art und Herstellung der gefundenen Keramik legt dabei nahe, dass auch mykenische Siedler in Italien ansässig wurden. Kristiansen und Larsson sehen darüber hinaus Kontakte, die auf einen kulturellen Austausch aus der mykenischen Koine hinaus über die Adriaküste und das mitteleuropäische Flusssystem bis nach England hindeuten, von wo Bernstein und Zinn bezogen wurde.[96]

---

griechischen Festland und Rhodos von mykenischen Töpfern hergestellte Ware, erfolgte durch A. Furumark (1941). Vgl. auch Schachermeyr, a.a.O., S. 241.

90 Die Angaben in der Tabelle suggerieren Trennschärfe der einzelnen Phasen sowie klare zeitliche Anfangs- und Endpunkte. In der Tat können die zeitlichen Angaben in einem Bereich von 20 bis 30 Jahren schwanken. Bereits Schachermeyr hat darauf hingewiesen, dass Keramikstile überdies zeitlich überlappen können (Vgl. Schachermeyr, a.a.O., S. 241; Shelton, a.a.O., S. 139).

91 Vgl. Mee, „Mycenaean Grecce ...“, a.a.O., S. 366ff.

92 Vgl. Mee, „Mycenaean Greece ...“, a.a.O., S. 369.

93 Vgl. Mee, „Mycenaean Greece ...“, a.a.O., S. 379ff.

94 Vgl. Drews, Robert 1993, S. 218. Zur Siedlungsgeschichte Siziliens in der Bronzezeit aus der Sicht eines klassischen griechischen Historikers vgl. Thukydides „Geschichte des Peloponnesischen Krieges“, a.a.O., VI 2, S. 443.

95 Vgl. Deger-Jalkotzy, Sigrid (Hrsg.): „Griechenland, die Ägäis und die Levante während der Dark Ages vom 12. bis zum 9. Jh. v. Chr.“, Symp. Zwettl, Wien, 1983, S. 95; Woudhuizen, Frederik Christiaan 2006, S. 70 f.; Drews, Robert 1993, S. 218; Shelton, a.a.O., S. 143.

96 Vgl. Kristiansen, Kristian; Larsson, Thomas B. 2005, S. 212. Bereits für die mittlere Bronzezeit gibt es Anzeichen für eine direkte Präsenz von Mykenern in der nördlichen Adria/Istrien (vgl. Hänsel, B. (2000) in Kristiansen, Kristian; Larsson, Thomas B. 2005, S. 235).

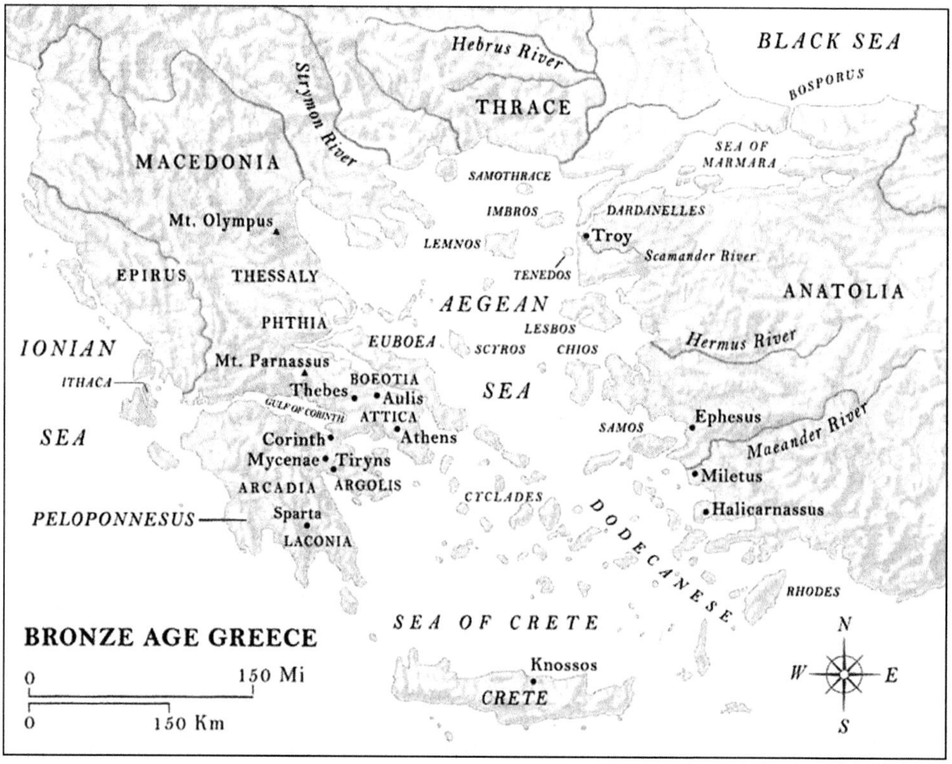

Abb. 9: Griechenland in der Bronzezeit [Strauss 2006, S. xxiv]

Im Rahmen ihrer Expansion über die Ägäis nach Westen stießen die Mykener auch in das *Schwarze Meer* vor.[97] Ziel war dabei vermutlich wiederum der Zugang zu den Metallvorkommen in den Gebieten der Chalyber und am Kaukasus (Kolchis). Es ist dabei wahrscheinlich, dass Zinn donauabwärts über das Schwarze Meer in den Mittelmeerraum transportiert wurde. Der damalige Schiffsverkehr zwischen der Ägäis und dem Schwarzen Meer ist mittlerweile durch eine Reihe von Funden mykenischen Ursprungs im pontischen Gebiet belegt.[98]

In den Mythen ist diese Expansion der Achäer ins Schwarzmeergebiet u.a. in der Argonautensage festgehalten. Hierauf wird im späteren Verlauf der Ausführung noch intensiv einzugehen sein.

97 „Myceneans are thought to have made some penetration into the Black Sea area, and intermittent precolonial contacts can be suspected." (Burgess, Jonathan S. 2001, S. 161).

98 Vgl. Zangger, Eberhard 1994, S. 107. Mee weist demgegenüber darauf hin, dass die archäologischen Belege für die Expansion der Achäer ins Schwarze Meer zwar vorliegen, aber noch rar sind (vgl. Mee, Christopher 1998, S. 144).

5.5 Weitere Bevölkerungsgruppen im östlichen Mittelmeerraum nach den Aufzeichnungen der klassischen Historiker

5.5.1 Die Pelasger

Während die Minoer ab ca. 1600 BCE die südliche Ägäis und Teile der kleinasiatischen Küste beherrscht haben, stellen die Pelasger eine der wesentlichen bereits ansässigen vor- oder zumindest früh-indo-europäischen Bevölkerungsgruppen dar, die gemäß der antiken Historiker im südlichen Balkan, dem westlichen Kleinasien und der Ägäis anzutreffen waren. Die Pelasger sind aus den archäologischen Hinterlassenschaften *nicht* nachweisbar, uns aber aus zahlreichen mythischen und klassisch-historischen Quellen bekannt.

Ein Grund, warum an dieser Stelle auf die Pelasger ausführlicher eingegangen werden soll, ist dass diese trotz ihrer materiellen Nicht-Greifbarkeit offenbar ein wesentliches Ad- und Substratum für die nachfolgenden Einwanderungswellen in ganz Griechenland und Kleinasien darstellten.[99] Außerdem werden uns die Pelasger im Rahmen der Seevölkerbewegungen am Ende der Bronzezeit erneut begegnen. Die historische Einordnung der Pelasger ist trotz zahlreicher Erwähnungen bei den antiken Geschichtsschreibern bis heute nicht einfach. Zusammenfassende Betrachtungen hierzu liegen allerdings bereits seit 1890 vor.[100]

Thukydides verweist darauf, dass es in der Zeit vor Deukalion (d.h. vor ca. 1520–1620 BCE) die Hellenen in dieser Form noch nicht gab und andere Stämme, insbesondere der pelasgische, „ihren Namen möglichst weit ausbreiteten".[101] Zum Ausbreitungsgebiet der Pelasger gibt es bei den antiken Historikern eine Reihe von Quellen. *Strabo* schreibt, dass die Pelasger ein in ganz Hellas, besonders aber unter den Äolern in Thessalien, verbreiteter Volksstamm gewesen sind.[102] Die griechischen Historiker liefern außerdem Belege für pelasgische Siedlungskomponenten während der Bronzezeit u.a. auf der Peloponnes, in Attika, um Dodona (Thesprotien), an der gesamten kleinasiatischen Westküste (dem späteren Ionien), in Italien, auf den Kykladen und auf Kreta.

Die Pelasger scheinen demnach in verschiedenen Gebieten im heutigen Griechenland, der Ägäis und in Kleinasien ansässig und teilweise bis in historische Zeit als

99 Auf weitere vor-bzw früh-indo-europäische Volksgruppen wie z.B. die Leleger und Karier wird im Folgenden noch eingegangen.

100 Vgl. Hesselmeyer, Ellis 2006 (1890).

101 Thukydides „Geschichte des Peloponnesischen Krieges", a.a.O., I, 3, S. 24.

102 Vgl. Strabo „Geographika" 5.2.4.

sprachliche Einheit greifbar gewesen zu sein.[103] Ihre Ortschaften und befestigten Ansiedlungen sind über typische Endungen identifizierbar. Sowohl in Griechenland als auch in Kleinasien sind pelasgische Ortschaften mit dem Namen *Larissa* bekannt.[104]

Zumindest von *Herodot* wird den Pelasgern eine „barbarische" [105], d.h. nicht-griechische, Sprache zugesprochen. Allerdings erwähnt Herodot auch, dass Griechisch sich u.U. als ein Zweig aus dem Pelasgischen entwickelt hat.[106] Auf die Frage, ob die Pelasger somit eine frühe indo-europäische Einwanderungsstufe darstellen oder vor-indo-europäisch sind, wird später noch eingegangen.

Die z.T. mythologischen Referenzen bei den antiken griechischen Geschichtsschreibern lassen auf ein hohes Alter der pelasgischen Besiedlung in Griechenland schließen. Pausanias schreibt über den mythischen pelasgischen König Phoroneus, einen Sohn des Inachos, dass er zu den ersten Königen auf der Peloponnes gehört und die vormals verstreut für sich lebenden Menschen dort zu den ersten Gemeinwesen zusammengeführt haben soll.[107]

Die Arkadier auf der *Peloponnes* berufen sich nach Pausanias auf einen Stammvater Pelasgos, der auch Namensgeber für den entsprechenden Volksstamm und nach Dionysius von Halikarnassos ein Enkel des Phoroneus gewesen ist.[108] Die Peloponnes soll zu dieser Zeit noch *Pelasgia* genannt worden sein.[109]

Nach *Dionysius von Halikarnassos* stammten die Pelasger ursprünglich aus *Thessalien*.[110] Auch Hekatäus erwähnt einen Pelasgos, der König von Thessalien gewesen ist. Strabo spezifiziert, dass das von Pelasgern in Thessalien bewohnte Gebiet (die Pelasgiotis) mit der Hauptstadt Larissa von der Mündung des Peneios und den Thermopylä bis zu den Bergen am Pindus reichte.[111] Diese Bezeichnung hat sich bis zur Zeit des Trojanischen Krieges gehalten, wo das *pelasgische Argos* als Heimat der Truppen von Achilles erwähnt wird.[112] Der griechische Name der Pelasger geht nach Hesselmeyer auf die Bestandteile *pelein* und *argos* zurück, was sich als *Bewohner der Flachländer*

---

103 Herodot beschreibt die Pelasger als sprachlich zu seiner Zeit noch identifizierbare Einheit (*diglossoi*) am Asiatischen Ufer des Hellespont (Placie und Scylacae) sowie neben Creston am Strymon. Dort haben sie Tyrrhenische Nachbarn (vgl. Herodotus „The Histories", a.a.O., I 57, S. 31).

104 Vgl. zur Lokalisierung der pelasgischen Siedlung Larissa in der Troas den Beitrag von Blum zur Siedlungsgeschichte der Troas in „Studia Troica Monographien 5", Tübingen, 2014.

105 Herodotus „The Histories", a.a.O., I 57, S. 30f.

106 Vgl. Herodotus „The Histories", a.a.O., I 58, S. 31.

107 Vgl. Pausanias „Reisen in Griechenland", 2.15.4.

108 Vgl. Pausanias „Reisen in Griechenland", 8.1.3., Dionysius von Halikarnassos „Roman Antiquities", 1.17.2f.

109 Vgl. Plinius „Naturgeschichte", 4.5.9.

110 Vgl. Dionysius von Halikarnassos „Roman Antiquities", 1.17.3.

111 Vgl. Strabo „Geographika", 5.2.4.

112 Vgl. Homer: „The Iliad", Translation by E.V. Rieu, London, 2003, II, 681.

übersetzen lässt und sich auf die thessalischen Ebenen bezieht, in denen die nachrückenden Achäer zuerst auf die Pelasger trafen.[113]

Dort lebten sie für fünf Generationen, bevor sie von den Kureten (Ätolern) und Lelegern (Lokrern) unter der Führerschaft von Deukalion (um 1500 BCE) vertrieben wurden. Die aus Thessalien vertriebenen Pelasger scheinen anschließend z.T. an der Westküste Griechenlands in Dodona gesiedelt zu haben, z.T. aber auch nach Italien, Kreta, die Kykladen, Böotien, die Histiaiotis (am Olymp) und an die Küste des Hellespont und die benachbarten Inseln ausgewandert zu sein.[114] Dionysius von Halikarnassos gibt zumindest an, dass 60 Jahre vor dem Trojanischen Krieg eine kleinere Gruppe von Arkadiern mit zwei Schiffen nach Italien fuhr und am Palatium siedelte.[115]

In *Attika* lebten Pelasger nach *Herodot* als Urbevölkerung und die einwandernden Hellenen ursprünglich wohl nebeneinander (adstratum). Mit dem Anwachsen der hellenischen Bevölkerungskomponente wurden die Pelasger dann dort jedoch vertrieben[116] – u.a. nach Kleinasien – oder assimiliert unter Übernahme der griechischen Sprache.[117]

Strabo zitiert Menekrates von Elaia dergestalt, dass die „gesamte jetzige Küste von Ionien von Mykale an incl. der vorgelagerten Inseln früher von Pelasgern bewohnt gewesen ist".[118] Nach Herodot stammen diese Siedler aus Achaia, wo sie vor der Ankunft von Danos und Xuthos lebten (ca. 1600 BCE). Nach der Ankunft an der *kleinasiatischen Küste* wurden sie dort „Küsten-Pelasger" genannt, bevor sich ihr Name nach Ion, dem Sohn von Xuthos, in „Ionier" änderte.[119]

An der Nordwestküste Kleinasiens lebten sie offenbar mit den Tyrrhenern zusammen, mit denen sie gemeinsam als erfahrene Seeleute bekannt waren.[120] Von Thukydides werden Pelasger, die aus Lemnos stammen, auf der Halbinsel Chalkidike mit den Tyrrhenern gemeinsam erwähnt und z.T. gleichgesetzt, was möglicherweise einen gewissen Grad an Assimilation oder Verwandtschaft andeutet.[121]

Für eine pelasgische Besiedlung von *Kreta* gibt es einen Hinweis in der Odyssee.[122] Homer nennt als Siedlungsgruppen auf Kreta die Achäer, die ursprünglichen Kreter,

---

113 Vgl. Hesselmeyer, Ellis 2006 (1890), S. 10f. Es gab bereits 1890 auch weitere Erklärungsansätze für den Namen „Pelasger".

114 Vgl. Herodotus „The Histories", a.a.O., I, 57, Dionysius von Halikarnassos „Roman Antiquities", 1.18.1 und 1.28.3, Plinius „Naturgeschichte", 3.9.56.

115 Vgl. Dionysius von Halikarnassos, „Roman Antiquities", 1.31.1.

116 Vgl. Herodotus „The Histories", a.a.O., VI, 137, 138.

117 Vgl. Herodotus „The Histories", a.a.O., I, 58.

118 Vgl. Strabo „Geographika", 13.3.3.

119 Vgl. Herodotus „The Histories", a.a.O., VII, 94.

120 Vgl. Dionysius von Halikarnassos, „Roman Antiquities", 1.25.1.

121 Vgl. Thukydides „Geschichte des Peloponnesichen Krieges", a.a.O., IV, 109, S. 349.

122 Vgl. Homer „The Odyssey", a.a.O., XIX, 173, S. 254.

die Cydonier[123], die Dorer und die Pelasger. Herodot führt an, dass die in Kreta ansässigen Pelasger von den Kadmeern aus der Histiaiotis (Gegend um den Olymp) vertrieben wurden, wo ein Teil von ihnen nach der Vertreibung aus Thessalien lebte.[124] Diodor ergänzt, dass Tektamos oder Teutamos, ein Sohn des Doros und Enkel des Hellen (Urenkels des Deukalion) mit Äolern (Achäern) und Pelasgern nach Kreta gesegelt war und dort die Tochter des kretischen Königs Kretheus geheiratet hat.[125] Deren Sohn Asterios war der Vater des legendären König Minos (s.o.) sowie seiner Brüder Rhadamantys und Sarpedon. Die Besiedlung von Kreta durch die Pelasger geht damit auf zwei Generationen vor Minos und damit auf ca. 1600 BCE zurück. Parallelen bei Toponymen unterstützen eine Emigration von Pelasgern aus Thessalien nach Kreta.

In Summe spricht einiges für die These von Hesselmeyer einer pelasgischen Urbevölkerung im heutigen Griechenland, vor allem in Thessalien (der Pelasgiotis) und Böotien, die im Zuge weiterer Einwanderungsbewegungen neuer Volksstämme nach Hellas zunächst nach Süden und weiter u.a. nach Kleinasien, die Sporaden und Kreta verdrängt worden ist.[126]

Die wenigen sprachlichen Zeugnisse, die den Pelasgern zugeschrieben werden, lassen die Vermutung zu, dass ihre Sprache zwischen den hier beschriebenen Siedlungsgebieten relativ einheitlich, aber nicht-griechisch war, wobei Herodot eine Herkunft des Griechischen aus dem Pelasgischen nicht ausschließt.[127] Während Hesselmeyer die Pelasger auch sprachlich als vor-indo-europäische Bevölkerungskomponente einstuft, sind die linguistischen Wurzeln einiger pelasgischer Namen (z.B. Teutamos) wohl indo-europäisch und weisen bei den Pelasgern in Griechenland eine Verwandtschaft zu thrakischen Namen auf. Dies lässt darauf schließen, dass diese Pelasger ursprünglich eine indo-europäische Sprache aus dem thrako-phrygischen Sprachraum gesprochen haben.

Andererseits sind in den Namen der Pelasger aus Kleinasien auch luwische Sprachwurzeln identifizierbar, die u.U. im Zuge der Besiedlung der kleinasiatischen Küste angenommen wurden. Dennoch lassen sich die pelasgisch-tyrrhenischen Sprachelemente (aus denen die spätere etruskische Sprache hervorgegangen ist) nicht ohne einen längeren Kontakt zu vorgriechisch sprechenden Bevölkerungen erklären.[128]

---

123 Ein minoischer und altgriechischer Stadtstaat am nordwestlichen Ufer der Insel Kreta, wo sich heute die griechische Stadt Chania befindet.

124 Vgl. Herodotus „The Histories“, a.a.O., I, 56.

125 Vgl. Diodor „Geschichtsbiliothek“, IV, 60.

126 Vgl. Hesselmeyer, Ellis 2006 (1890), S. 6f.

127 Vgl. Herodotus „The Histories“, a.a.O., I, 57.

128 Vgl. Woudhuizen, Frederik Christiaan 2006, S. 100f.

Insofern lassen sich die Pelasger auf Basis der verschiedenen Überlieferungen möglicherweise als indo-europäische Einwanderer einer der ersten Migrationswellen identifizieren und u.U. mit den im nördlichen Kleinasien ansässigen Pala in Verbindung bringen.[129]

5.5.2 Die chalybischen Eisenschmiede

Ein weiteres Ethnos, auf das an dieser Stelle besonders eingegangen werden soll, sind die in griechischen Schriftquellen[130] erwähnten Chalyber, die möglicherweise mit den aus dem Mythos bekannten Halyzonen[131] und evtl. auch mit den in hethitischen Archiven genannten Kaska identisch sind. Hierbei handelt es sich um die wahrscheinlich altanatolischen Bewohner der Pontischen Gebirge östlich des Halys Flusses bis hin zum Kaukasus, die damit Gebiete nördlich bzw. östlich der eingewanderten indo-europäischen Bevölkerungsgruppen bewohnten.

Die Forschungen und Quellen bezogen auf die Chalyber sind leider nur rudimentär. Ihre wirtschaftsstrategische Bedeutung in der Bronzezeit lag vor allem in der Metallförderung und -verarbeitung. Sie gelten als Erfinder der Stahlproduktion.[132] Das Wort *chalybs* bedeutet in der griechischen Sprache *gehärtetes Eisen, Stahl* und wird damit abgegrenzt von *sideros* für ungehärtetes *weiches* Eisen. Lt. Nieling ist unklar, ob der Name der Chalyber bei der Bezeichnung von hartem Eisen Pate stand oder die Chalyber umgekehrt nach dem griechischen Wort für Stahl benannt wurden.[133]

In den frühesten bronzezeitlichen Quellen aus Griechenland, insbesondere bei *Homer*, ist mehrfach von den sog. *Halyzonen* die Rede, deren Ethnonym eine große Ähnlichkeit zu den Chalybern aufweist. Sprachlich ist ein Zusammenhang zu dem nordanatolischen Fluss Halys zu vermuten (die am oder jenseits des Halys leben). Bei Homer stammen die Halyzonen aus Halyb oder Alybe und sind Alliierte der Trojaner.

---

129 Linguistische Wurzeln des Wortes *Pelasger* bzw. *Philister* sowie zur Verbindung zu den *Pala* vgl. Robbins, a.a.O., S. 329. Wenn Woudhuizen und Best die ersten indo-europäischen Einwanderer in den östlichen Mittelmeerraum als Mitglieder der thrako-phrygischen Sprachfamilie identifizieren, ist zu fragen, ob zumindest Teile dieser Volksstämme mit den Pelasgern identisch sind. Dem steht entgegen, dass sowohl Homer als auch Herodot zwischen Thrakern und Pelasgern unterscheiden.

130 Darunter Strabo 12.3.23, Xenophon und Demetrios von Skepsis (vgl. Boshnakov, Konstantin 2003, S. 74f und 159f). Analog zu den Pelasgern sind die Halyzonen/Chalyber im archäologischen Befund nicht nachweisbar.

131 Diese Gleichsetzung nahm bereits Demetrios von Skepsis vor. Vgl. Boshnakov, Konstantin 2003, S. 160.

132 Anthony verweist auf deutlich frühere Experimente der pontischen Steppenbewohner im Hinblick auf die Herstellung von Eisenwaffen und -werkzeugen (vgl. Anthony, David W. 2007, S. 336).

133 Vgl. Nieling, Jens 2009, S. 55.

Alybe soll dabei reich an Silber und Eisenvorkommen gewesen sein. Auch die Argonauten treten auf ihrer Fahrt in die Kolchis in Kontakt mit den Halyzonen.[134]

Eine – allerdings unvollständige – Textstelle bei *Herodot* in den Historias, die sich vermutlich auf die Chalyber bezieht, schreibt jenen *mit Ochsenhörnern geschmückte Helme* zu.[135] Derartige Helme werden uns im Verlauf dieser Untersuchung noch weiter begegnen. Herodot differenziert im Übrigen zwischen den Chalybern und den Kolchern.[136]

Von den späteren klassischen Autoren identifiziert *Strabo* die Halyzonen ebenfalls mit den kolchischen Halyben oder Chalybern. Er vertritt den Standpunkt, dass die einstigen Einwohner der Alybe die späteren Chalyber gewesen seien, wobei letztere historisch allerdings erst ab der frühen Eisenzeit belegt sind.[137] Die Chalyber werden in der Tat erst nach dem Untergang des hethitischen Reiches in griechischen Quellen erwähnt. *Xenophon* wusste aus eigener Anschauung, dass die Chalyber an der Pontosküste, an der Mündung des Thermodon, wohnten.[138] Sie galten als Bergbewohner, waren eher kleinwüchsig und zäh. Aischylos nennt die Chalyber „Schmiede". [139]

In den hethitischen Quellen wird das o.a. Siedlungsgebiet nördlich des hethitischen Kernlandes zwischen Halys und Kaukasus den Kaska zugeschrieben, die historisch sowohl Verbündete als auch Gegner der Hethiter waren. Die Kaska sind auch aus den Amarna Briefen aus Ägypten bekannt. Inwieweit zwischen den Kaska und den Chalybern ein Zusammenhang besteht, muss aktuell noch offen bleiben.

5.5.3 Die thrakischen Ethnien in Kleinasien

5.5.3.1 *Die Phryger*

Bei den Phrygern handelt es sich um einen indo-europäischen Stammesverband aus dem nördlichen Balkangebiet (Dakien), der wahrscheinlich um 1250 bis 1100 BCE zusammen mit Venetern und Mysiern nach Nordwest-Anatolien und das europäische

---

134 In der Odyssee werden die Halyzonen noch weiter östlich in der Kolchis am Kaukasus lokalisiert. Vgl. auch die Hinweise von Meyer, zitiert bei Woudhuizen, ‚The Ethnicity …", a.a.O., S. 27.

135 Vgl. Herodotus „The Histories", a.a.O., VII, 76.

136 Vgl. Herodotus „The Histories", a.a.O., VII, 76 und VII 79.

137 Vgl. Boshnakov, Konstantin 2003, S. 74; Woudhuizen, Frederik Christiaan 2006, S. 27 nach Webster (1960) „From Mycenae to Homer".

138 Vgl. Boshnakov, Konstantin 2003, S. 75. Der Thermodon mündet ca. 50 km östlich von Samsun ins Schwarze Meer. In dieser Gegend wurden von klassischen Autoren auch die Amazonen lokalisiert.

139 Vgl. Boshnakov, Konstantin 2003, S. 74.

Thrakien eingewandert ist.[140] *Herodot* gibt an, dass die Phryger ursprünglich in Makedonien gelebt haben und von dort in das nordwestliche Anatolien migriert sind.[141] Dies soll ungefähr in der Zeit des Trojanischen Krieges geschehen sein. Auch Strabo kennt diese Überlieferung einer Einwanderung der Phryger nach Kleinasien um 1200 BCE.[142]

Nach Herodot haben die Phryger in Anatolien ihren Namen, der ursprünglich *Bryger* gewesen ist, angenommen bzw. geändert.[143]

> „*According to the Macedonian account, the Phrygians, during the time that they had their abode in Europe and dwelt with them in Macedonia, bore the name of Brigians; but on their removal to Asia they changed their designation at the same time with their dwelling place.*"[144]

Mallory hält diese Erinnerung von Herodot unter Berücksichtigung linguistischer Indizien durchaus für plausibel.[145] Das Siedlungsgebiet der Phryger in der Phase nach ihrer Wanderung nach Kleinasien erstreckte sich auf die Troas und das europäische Thrakien. Ihre östlichen Nachbarn waren die Veneter in Paphlagonien, ihre südlichen Nachbarn die etwa zeitgleich ebenfalls eingewanderten Mysier.

Die Angabe von Herodot, dass diese Einwanderung etwa zur Zeit des Trojanischen Krieges oder leicht davor passierte, deckt sich mit einer anderen Quelle in der Ilias in Buch 3, in dem Priamos zitiert wird:

> „*Years ago I visited Phrygia rife with vineyards*
> *Saw the Phrygian men with their swarming horses there –*
> *Multitudes – the armies of Otreus, Mygdon like a god,*
> *Encamped that time along the Sangarius River banks.*
> *And took my stand among them, comrade-in-arms ...*"[146]

In Priamos' Jugend hatten die Phryger also ihr *Lager* am Sangarios aufgeschlagen, was möglicherweise darauf schließen lässt, dass sie in ihren Einwanderungsgebieten noch nicht sesshaft geworden sind. Außerdem scheint der Sangarios die damalige Grenze

140 Haefs ordnet diese Wanderungsbewegung zeitlich um 1300 BCE und somit etwas früher ein (vgl. Haefs, Hanswilhelm 2007, S. 32).
141 Vgl. Herodotus „The Histories", a.a.O., VII, 73.
142 Vgl. Strabo „Geographika", 14.5.29, Vgl. auch Genz, a.a.O. „ S. 476.
143 Vgl. Mallory, J.P. 1996, S. 32. Identität nach Strabo (12.3.20), zurückgehend auf Herodotus „Histories" (8.138), nach Boshnakov, Konstantin 2003, S. 42.
144 Herodotus „The Histories", a.a.O., VII, 73.
145 Vgl. Mallory, J.P. 1996, S. 33.
146 Homer „The Iliad", a.a.O., III nach Robbins, a.a.O., S. 172.

des thrakischen Einfluss- und Siedlungsgebietes markiert zu haben. Priamos war der Ilias zufolge mit einer phrygischen Prinzessin verheiratet. Bereits damals waren Trojaner und Phryger demnach Verbündete, eine Allianz, die bis zum Trojanischen Krieg hielt.

Die Phryger gehören somit zu einer Gruppe nach Kleinasien eindringender thrakischer Stämme, die mutmaßlich in der späten Bronzezeit nach Kleinasien einwanderten, in der Folge über Anatolien in einer West-Ost Bewegung hinwegzogen und nach ägyptischen Berichten an der Zerstörung wesentlicher hethitischer Städte beteiligt waren.[147]

Archäologisch ist die phrygische Einwanderung nach Kleinasien um 1200 BCE noch nicht eindeutig belegt. Ihre zeitliche Fixierung ist schwierig, da die Phryger erst 400 Jahre später eine typische Architektur und Keramik entwickelt haben. Allerdings waren auch in späteren Zeiten (z.B. Hunnen, Kimbern) wandernde Stämme archäologisch schwer zu greifen. Es gibt jedoch linguistische Hinweise darauf, dass sich um 1200 BCE die Konfiguration der indo-europäischen Sprachen in Kleinasien verändert hat.[148]

Außerdem liegen zumindest auch einige wenige materielle Indizien für die thrakische und phrygische Einwanderung nach Anatolien zu dieser frühen Zeit vor. Gordion (am Sangarios) als spätere Hauptstadt des phrygischen Reiches wurde im 12. Jh. BCE von den Hethitern aufgegeben. Die nachfolgende Keramik weist Ähnlichkeiten zu der kontemporären Keramik aus Troja auf. Ähnliche Befunde gibt es auch für andere Orte auf dem anatolischen Hochplateau (z.B. Hattusha). Dadurch lässt sich möglicherweise belegen, dass sich im 12.Jh. BCE Menschen in Zentralanatolien (vor allem in Gordion) neu niederließen. In den folgenden Jahrhunderten kam es dann offenbar zu einer Vermischung dieser Einwanderer mit anatolischen Elementen zur späteren phrygischen Kultur.

Die Phryger werden in hethitischen und assyrischen Quellen zudem oft mit den Mysiern verwechselt oder gleichgesetzt. Bei den späteren Tragödiendichtern in der klassischen griechischen Zeit wurden die Phryger zu einem Sammelbegriff für die Troer, die Mysier und die Lyder, z.T. auch die Teukrer, was die Ausdehnung und Dominanz des phrygischen Reiches in Kleinasien ab ca. 800 BCE widerspiegelt.[149]

147 Vgl. Mallory, J.P. 1996, S. 31.

148 Vgl. Mallory, J.P. 1996, S. 30ff. und S. 35.

149 Vgl. Boshnakov, Konstantin 2003, S. 46. Auf den Bezug zur südost-europäischen Landschaft Moesien weist Akurgal hin (vgl. Akurgal, a.a.O., S. 73) Vgl. auch Haefs, Hanswilhelm 2007, S. 32.

5.5.3.2 *Die Mysier*

Die Mysier waren ebenfalls ein thrakischer Volksstamm, der aus den nordwestlichen Gebieten des heutigen Bulgarien und dem nordöstlichen Serbien, also der Ebene zwischen Donau und Balkangebirge (Moesien), gemeinsam mit den Phrygern um 1250 bis 1200 BCE nach Kleinasien einwanderte.[150] Herodot unterstellt eine enge Verwandtschaft der Mysier zu den späteren Lydern.[151] Wie im Fall der Phryger erfolgte zunächst eine Ansiedlung im nordwestlichen Kleinasien in der ehemaligen hethitischen Provinz Masa bzw. Seha River Land (bei den Griechen als Hermos bekannt) mit der Hauptstadt Sardis. Als Grenze des mysischen Gebietes nach Osten ist der Fluss Rhyndakos anzusehen, nach Westen der Fluss Aisepos zur Troas.

In *Homers* Ilias waren die Mysier südliche Nachbarn der Trojaner und Phryger. Besondere Erwähnung findet bei Homer der mysische König Teuthras als Herrscher des eponymen Gebietes Teuthranien sowie dessen Schwiegersohn Telephos.[152]

Nach *Herodot* wandern noch *vor* dem Trojanischen Krieg Teile der Mysier weiter mit den Teukrern aus Kleinasien über den Bosporus nach Europa und siedeln dort an den Flüssen Axios und Strymon unter dem Namen *Päonier.*[153] Auch die Päonier werden in der Ilias als Alliierte der Trojaner aufgeführt und auf ihre besonderen Fähigkeiten als Bogenschützen verwiesen.

Es ist wahrscheinlich, dass die Mysier später, d.h. *nach* dem Trojanischen Krieg, mit Teilen der Phryger weiter durch Kleinasien nach Osten zogen und dabei um 1165 BCE in einen Konflikt mit Assyrien gerieten.[154] Wahrscheinlich sind die Mysier identisch mit den Muschki aus den Annalen von Tiglath Pileser (1115–1077 BCE). Die in Ostanatolien verbleibenden Mysier bildeten einer gut begründeten These von Igor Diakonov zufolge eine Ursprungspopulation für die Armenier.[155] Diese These wird außerdem durch ein Zitat von *Herodot* gestützt:

„The Armenians, who are Phrygian colonists, were armed in the Phrygian fashion".[156]

---

150 Von Poseidonios nach Strabo mit den Abiern gleichzusetzen. Boshnakov, Konstantin 2003, S. 119.

151 Vgl. Herodotus „The Histories", a.a.O., VII, 74.

152 Vgl. Wood, Michael 2005, S. 219.

153 Herodot bezeichnet die Päonier (an den Flüssen Axios und Strymon) als Kolonisten teukrischer und mysischer Abstammung aus der Troas (vgl. Herodotus „The Histories", a.a.O., VII, 75). Im Zuge dieser Auswanderung sind die dort ansässigen thrakischen Stämme offenbar über die Dardanellen nach Kleinasien verdrängt worden und haben dort später den Namen Bithynier angenommen. Nach Strabo haben sich die Päonier in ihren Siedlungsgebieten im südlichen Balkan ethnisch mit den Makedoniern vermischt (vgl. Boshnakov, Konstantin 2003, S. 178).

154 Vgl. Robbins, Manuel 2001, S. 174, 175.

155 Vgl. Zitiert bei Mallory, J.P. 1996, S. 33f.

156 Vgl. Herodotus „The Histories", a.a.O., VII, 73.

5.5.3.3 *Die Veneter*

Ein weiterer Stamm aus dem thrakischen Verbund, der gegen Ende des 2. Jtsd. BCE nach Kleinasien wanderte, waren die sog. Veneter oder Eneti. In ihren neuen Siedlungsgebieten an der Schwarzmeerküste des nördlichen Kleinasien haben die Veneter möglicherweise den Namen und die Regionalbezeichnung der vormals dort ansässigen Pala bzw. Paphlagonier angenommen, worauf verschiedene Zitate aus griechischen Quellen schließen lassen. Das o.a. Zitat von *Herodot*[157] deutet auf eine enge Verwandtschaft der Paphlagonier zu den Phrygern.

> *„The dress of the Phrygians resembled the Paphlagonian, only in very few points differing from it.“*[158]

Die Phryger wären demnach auch die südwestlichen Nachbarn der Paphlagonier in ihren Siedlungsgebieten in Kleinasien. Weiter östlich siedelten die Kaska. Nicht ausgeschlossen ist, dass sich im Ethnonym der Paphlagonier noch Elemente des Namens *Pala* wiederfinden, die mit den Luwiern um 2000 BCE nach Kleinasien eingewandert sind.

Die traditionellen ethnischen Siedlungsgebiete der Thraker in Kleinasien waren somit Phrygien, Mäonien (das spätere Lydien) und Mysien.[159] Weitere thrakische Stämme siedelten im späteren Bithynien.[160] Wenn hier das Wort *Siedlung* verwendet wird, muss allerdings für einen längeren Zeitraum von einer nomadischen Viehzuchtwirtschaft ausgegangen werden, evtl. begleitet von der Aufzucht von Pferden. Es gibt verschiedene Hinweise, dass die thrakischen Stämme in dieser Phase in Lagern unterwegs waren, also evtl. nicht sesshaft waren. Dies kann – wie oben bereits angesprochen – in den vormals agrarisch bewirtschafteten Ländereien Einbrüche im Bereich der landwirtschaftlichen Produktivität nach sich gezogen haben.

5.5.4 Weitere Ethnien im nordwestlichen Kleinasien

In Nordwest-Kleinasien wanderten die thrakischen Stämme schriftlichen Quellen zufolge in Gebiete ein, die bereits seit längerem von früher angekommenen Stämmen

157 Vgl. Herodotus „The Histories“, a.a.O., VII, 73.

158 Vgl. Herodotus „The Histories“, a.a.O., VII, 73.

159 Vgl. Boshnakov, Konstantin 2003, S. 99 und 193. Die Bithynier sind erst gemeinsam mit den Asten im Zusammenhang mit der Kimmerier Invasion, also im 7. Jh. in Kleinasien eingewandert.

160 Die Bithynier drangen erst Ende des 7. Jh. BCE nach Kleinasien ein (vgl. Haefs, a.a.O., S. 38).

und Ethnien besiedelt waren, darunter die Dardaner, die Tyrsener, die Pelasger und die Teukrer.[161] Diese bewohnten die sog. Troas, also das Gebiet um Troja am Bosporus, sowie das benachbarte Mäonien, die ehemalige hethitische Provinz Seha River Land. Landschaftlich reicht die Troas von Abydos im Süden sowie von Idagebirge bis zum Kyzikenerland an der Propontis.[162] In diesem Gebiet wurden in der späten Bronzezeit im Wesentlichen zwei Sprachen gesprochen, nämlich luwisch und thrako-phrygisch.

5.5.4.1 *Die Teukrer*

Teukros war in der Mythologie der erste König Trojas, der Name *Teukrer* ist daher oft auch synonym für die Trojaner verwendet worden. In der Version des Trojanischen Krieges in den Historien von Herodot ist auch Paris von Troja teukrischer Abstammung.[163]

Möglicherweise haben wir es also bei den Teukrern mit der ältesten Ethnie in der Troas zu tun. Es ist in diesem Zusammenhang verlockend, aufgrund der linguistischen Parallele einen Zusammenhang des Namens *Teukrer* zu den Tukri oder Tocharıern der ersten indo-europäischen Wanderungswelle herzustellen.

In der Mythologie werden den Troern Dardanern und Teukrern eine gemeinsame Abstammung bis zur Synonymität zugesprochen.[164] Demnach war Teukros der Sohn des Flussgottes Skamandros und einer Nymphe vom Berg Ida. Seine Tochter Bateia heiratete Dardanos, den Stammvater der Dardaner.

5.5.4.2 *Die Dardaner*

Bei den Dardanern handelt es sich um einen ursprünglich wohl thrakischen Stamm, der sich nach Haefs als Untergruppe der Moesier von diesen in der ersten Hälfte bis zur Mitte des 2. Jtsd. BCE abspaltete, mit Illyrern vermischte und aus Nordbulgarien

161 Keines dieser Ethnonyme ist archäologisch separat greifbar.

162 Vgl. Strabo nach Boshnakov, Konstantin 2003, S. 84. Mit dem Kyzikenerland ist dort die Gegend um die Stadt Kyzikos in der Propontis gemeint, die nach dem mythischen eponymen thrakischen König Kyzikos (vgl. Argonautensage) benannt ist.

163 Vgl. Herodotus „The Histories“, a.a.O., II, 114.

164 Nach Woudhuizen gibt es im Mythos mehrere Versionen der teukrischen Abstammung, von denen eine auf eine autochtone Entwicklung in Kleinasien verweist, eine andere kretische Ursprünge unterstellt und eine dritte auf attische Wurzeln zurückgeht. Letztere Fassung unterstützt die gemeinsame thrako-phrygische Abstammung der Einwohner Griechenlands und derjenigen des nördlichen Kleinasiens (vgl. Woudhuizen, Frederik Christiaan 2006, S. 107f.).

und Serbien schließlich nach Kleinasien auswanderte.[165] Dort lebten die Dardaner in der Troas sowie im Seha River Land (Mäonien).[166]

Diese Wanderungsbewegung hat ihre Entsprechung in der Mythologie. In der Aeneis wird angegeben, dass der mythische Stammvater der Dardaner, Dardanos, in Italien geboren wurde, bevor er ins nördliche Kleinasien zog.

Die Dardaner herrschten offenbar auch über die an der Küste von Mäonien ebenfalls ansässigen Leleger. Sie werden in bronzezeitlichen hethitischen und ägyptischen Quellen genannt (Dardanja) und stellten u.a. Hilfstruppen für die Hethiter in der Schlacht bei Kadesh 1274 BCE.

In der Mythologie waren die Dardaner in der Ilias enge Verbündete der Trojaner. Robbins unterstellt eine enge Verwandtschaft der Dardaner zu den Trojanern bis hin zur Namensgleichheit ("*Troy was ruled by Dardanians*").[167]

5.5.4.3 *Die Tyrrhener bzw. Tyrsener*

Im Gebiet der Troas, Mäonien und den vorgelagerten Inseln Lemnos, Imbros, Samothrake und Lesbos siedelten außerdem die Tyrsener oder Tyrrhener, die als eng verwandt mit den späteren Etruskern in Italien gesehen werden. Die wechselnde Bezeichnung Tyrsener vs. Tyrrhener geht wohl auf variierende Aussprachen des Namens in zwei unterschiedlichen griechischen Dialekten zurück, wobei die etymologische Wurzel des Namens *Turs* gewesen ist.[168]

Die Tyrsener spalteten sich möglicherweise von den Mäoniern ab und wanderten mit den benachbarten Pelasgern infolge einer Hungersnot teilweise von Kleinasien nach Italien aus.[169] Hierzu ist eine Passage bei *Herodot* zu finden, in der es heißt:

> „*In the days of Atys, the son of Manes, there was a great scarcity through the whole land of Lydia .... So the king determined to divide the nation in half .... the one to stay, the other to leave the land ... The emigrants should have his son Tyrrhenus for their leader ... they went down to Smyrna, and built themselves ships ... after sailing past many countries they came to Umbria ... and called themselves ... Tyrrhenians.*"[170]

165 Vgl. Haefs, Hanswilhelm 2007, S. 26.
166 Vgl. Mallory listet die Dardaner unter den illyrischen Stämmen auf dem Balkan. Vgl. Karte bei Mallory, J.P. 1996, S. 75.
167 Robbins, Manuel 2001, S. 105.
168 Vgl. Robbins, Manuel 2001, S. 161, Hesselmeyer, Ellis 2006 (1890), S. 34f.
169 Thukydides spricht in diesem Zusammenhang sogar von tyrrhenischen Pelasgern (vgl. Thukydides „Geschichte des Peloponnesischen Krieges", a.a.O., IV, 109) und unterstellt damit eine Verwandtschaft beider Ethnien. Herodot differenziert hingegen zwischen Tyrrhenern und Pelasgern (vgl. Hesselmeyer Ellis 2006 (1890), S. 42).
170 Herodotus „The Histories", a.a.O., I, 94.

In der Aenaeis nennen sich die etruskischen Siedler in Italien *Dardaner*, so dass eine Verwandtschaft zu den Dardanern (s.o.) angenommen werden kann.[171] Die Tyrsener lebten offenbar auch in unmittelbarer Nachbarschaft zu den Pelasgern. Ihr Name wird auch mit der Stadt Troja etymologisch in Verbindung gebracht (Taruisa ⟶ Troja).

5.5.4.4 *Die kleinasiatischen Pelasger*

In Abschnitt 5.5.1 sind die mythischen Ursprünge der Pelasger gemäß der Auskünfte bei den klassischen Autoren ausführlich dargestellt worden. Die Pelasger waren demnach auch in Kleinasien ansässig, nachdem Teile von ihnen aus Zentralgriechenland und Attika an die kleinasiatische Küste verdrängt worden waren. Dort waren sie ursprünglich über die gesamte spätere ionische Küste sowie die vorgelagerten Inseln verbreitet.[172]

Die aus Attika vertriebenen Pelasger sollen nach *Lemnos* und die Gegend um den *Hellespont* geflohen sein (Plakia und Skylake an der Südküste der Propontis sowie Kreston am Strymon in Thrakien).[173] Dort begegnen sie uns als separate sprachliche Einheit bis in die klassische griechische Zeit und gesondert aufgeführte Alliierte der Trojaner zur Zeit des Trojanischen Krieges wieder.[174] Hauptstadt der pelasgischen Stämme in der Troas war Larissa.[175] Die dortigen Pelasger waren berühmt für ihre Speerkampfkunst, die sie unter ihren Anführern Hippothous und Pyläus auch im Trojanischen Krieg unter Beweis stellten.

Herodot deutet außerdem andere Ortschaften an, in denen Pelasger unter anderen Namen lebten (wahrscheinlich *Samothrake* und Antandrus in der Troas). In Lemnos und Imbros ist eine pelasgische Bevölkerung erst von den Athenern um 500 erobert worden. (Anm.: Lemnos, Imbros, Samothrake sind die Sporaden, die später auch von thrakischen Stämmen besiedelt wurden).

Nach *Dionysius von Halikarnassos* und *Herodot* sind die Pelasger aus der Troas später gemeinsam mit den Tyrrheniern infolge einer Hungersnot teilweise nach Italien ausgewandert und dort mit letzteren verschmolzen bzw. assimiliert worden.[176] Plinius

171 Vgl. Woudhuizen, Frederik Christiaan 2006, S. 94.

172 Vgl. Hesselmeyer, Ellis 2006 (1890), S. 7. Zur Erinnerung: Hesselmeyer setzt die Pelasger mit den Lelegern gleich.

173 Vgl. Herodotus, „The Histories", a.a.O., I, 57.

174 Vgl. Homer, „The Iliad", a.a.O., II, 681.

175 Nach Blum und Pavuk ca. 40 km südlich von Troja an der Küste der Troas gelegen. Vgl. die Beiträge von Blum und Pavuk in „Studia Troica Monographien 5", Tübingen 2104, S. 770ff bzw. 864ff.

176 Vgl. Dionysius von Halikarnassos „Roman Antiquities", 1.25.2 und 1.28.2., Herodotus „The Histories", a.a.O., I, 94.

zufolge haben die Pelasger in Italien die Umbrer aus ihrem Siedlungsgebiet verdrängt, wurden aber in der Folge von den Tyrrhenern (die später Tuscer oder Etrusker genannt wurden) vertrieben.[177]

5.5.4.5 *Die Mäonier*

Mäonien entsprach in der späten Bronzezeit geographisch in etwa der hethitischen Provinz Seha River Land am Fluss Hermus. Wenn hier über die Bewohner dieser Provinz, also die Mäonier, gesprochen wird, aus denen später die Lyder und evtl. die Tyrrhener hervorgegangen sind, steht dahinter wahrscheinlich ein besonders komplexer Prozess der Ethnogenese. An dieser Stelle soll daher noch einmal genauer auf a) die Migrations- und Verdrängungsprozesse und b) auf die verschiedenen Stufen der Ethnogenese in diesem konkreten Fall eingegangen werden.

Das Beispiel der Mäonier zeigt, dass es im Zuge der Einwanderungen der thrakischen Stämme in West-Kleinasien teilweise zu Verdrängungen der bereits erwähnten ursprünglich ansässigen Volksgruppen gekommen sein muss. Diese Bewegungen sind archäologisch bislang wenig erfasst, haben aber Spuren bei den antiken Geschichtsschreibern hinterlassen. Zum Teil müssen die Immigrationen der Phryger und Mysier auch mit bewaffneten Konflikten einhergegangen sein. Im Mythos finden sich Spuren der Auseinandersetzungen. Priamos soll in seiner Jugend mit den Phrygern am Sangarios gegen die Amazonen (neben den Chalybern Bewohner der nordost-kleinasiatischen Schwarzmeergegend am Fluss Thermodon) gekämpft haben.[178]

Die Verdrängung der ursprünglich in Nordwest-Kleinasien ansässigen Stämme erfolgte mit drei unterschiedlichen Stoßrichtungen. Zum einen wurden mit der Einwanderung der Phryger und Mysier nach Kleinasien die Teukrer, Tyrrhenier und Pelasger somit offenbar teilweise in den Süden abgedrängt und verschmolzen dort mit luwisch sprechenden Bevölkerungsgruppen zu den Lydern. Auch *Herodot* verweist darauf, dass die Bevölkerung von Sardis und der Umgebung nach König Lydos *Lyder* genannt wurde, vor dessen Herrschaft aber noch als Mäonier bekannt war.[179] In den homerischen Epen ist noch der ältere Name Mäonier im Gebrauch, was Hinweise auf die Datierung dieses Konfliktes liefert, denn nach Woudhuizen ist das Ethnonym *Lyder* erst in der Eisenzeit verwendet worden.[180]

---

177 Vgl. Plinius „Naturgeschichte“, 3.8.50.

178 Vgl. Strauss, Barry 2006, S. 161.

179 „These Lydians in ancient times were called Maeonians, but changed their name, and took their present title from Lydus, son of Atys.“ Herodotus „The Histories“, a.a.O., VII, 74.

180 Vgl. Woudhuizen, Frederik Christiaan 2006, S. 81.

Herodot beschreibt außerdem eine Folgewanderung von Teilen der Mysier im Verbund mit den Teukrern aus der Troas über den Bosporus nach Europa bis zum Fluss Peneios und stellt eindeutig klar, dass diese Wanderung *vor* dem Trojanischen Krieg stattgefunden hat.[181]

Ein Teil der in Mäonien ansässigen Volksstämme ist evtl. auch nach Italien ausgewandert. Im vorausgehenden Abschnitt ist bereits dargestellt worden, dass Mäonien in der Bronzezeit die Heimat der sog. Tyrrhenier war, die gemeinsam mit den benachbarten Pelasgern aus der südlichen Troas infolge einer Hungersnot unter Führung von Tyrsenos nach Italien emigriert sind und dort Etruscer oder Tusci genannt wurden.[182]

Tyrsenos ist nach den griechischen Historikern neben Lydos ein weiterer Sohn des lydischen (= mäonischen) Königs Atys.[183] Da die Dynastie des Manes, Atys und dessen Söhnen Lydos und Tyrsenos gemäß Herodot *vor* derjenigen der Herakliden eingeordnet werden muss, bezieht sich diese Erinnerung offensichtlich auf Ereignisse aus der späten Bronzezeit (d.h. vor dem 12. Jh. BCE). In den folgenden Teilen werden Argumente genannt, die Phase der Auswanderung unter Tyrsenos auf die Jahre nach 1212 BCE zu datieren. Die Namen der Herrscher deuten außerdem auf eine nachfolgende Umbenennung von Mäonien (Manes) in Lydien (Lydos) hin.

Wir haben es also in drei Phasen mit jeweils unterschiedlichen Gruppierungen zu tun. Zum einen die ursprünglichen ethnischen Stammesbezeichnungen, zweitens den Sammelbegriff Mäonier und schließlich den Namen *Lyder*, der aus historischen Quellen erst ab ca. 700 BCE greifbar wird.

5.5.5 Die südwest-kleinasiatischen Ethnien

Die wesentlich früher eingewanderten luwisch sprechenden Bevölkerungsgruppen dominierten weiterhin das südliche Anatolien bis hin nach Syrien, darunter auch die Lykier, die einen aus dem luwischen abgeleiteten Dialekt sprachen. Nach 1200 BCE und dem Untergang des hethitischen Reiches erschien in Zentral- und Ostanatolien die phrygische Sprachgruppe, die nicht in die Gruppe der früheren kleinasiatischen indo-europäischen Sprachen gehört. Sprachliche Parallelen unterstützen dabei die Theorie einer zweiten Einwanderungswelle aus den Balkangebieten.

In der Folge ergaben sich somit neue Konstellationen in den Nachfolgeprovinzen von Arzawa und den ehemals hethitischen Protektoraten in Kleinasien. Im Zuge der

181 Vgl. Herodotus „The Histories", a.a.O., VII, 75.

182 Vgl. Plinius „Naturgeschichte", 3.8.50, Strabo „Geographika", 5.2.2. Vgl. auch das Zitat von Herodot in Abschnitt 5.5.4.3.

183 Vgl. Woudhuizen, Frederik Christiaan, 2006, S. 162, Herodotus „The Histories", a.a.O., I, 94.

Einwanderung änderten sich auch die Namen der wesentlichen Provinzen in West-Kleinasien. Aus Karkissa wird Karien, aus Masa wird Mysien, aus Seha River Land wird Mäonien und später Lydien.

5.5.5.1 *Die Karier*

Die Karier sind bereits im Zusammenhang mit den Minoern als eine der älteren Bevölkerungskomponenten in der Ägäis erwähnt worden (s. Abschnitt 5.3). Die Karier hatten offenbar um 1600 BCE noch unter der Herrschaft der Minoer auf Kreta und den Kykladen gesiedelt, sind aber von den Minoern nach Kleinasien verdrängt worden.[184] Ihre Sprache muss sich den Angaben der klassischen Geschichtsschreiber und den mythischen Überlieferungen folgend von der der griechischen Achäer deutlich unterschieden haben.[185]

Karier und Leleger[186] wurden später von den Minoern auf dem kleinasiatischen Festland angesiedelt und besetzten einen großen Teil der südwest-kleinasiatischen Küste. Nach *Strabo* haben die Karier in Kleinasien Milet, Myunta und das Land um Mykale und Ephesos besessen.[187] Gemäß *Apollodoros* und *Herodot* wurden diese Küstengebiete gleichzeitig auch von Lelegern bewohnt, welche Hesselmeyer mit den Pelasgern gleichsetzt.[188] Siedlungsschwerpunkte der Leleger waren – eneut nach *Strabo* – der Küstenstrich bis Phokaia, Chios und Samos.[189] Die griechischen Historiker hatten manchmal Schwierigkeiten, zwischen beiden Volksgruppen zu unterscheiden. *Strabo* erwähnt die Leleger daher als in Kreta und an der kleinasiatischen Küste beheimatet, wo sie sich immer noch im Herrschaftsbereich von König Minos befan-

184 Vgl. Strabo „Geographika" 14.2.27 und Hesselmeyer, a.a.O., S. 23.

185 Vgl. u.a. Herodotus „The Histories", a.a.O., I, 171f. sowie Homer „The Iliad" a.a.O., II, 870.

186 Ähnlich wie die Pelasger und Halyzonen sind die Leleger in der archäologischen Forschung nicht nachweisbar. Hesselmeyer setzt die Leleger mit den Pelasgern gleich, vor allem aufgrund der starken Überlappung der Siedlungsgebiete, die den beiden Volksstämmen zugemessen werden. Während er den griechischen Namen der Pelasger mit „Bewohner der Ebenen" übersetzt, ist seiner Auffassung nach die Bedeutung des Ethnonyms „Leleger" – ähnlich der späteren Bezeichnung „barbaroi" lediglich als eine weitere Sammelbezeichnung für die anderssprachigen Vorbewohner Griechenlands. Möglicherweise sind die Leleger aber auch ein früher Name für die Dorer, nachdem Doros Deukalions Enkel und ein Sohn des Hellen war. In der mythischen Genealogie lassen sich die Leleger auf Deukalion, einen Sohn des Minos, zurückführen. Nach *Diodor* sind die Leleger unter einem Sohn des Doros mit dem Namen Tektamos gemeinsam mit Äolern (Achäern) und Pelasgern nach Kreta gesegelt. Evtl. sind die Leleger auch mit den Lokrern in Verbindung zu bringen (s.o.).

187 Vgl. Boshnakov, Konstantin 2003, S. 156.

188 Abstammung der Karer lt. Herodot ursprünglich von den ägäischen Inseln, zeitweise unter der Herrschaft der Minoer (vgl. Herodotus, „The Histories", a.a.O., I, 171).

189 Vgl. Boshnakov, Konstantin 2003, S. 156.

den. Dort gerieten die Leleger offenbar unter die Oberherrschaft der Karier und wurden auch sprachlich von diesen assimiliert.[190]

Karien fiel Mitte des 2. Jtsd. BCE in den Herrschaftsbereich von Arzawa und wurde Provinz zunächst von Arzawa, später des hethitischen Reiches. Die Hethitier nannten Karien *Karkissa*. Die Karier waren lt. Herodot die ersten, die im Rahmen ihrer Bewaffnung Helmbüsche getragen haben. Außerdem wird ihnen nachgesagt, Griffe für Schilde erfunden zu haben.[191]

Nach dem Ende der Bronzezeit wurden die Karier jedoch im Zuge der Wanderungsbewegungen der Ionier und Dorer von diesen verdrängt.[192]

5.5.5.2 *Die Lykier*

Die Lykier bewohnten ein klar umrissenes und relativ schwer zugängliches Siedlungsgebiet in Südwest-Kleinasien. Sie konnten offenbar nie nachhaltig von den Hethitern erobert werden und blieben bis zum Ende des Hethiterreiches ein Unruheherd.

Bei den Lykiern handelt es sich möglicherweise um eine im Kern indo-europäische Volksgruppe, die ein dem Luwischen verwandtes Idiom sprach. Nicht auszuschließen sind allerdings auch Verschmelzungsprozesse mit kretischen Siedlungselementen an der lykischen Küste. Dies könnte die matrilineare Kultur der Lykier erklären, die sie mit den Minoern teilten.[193] Auch weist die Sarpedon Sage (Sarpedon = Bruder des Minos) auf eine kretische Siedlungshistorie an der kleinasiatischen Küste. Ein entsprechender Abstammungsmythos der Lykier aus Kreta wird bei Herodot erwähnt.[194]

Auch sollen die Lykier gemäß Herodot im Kampf einen *Kopfschmuck aus kreisförmig angeordneten Federn*[195] getragen haben. Damit sind die Lykier wohl identisch mit den Lukka oder *lkk* aus ägyptischen und hethitischen Quellen, wo sie mehrfach Erwähnung zwischen dem 15. und 13. Jh. finden, auch im Kontext der Seevölkerunruhen am Ende der Bronzezeit.

In der Mythologie wird *Riesen* aus Lykien der Bau der zyklopischen Mauern von Tiryns zugesprochen. Es ist also möglicherweise auch von Kontaken zu den Achäern auszugehen. In der Ilias waren die Lykier unter ihren Anführern Sarpedon[196] und Glaukos wichtige Alliierte der Trojaner.

---

190 Vgl. Hesselmeyer, Ellis 2006 (1890), S. 18.
191 Vgl. Herodotus „The Histories", a.a.O., I, 171.
192 Vgl. Strabo, „Geographika", 7.7.2.
193 Vgl. Herodotus „The Histories", a.a.O., I, 173.
194 Vgl. Herodotus „The Histories", a.a.O., I, 173.
195 Herodotus „The Histories", a.a.O., VII, 92.
196 Namensgleich, aber nicht identisch mit dem o.a. Bruder des Minos.

5.6 Eine Zwischenbilanz der Ethnogenese im östlichen Mittelmeerraum – Vielfalt an Phänotypen und Sprachen bei zunehmender Stratifizierung der Gesellschaften

Die vorausgehenden Kapitel haben gezeigt, dass der östliche Mittelmeerraum in der späten Bronzezeit gekennzeichnet war durch eine auf den ersten Blick verwirrende Vielfalt von

- Phänotypen,
- Sprachen,
- religiösen Vorstellungen und
- materiellen Kulturelementen.[197]

Auf der einen Seite haben wir die großen Reiche der Ägypter und der Hethiter, die sich nach der Schlacht von Kadesh (1274 BCE) in einer Art Machtbalance befanden. Daneben richteten die Mykener als Erben der minoischen Handelskontakte ihr merkantiles und militärisches Augenmerk auf die Inseln in der Ägäis und die west-kleinasiatische Küste. Eine wichtige Rolle spielten außerdem Zypern und Ugarit als Distributionszentren insbesondere für Kupfer und Zinn, die Bestandteile der Bronze.

Innerhalb und um diese Machtzentren herum ist es im Zuge von Einwanderungen und z.T. auch von Verdrängungsprozessen zu Ansiedlungen anderer Gruppen und Stämme mit unterschiedlichen ethnischen Zuordnungen gekommen. Dies wird von Robbins bestätigt, der feststellt „*... pockets of ‚alien' ethnicity no doubt existed in many places during the Bronze Age.*"[198] Auch Kristiansen und Larsson betonen den „*multilingual and multi-ethnic character of states*"[199] in denen verschiedene Sprachgruppen und Ethnizitäten koexistierten.

An dieser Stelle soll daher eine kurze Zwischenbilanz für den o.a. Prozess der *Ethnogenese* im östlichen Mittelmeerraum bis zum Ende der Bronzezeit gezogen werden, der mit den indo-europäischen Einwanderungen um 2000 BCE begonnen hat und damit einen Zeitraum von ca. 800 Jahren abdeckt. Es kann nur eine Zwischenbilanz sein, da sich der Prozess fortsetzte und um 1180 BCE noch einmal kräftig in Bewegung kam, bis sich um 800 bis 700 BCE in Griechenland und Kleinasien (u.a. Phryger, Mysier) die *klassischen* Kulturen bzw. Staaten herausgebildet hatten.

---

197 Vgl. erneut die Kriterien für die Abgrenzung ethnischer Einheiten in Woudhuizen, Frederik Christiaan 2006, S. 16.

198 Robbins, Manuel 2001, S. 13.

199 Kristiansen, Kristian; Larsson, Thomas B. 2005, S. 106.

5.6.1 Phänotypen im östlichen Mittelmeerraum in der späten Bronzezeit

Die ethnische Vielfalt in der späten Bronzezeit muss für einen Betrachter bereits an äußerlichen Merkmalen festzumachen gewesen sein. Auf ägyptischen Wandgemälden sind minoische Kreter und mykenische Griechen abgebildet, die sich durch ihre unterschiedliche Kleidung, Haar- und Barttrachten differenzieren und daher in der jeweiligen Zugehörigkeit identifizierbar sind.[200]

Kreter wie mykenische Griechen werden in ägyptischen Darstellungen meist schwarzhaarig abgebildet. In der Ilias werden an verschiedenen Stellen aber auch die braunen Haare des Menelaos hervorgehoben („*auburn haired Menelaos*“[201]). Homer beschreibt Achilles und Meleagros als blond, Hektor als dunkelhaarig.[202]

Von den Peleset/Philistern weiß man, dass sie eine leicht gelbliche Hautfarbe hatten und Spitzbärte trugen.[203] Aber auch ägyptische Nubier waren in der griechischen Welt bekannt. Memnon, der in der Ilias als Alliierter der Trojaner in das Kampfgeschehen eingreift, hat möglicherweise ein dunkelhäutiges nubisches Kontingent angeführt. Im Kontrast dazu werden die Thraker in den historischen Quellen als blond, hellhäutig und blauäugig beschrieben.[204] Gleiches gilt überraschenderweise auch für die Libyer, die in ägyptischen Reliefs auch als rothaarig oder blond dargestellt werden.[205]

Neben den körperlichen Unterscheidungsmerkmalen haben sich die verschiedenen Ethnien auch über typische Kleidung bzw. Trachten kenntlich gemacht oder voneinander abgegrenzt. Hinweise hierauf erhalten wir nicht nur aus den ägyptischen Wandmalereien, sondern u.a. auch durch die Zitate bei Herodot in den Abschnitten 5.5.3 und 5.5.4.

Insgesamt haben offenbar nicht nur die Wanderungsbewegungen, sondern auch die intensiven Handelskontakte in der späten Bronzezeit zu einer wahrgenommenen Vielfalt der Phänotypen beigetragen.[206] Diese Vielfalt muss auch Menelaos auf seinen Reisen aufgefallen sein, wenn er in der Odyssee berichtet:

---

200 Woudhuizen zeigt die Wandgemälde der Gräber von Useramun (1460 BCE), Rekhmare (1435 BCE) und Menkheperreseneb (Ende des 15. Jh.BCE), auf denen bei den Gesandten aus Kreta der Machtwechsel von Minoern auf die Mykener deutlich wird (vgl. Woudhuizen, Fred 1992, S. 72).

201 U.a. Homer „The Odyssey“, a.a.O., III, 250 und IV, 75.

202 Vgl. Haefs, Hanswilhelm 2007, S. 28.

203 Vgl. Zangger, Eberhard 1994, S. 39.

204 Vgl. Haefs, Hanswilhelm 2007, S. 28 und 37.

205 Vgl. Robbins, Manuel 2001, S. 167.

206 Der phänotyptische Durchmischungsprozess wird bei Robbins, Manuel 2001, S. 12f. beschrieben.

„My travels took me to Cyprus, to Phoenicia and to Egypt. Ethiopians (i.e. Afrikaner), Sidonians (i.e. Phönizier), Erembians (i.e. Araber), I visited them all; and I saw Libya, too.“[207]

5.6.2 Sprachliche Vielfalt und Verwandtschaften

Ohne Zweifel diente die jeweils gesprochene Sprache in der späten Bronzezeit als wesentliches ethnisches bzw. gruppenspezifisches Identifikationsmerkmal.[208] Hierzu ist einschränkend anzumerken, dass die Trennschärfe der Sprachen als ethnisches Identifikationsmerkmal grundsätzlich dadurch reduziert wird, dass Menschen unterschiedlicher Herkunft manchmal die gleiche Sprache verwenden, und umgekehrt manchmal Menschen mit ähnlicher Herkunft unterschiedliche Sprachen sprechen.[209]

Die beschriebenen Wanderungsbewegungen der Bronzezeit müssen dabei im östlichen Mittelmeerraum für eine gewisse Multilingualität gesorgt haben. Robbins vermutet: *„It is likely that many linguistic regions in ancient times contained small groups that spoke some foreign tongue.“*[210] Zu dieser Vielfalt trugen u.a. die verschiedenen indoeuropäischen Sprachen und Dialekte der eingewanderten Bevölkerungsgruppen und Stämme bei, aber auch die vorher bereits gebräuchlichen semitischen Idiome, sowie kretisch, ägyptisch und die proto-anatolischen Sprachen.

Ein Beispiel für ein regional abgegrenztes Gebiet, in dem verschiedene Sprachen gesprochen wurden, wird in der Odyssee aufgeführt:

„... there lies a land called Crete, a rich and lovely sea-girt land, densely peopled, with 90 cities and several different languages. First there are the Achaeans; then there are the genuine Cretans (Eteocretans), proud of their native stock; next the Cydonians; the Dorians with their 3 clans and finally the noble Pelasgians.“[211]

Die hier angegebene Vielsprachigkeit bildet dabei die oben bereits erwähnte Besiedlungssituation auf Kreta um ca. 1200 BCE ab.

Bezogen auf die Karier wird im Verbündetenkatalog der Ilias betont, *„Nastes led the Carians who do not speak Greek“*.[212] Dies ist insofern korrekt, als die karische Sprache

207 Homer „The Odyssey“, a.a.O., IV, 80.
208 Vgl. Robbins, Manuel 2001, S. 13.
209 Vgl. Robbins, Manuel 2001, S. 13.
210 Vgl. Robbins, Manuel 2001, S. 13.
211 Homer „The Odyssey“, a.a.O., XIX, 170.
212 Homer „The Iliad“ a.a.O., II, 870.

wahrscheinlich mit dem Hethitischen verwandt war. Dass es hier diesbezüglich einer Erwähnung bedurfte, zeigt, dass es in anderen Fällen deutliche sprachliche Gemeinsamkeiten insbesondere zwischen Personen aus der indo-europäischen Sprachfamilie gegeben haben muss.

Sprachliche Verwandtschaften z.B. innerhalb der indo-europäischen Sprachfamilie dürften über die ethnische Zugehörigkeit hinaus Verständigungsmöglichkeiten geschaffen haben. Dies kann insbesondere für die mykenischen Griechen und Thraker gegolten haben. Haefs sieht gleich gar keine Unterschiede bei Homer zwischen den mykenisch-griechischen, thrakischen und trojanischen Idiomen.[213]

Die überwiegende Zahl der trojanischen Alliierten bei Homer waren in der Tat Thraker. Haefs hat zumindest insofern Recht, dass sich Achäer und Thraker in der Ilias grundsätzlich miteinander verständigen können. Darüber hinaus finden zwischen mykenischen Griechen und Angehörigen nordwest-kleinasiatischer Bevölkerungsgruppen Heiraten statt (Menelaos, Telamon). Demgegenüber wird bei einzelnen Kontingenten von Verbündeten der Trojaner herausgehoben, dass sie *barbarisch*, d.h. nicht-griechisch, sprachen. Dies würde im Umkehrschluss dafür sprechen, dass die Sprache der Trojaner der der Griechen zumindest ähnlich gewesen ist.[214]

Wenn diese Umstände nicht nur erzählerische Gründe haben, kann eine Sprachenähnlichkeit des Thrakischen zum mykenischen Griechisch also nicht ausgeschlossen werden, zumal sich – wie oben erwähnt – die griechische Sprache vermutlich aus dem thrako-phrygischen Sprachverbund heraus entwickelt hat.

Grundsätzlich wird die Multilingualität der trojanischen Alliierten in der Ilias aber als Nachteil hervorgehoben. Im sog. Verbündetenkatalog, der die trojanischen Alliierten auflistet, wird besonders darauf hingewiesen:

> *„Priam has many allies. But these scattered foreigners all speak different languages.“*[215]

5.6.3 Zunehmende Stratifizierung der Gesellschaften

Mehrere Faktoren trugen in der Bronzezeit dazu bei, dass sich die Gesellschaften im östlichen Mittelmeerraum im Hinblick auf Wohlstand und Einfluss stärker ausdifferenzierten. Zum einen sorgten die militärischen *Takeovers* etwa zur Mitte des 2. Jtsds. BCE in Verbindung mit spezialisierten Kampftechniken (Streitwagen) dafür, dass sich vielerorts eine aristokratische und militärische Führungselite etablierte.

---

213 Vgl. Haefs, Hanswilhelm 2007, S. 46.
214 Vgl. auch Robbins, Manuel 2001, S. 106.
215 Homer „The Iliad“, a.a.O., II, 800.

So war das Hethitische Reich nicht im modernen Sinne ein „Nationalstaat", sondern *„the Hittite state was the creation of an exclusive caste superimposed on the indigenous population of the country, which had originally been loosely organized in a number of independent townships."*[216]. Bei den Hethitern heißen die militärischen Führer, die innerhalb des Staatsgebildes eine Art Adelsschicht bildeten, „pankus", in anderen Stadtstaaten der Levante wurde die Streitwagenelite *maryannu* genannt.

Zum anderen konzentrierte sich durch die weitgehende Kontrolle des Handels insbesondere mit Metallen durch die Palastwirtschaften ein erheblicher Reichtum in den Händen der jeweiligen Herrscher.[217] Eine zentralisierte Palastkultur ist auch charakteristisch für das mykenische Griechenland, wobei sich bei den Herrschern nicht nur Reichtum ansammelte, sondern auch eine Staatsbuchhaltung eingeführt werden musste, die über die wesentlichen militärischen Ressourcen genau Buch führte.[218] Die Mehrzahl der gefundenen Linear B Tafeln in diesen Zentren wie Pylos und Mykene hatte genau diese Inhalte.

In den kommerziellen Zentren der späten Bronzezeit wie Ugarit und Zypern bildeten sich außerdem kaufmännische Eliten heraus, die mit den Palastwirtschaften eng verzahnt waren.[219] Zwischen der militärischen und kaufmännischen Führungsschicht gab es dabei Überschneidungen, was in Ugarit gefundene Tontafeln belegen.[220] Auf die besondere Rolle der Metalle, die das Rückgrat der Wirtschaftskontakte in der späten Bronzezeit bildeten, wird in den folgenden Kapiteln eingegangen.

---

216 Gurney „The Hittites", zitiert in Drews, Robert 1988, S. 70.

217 Vgl. Robbins, Manuel 2001, S. 2.

218 Zur Stratifizierung der mykenischen Gesellschaft vgl. Kristiansen, Kristian; Larsson, Thomas B. 2005, S. 88 und 90.

219 Vgl. Bell, Carol: „Merchants of Ugarit: oligarchs of the Late Bronze Age trade in metals?" in: Kassianidou, Vasiliki; Papasavvas, George (Hrsg.), „Eastern Mediterranean Metallurgy and Metalwork in the Second Millennium BC", Oxford, 2012, S. 180–187.

220 Vgl. Bell „Merchants of Ugarit ...", a.a.O., S. 183.

6 Metalle – Die kulturelle Hardware der Bronzezeit

6.1 Metallgewinnung und die Verbreitung der Vollbronze in der Bronzezeit

Die hier betrachtete sog. *Bronzezeit* hat ihren Namen von einer Metalllegierung, deren Herstellung und Verwendung einen erheblichen Einfluss auf die Kulturen der Epoche gehabt hat. Als Bronze wird eine Legierung aus wesentlichen Bestandteilen von Kupfer und geringeren Bestandteilen von Arsen bzw. Zinn bezeichnet. In der Bronzezeit wurde in Europa und im Mittelmeerraum zunächst *Arsenbronze* hergestellt, da Zinnvorkommen selten waren und in großer Entfernung zu den damaligen Kulturzentren im Ostmittelmeerraum vorlagen. Ab ca. 2300 BCE begannen die Bronzeschmiede auf die wesentlich härtere Legierung aus Kupfer und Zinn umzustellen, die besser für die Herstellung von Werkzeugen und Waffen geeignet war.

Kupferbergbau ist in Europa bereits seit etwa 5500 BCE bekannt.[1] *Kupfer* liegt dabei im Boden häufig in verschiedenen Verbindungen vor, aus denen das Metall erst noch extrahiert werden muss. Im Vergleich zu heutigen Extraktionsformen, die auch Erze mit niedrigem Kupfergehalt und aus großer Tiefe verarbeiten können, war die frühe Kupfergewinnung in der Kupfer- und Bronzezeit weitgehend auf die Ausbeutung von Kupfervorkommen in hohen Konzentrationen (Kupferadern) und Kupfermineralien in Oberflächennähe beschränkt.[2]

Der erste Kupferbergbau im Chalkolithikum (Kupfersteinzeit)[3] beschränkte sich noch auf oxidierte Mineralien wie Malachit und Azurit, die an der Oberfläche leicht erkennbar waren. Die grün-blauen Mineralien wurden möglicherweise zunächst für die Herstellung von Farbpigmenten eingesetzt. Es ist nicht auszuschließen, dass die ersten Schmelzprozesse für Kupfer als zufälliges Nebenprodukt beim Brennen von Keramik vorgenommen wurden. Bei einer Vermischung der Mineralien mit Holzkohle und einer Erhitzung auf ca. 800 Grad trennt sich das Kupfer vom Erz in kleinen Perlen, die

1 Vgl. O'Brien, William 2015, S. 1.

2 Vgl. O'Brien, William 2015, S. 13f.

3 Als *Chalkolithikum* bzw. Kupfersteinzeit wird der Zeitabschnitt zwischen Neolithikum (Jungsteinzeit) und der Bronzezeit bezeichnet, etwa ab dem 6. Jtsd. BCE bis zum Ende des 5. Jtsd. BCE.

dann weiterverarbeitet werden können.[4] Für das frühe 5. Jtsd. BCE ist für den Balkan die Technik, Kupfer bei Temperaturen über 1000 Grad zu Waffen und Werkzeugen zu gießen, nachgewiesen.[5]

Etwa im 4. Jtsd. BCE kam die Ausbeutung von schwefel- und arsenhaltigen Kupfermineralien hinzu. Mit der Verbreitung der Zinnbronze ab ca. 2000 BCE wurden im Schwerpunkt Kupfer-Eisen Sulfide wie Bornite und Chalkopyrite abgebaut (so u.a. in Zypern).[6] Eine Voraussetzung hierfür war die Beherrschung der komplexeren Schmelzprozesse bei höheren Temperaturen.

Oxidized copper minerals	**Cu %**	**Sulphidic copper minerals**	**Cu %**
Cuprite Cu_2O	89	Chalcopyrite $CuFeS_2$	35
Tenorite (melaconite) CuO	80	Bornite Cu_5FeS_4	63
Paramelaconite Cu_4O_3	80	Idaite Cu_3FeS_4	62
Malachite $Cu_2CO_3(OH)_2$	57	Chalcocite Cu_2S	80
Azurite $Cu_3(CO_3)_2(OH)_2$	55	Covellite CuS	66
Chrysocolla $CuSiO_32H_2O$	36	Tetrahedrite $Cu_{12}Sb_4S_{13}$	51
Atacamite $Cu_2Cl(OH)_3$	59	Tennantite $Cu_{12}As_4S_{13}$	51
Antlerite $Cu_3SO_4(OH)_4$	54	Enargite Cu_3AsS_4	48
Chalcanthite $Cu_4SO_4(OH)_6$	67	Famatinite Cu_3SbS_4	43

Abb. 10: Die verbreitetsten Kupfermineralien aus prähistorischen Kupferminen [in Anlehnung an O'Brien 2015, S. 2]

Mit der Umstellung auf die sog. Zinnbronze bzw. *Vollbronze* bestehend aus ca. 90 Prozent Kupfer und einem standardisierten Zinngehalt von etwa 10 Prozent, wurde außerdem *Zinn* zu einem wichtigen und systemrelevanten Rohstoff für die Kulturen der Bronzezeit. Die Ursprünge der (Voll-)bronzezeit in Europa lagen auf den Britischen Inseln und sind im Zeitraum vor 2000 BCE zu verorten, wobei die reichhaltigen Zinnvorkommen in Cornwall eine wichtige Rolle gespielt zu haben scheinen.[7]

Rahmstorf hält die Etablierung der Frühbronzezeit in Mitteleuropa für eine weitgehend autonome und autochtone Entwicklung, die sich unabhängig von ähnlichen Entwicklungen in Mesopotamien oder Zentralasien vollzogen hat.[8] Vollbronze wurde in

4 Vgl. Anthony, David W. 2007, S. 163.
5 Vgl. Anthony, David W. 2007, S. 163.
6 Vgl. O'Brien, William 2015, S. 34f.
7 Vgl. Pare, a.a.O., S. 27.
8 Vgl. Rahmstorf, Lorenz: „Die Nutzung von Booten und Schiffen in der bronzezeitlichen Ägäis und die Fernkontakte in der Frühbronzezeit", in: „Der Griff nach den Sternen", Internationales Symp. in Halle (Saale), 16.–21. Februar, 2005, Tagungen des Landesmuseums für Vorgeschichte, Bd. 5, Meller, Harald; Bertemes, Francois (Hrsg.), 2010, S. 692.

Südengland demnach frühestens ab dem 22. Jh. BCE hergestellt.[9] Eine regelrechte Produktion von Vollbronze mit standardisiertem Zinngehalt ist dort ab ca. 1800/1700 BCE zu verzeichnen.

Im Rest Europas außerhalb der Ägäis begann die Herstellung von Gegenständen aus Vollbronze ab dem 18. Jh. BCE.[10] Gemäß einer Darstellung von Pare ist der genaue Prozess der Verbreitung der Vollbronze von Nordwest- nach Zentraleuropa in Teilen noch unsicher. Eine stärkere Verwendung von Vollbronze in Italien und auf der iberischen Halbinsel ist ab dem 15. Jh. BCE anzusetzen. In der Ägäis mit seinen verzweigten Handelsnetzwerken verbreitete sich Vollbronze in größerem Umfang ab ca. 1700/1600 BCE.[11]

Ab ca. 1600 BCE wurden Metalle in allen Regionen Europas verarbeitet, unabhängig davon, ob diese nahe an den Produktionszentren lagen.[12] Ab dieser Phase fand die Produktion und Verteilung von Metallen in nahezu ganz Europa und dem vorderen Orient auf eine derart organisierte Weise statt, dass die Metallzwischen- und Fertigprodukte in der späten Bronzezeit von Luxusgütern zu Commodities wurden.[13] In der späten Bronzezeit kam insbesondere den Palastzentren im Mittelmeerraum eine wesentliche Rolle in einer Form des zentralisierten Handels mit Vollbronze bzw. den für die Bronzeherstellung erforderlichen Roh- und Zwischenprodukten zu.

In der Spätphase der Bronzezeit, etwa mit dem 13. Jh. BCE, begannen Bronzegegenstände aus dem Bereich der sog. *Urnenfelderkultur*, d.h. aus dem Balkan und aus dem nördlichen Italien, in verstärktem Umfang im östlichen Mittelmeerraum aufzuschlagen. Diese neuen Waren kamen dabei wahrscheinlich auf dem Seewege aus dem zentralen Mittelmeerraum, wobei die etablierten Handelszentren der Bronzezeit möglicherweise systematisch umgangen und neue *low level* Handelsposten angelegt wurden.[14] Über eine Analyse der chemischen Zusammensetzung sowie der Isotopenverhältnisse dieser in Griechenland, Zypern, der Levante und Ägypten gefundenen Bronzen durch Jung und Mehofer konnte nachgewiesen werden, dass ein erheblicher Teil aus Werkstätten in Italien stammte.[15] Diese neue Form des Handels in der Spätphase der Bronzezeit markierte möglicherweise einen Übergang zu einem weniger zentralisierten Warenaustausch.[16]

---

9 Vgl. Rahmstorf, a.a.O., S. 685.
10 Vgl. Rahmstorf, a.a.O., S. 685.
11 Vgl. Pare, a.a.O., S. 27.
12 Vgl. Kristiansen, Kristian; Larsson, Thomas B. 2005, S. 135.
13 Vgl. Kristiansen, Kristian; Larsson, Thomas B. 2005, S. 136.
14 So u.a. auf Zypern und der Levanteküste.
15 Vgl. epoc 1, 2010 in http://www.spektrum.de/alias/seevölker/stürmische-zeiten/1014614.
16 Vgl. hierzu Sherratt, Susan: „Circulation of metals and the end of the Bronze Age in the Eastern Mediterranean“, in: „Metals Make The World Go Round – The Supply and Circulation of Metals in Bronze Age Europe“, Pare, Christopher T. E. (Hrsg.), Oxford, 2000, S. 82–98.

Insbesondere die dabei gehandelten Waffen sind indikativ für einen neuen Kampfstil, auf den in den folgenden Kapiteln noch eingegangen wird. Es handelt sich um funktionale und im Vergleich zu den bisherigen Waffen extravagante Neuheiten, für die in der Archäologie die Termini *Seevölker-* oder *Urnenfelder-Bronzen* geprägt wurde, und über die die politischen Autoritäten der damaligen Zeit keine direkte Kontrolle hatten. Sherratt vermutet daher einen subversiven Effekt auf das etablierte politisch-ökonomische System der späten Bronzezeit, das auf der Kontrolle des Metallhandels durch die Palastzentren beruht hatte.[17]

6.2 Materielle Kulturtransfers – Die Entwicklung des Handels mit Metallen in der späten Bronzezeit

Es ist bereits auf die Hinweise von Maran verwiesen worden, nach denen es seegestützte kommerzielle Kontakte im Mittelmeerraum bereits seit dem Neolithikum gegeben haben muss.[18] Farr betont in diesem Zusammenhang die Bedeutung des Obsidians, der bereits ab 6500 BCE über See transportiert wurde.[19]

Nach Broadbank gibt es auch für die frühe Bronzezeit Hinweise auf einen seegestützten Handel über große Entfernungen.[20] Auch metallurgische Fähigkeiten breiteten sich bereits in der frühen Bronzezeit durch den gesamten europäischen Raum aus.[21] Erste offene Handelsnetzwerke mussten aufrechterhalten werden, um die Verteilung von Metallen und Metallprodukten zu gewährleisten.[22]

Für die frühe, aber insbesondere die mittlere Bronzezeit spricht Maran von einer *Konnektivität der Mikroregionen* im Mittelmeerraum nach einem Prinzip von sog. *interlocking exchange networks*, bei dem der Zugang zu Metallen ein wichtiger Impulsgeber gewesen ist und das spätestens ab 2200 BCE weite Teile des Mittelmeerraumes verbunden hat.[23] Kristiansen und Larsson haben diese frühen Netzwerke, die gehandelten bzw. imitierten Produkte und die kulturellen Transfers dieser Zeit beschrieben.[24]

---

17 Vgl. Sherratt, „Metals Make …", in Pare, a.a.O., S. 88.

18 Vgl. Maran: „Seaborne contacts …", a.a.O., S. 11. Vgl. Auch Anthony zu den frühen Handelskontakten aus dem Donaudelta bis in die Ägäis in Anthony, David W. 2007, S. 355.

19 Vgl. Farr, Helen: „Measurement in navigation: Conceiving distance and time in the Neolithic", in: Morley, Iain; Renfrew, Colin (Hrsg.) „The Archaeology of Measurement – Comprehending Heaven, Earth and Time in Ancient Societies", New York, 2010, S. 19–26.

20 Vgl. Broadbank (2000) in Farr, a.a.O., S. 19.

21 Vgl. Kristiansen, Kristian; Larsson, Thomas B. 2005, S. 41.

22 Vgl. Kristiansen, Kristian; Larsson, Thomas B. 2005, S. 48.

23 Vgl. Maran: „Seaborne contacts …", a.a.O., S. 5f., 11 und 14.

24 Vgl. Kristiansen, Kristian; Larsson, Thomas B. 2005.

Der komplexe materielle und ökonomische Kontext der späten Bronzezeit im östlichen Mittelmeerraum markiert insofern den Höhepunkt einer Entwicklung, bei der es über einen längeren Zeitraum hin zu einem wachsenden wirtschaftlichen – und kulturellen – Austausch von Gütern und in der Folge auch Ideen und Werten zwischen den damaligen Kulturzentren gekommen ist.[25] Auf die Folgen dieses Austausches bezogen auf eine Diffusion von Lifestyles und Wertvorstellungen wird in den Folgekapiteln noch eingegangen.

Gehandelt wurden im östlichen Mittelmeerraum eine Vielzahl von *Gütern* wie Harze, Öle, Textilien, Wein, Oliven, Hölzer, Keramik, Metalle und Luxusartikel wie Elfenbein und Glas.[26] Neben der im Wrack von Uluburun vor der kleinasiatischen Küste gefundenen Fracht legen hiervon auch zeitgenössische Dokumente wie z.B. die Amarna-Briefe oder der Papyrus von Wen Amun Zeugnis ab. Die verschiedenen Waren lassen sich grob in Rohmaterialien (z.B. Holz, Erze), Zwischenprodukte (z.B. Metallbarren) und Fertigwaren (Commodities und Luxusartikel) gruppieren.

Die insgesamt gefundenen materiellen Zeugnisse für einen Fernhandel in der Bronzezeit, 1182 an der Zahl, hat Cline zusammengefasst und katalogisiert.[27] Demnach ist festzustellen, dass Waren aus den Kulturzentren (Ägypten, Mesopotamien) bis zum 14. Jh. BCE vor allem nach Kreta flossen, ab dem 13. Jh. BCE dann aber überwiegend in Richtung auf das griechische Festland. In Griechenland, das in der frühen und mittleren Bronzezeit in diesen Handelsströmen zwischen den Großmächten noch zur sog. *Peripherie* gehörte, ist ab dem 13. Jh. BCE ein kräftiger Anstieg der Importe zu verzeichnen.[28] Schon schreibt hierzu:

---

25 Sherratt spricht hier von 2000 Jahren und bezieht sich damit wohl auf etwa den Beginn bis zum Ende der Bronzezeit (vgl. Sherratt, Susan: „The Aegean and the Wider World", in: Parkinson, William A. und Galaty, Michael L. (Hrsg.) „Archaic State Interaction – The Eastern Mediterranean in the Bronze Age", Santa Fe, 2010, S. 101. Maran verweist darauf, dass die Interaktion der Regionen im Mittelmeerraum dabei nicht linear angestiegen ist, sondern dass auf bestimmte Höhepunkte, z. B. zwischen 2500 und 2200 BCE, auch wieder Perioden mit einem geringeren Interaktionsniveau folgten. Maran, Joseph: ‚Seaborne contacts ..., a.a.O., S. 11.

26 Vgl. Sherratt, Susan, „The Aegean ..." a.a.O., S. 92ff.

27 Vgl. Cline „Bronze Age Interactions between the Aegean and the Eastern Mediterranean Revisited: Mainstream, Periphery or Margin?", in: Parkinson, William A. und Galaty, Michael L. (Hrsg.) „Archaic State Interaction – The Eastern Mediterranean in the Bronze Age", Santa Fe, 2010, S. 162ff.

28 Vgl. Schon, Robert: „Think Locally, Act Globally – Mycenaean Elites and the Late Bronze Age World System, in: Parkinson, William A. und Galaty, Michael L. (Hrsg.) „Archaic State Interaction – The Eastern Mediterranean in the Bronze Age", Santa Fe, 2010, S. 229 und 234. Der Begriff „Peripherie" wird in der Literatur häufig im Zusammenhang mit der sog. „world-systems" Theorie verwendet, in der die wirtschaftlichen Beziehungen zwischen einem Zivilisationskern und einer „Peripherie" Untersuchungsgegenstand sind. Vgl. hierzu Parkinson, William A. und Galaty, Michael L. (Hrsg.) „Archaic State Interaction – The Eastern Mediterranean in the Bronze Age", Santa Fe, 2010.

„By the start of the Late Mycenaean period, with the expansion of Mycenaean influence and political control over much of the Aegean area, the stage was set for Mycenaean Greeks to play a more significant role in the broader Mediterranean world economy".[29]

Die Anzahl an erhaltenen Einzelfunden aus anderen Kulturkreisen ist dabei möglicherweise nur die Spitze des Eisbergs, muss allerdings auch so gewertet werden, dass im Rahmen von Handelsexpeditionen (Cline spricht von *„Kontakten"*[30]) jeweils mehrere dieser Gegenstände auf einen Schlag ankamen, was die Vielzahl der Waren an Bord des Uluburun-Schiffes (s.u.) eindrucksvoll beweist. Die Zahl der Handelskontakte für diese speziellen Güter reduziert sich dadurch wohl auf ein überschaubares Maß und konzentriert sich offenbar auf Perioden eines regen Austausches, wohingegen es in anderen Zeitabschnitten weniger Kontakte gab.[31]

Neben einem eher kleinvolumigen Handel aus rein kommerziellen Gründen über die von Maran beschriebenen überregionalen Netzwerke gab es in der späten Bronzezeit im Mittelmeerraum offenbar auch einen ritualisierten Austausch von Luxusgütern in der Form von Geschenken zwischen den damaligen Herrscherhäusern.[32] Diese Geschenke beruhten auf einem Prinzip der Reziprozität und wurden nach Anzahl, Inhalt und Gewicht genau beschrieben.[33] Insbesondere die Palastzentren hatten zum einen die Finanzkraft sowie zum anderen das Organisationsvermögen, um Schiffsladungen wie die im Uluburun-Wrack gefundene zusammenzustellen und vorzufinanzieren.[34] Sherratt stellt fest, dass diese königlichen Geschenke den normalen Rahmen diplomatischer Grußbotschaften weit überstiegen, was durch die Menge an Kupfer deutlich wird, die z.B. aus Zypern als Geschenk an den ägyptischen Hof gesendet wurde.

„They were not just sweeteners, but the substance of international metal trade itself. Under the guise of gifts from royal equal to royal equal, the international circulation of bulk metals was tightly controlled as far as possible at a high and official level".[35]

---

29 Schon, a.a.O., S. 234.

30 Vgl. Cline „Bronze Age Interactions ...", a.a.O., S. 166.

31 Vgl. Cline „Bronze Age Interactions ...", a.a.O., S. 166f.

32 Vgl. Cline „Bronze Age Interactions ....", a.a.O., S. 163 und Schon, a.a.O., S. 229. Einen Eindruck über die Zahl und materielle Beschaffenheit dieser Geschenke vermitteln die Amarna-Briefe. Vgl. hierzu Moran, William L. (Hrsg.): „The Amarna Letters", Baltimore, 1992.

33 Vgl. Sherratt und Sherratt (1991) in Papasavvas, a.a.O., S. 119.

34 Vgl. Pulak, Cemal: „Uluburun Shipwreck", in: Cline, Eric H. (Hrsg.), „The Oxford Handbook of the Bronze Age Aegean", Oxford, 2010, S. 869.

35 Sherratt, Susan: „Circulation of metals and the end of the Bronze Age in the Eastern Mediterranean", in: Pare, Christopher T. E. (Hrsg.), „Metals Make The World Go Round – The Supply and Circulation of Metals in Bronze Age Europe", Oxford, 2000, S. 83.

Pulak bezeichnet den königlichen Geschenkaustausch als eine Form von *gelenktem Handel*.[36] Ab dem 13. Jh. BCE erlangten zusätzlich private Handelstransaktionen auf einer geringeren Volumenbasis eine wichtigere Rolle bei der Verteilung von Gütern im Mittelmeerraum.[37]

Auch wenn man in den Amarna-Briefen zwischen echten Geschenken (wiewohl in der Erwartung von Reziprozität) und Handelstransaktionen, bei denen eine unmittelbare Bezahlung erwartet wurde, unterscheiden kann, ist die Differenzierung bei genauerer Betrachtung problematisch und die Grenze zwischen diesen *königlichen Geschenken* und einem Handel aus primär kommerziellen Motiven vermutlich als fließend zu betrachten. Hierauf deutet u.a. die enge Anbindung der ugaritischen Großkaufleute an die dortige Palastorganisation.[38]

In der Exportwirtschaft der verschiedenen Kulturzentren in der späten Bronzezeit ist allgemein eine wachsende Arbeitsteilung und Spezialisierung in der Güterherstellung zu verzeichnen, die in Ländern in der sog. *Peripherie* von einem Handel von Rohstoffen über Importsubstitutionsgüter zu Waren mit höherem *Value Added* führt.[39] Bei den getauschten Gütern ist in der späten Bronzezeit zudem ein Wechsel im Schwerpunkt von Luxusgütern auf Commodities festzustellen, die eine breitere Anzahl von Kunden erreichten.[40]

Ein Teil der gehandelten Waren konnte in standardisierten Gefäßen (z.B. Öle, Getreide, Wein) oder Einheiten (z.B. Vieh) transportiert werden.[41] Insbesondere für den Handel mit metallischen Roh-, Zwischen- und Fertigprodukten war die Einführung einheitlicher Formen (Barren, Ringe) und von Standardgewichten für die Umrechnung zwischen regional unterschiedlichen Maßsystemen erforderlich. Die Forschungen von Rahmstorf zeigen die Ausbreitung dieser Standardgewichte aus dem Nahen

---

36 Vgl. Pulak, a.a.O., S. 870.

37 Vgl. Sherratt und Sherratt (1991) in: Papasavvas, George: „Profusion of Cypriot copper abroad, dearth of bronzes at home: a paradox in Late Bronze Age Cyprus" in: Kassianidou, Vasiliki; Papasavvas, George (Hrsg.) „Eastern Mediterranean Metallurgy and Metalwork in the Second Millennium BC", Oxford, 2012, S. 120.

38 Zur Verquickung königlicher und privater kommerzieller Aktivitäten in Ugarit vgl. auch Höckmann, Olaf: „Schifffahrt im östlichen Mittelmeer im 2. Jt. v. Chr." in: Yalcin, Ünsal; Pulak, Cemal; Slotta, Rainer (Hrsg.) „Das Schiff von Uluburun Welthandel vor 3000 Jahren", Katalog der Ausstellung des Deutschen Bergbau-Museums Bochum, Bochum, 2005, S. 311.

39 Vgl. Sherratt, a.a.O., S. 91f. Über die internationale Arbeitsteilung und Spezialisierung am Beispiel der Kupferexporte aus Zypern vgl. Papasavvas, a.a.O., S. 117–128, insbes. S. 119.

40 Vgl. Schon, a.a.O., S. 215, 230 und 233.

41 Vgl. Michailidou, Anna: „Measuring by weight in the Late Bronze Age Aegean", in: Morley, Iain; Renfrew, Colin (Hrsg.) „The Archaeology of Measurement – Comprehending Heaven, Earth and Time in Ancient Societies", New York, 2010, S. 76f.

Osten in die Ägäis und in den Indusraum ab etwa 2600 BCE.[42] Dieser Zeitraum korreliert nach Rahmstorf nicht zufällig mit der Verbreitung der Zinnbronze von Zentralasien und Mesopotamien aus in die Ägäis.

Einen einzigartigen Einblick in den Warenaustausch in der Phase der späten Bronzezeit liefert das auf einer dieser Routen vor der türkischen Küste gefundene Wrack von Uluburun.[43] Das Uluburun-Wrack stammt aus dem späten 14. Jh. BCE, sank möglicherweise ca. 1305 BCE, hatte eine Länge von ca. 15 m und eine Ladekapazität von mindestens 20 t.[44] Die auf dem Meeresboden gefundene Fracht stammt größtenteils aus Zypern bzw. Kanaan und lässt sich in verschiedene Klassen einteilen. Die Güter reichen von Luxusgegenständen wie Elfenbein, Bernstein, Ebenholz, Ringe, Perlen und Becher sowie Medaillons aus Gold, aber auch größere Mengen an Metallen in Barrenform (insgesamt 11t) über Amphoren mit Pistazienharz und Glasbarren bis hin zu persönlichen Gegenständen der Besatzung wie Waffen (Speerspitzen, eine Steinaxt und ein Schwert) und Bordequipment (Angeln).[45] Bemerkenswert ist ein goldener Skarabäus aus Ägypten mit dem Namen der Königin Nofretete. Ein Steinszepter aus dem Gebiet des heutigen Rumänien bzw. Bulgarien deutet überdies auf Kontakte in die Region des Schwarzen Meeres.[46]

Ein Großteil der im Uluburun-Wrack gefundenen Erzeugnisse lässt sich demnach durchaus in den Kontext eines königlichen Geschenkaustausches einordnen, der durch die Eliten der betroffenen Handelspartner kontrolliert und z.T. monopolisiert wurde. Dies schließt eine mögliche Verschiffung der Waren durch die einflussreichen und reichen Kaufleute aus Ugarit mit ein, die eine enge organisatorische Anbindung

---

42 Vgl. Rahmstorf, Lorenz: „The concept of weighing during the Bronze Age in the Aegean, the Near East and Europe“, in: Morley, Iain; Renfrew, Colin (Hrsg.) „The Archaeology of Measurement – Comprehending Heaven, Earth and Time in Ancient Societies“, New York, 2010, S. 95.

43 Vgl. Yalcin, Ünsal: „Ein Schiff macht Geschichte“, in: Yalcin, Ünsal; Pulak, a.a.O., S. 19–24. Eine Übersicht über die verschiedenen geladenen Güter findet sich auch bei Pulak, Cemal: „Uluburun Shipwreck“, in: Cline, Eric H. (Hrsg.), „The Oxford Handbook of the Bronze Age Aegean“, Oxford, 2010, S. 864ff.

44 Vgl. Pulak, Cemal: „Uluburun Shipwreck“, in: Cline, Eric H. (Hrsg.), „The Oxford Handbook of the Bronze Age Aegean“, Oxford, 2010, S. 864.

45 Vgl. Yalcin, a.a.O., S. 20f. Eine vollständige Auflistung der Waren findet sich auch bei Pulak, a.a.O., S. 247. Vgl. auch die Aufzählung bei Guggisberg, Martin: „Nilpferdzähne auf dem Meeresgrund – Eine Ausstellung in Bochum zum Wrack in Uluburun“, in: Neue Züricher Zeitung, Internetpublikation, 20.02.2006.

46 Vgl. Jablonka, Peter: „Troy“, in: Cline, Eric H. (Hrsg.), „The Oxford Handbook of the Bronze Age Aegean“, Oxford, 2010, S. 857; Buchholz, Hans-Günter; Weisgerber, Gerd: „Prominenz mit Steingerät“, in: Yalcin, Ünsal; Pulak, Cemal; Slotta, Rainer (Hrsg.) „Das Schiff von Uluburun – Welthandel vor 3000 Jahren“, Katalog der Ausstellung des Deutschen Bergbau-Museums Bochum, Bochum, 2005, S. 149–153.

an die dortige königliche Palastwirtschaft hatten.[47] Während der Ursprung eines Großteils des zu Barren verarbeiteten Kupfers in Zypern zu suchen ist, waren die Zinnbarren in der *Supply Chain* wohl bereits länger unterwegs.[48] Das Schiff scheint von einem Hafen an der levantinischen Küste aus (evtl. Ugarit oder Tell Abu Hawam, dem Hafen von Megiddo) gestartet zu sein und auch eine kanaanitische Besatzung gehabt zu haben.[49]

Pulak verweist auf Basis der gefundenen Indizien auf die mögliche Anwesenheit von zwei hochstehenden Mykenern sowie einer Person aus den Regionen nördlich von Griechenland auf dem Schiff, so dass ein Zielhafen in Griechenland im Bereich des Denkbaren liegt.[50] Die Art und Typisierung der gefundenen Waffen sowie das o.a. Steinszepter legt überdies die Möglichkeit nahe, dass einer oder mehrere Mitglieder der wahrscheinlich 4-köpfigen Schiffsbesatzung Kontake in den Schwarzmeerraum unterhalten hat.

Bedeutsam ist außerdem eine Reihe von insgesamt 151 im Wrack gefundenen Gewichten zum Abwiegen u.a. von Handelswaren in zyprischen und syrischen Gewichtseinheiten. Derartige Gewichte wurden in der Bronzezeit in einem Gebiet von der Ägäis bis nach Indien in relativ standardisierter Form insbesondere für das Abwiegen von Metallen verwendet.[51] Anhand der Zahl der Gewichte und Waagschalen wird auf die Anwesenheit von 3 oder 4 Kaufleuten aus dem Entsendegebiet geschlossen. Die Tatsache, dass keine mykenischen Gewichte im Wrack gefunden wurden, unterstützt dabei nach Michailidou die Vermutung, dass die Waren an einem Zielhafen in Griechenland abgewogen werden sollten.[52]

Das im Wrack des Uluburun-Schiffes gefundene Kupfer und Zinn zur Herstellung von Bronze zeigt, dass dem Handel und der Verarbeitung von *Metallen* in der späten

47 Vgl. Bell, Carol: „Merchants of Ugarit: oligarchs of the Late Bronze Age trade in metals?“ in: Kassianidou, Vasiliki; Papasavvas, George (Hrsg.), „Eastern Mediterranean Metallurgy and Metalwork in the Second Millennium BC“, Oxford, 2012, S. 181-187.

48 Zur Herkunft der Metallbarren im Uluburun-Wrack Pulak, Cemal: „Das Schiffswrack von Uluburun und seine Ladung“ in : Yalcin, Ünsal; Pulak, Cemal; Slotta, Rainer (Hrsg.) „Das Schiff von Uluburun – Welthandel vor 3000 Jahren“, Katalog der Ausstellung des Deutschen Bergbau-Museums Bochum, Bochum, 2005, S. 59 ff. Ein kleinerer Teil des Kupfers scheint aus dem Taurusgebirge zu stammen. Hierzu vgl. Gale, Noel; Stos-Gale, Zofia, A.: „Zur Herkunft der Kupferbarren aus dem Schiffswrack von Uluburun und der spätbronzezeitliche Metallhandel“, in: Yalcin, Ünsal; Pulak, Cemal; Slotta, Rainer (Hrsg.) „Das Schiff von Uluburun – Welthandel vor 3000 Jahren“, Katalog der Ausstellung des Deutschen Bergbau-Museums Bochum, Bochum, 2005, S. 117–131.

49 Vgl. Guggisberg, Martin: „Nilpferdzähne auf dem Meeresgrund – Eine Ausstellung in Bochum zum Wrack in Uluburun“, in: Neue Züricher Zeitung, Internetpublikation, 20.02.2006.

50 Vgl. Pulak, a.a.O., S. 871f.

51 Vgl. Rahmstorf, a.a.O., S. 98.

52 Vgl. Michailidou, a.a.O., S. 81f.

Bronzezeit eine besondere Bedeutung zukam. Pare fasst die Bedeutung von Kupfer und Zinn für den Warenaustausch in der Bronzezeit wie folgt zusammen:

- *Bronze was fundamental both in economic production and social reproduction*
- *It was therefore essential for societies to obtain bronze (or copper and tin)*
- *As the vast majority of societies did not have local supplies of copper and tin, they were obliged to participate in exchange networks, which linked them – directly or indirectly – with distant sources of metal*
- *Consequently, and compared with earlier periods, the Bronze Age was characterized by a massive increase in exchange*
- *The exchange system lent itself to control by emerging elites, which tend to be more noticeable in the Bronze Age than in previous periods.* [53]

Bronze, aber insbesondere *Zinn*, werden damit spätestens in der späten Bronzezeit zu einem *systemrelevanten Rohstoff*, ähnlich dem Rohöl[54] oder den seltenen Erden in der Gegenwart. Rahmstorf betont, dass der *„Zugang zu Metallen, ihre Verarbeitung und die Kontrolle über den Handel von entscheidender Bedeutung für die Entwicklung der verschiedenen Kulturgruppen“*[55] in der Bronzezeit waren.

Für die Beschaffung von Kupfer und Zinn mussten umfangreiche Transport- und Logistikprobleme gelöst werden. Transporte über längere Strecken sowie die Weiterverarbeitung von Kupfer und Zinn zu Zwischenprodukten (Barren) und schließlich zu Fertigprodukten setzten voraus:

- Die Organisation des Zugangs zu diesen Rohstoffen,
- Den Aufbau von Transportkapazitäten zu Land und für den Seeweg,
- Die Standardisierung von Einheiten der Rohstoffe und Zwischenprodukte,
- Die Regelung von *„Zollformalitäten“*[56] im grenzüberschreitenden Verkehr
- Eine Zuverlässigkeit und Planbarkeit der Versorgung.

Einen einzigartigen Einblick in die internationalen kommerziellen Transaktionen im Rahmen der Supply Chain u.a. für Metalle in der späten Bronzezeit liefern zahlreiche

---

53 Pare, Christopher: „Bronze and the Bronze Age“, in: „Metals Make The World Go Round – The Supply and Circulation of Metals in Bronze Age Europe“, Pare, Christopher T. E. (Hrsg.), Oxford, 2000, S. 24.

54 S. den Vergleich von Carol Bell in Cline, Eric H.: „1177 B.C. – The Year Civilization Collapsed“, Princeton, 2014, Preface, S. xvi und erneut in Bell, Carol „The merchants of Ugarit ...“ a.a.O., S. 180.

55 Lenerz-de Wilde (2002) in Rahmstorf, a.a.O., S. 683.

56 Zu Besteuerung und Zollerhebungen im internationalen Handel der Bronzezeit Bell, Carol „The merchants of Ugarit ...“, a.a.O., S. 183.

Dokumente, die in Privatarchiven von Kaufleuten in Ugarit gefunden wurden.[57] Es ist daher wahrscheinlich nicht übertrieben, von den Zivilisationszentren der späten Bronzezeit als den ersten Volkswirtschaften der Geschichte zu sprechen, in denen angebotsseitig das *Supply Chain Management* eine entscheidende Rolle einnahm.

Kristiansen und Larsson fassen hierzu zusammen: „*During the Bronze Age there emerged a truly international network of metal trade and exchange, making all regions dependent on each other, despite their different cultural traditions.*“[58]

6.3 Der Einfluss von Bewaffnung und Kriegstechnik

Neben einer Zusammenfassung der strategischen Bedeutung des Zugangs zu metallischen Rohstoffen verdient die Entwicklung der Waffen und Kampftechnik in der späten Bronzezeit eine genauere Betrachtung. Dies nicht nur deshalb, weil eine wachsende Zahl von Waffen und Ausrüstungsgegenständen aus Metallen gefertigt wurde und somit den Bedarf an Metallen wesentlich mitbestimmte. Auch die Entwicklung unterschiedlicher Kampftechniken in der späten Bronzezeit ist indikativ für die zeitliche Einordnung von Geschehnissen und Berichten, u.a. auch für den Trojanischen Krieg, wie er uns aus den Epen Homers überliefert ist. Zu diesem zweiten Gesichtspunkt sich verändernder Waffen und Kampftechniken ist ein häufig diskutierter und kommentierter Beitrag von Drews (1993) geliefert worden.[59]

Es ist bereits dargestellt worden, dass *um 1700/1600 BCE* Einwanderer in vielen Gebieten des Mittelmeerraums Techniken für eine Kriegsführung mit leichten und schnellen pferdegezogenen Streitwagen verbreiteten. Die Worte für Pferde und Wagen in den verschiedenen Sprachen im Mittelmeerraum sind dabei oft der indo-europäischen Sprachfamilie entnommen.

Diese Streitwagen waren i.d.R. mit zwei oder drei Kämpfern besetzt, von denen einer die Aufgabe hatte, den Wagen zu lenken. Die Bewaffnung der anderen Kämpfer bestand aus Speeren, besonders aber dem sog. Kompositbogen (*composite bow*), der es erlaubte, aus größerer Distanz und in voller Fahrt vom Wagen aus Pfeile mit hoher Geschwindigkeit abzuschießen.[60] Aus Bronze gegossene Pfeilspitzen mit hohlem Ein-

57 Vgl. Bell: „The merchants of Ugarit …“ a.a.O., S. 181.
58 Kristiansen, Kristian; Larsson, Thomas B. 2005, S. 4f.
59 Vgl. Drews, Robert 1993.
60 Drews beschreibt den Kompositbogen als eine im Vergleich zu herkömmlichen Bogen ausgesprochen durchschlagskräftige und effektive, aber auch aufwändig herzustellende und kostbare Waffe (vgl. Drews, Robert 1993, S. 105f und 110).

schub für den Schaft machten die Herstellung standardisierter Pfeile mit hoher Durchschlagskraft möglich.[61]

In den bronzezeitlichen Mythen aus Indien scheint diese zentrale Bedeutung der Bogenschützen (u.a. Arjuna im indischen Mahabharata) in dieser Phase noch deutlich durch. Die Streitwagenkämpfer waren ihrerseits oft mit schweren Metallpanzern vor feindlichem Beschuss geschützt. Um die Streitwagen herum entwickelte sich eine regelrechte Industrie zur Herstellung der einzelnen Bauelemente und von Ersatzteilen. Die langsameren Fußtruppen mussten sich ebenfalls durch Panzerungen und schwere große Schilde vor dem Pfeilbeschuss schützen.

Ein Nachteil der schnellen Streitwagen war, dass ihr Einsatz zu einem gewissen Grad geländeabhängig war und ebene Flächen für einen großflächigen Angriff zur Voraussetzung hatte. Dort, wo das Gelände dies erlaubte, kam es in der Folge zu Schlachten, in denen mehrere tausend Streitwagen zum Einsatz kamen. Ein prominentes Beispiel hierzu ist die Schlacht von Kadesh um 1274 BCE.

Ab 1250 BCE ist gemäß einer Darstellung von Drews eine erneute Änderung der militärischen Technik zu verzeichnen.[62] Neben den Streitwageneinheiten bildeten sich spezialisierte Infanteriecorps leichter bewaffneter und schneller Truppen („Läufern" = „men *(who)* on foot could kill a man on a chariot"[63]), die sich darauf spezialisierten, Kämpfer auf Streitwagen auszuschalten. Diese schnellen Truppen waren mit neuartigen Waffen ausgerüstet, darunter leichte Speere, kleinere Rundschilde und Hiebschwerter vom sog. Typ *Naue II*.[64]

In den Kampfszenen der Ilias erinnert dies an Diomedes oder Achilles mit seinen Myrmidonen, die als besonders schnellfüßig beschrieben werden.[65] Die Streitwagen sind in der Ilias häufig nur Transportmittel, was auf ein unebenes Gelände oder bereits die Dominanz der neuen Kampftechnik schließen lässt.[66] Die ältere Streitwagenkampftechnik klingt in der Ilias insofern nur noch nach, so u.a. als Nestor die pylischen Truppen aufstellt, indem er die Pferde und Streitwagen nach vorne vor die Fußtruppen beordert.[67] Eine weitere Erinnerung an die Streitwagenkampfführung ist die Beschreibung eines Pferdes des Nestor als „Nebenross"[68], also ein Ersatzpferd, das nicht angeschirrt wurde.

---

61 Vgl. Anthony, David W. 2007, S. 223f.

62 Vgl. Drews, Robert 1993.

63 Vgl. Strauss, Barry 2006, S. 107f, Drews, Robert 1993, S. 102ff.

64 Kristiansen, Kristian; Larsson, Thomas B. 2005, S. 224. Bereits um 1500 BCE waren nach Kristiansen und Larsson die vorher üblichen Kurzschwerter bzw. Dolche durch längere Schwerter oder Degen ersetzt worden.

65 „*Podas okus*" (schnellfüssig) bei Homer.

66 Vgl. Strauss, Barry 2006, S. 122.

67 Vgl. Homer „The Iliad", a.a.O., IV, 308, vgl. Wood, Michael 2005, S. 146.

68 Codino, Fausto 1970, S. 44.

Strauss und Wood beschreiben die in der Ilias am häufigsten eingesetzten Waffen und Panzerungen.[69] Zu den gebräuchlichen Schutzausrüstungen gehörten zwei Arten von Schilden, die herkömmlichen sog. *Turmschilde* (Towershields) oder achtförmige Schilde (*figure of 8 shields*) für die Frontlinie sowie neuartige runde, leichte Schilde für die Läufer. Beinschienen, Lederkilts und verschiedene Arten von Helmen komplettieren die Schutzausrüstung der Elitetruppen.[70]

Auch Bogenschützen kommen in der Ilias noch zahlreich vor (Pandarus, Paris, Päonier). Die hauptsächlichen Waffen der Achäer waren aber Speere und Schwerter. An verschiedenen Stellen der Ilias und Odyssee klingen ältere Waffen und Kampftechniken quasi als Reminiszenzen noch an. Ajax kämpfte noch mit einer schweren Keule und war geschützt durch einen altertümlichen Turmschild. Diese grossen Schilde wurden offenbar vereinzelt noch zum Schutz von Bogenschützen im Rahmen der Fußtruppen eingesetzt. Im Falle von Ajax war dies oft sein Kampfgefährte Teukros, der als guter Bogenschütze bekannt war.

In der Odyssee kommt es bei der Rückkehr des Odysseus nach Ithaka zu der Szene, in der der zurückgekehrte Troja-Veteran die Freier am Hof mit einem alten Bogen stellt. Dieser Kompositbogen, der für die alte Streitwagenkampftechnik steht, wird als etwas anachronistisch dargestellt. Nur Odysseus ist noch in der Lage, den alten Bogen zu bespannen und ihn abzuschießen.

In den homerischen Epen besteht die überwiegende Mehrzahl der genannten Waffen aus Bronze. Dennoch werden auch bei Homer bereits vereinzelt Eisenwaffen aufgeführt – insbesondere Streitäxte –, so bei den Totenspielen zu Ehren des Patroklos und in der Odyssee, aber auch die Eisenkeule des Areithoos.[71]

Insgesamt entsprechen die bei Homer geschilderten Kampftechniken relativ gut denjenigen, die am Ende der Bronzezeit um 1200 BCE in Gebrauch waren. Wir haben es allem Anschein nach mit einer Übergangsphase zu tun, in der die seit 1600 BCE dominierende Streitwagentechnik durch eine leichtere und bewegliche Infanterie beginnt, obsolet zu werden. In dieser Phase ist ein wachsender Bedarf nach Waffen und Rüstungen für diese neuen Kampftechniken zu verzeichnen, insbesondere nach *Naue II* Hiebschwertern, die überdies weniger leicht brachen, sowie nach leichten Rundschilden und Helmen.[72]

---

69 Vgl. Strauss, Barry 2006, S. 118ff, insbes. 123, 124, Wood, Michael 2005, S. 145ff.

70 Neben den Waffen aus Metall kamen auch Steinschleudern zum Einsatz. Dies wird deutlich aus einer Reihe von Zitaten aus der Ilias, aber auch durch entsprechende Funde von „Munitionsdepots" im bronzezeitlichen Troja.

71 Vgl. S. Codino, Fausto 1970, S. 75f., dort Verweise u.a. auf Ilias XXIII, 261, 850 und Odyssee XVI, 294 sowie XIX, 13. Die Eisenkeule des Areithoos findet Erwähnung in Ilias VII, 141f.

72 Vgl. Sherratt, „Metals make ...", in: Pare, a.a.O., S. 85.

6.4 Determinanten des Angebots und der Nachfrage nach Metallen in der späten Bronzezeit

Im Folgenden soll zum einen auf Faktoren eingegangen werden, die das *Angebot* an metallischen Rohstoffen und Fertigprodukten in der späten Bronzezeit bestimmt haben. Dazu gehört neben dem strategischen Zugang zu den damals bekannten Metallvorkommen auch der Transport von Erzen und Barren bis zu den Orten der Verarbeitung in Fertigprodukte und der finalen Verwendung. Zum zweiten sollen Faktoren aufgegriffen werden, die die *Nachfrage* nach Metallgegenständen in dieser Zeit determiniert haben. Hierzu sind neben Werkzeugen und Haushaltsgegenständen vor allem die bereits angesprochenen Bronzewaffen und Veränderungen der Ausrüstung von Kämpfern zu zählen, die sich auch aus Änderungen der Kampftechnik ergaben. Auf Basis plausibler Annahmen sollen anschließend Überlegungen zum Umgang mit *Knappheiten* auf den Rohstoffmärkten der Bronzezeit vorgenommen werden.

6.4.1 Angebotsdeterminanten – Die Supply Chain von Kupfer und Zinn in der Bronzezeit

6.4.1.1 Kupfer

Mit dem Übergang von der Arsen- zur Zinn(voll)bronze ab ca. 2300 bis 2000 BCE vollzog sich im östlichen Mittelmeerraum ein technologischer Sprung, der umfassende wirtschaftliche, waffentechnische und kulturelle Veränderungen mit sich brachte.[73] Die neuen Kuper-Zinn Legierungen ermöglichten die Herstellung härterer Gebrauchsgegenstände und Waffen mit höherem Kampfwert. Unter Zinn(voll)bronze wird hier eine Bronze mit einer Beimischung von ca. 10 Prozent Zinn verstanden. Die Beimischungen variierten dabei regional je nach Verfügbarkeit von Zinn. Der Übergang vollzog sich somit regional unterschiedlich und z.T. über einen längeren Zeitraum hin. Eine durchgängige Verwendung von Zinn(voll)bronze als Standardware ist im östlichen Mittelmeerraum erst ab der späten Bronzezeit (ca. 1600 BCE) zu verzeichnen.[74]

Die ersten umfassenden Untersuchungen über die Quellen und die Schritte der Verbreitung von Kupfer und Zinn in Europa in der Bronzezeit stammen von Pernicka und Muhly.[75] Die wahrscheinlich ältesten von Menschen genutzten *Kupferreviere* der

73 Vgl. Gering, a.a.O.
74 Vgl. Pare, a.a.O., S. 9ff.
75 Vgl. Pernicka und Muhly (1992), in: Pare, Christopher: „Bronze and the Bronze Age“, in: „Metals

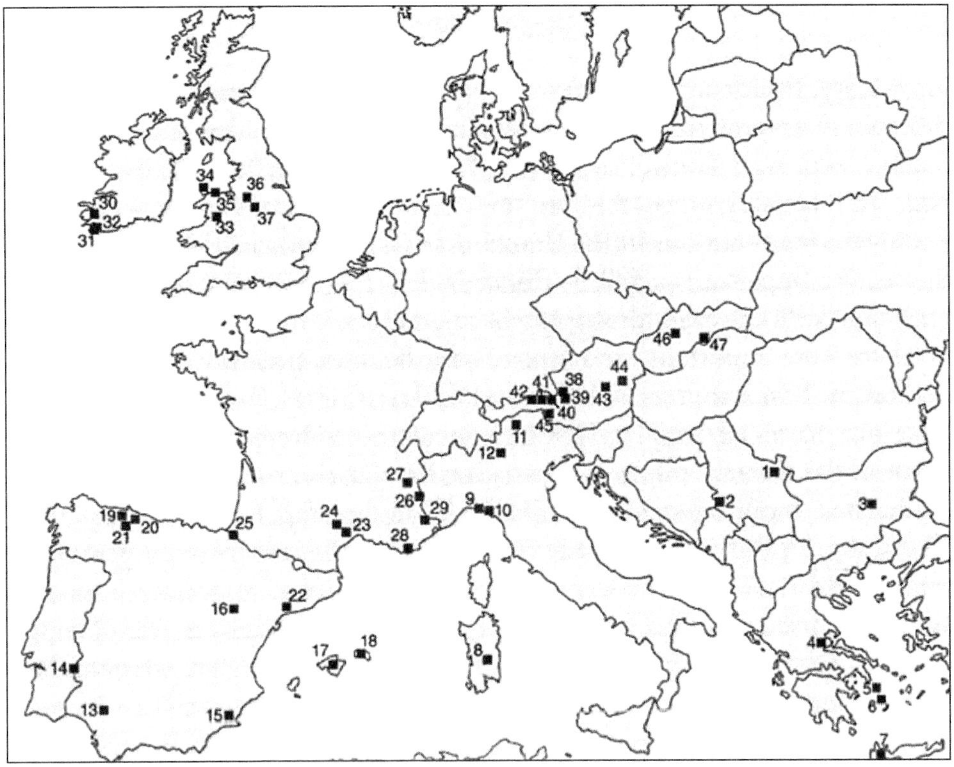

Abb. 11: Bronzezeitlicher Kupferabbau in Europa (Nummerierung der Bergwerke nach O'Brien) [O'Brien 2015, S. 33]

Welt liegen auf dem Balkan[76] sowie in Zentralanatolien (Ergani Maden in Isuwa), wo bereits vor über 5000 Jahren sulfidisches *Kupfererz* gewonnen wurde.[77] Von Ergani aus wurde dieses Kupfererz über den Tigris nach Mesopotamien verschifft.

Kupfervorkommen verteilen sich über ganz Europa und den vorderen Orient, wie aus der o.a. Karte deutlich wird.[78] Auch der östliche Mittelmeerraum ist reich an Kupfervorkommen, insbesondere auf Zypern und Sardinien, in Anatolien incl. der

---

Make The World Go Round – The Supply and Circulation of Metals in Bronze Age Europe", Pare, Christopher T. E. (Hrsg.), Oxford, 2000, S. 6f.

76 Vgl. O'Brien, William 2015, S. 20; Anthony, David W. 2007, S. 163.

77 Vgl. Gering, a.a.O. und Constantinou, George: „Late Bronze Age copper production in Cyprus from a mining geologist"s perspective", in: Kassianidou, Vasiliki; Papasavvas, George (Hrsg.) „Eastern Mediterranean Metallurgy and Metalwork in the Second Millennium BC", Oxford, 2012, S. 7.

78 Auch in den zentralasiatischen Steppenregionen wurde Kupfer in großem Umfang abgebaut. Allein für die Karaganda-Region (um den südlichen Ural) wird der Abbau in der Bronzezeit auf 30 bis 50.000 t Kupfer geschätzt (vgl. Anthony, David W. 2007, S. 450).

Schwarzmeerküste sowie Teilen von Griechenland, auf Kreta und den Kykladen[79]. Neben den Minen im anatolischen Ergani im Königreich Isuwa[80] wurden sowohl im nordöstlichen als auch im nordwestlichen Kleinasien Erze abgebaut, was prähistorische Kupfer-, Blei- und Goldminen bezeugen.[81] Kupfer wurde außerdem in Spanien, den Britischen Inseln, dem Alpenraum, auf dem Balkan und in Laurion im südlichen Attika in Bergwerken gewonnen.[82]

Bereits in der Bronzezeit waren die erheblichen Kupfervorkommen auf *Zypern* bekannt. Ein Abbau ist dort seit 2000 BCE nachgewiesen. In den zyprischen Troodos Bergen lag Kupfer als Chalkopyrit vor, ein Kupfer- und Eisensulfid. Um das Kupfer herauszukonzentrieren, musste das sulfidische Erz auf einem offenen Feuer zunächst in ein Oxid umgewandelt werden. Dieses Oxid wiederum wurde anschließend in Hochtemperaturöfen eingeschmolzen und die Kupferperlen schließlich aus der Schlacke gelöst. Das so separierte Kupfer wurde dann vor Ort weiter zu den für Zypern charakteristischen *Barren* in der sog. *Ochsenhautform* mit einem Standardgewicht von ca. 20 bis 29 kg eingeschmolzen.[83]

Zahlreiche Schlackehaufen in der Umgebung der Minen legen von diesen Verarbeitungsschritten Zeugnis ab.[84] Die Barren wurden von den Verarbeitungsstätten um die Troodos Berge mit Eselkarawanen rd. 100 km zur Küste transportiert. Von Enkomi, einem der zyprischen Haupthäfen, wurden die Barren dann weiter in die Kulturzentren der Bronzezeit u.a. in die Ägäis, nach Ägypten, Mesopotamien, nach Italien und Sardinien sowie auf den Balkan exportiert. Auch die Hethiter bezogen Kupfer aus Zypern.[85]

Auf Basis der rd. 4 Mio. Tonnen Schlacke wird die Gesamtproduktion der zyprischen Lagerstätten von der Antike bis hin zum Römischen Reich auf ca. zweihundert-

---

79 So u.a. auf Kythnos, Seriphos, Siphnos und Parapola (vgl. Bassiakos, Yannis; Tselios, Thomas: „On the cessation of local copper production in the Aegean in the 2nd millennium BC", in: Kassianidou, Vasiliki; Papasavvas, George, (Hrsg.) „Eastern Mediterranean Metallurgy and Metalwork in the Second Millennium BC", Oxford, 2012, S. 151).

80 Das Königreich Isuwa lag östlich von Hatti und hielt länger wechselseitige Allianzen zu den Hethitern und Mitanni aufrecht, bevor es in der Endphase der Bronzezeit von den Assyrern annektiert wurde.

81 Vgl. Nieling, Jens 2009, S. 19, 36f. und 101; Zangger, Eberhard 1994, S. 104f.

82 Vgl. Guttandin u.a. (Hrsg.) „Inseln der Winde", a.a.O., S. 46; O'Brien, William 2015, S. 56.

83 Die typische Ochsenhautform lässt sich etwa ab dem 14. Jh. BCE nachweisen, ist also möglicherweise erst in der späten Bronzezeit in Gebrauch gekommen. Das Durchschnittsgewicht der Barren mit etwa 25 kg entsprach dabei ca. der antiken Gewichtseinheit von einem Talent (vgl. Constantinou, George: „Late Bronze Age copper production in Cyprus from a mining geologist"s perspective", in: Kassianidou, Vasiliki; Papasavvas, George (Hrsg.) „Eastern Mediterranean Metallurgy and Metalwork in the Second Millennium BC", Oxford, 2012, S. 10f.).

84 Vgl. O'Brien, William 2015, S. 59ff.

85 Vgl. Götze (1959) in Constantinou, a.a.O., S. 7.

tausend Tonnen Kupfer geschätzt.[86] Als erste Importeure von zyprischem Kupfer lassen sich die mesopotamischen Zentren Babylon und Mari zwischen 2000 und 1725 BCE ausmachen.[87] Die Kupferproduktion auf Zypern intensivierte sich insbesondere in der späten Bronzezeit, möglicherweise im Kontext einer der breiteren Verfügbarkeit von Zinn im östlichen Mittelmeerraum.[88] Offenbar war Zypern bereits im 2. Jtsd. BCE der dominierende Produzent und Exporteur von Kupfer und *Key Supplier* für die Bronzeindustrien im östlichen Mittelmeerraum.[89]

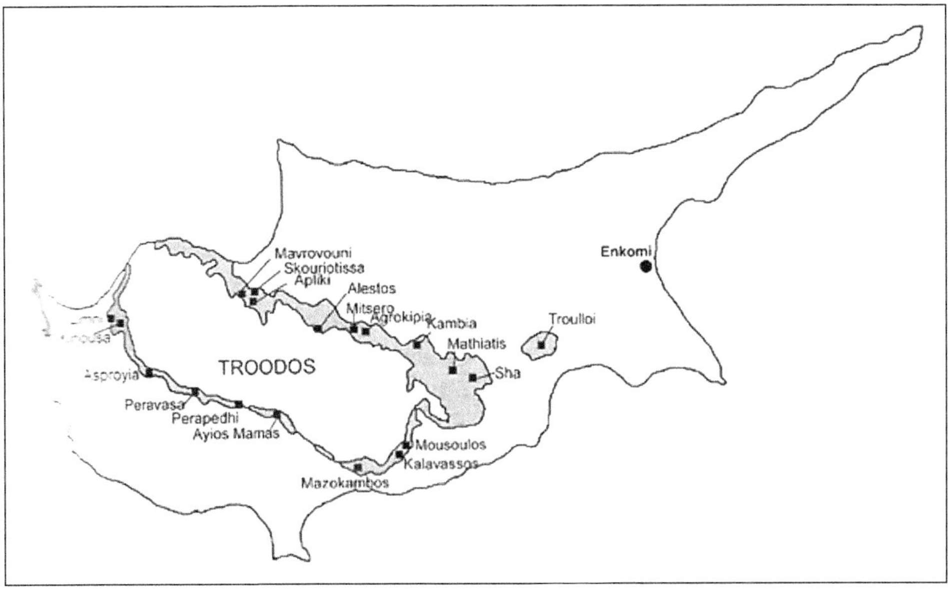

Abb. 12: Kupferminen auf Zypern in der Bronzezeit [O'Brien 2015, S. 59]

Eine weitere wichtige Kupferregion in der Bronzezeit war außerdem *Sardinien*, das aus diesem Grund bis in die Eisenzeit hinein von den Phöniziern frequentiert wurde.[90] Ab ca. 1500 BCE wurde Sardinien Teil eines komplexen Handelsnetzwerkes auf der Basis von Metallen zwischen den Ägäis-Anrainern und Zypern.[91] Es gibt Hinweise darauf,

86 Vgl. O'Brien, William 2015, S. 61.

87 Vgl. Muhly (1972) in Constantinou, a.a.O., S. 7, 12.

88 Vgl. Constantinou, a.a.O., S. 7.

89 Vgl. Papasavvas, George: „Profusion of Cypriot copper abroad, dearth of bronzes at home: a paradox in Late Bronze Age Cyprus" in: Kassianidou, Vasiliki; Papasavvas, George (Hrsg.) „Eastern Mediterranean Metallurgy and Metalwork in the Second Millennium BC", Oxford, 2012, S. 117 und Constantinou, George: „Late Bronze Age copper production in Cyprus ...", a.a.O., S. 7.

90 Vgl. Robbins, Manuel 2001, S. 304f.

91 Vgl. O'Brien, William 2015., S. 67.

dass die zyprische Technologie der Metallgewinnung, inclusive der dafür erforderlichen Werkzeuge, spätestens ab dem 13. Jh. BCE direkt nach Sardinien transferiert wurde.[92] Möglicherweise sind die auf Sardinien gefundenen Kupferbarren zyprischen Ursprungs Teil dieses Technologietransfers.[93] Auch auf Sardinien wurde Kupfer zu Barren weiterverarbeitet, wobei die Barren teilweise andere Formen bekamen als auf Zypern.[94]

Im damaligen Griechenland war ferner *Laurion* auf der Halbinsel Attika eine bedeutende Abbaustelle für metallische Erze. In historischen Quellen ist von einem Abbau von Blei und Silber die Rede. Außerdem sind erhebliche Kupfervorkommen in Laurion bekannt. In Laurion wurde daher neben Blei und Silber mit hoher Wahrscheinlichkeit auch in der Bronzezeit Kupfer abgebaut und u.a. in das minoische Kreta der Frühpalastzeit exportiert. Hierauf deutet auch ein Kupferschmelzofen aus der frühen Bronzezeit, der in Raphina in der Nähe von Laurion gefunden wurde.[95]

Die Bedeutung von Laurion in der Bronzezeit wurde deutlich durch Bleiisotopenanalysen, anhand derer etwa 70% der in der Ägäis gefundenen Metallarbeiten Erze aus Laurion beinhaltet haben.[96] Laurion lag damals im unmittelbaren Zugriff der Mykener. Aber bereits die Minoer hatten Stützpunkte auf Melos und Keos angelegt, wohl auch als Trittsteine für Fahrten nach Laurion.

Die Kupfervorkommen auf den Kykladen und auch in anderen Teilen von Griechenland scheinen bis etwa Ende des 3. Jtsd. BCE weitgehend ausgebeutet gewesen zu sein. Da das Kupfer dort in relativ geringen Konzentrationen vorlag, waren die Vorkommen im Laufe des 2. Jtsd. BCE mit den damals bekannten Technologien erschöpft. Griechenland, Kreta und die Kykladen haben offenbar in der Folge neben den Vorkommen in Laurion auch auf die umfangreichen Kupfervorkommen auf Zypern zugegriffen, was das wachsende Interesse der kretischen Palastkultur an Handelsbeziehungen zu Zypern mitbegründet zu haben scheint.[97]

---

92 Vgl. Lo Schiavo, Fulvia: „Cyprus and Sardinia, beyond the oxhide ingots“, in: Kassianidou, Vasiliki; Papasavvas, George (Hrsg.) „Eastern Mediterranean Metallurgy and Metalwork in the Second Millennium BC“, Oxford, 2012, S. 142–150.

93 Vgl. Lo Schiavo, Fulvia: „Metallhandel im zentralen Mittelmeer“, in: Yalcin, Ünsal; Pulak, Cemal; Slotta, Rainer (Hrsg.) „Das Schiff von Uluburun – Welthandel vor 3000 Jahren“, Katalog der Ausstellung des Deutschen Bergbau-Museums Bochum, Bochum, 2005, S. 402ff. Als alternativer Erklärungsansatz für den Fund zyprischen Kupfers in Sardinien kommt die Funktion als „Protowährung“ bzw. als „Rohstoff-Devisen“ innerhalb eines komplexen und vernetzten Handels im Mittelmeerraum in Frage.

94 Vgl. O'Brien, William 2015, S. 67.

95 Vgl. O'Brien, William 2015, S. 56f.

96 Vgl. O'Brien, William 2015, S. 56f.

97 Bassiakos, Yannis; Tselios, Thomas, a.a.O., S. 151–161, sowie Kristiansen, Kristian; Larsson, Thomas B. 2005, S. 124.

Grundsätzlich konnten aber die erheblichen Kupferbedarfe im östlichen Mittelmeerraum in der späten Bronzezeit durch reichhaltige Vorkommen in der Region wie in Anatolien, Attika, Sardinien und Zypern gedeckt werden.

6.4.1.2 *Zinn*

Anders stellte sich die Versorgungslage für den zweiten wesentlichen Bestandteil der Vollbronze, dem *Zinn*, dar. Da in der Nähe der ersten Kulturzentren praktisch keine nennenswerten Zinnvorkommen vorlagen, begann bereits in der frühen Bronzezeit etwa ab der Mitte des 3. Jtsd. BCE[98] ein internationaler Zinnhandel, der zunächst von den größeren Stadtstaaten in Mesopotamien und im Vorderen Orient organisiert wurde.[99] In der Ägäis und in Kleinasien ist die frühe Bronzezeit noch eine Phase, in der Metalle aus diesen Zentren importiert wurden und als sog. *Fremdmetalle* in den Grabungsfunden auftauchen. Die zunehmende Verbreitung von Gegenständen aus Zinnbronze in dieser Phase wird in den Grabbeigaben aus Ur und Troja deutlich, die aus der Mitte des 3. Jtsds. BCE stammen.[100]

Nach Pernicka kann *„die Einführung der Zinnbronze im trojanischen Kulturkreis nicht auf eine lokale Entwicklung zurückgeführt werden […]'*, sondern es war vielmehr erforderlich *„dass zumindest das zur Herstellung notwendige Zinn über sehr weite Entfernungen, möglicherweise aus Zentralasien herantransportiert werden musste“*.[101] Auch die regionale Verbreitung von Zinnbronze in der Ägäis war in dieser Phase noch beschränkt. Bis in die Mitte des 3. Jtsds. BCE stammte der überwiegende Teil aller gefundenen Zinnbronzen aus der nordöstlichen Ägäis.[102]

Die Schwierigkeit, den stark wachsenden Bedarf an Bronze in der späten Bronzezeit zu decken, bestand in der Beschaffung dieses wichtigen Rohstoffs. Bei der Suche nach Metall- und Mineralvorkommen (Prospektion) rückten die selteneren Zinnerzlagerstätten stärker in den Vordergrund.[103] Zinn wurde zur bedeutendsten Handelsware im Nahen Osten und ab ca. 2000 BCE zu einem zunehmend *systemrelevanten Rohstoff*. Die hohe Bedeutung von Zinn für die Kulturen der späten Bronzezeit war dann auch im östlichen Mittelmeerraum etwa ab 1650 BCE besonders spürbar.[104]

98 Pernicka geht von ca. dem 26. Jh. BCE aus (vgl. Pare, a.a.O., S. 9).
99 Vgl. Pare, a.a.O., S. 7, 9.
100 Vgl. Pare, a.a.O., S. 6.
101 Pernicka (1998) in Pare, a.a.O., S. 7.
102 Vgl. Zangger, Eberhard 1994, S. 104.
103 Vgl. Gering, a.a.O.
104 Vgl. Anthony, David W. 2007, S. 418.

Der steigenden Nachfrage nach Zinn standen nur wenige bekannte Vorkommen entgegen, die bis auf kleinere Lagerstätten im östlichen Kleinasien (östlich des Taurusgebirges)[105] in großer räumlicher Entfernung zu den Verwendungsorten standen. Insofern hielten Pernicka und Muhly (1992) die Ursprungsorte des Zinns für eines der großen Rätsel der bronzezeitlichen Archäologie.[106]

Zinnbergbau in der Bronzezeit ist mittlerweile in geringeren Mengen in Slowenien, Spanien und Serbien, in erheblichem Umfang aber in England (Cornwall), der Bretagne, im böhmischen Erzgebirge[107] sowie in Zentralasien an Orten im heutigen Tadschikistan (Mushiston) und Usbekistan (Karnab) nachgewiesen.

Für die Verbreitung des Zinns in Europa gibt es unterschiedliche zeitliche und regionale Ansätze. Pernicka und Muhly unterstellen einen frühen organisierten *Zinnhandel aus Zentralasien* über Mesopotamien nach Ugarit und weiter in den östlichen Mittelmeerraum, der spätestens ab etwa 2600 BCE nachweisbar ist.[108] Eine besondere Rolle im Zinnhandel dieser Periode kam Assur, einer der Hauptstädte des assyrischen Reiches, zu.[109] Weitere bedeutende Entrepots dieser Zeit waren Mari und Kanesh in Anatolien.[110] Das über Mari gehandelte Zinn gelangte dabei in 5 kg Barren in den Umlauf.[111]

Diese Lieferroute wurde offenbar in der frühen Bronzezeit, insbesondere aber zwischen dem 24. und 22. Jh. BCE intensiv genutzt.[112] Der Herrscher Zimri Lim von Mari in Nordsyrien gab um 1750 BCE an, Zinn über Elam (heutiger Iran) erworben zu haben.[113] Auch babylonische Quellen sprechen von einem Zinnland weit im Osten.

Die o.a. Zinnminen in Karnab und Mushiston liegen im Flussgebiet des Zeravshan und wurden zwischen 1997 und 1999 von Boroffka und Parzinger erforscht. Im tadschikischen Mushiston lagen Kupfer und Zinn in sog. vergesellschafteter Form im Boden vor, so dass Bronze evtl. nicht „erfunden" werden musste.[114] In Karnab wurden

---

105 Vgl. Guttandin u.a. (Hrsg.) „Inseln der Winde", a.a.O., S. 24.

106 Vgl. Pernicka und Muhly (1992) in Pare, a.a.O., S. 7.

107 Ein prähistorischer Zinnabbau im Erzgebirge ist für den Zeitraum ab ca. 1950 BCE seit Ende der 90er Jahre nachgewiesen (vgl. Pare, a.a.O., S. 25 und Kristiansen, Kristian; Larsson, Thomas B. 2005, S. 122).

108 Vgl. Pernicka und Muhly (1992) in Pare, a.a.O., S. 7.; Cierny, Jan; Stöllner, Thomas; Weisgerber, Gerd: „Zinn in und aus Mittelasien", in: Yalcin, Ünsal; Pulak, Cemal; Slotta, Rainer (Hrsg.) „Das Schiff von Uluburun – Welthandel vor 3000 Jahren", Katalog der Ausstellung des Deutschen Bergbau-Museums Bochum, Bochum, 2005, S. 431–448.

109 Vgl. Kristiansen, Kristian; Larsson, Thomas B. 2005, S. 90.

110 Vgl. Kristiansen, Kristian; Larsson, Thomas B. 2005, S. 91, 93 und 95.

111 Vgl. Muhly (1995) in Kristiansen, Kristian; Larsson, Thomas B. 2005, S. 95.

112 Vgl. Rahmstorf, a.a.O., S. 690.

113 Vgl. Anthony, David W. 2007., S. 418.

114 Vgl. Gering, a.a.O., Kapitel „Bronze-Erz aus dem tadschikischen Mushiston".

Kassiterit-Erze abgebaut, die auf Basis heutiger Proben zwischen 3 und 22% Zinn enthalten haben.[115] Der Name für dieses Zinn-Oxid stammt aus dem Griechischen (kassiteros = Zinn) und liefert ein Indiz dafür, dass bereits die mykenischen Griechen Zinn mit Lieferungen aus dem kassitisch beherrschten Mesopotamien verbanden.[116]

Funde haben gezeigt, dass ab ca. 2000 BCE erstmalig Zinnbronzen in größerer Menge in den Zentren der zentralasiatischen baktrischen Kulturen zum Einsatz kamen. Es ist somit davon auszugehen, dass die Minen am Zeravshan Fluss ab diesem Zeitpunkt wahrscheinlich von den Steppenbewohnern der Sintashta-Kultur und deren Nachfolgern ausgebeutet wurden.[117]

Über Eselkarawanen gelangte das Rohzinn aus Zentralasien über eine Entfernung von rd. 2000 km zu den Handelsmetropolen in Mesopotamien mit Susa und Babylon als wichtigste Zwischenstationen.[118] Von dort erreichte das Zinn den Hafen Ugarit am Mittelmeer, der der vermutlich bedeutendste Umschlagplatz für das asiatische Zinn war.[119] Von Ugarit aus fuhren die Schiffe zunächst Zypern (Alasia) an, um Kupfer zu laden. Von Zypern aus ging die Fahrt nach Kreta, Mykene und weiter über Troja ins Schwarze Meer. Die Rückroute führte über Ägypten zurück nach Ugarit.[120] Eine weitere wichtige Seeroute aus der Ägäis führte über die Südküste Kretas nach Nordafrika und weiter nach Ägypten.

Zinn und Zinnbronzen wurden dabei in der frühen und mittleren Bronzezeit vermutlich in Form von Ringen mit standardisiertem Gewicht gehandelt. Erst aus der Spätbronzezeit sind Zinnbarren in Ochsenhautform bekannt.[121]

Gerloff (1993) vermutet neben dieser frühen Lieferroute aus Zentralasien außerdem eine Verbreitung von sog. *atlantischem* Zinn aus Cornwall und der Bretagne sowie aus dem böhmischen Erzgebirge über die Donau bis ins Schwarze Meer und in den Mittelmeerraum ab ca 2300 BCE:

115 Vgl. Anthony, David W. 2007., S. 420.

116 Vgl. Constantinou, a.a.O., S. 9.

117 Vgl. den Abschnitt zu den indo-europäischen Wanderungen und Anthony, David W. 2007, S. 425, 433 und 452.

118 Vgl. Gering, a.a.O., Rahmstorf verweist darauf, dass auch die Harappa-Kultur in Nordindien in diesen Handelsstrom eingebunden war (vgl. Rahmstorf, a.a.O., S. 690).

119 Vgl. Bell „The merchants of Ugarit ...“ a.a.O., S. 181. Carol Bell bezeichnet Ugarit als den führenden internationalen Hafen der späten Bronzezeit, der besonders intensive Beziehungen zu u.a. Enkomi auf Zypern unterhielt.

120 Vgl. Gering, a.a.O. Für Hinweise zu den Handelsrouten zur See in der Bronzezeit vgl. Guttandin (u.a.) ‚Inseln der Winde“, a.a.O., S. 24ff.

121 Vgl. Rahmstorf, a.a.O., S. 686ff.

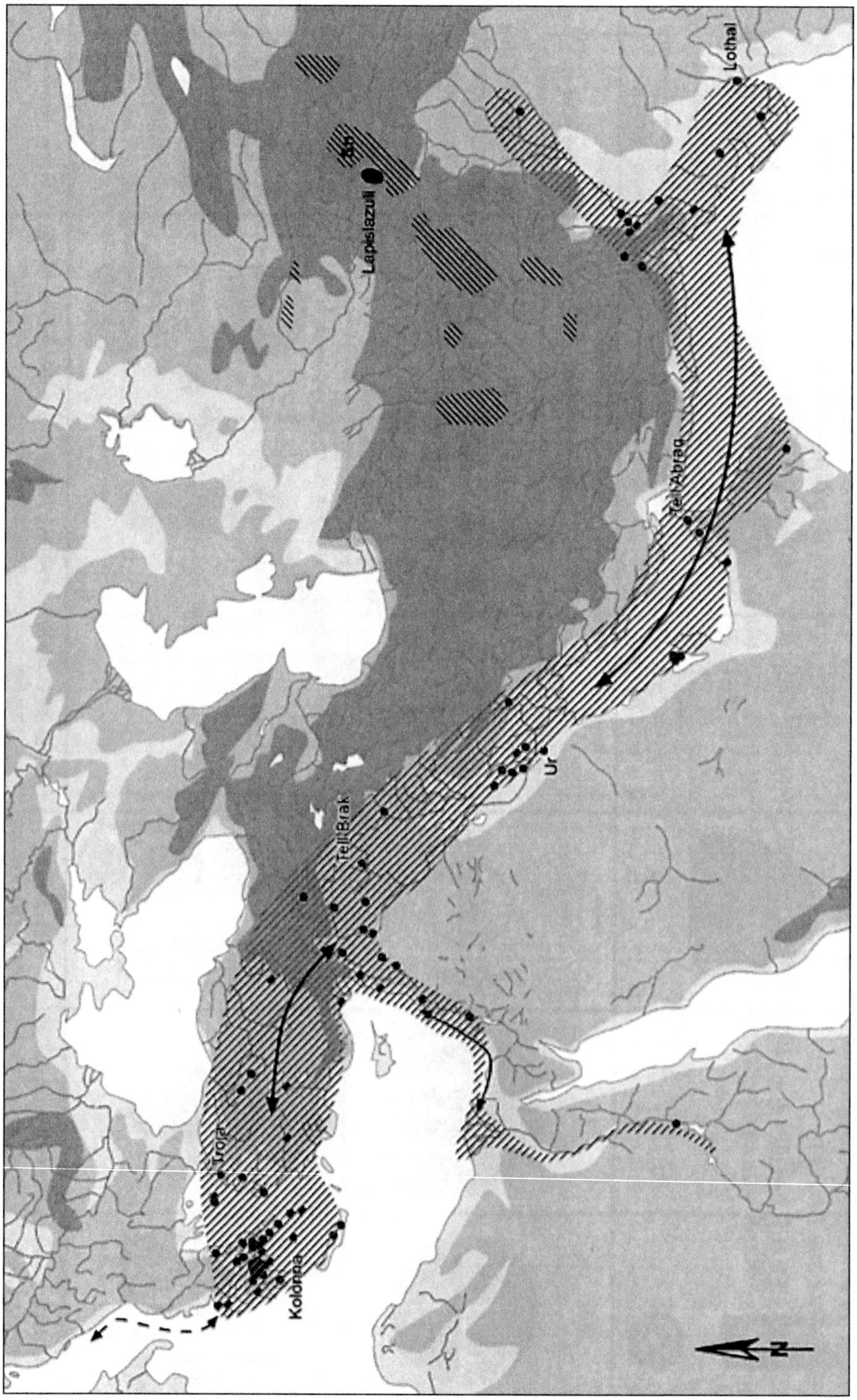

Abb. 13: Handelsroute für Zinn aus Zentralasien in der Bronzezeit [Rahmstorf 2010, S. 691]

„Der Vertrieb von atlantischem und auch erzgebirgischem Zinn darf wohl auch in Zukunft mit den oben genannten Kontaktfunden zwischen dem ‚barbarischen' Europa und den bronzezeitlichen Hochkulturen des Mittelmeerraumes in Verbindung gebracht werden." ... „Wir müssen wohl davon ausgehen, dass diese Kontakte nicht, wie in jüngster Zeit vielfach propagiert wurde, auf den gelegentlichen Austausch und die zufällige Übertragung von Prestigegütern zurückzuführen sind, sondern dass es zu diesem Zeitpunkt schon bekannte und fest etablierte Handelswege gab, die vor allem mit dem Vertrieb von Rohmaterialien in Verbindung gebracht werden müssen. Folgt man der Meinung, dass der Zinnhandel das ausschlaggebende Moment für die Fernverbindungen zwischen dem zinnreichen Mittel- und Westeuropa einerseits und den zinnarmen bronzezeitlichen Hochkulturen des Mittelmeerraumes andererseits war, können wir davon ausgehen, dass zu Beginn der mitteleuropäischen Bronzezeit wohl vornehmlich Zinn aus dem Erz- und wahrscheinlich auch aus dem Fichtelgebirge am Ende des 3. und Anfang des 2. vorchristlichen Jahrtausends in mehreren Schüben über die Donau an die Westküste Vorderasiens gelangte. Im zweiten Viertel des 2. Jahrtausends scheint sich der Zinnhandel mit den mittelmeerländischen Hochkulturen mehr nach Westen verlagert zu haben. Spätestens zu Beginn des 16. vorchristlichen Jahrhunderts, wenn nicht noch früher, wurde zum Zeitpunkt der frühesten mykenischen Schachtgräber vor allem atlantisches Zinn in den Mittelmeerraum verhandelt. Dieses gelangte nicht über die Donau in den Vorderen Orient, sondern, wie auch später in klassischer Zeit, über den westlichen Mittelmeerraum vor allem in den früh-spätbronzezeitlichen griechischen Raum und wohl auch nach Zypern".[122]

Gerloff unterstellt somit, dass Zinn zumindest *ab der mittleren Bronzezeit* in erheblichem Umfang aus Böhmen donauabwärts über Zwischenstationen u.a. im *Donau*delta zunächst ins Schwarze Meer transportiert wurde und von dort in den Mittelmeerraum gelangte. Kristiansen und Larsson sehen die Minoer als wesentliche Treiber dieses überregionalen Güteraustausches in der mittleren Bronzezeit, der Skandinavien, England und Böhmen über die Donau und das Karpathenbecken mit der Schwarzmeerküste verband.[123] In diesem Fall wäre ggfs. der Hafen von Troja ein wichtiges Entrepot gewesen, in dem Lieferungen von Kupfer aus Nordostanatolien und Zinn aus Böhmen zusammentrafen.

Bernstein, der in den Schachtgräbern in Südgriechenland aus den Phasen *Späthelladisch I – IIa* (ca. 1600–1450 BCE) gefunden wurde, liefert außerdem klare Hinweise auf Handelsverbindungen insbesondere ab ca. 1700 BCE zwischen Wessex in Südwestengland zu Land und *über die Flusssysteme von Rhein und Rhone* nach Südfrank-

122 Gerloff (1993) in Pare, a.a.O., S. 31 und in Kristiansen, Kristian; Larsson, Thomas B. 2005, S. 118.
123 Vgl. Kristiansen, Kristian; Larsson, Thomas B. 2005, S. 123, 125 und 211f.

Abb. 14: Vermutete Lieferrouten der Bronzezeit für Zinn in den Ägäisraum

reich und weiter per Schiff in den Ägäisraum.[124] Der Bernsteinhandel wird dabei von Muhly als Begleiterscheinung eines regelmäßigen Handels mit sog. *atlantischem Zinn* aus Cornwall und der Bretagne gewertet.[125]

Die Zinn-Route über Rhein- und das Rhonetal scheint nachfolgend entlang der ligurischen Küste nach Sizilien und weiter in die Ägäis gelaufen zu sein. Es ist wahrscheinlich, dass dieser Handelsstrom neben den Kupfervorkommen auf Sardinien das über Keramikfunde belegbare Interesse und die Gegenwart der Griechen in dieser Phase der Schachtgräberzeit in der Zone nordwestlich der Straße von Messina begründet.[126]

Rahmstorf weist außerdem darauf hin, dass diese *Achse nach Nordwesten* erst zum Ende des Mittelhelladikums (d.h. *ab ca. 1700 BCE*) bzw. zum Beginn der mykenischen Schachtgräberzeit an Bedeutung gewonnen hat.[127] Weitere Indizien für Handelswege durch Zentraleuropa in die Ägäis liefern Gewichte u.a. zum Abwiegen von Metallprodukten, die erst ab dem 14. Jh. BCE, besonders aber aus dem 13. Jh. BCE, in Serbien und der Umgebung von Frankfurt in Deutschland gefunden wurden. Einige dieser Gewichte scheinen in ihren Einheiten den in der Ägäis gebräuchlichen Umrechnungssystemen zu entsprechen.[128] Aus dem Fehlen von entsprechenden Funden von Gewichten aus dem 3. Jtsd. sowie der ersten Hälfte des 2. Jtsd. BCE schließt Rahmstorf, dass die europäischen Zinnvorkommen für die Versorgung der Ägäis in vormykenischer Zeit keine wesentliche Rolle gespielt haben.[129] Auch Kristiansen und Larsson betonen die alternierende Bedeutung der *Donauroute* und der *Adriaroute* für die Kontakte zwischen dem östlichen Mittelmeerraum nach England und Skandinavien.[130] Insgesamt war der Metallhandel dabei offenbar in einen breiten kulturellen Austausch zwischen diesen Regionen eingebunden.

Es liegt somit mittlerweile eine Reihe von Indizien vor, die die bereits 1985 von Muhly geäußerte Vermutung unterstützen, wonach Zinn aus Cornwall und der Bretagne in der späten Bronzezeit bis hin in die mykenische Einflusssphäre und den Ägäisraum gehandelt wurde.[131] Für das Zinn aus dem Süden Englands scheint in der späten Bronzezeit Sizilien ein wichtiger Umschlagplatz gewesen zu sein. Ägyptische Funde aus

---

124 Zuletzt Maran, Joseph: „Wessex und Mykene. Zur Deutung des Bernsteins in der Schachtgräberzeit Südgriechenlands“, in: „Zwischen Karpaten und Ägäis – Neolithikum und ältere Bronzezeit“, Gedenkschrift für Viera Nemejcova-Pavukova, Hänsel, Bernhard; Studenikova, Etela (Hrsg.), Rahden, 2004, S. 56.

125 Vgl. Muhly in Pare, a.a.O., S. 31.

126 Vgl. Maran „Wessex ...“, a.a.O., S. 56.

127 Vgl. Rahmstorf, a.a.O., S. 692 und Kristiansen, Kristian; Larsson, Thomas B. 2005, S. 125.

128 Vgl. Pare (1998) in Rahmstorf, a.a.O., S. 98f.

129 Vgl. Rahmstorf, a.a.O., S. 685.

130 Vgl. Kristiansen, Kristian; Larsson, Thomas B. 2005, S. 212.

131 Vgl. Muhly in Pare, a.a.O., S. 31.

Supply Chain	**Kupfer**	**Zinn**
Abbau der Erze und Mineralien	u.a. Zypern, Attika (Laurion), Sardinien	u.a. Cornwall, Böhmen, Afghanistan (Mushiston)
Transport der Erze	Verarbeitung vor Ort in der Nähe der Minen	Verarbeitung vor Ort in der Nähe der Minen
Verarbeitung zu Zwischenprodukten (Barren)	*Zypern*: Oxhide Barren *Sardinien*: Plankonvexe Barren	*Zypern*: Oxhide Barren *Sardinien*: Plankonvexe Barren
Transport der Barren	*Auf dem Seeweg*: a) Zypern ⟶ Enkomi (Uluburun Schiff) b) Sardinien ⟶ Sizilien	*Auf dem Seeweg*: a) Ugarit, Zypern (Uluburun Schiff) b) Donau, Troja c) Rhein/Rhone, Sizilien
Verarbeitung zu Endprodukten	Werkstätten in den Kulturzentren, u.a. Pylos, Ägypten	Werkstätten in den Kultur zentren, u.a. Pylos, Ägypten

Abb. 15: Supply Chain für Kupfer und Zinn in der späten Bronzezeit

Salina aus der Zeit von Amenophis (1364–1347 BCE) deuten auf Handelsbeziehungen des Mittelmeerraums über die Ägäis, Sizilien und die Iberische Halbinsel bis nach England.

In der späten Bronzezeit (*ab ca. 1600 BCE*) scheint außerdem die Verbreitung von sog. *Kassiterit-Zinn aus der Gegend um Nuzi in Mesopotamien* in den östlichen Mittelmeerraum deutlich an Bedeutung gewonnen zu haben.[132] Diese Zinnvorkommen konnten dort oberflächig gewonnen werden, da die Erze über längere Zeiträume durch Flusswasser aus dem umliegenden Granitgestein ausgewaschen wurden. Auch für dieses Zinn, das wohl über Zypern in den östlichen Mittelmeerraum gelangte, dürfte Ugarit mutmaßlich ein wesentlicher Verschiffungshafen gewesen sein. Constantinou macht diese breitere Verfügbarkeit von Zinn aus Mesopotamien ab 1600 BCE zusammen mit den erheblichen Kupfermengen aus Zypern für einen Preisverfall beider Metalle in der späten Bronzezeit verantwortlich.[133]

Der Handel mit Zinn führte somit bereits ab der mittleren, spätestens aber mit der späten Bronzezeit zu komplexen *Supply Chains*, die weit über die Region des östlichen Mittelmeeres hinausgingen.

---

132 Vgl. Constantinou, a.a.O., S. 8f.
133 Vgl. Constantinou, a.a.O., S. 4–14.

6.4.2 Determinanten der Nachfrage nach Metallen in der späten Bronzezeit

Im Folgenden soll modellartig auf wesentliche Determinanten der Nachfrage nach Metallen in der späten Bronzezeit eingegangen und jeweils eine grobe plausible Abschätzung der Nachfrageentwicklung in dieser Zeit vorgenommen werden. Dabei wird auf die eher zugänglichen Informationen der Palastwirtschaften zurückgegriffen. Nieling spricht hierzu von einem ‚immensen Bedarf' an Metallwaren für die Höfe, den Tempelkult sowie die Armee.[134] Demgegenüber ist es schwierig einzuschätzen, wie hoch der Metallbedarf z.B. in der Landwirtschaft und im privaten Sektor gewesen ist. Nieling geht davon aus, dass erst die breite Einführung der Eisentechnologie eine Ausstattung größerer Bevölkerungsanteile mit Metallgegenständen des täglichen Bedarfs möglich gemacht hat.[135] Dies ist möglich, allerdings gibt es auch bereits erste Anzeichen einer *Demokratisierung* der Bronze am Ende der Bronzezeit.

6.4.2.1 *Bautätigkeit*

Beim Bau von Häusern, Tempeln und Palastanlagen wurden in der Bronzezeit Werkzeuge u.a. zum Behauen von Steinen eingesetzt, deren Klingen, Spitzen oder Schneiden aus Metall bestanden.

In Ägypten kamen bei der Erstellung der Monumentalbauten (Tempel, Pyramiden) hauptsächlich Kupferwerkzeuge zum Einsatz. Romer schätzt, dass für die Herstellung der Werkzeuge zur Bearbeitung der Steinblöcke beim Bau der Stufenpyramide von Pharao Djoser (um 2650 BCE) ca. 70 t Kupfer eingesetzt wurden.[136] Ein derartig hoher Bedarf wäre für diese frühe Phase der Bronzezeit ausgesprochen außergewöhnlich.

Im mykenischen Griechenland, wo anders als in Ägypten keine vergleichbaren Monumentalbauten errichtet wurden, ist es dennoch in der Endphase der Bronzezeit zu einer Intensivierung von Baumaßnahmen an den Palästen z.T. zur Verstärkung der Abwehranlagen gekommen.[137] Auch hierfür waren Werkzeuge mit Metallklingen in erheblicher Zahl erforderlich.

Insbesondere die Palastwirtschaften dürften Treiber von Handel und der Akkumulation von Gütern und damit der Nachfrage nach Metallen gewesen sein. Außerdem ist davon auszugehen, dass Werkzeuge mit Metallklingen oder -schneiden auch beim Bau von Transportmitteln wie Schiffen, Wagen etc. eingesetzt wurden, u.a. Äxte zum Schlagen der Bäume, aber auch für Werkzeuge für die Weiterverarbeitung der Plan-

---

134 Vgl. Nieling, Jens 2009, S. 43.
135 Vgl. Nieling, Jens 2009, S. 24.
136 Vgl. Romer, John 2012, S. 282.
137 Knapp; Mannig, a.a.O., S. 123 und 136.

ken. So entwickelte sich beispielsweise Zypern in der späten Bronzezeit zu einem Zentrum für die Schiffbauindustrie insbesondere für Frachter mit hoher Ladekapazität.[138]

Grundsätzlich ist die Bautätigkeit insgesamt, besonders aber die Errichtung von Monumentalbauten, u.a. eine Funktion des Wohlstands der jeweiligen Gesellschaft, da sie die Erwirtschaftung erheblicher Überschüsse über die reine Subsistenz der einzelnen Haushalte voraussetzt. Darüber hinaus steigt der Wohlstand einer Gesellschaft durch eine Intensivierung des Außenhandels incl. der dafür erforderlichen Transportmittel. Insofern ist die Annahme wohl plausibel, dass diese Nachfragekomponente mit der Internationalisierung des Handels und der Stratifizierung von Gesellschaften in der späten Bronzezeit tendenziell deutlich gewachsen ist.

6.4.2.2 Haushalts-, Gebrauchs- und Luxusgegenstände

Haushalts- und Gebrauchsgegenstände aus Metall oder mit Metallbeschlägen dürften in der Bronzezeit noch als Luxusgüter betrachtet worden sein. Viele – aber sicher nicht alle – werden einer Nutzung bzw. einem Austausch zwischen den Herrscher- und Fürstenhäusern der Epoche vorbehalten gewesen sein. Daneben wurden in Landwirtschaft und Handwerk auch einige alltägliche Werkzeuge wie z.B. Sicheln oder Äxte aus Bronze verwendet.[139]

Einen Eindruck über die zwischen den Herrschern der späten Bronzezeit versandten Geschenke erhält man u.a. über die Amarna-Briefe, in denen die diplomatische Korrespondenz des ägyptischen Hofes mit den umliegenden Herrscherhäusern im Mittelmeerraum und in Mesopotamien aus ca. 30 Jahren um 1350 BCE erhalten geblieben ist.[140] Die Liste der königlichen Geschenke aus einer Mitgift oder aus dem Inventar der ägyptischen Geschenke an den König von Babylon verdeutlichen, dass neben großen Mengen an Gold und Silber auch zahlreiche Gegenstände aus Bronze Bestandteil des königlichen Geschenkeaustausches gewesen sind.[141]

Der Gewichtsanteil von Bronzegegenständen aus dem Geschenkinventar an Burnaburiash II (1359–1333 BCE), den König von Babylon, beläuft sich auf rd. 860 *minas* (ca. 430 kg), was gegenüber den ca. 1200 Minas (ca. 600 kg) an Gold und rd. 300 Minas an Silbergegenständen (ca. 150 kg) etwa ein Drittel des Gesamtumfangs an Metallgegenständen ausmacht.[142] In einem anderen längeren Briefwechsel bestehend aus

138 Vgl. Constantinou, a.a.O., S. 10.

139 Vgl. Nieling Jens 2009, S. 42.

140 Vgl. Moran, William L. 1992.

141 Vgl. Moran, William L. 1992, S. 24ff.

142 Vgl. Moran, William L. 1992, S. 30ff. Es ist davon auszugehen, dass hier die babylonischen Masseinheiten herangezogen wurden, (1 Talent = ca. 30 kg = ca. 60 Minen = ca. 3600 Shekel, so dass

mehreren Schreiben aus der Amarna Periode zwischen dem ägyptischen Pharao bzw. einem ägyptischen Gouverneur und einem Herrscher von Alashiya (Zypern) ist von insgesamt 897 Kupferbarren im Gewicht von 27 Tonnen Kupfer die Rede.[143]

Zimri Lim, ein Herrscher von Mari in Nordsyrien um 1750 BCE, gab Geschenke aus Zinn mit einem Gewicht von 410 kg an seine Verbündeten.[144] Auch wenn Geschenke und Lieferungen dieser Größenordnung möglicherweise Ausnahmen dargestellt haben, ist der Metallbedarf für diesen königlichen Geschenkeaustausch überraschend.

Auch Homer nennt an verschiedenen Stellen Gegenstände aus Metall, die zwischen den Fürsten als Geschenk oder als Trophäen z.B. nach Wettkämpfen ausgetauscht wurden.[145]

Die Komponente der Nachfrage nach Metallen ist damit nicht nur bestimmt durch ein Bevölkerungswachstum, sondern vor allem auch durch die Herausbildung reicher Adelsschichten und Herrscherhäuser in der Bronzezeit. Die Stratifizierung der bronzezeitlichen Gesellschaften dürfte sich insgesamt nachfragefördernd ausgewirkt haben.

6.4.2.3 *Waffen*

In Ägypten waren seit dem Ende der vordynastischen Zeit (ca. 3150 BCE) kupferne Waffen in Gebrauch. Ägypten musste jedoch erhebliche Teile seines Bedarfes importieren, da Kupfer nur in geringeren Mengen in der ägyptischen Wüste und auf dem Sinai vorkommt. Demgegenüber gibt es in den ägyptischen Quellen zahlreiche Erwähnungen von importiertem Kupfer aus Asien.

Anders als bei Luxusgegenständen, für die auch Gold oder Silber als Material infrage kommen, war für Waffen Bronze aufgrund seiner Härte und Verfügbarkeit das Standardmaterial. Ein Text aus Mesopotamien aus der Zeit zwischen 1822 und 1763 BCE weist auf eine Lieferung von rd. 20 t Kupfer an nur einen Händler in der Stadt Ur. Das Kupfer kam dabei aus Gebieten im südlichen Ural und den benachbarten Steppenregionen. Das Metall wurde von Mitgliedern der sog. *Sintashta*-Kultur[146], die sich auf Metallproduktion spezialisiert hatte, über Zwischenstationen in Baktrien in

---

dann 1 Mine = ca. 0,5 kg). Zu den babylonischen Gewichtseinheiten (Schekel, Mine, Talent) s. auch den Vergleich der Einheiten zu den in der Ägäis gebräuchlichen bei Rahmstorf, a.a.O., S. 89f und Michailidou, a.a.O., S. 71f.

143 Vgl. Knapp (1985, 1996); Muhly (1972) in Constantinou, a.a.O., S. 9.

144 Vgl. Anthony, David W. 2007, S. 418.

145 So u.a. Homer „The Iliad“, a.a.O., XXIII, 260ff. Eine Übersicht liefert Osborne, Robin: „Homer“s society“, in: Fowler, Robert (Hrsg.) „The Cambridge Companion to Homer“, Cambridge, 2004, S. 213.

146 Die *Sintashta Kultur* ist eine der Keimzellen für die späteren Wanderungen des indo-iranischen Zweiges der Indo-Europäer nach Persien und Indien (vgl. Anthony, David W. 2007, S. 425, 433, 452).

die Kulturzentren an Euphrat und Tigris zur Herstellung von Waffen aus Arsenbronze geliefert.[147] Dieses Beispiel verdeutlicht die Mengen an Kupfer, die bereits in der damaligen Zeit in den Handel kamen. Für diese so gehandelten Kupfermengen war die Waffenproduktion ein wesentlicher Treiber.

Im vorausgehenden Abschnitt sind bereits Veränderungen in der Art der Bewaffnung in der späten Bronzezeit dargestellt worden. So verbreiteten sich u.a. neuartige sog. *Naue II* Hiebschwerter aus Zentraleuropa und Italien kommend im östlichen Mittelmeerraum.

Neben dieser qualitativen Veränderung der Bewaffnung ist aber auch von einem quantitativen Anstieg des Metallbedarfes für Waffen und Geschosse in dieser Spätphase der Bronzezeit auszugehen. Auch Sherratt und Sherratt sprechen von einem *„ever increasing demand for weapons and for this purpose vast amounts of copper were distributed across the Mediterranean."*[148] Diese Entwicklung wiederum hatte vermutlich zwei Hintergründe. Zum einen wurden Armeen in einem politisch unsicheren Umfeld zum Territorialschutz oder für Angriffe (*raids*) benötigt. Zum anderen wuchs mit wachsendem Reichtum und einer zunehmenden Ausdifferenzierung der Gesellschaften die Notwendigkeit, diesen Reichtum zu schützen.

Ein einfaches Rechenbeispiel verdeutlicht die Dimensionen, die mit jedem Kriegszug aufkamen: Wenn in einer Armee von 10.000 Soldaten (bei Kadesh kämpften auf beiden Seiten eine wesentlich höhere Zahl von Kriegern) nur jeder 20ste als Anführer oder Elitesoldat eine vollständige Rüstung bestehend aus ca. 4 kg Bronze zur Verfügung hatte, waren bereits rd. 2 t reinen Metalls erforderlich, um diese Gegenstände herzustellen.[149] Nimmt man dagegen an, dass jeder zweite Soldat vollständig ausgerüstet war, verzehnfacht sich dieser Bedarf für eine Armee entsprechend auf 20 t Metall.

Umgekehrt ist bereits dargestellt worden, dass aus dem im Uluburun Wrack gefundenen Barrenmetall (10 t Kupfer, 1 t Zinn) rd. 25.000 Schwerter oder 36.000 Dolche hätten hergestellt werden können.[150] In einem Brief an einen Schmied in der syrischen Stadt Qatna im Orontes Gebiet fordert der König 18.600 Bronzeschwerter und -dolche an, was in etwa dem Gewicht des im Uluburun-Wrack gefundenen Metalls entspicht.[151]

---

147 Vgl. Anthony, David W. 2007, S. 391.

148 Sherratt und Sherratt (1991, S. 360f) in Papasavvas, a.a.O., S. 123.

149 Dies ist wahrscheinlich eine konservative Schätzung. Eine Armee von 20.000 Kriegern, bei der jeder 10. Soldat ausgerüstet ist, käme schon auf einen Metallbedarf von 8t. Die größte historisch belegte Armee der Bronzezeit war die der Hethiter und ihrer Alliierten in der Schlacht von Kadesh mit 37.000 Infanteriesoldaten und 2500 Streitwagen.

150 Vgl. Papasavvas, a.a.O., S. 124.

151 Vgl. Nieling, Jens 2009, S. 47.

Nachfrageinhalte	Einsatz-/Verwendungsbeispiele	Quantitative Nachfragebetreiber	Nachfrageeffekt
Werkzeuge	Bau von Großprojekten (Paläste, Infrastruktur) Bau von Transportmitteln (Schiffen, Wagen)	Bautätigkeiten Wachstum des Warenaustausches	Anstieg
Waffen und Munition	Schwerter Pfeilspitzen Rüstungen	Schutzbedürfnis	Anstieg
Haushalts-, Gebrauchs- und Luxusgegenstände	Geschenke zwischen Herrscherhäusern Verwendung in Haushalten (Demokratisierung der Bronze)	Vernetzung der Kulturzentren Stratifizierung der Gesellschaften Allgemeines Bevölkerungswachstum	Anstieg

Abb. 16: Nachfragedeterminanten nach Kupfer und Zinn in der späten Bronzezeit

6.5 Dimensionen im Metallhandel – Die Funktionsweise der Supply Chains

In Summe lässt sich für die späte Bronzezeit mit einer wachsenden urbanen Bevölkerung, sich ausdifferenzierenden Gesellschaften und dem Aufbau zentraler Machtpositionen in den Palastwirtschaften Griechenlands, Ägyptens, in Kleinasien und der Levante die plausible Annahme einer wachsenden Nachfrage nach Metallen für die o.a. Zwecke und Funktionen ableiten.

Entsprechend waren für die Verarbeitung von Kupfer und Zinn zu Bronze in der späten Bronzezeit *Zentren der Massenproduktion*[152] u.a. in Ägypten, Ugarit und in Pylos bekannt. In Pylos waren dabei Gruppen von bis zu 400 Bronzeschmieden angestellt, die offenbar auch für den Export arbeiteten.[153] Es entstand neben dem Handel von Rohkupfer und -zinn sowie mit Barren im Mittelmeerraum eine Nachfrage auch für gebrauchte Bronzegegenstände, die weiterverarbeitet wurden. Die Fertigprodukte wurden bis an den oberen Nil gehandelt.[154]

Die Bedarfsdeckung im östlichen Mittelmeerraum kann dabei nicht von sporadischen Lieferungen abhängig gewesen sein, sondern setzte einen geregelten Güterfluss

152 Vgl. Shelmerdine, Cynthia, Bennet, John: „Economy and Administration" in: Shelmerdine, Cynthia W. (Hrsg.), „The Cambridge Companion to the Aegean Bronze Age", Cambridge, 2008, S. 303.
153 Vgl. Zangger, Eberhard 1994, S. 102.
154 Vgl. Zangger, Eberhard 1994, S. 102f.

voraus.[155] Der Transport im Fernhandel fand lt. Maran über ein „System sich überschneidender Handelsnetzwerke“[156] statt. Dies ist eine plausible Hypothese, insbesondere für den Handel von kleineren Mengen an Erzen oder Barren. Es ist zu prüfen, ob diese Hypothese auch für größere Quantitäten gelten kann, für die wir aus schriftlichen Dokumenten Belege haben.

Die hier aufgezeigten Beispiele verdeutlichen, dass es im mehreren belegbaren Fällen zu Metalllieferungen von über 10 t gekommen sein muss. Auch im Falle des Uluburun-Schiffes ist davon auszugehen, dass bei einer Ladung von diesem Wert aus Sicherheitsgründen u.U. nicht nur ein einzelnes Schiff, sondern ein kleiner Konvoy von möglicherweise 3 bis 5 Schiffen unterwegs war, was die Lieferung auf bis zu 30 bis 50 t erhöhen würde. Robbins verweist darauf, dass die größten Schiffe der ugaritischen Handelsflotte mit z.T. mehreren hundert t Ladekapazität diejenigen von Kolumbus bei seiner ersten Atlantiküberquerung an Größe übertroffen haben.[157] Transporte dieser Größenordnung scheinen außerdem auch über Land mit langen Eselkarawanen stattgefunden zu haben.[158]

Die hier dargestellten Dimensionen werfen weiterführende Fragen nach den Prozessen in der *Supply Chain* auf, z.B. wie liefen Bestellvorgänge über die großen Entfernungen ab, wie wurde die Finanzierung sichergestellt, wie wurden Gegenleistungen vereinbart, welche Sicherheiten gab es, wie wurde der Transport organisiert, wie lange brauchten Rückmeldungen an den Versender etc.

Des Weiteren müssen insbesondere in einem durch die Palastwirtschaften zentralisierten Metallhandel umfangreiche Planungs- und Kontrollinstrumentarien vorausgesetzt werden. Dabei stellt sich in der Tat die Frage, ob sich dies über die von Maran beschriebenen sich überschneidenden Handelsnetzwerke und eine Mehrzahl von Mittelsmännern organisieren lässt.

Als Alternative kommen Seeexpeditionen mit mehreren Schiffen auch über größere Entfernungen in Frage. Die Finanzierung der großvolumigen Transaktionen scheint in bestimmten Fällen über die Palastwirtschaften gelaufen zu sein.[159] Die Abwicklung der Geschäfte kann einhergegangen sein mit einer begrenzten Präsenz der Empfänger in den Lieferregionen, die man in einer frühen Phase als *Scouts* oder im eingeschwungenen Zustand als *Residenten* bezeichnen könnte. Höckmann verweist

155 Vgl. Maran „Wessex …“ a.a.O., S. 58.
156 Vgl. Maran „Seaborne contacts …“ a.a.O., S. 11 und 14.
157 Vgl. Robbins, Manuel 2001, S. 186.
158 Vgl. Bell „The merchants of Ugarit …“, a.a.O., S. 182.
159 Vgl. Höckmann, Olaf: „Schifffahrt im östlichen Mittelmeer im 2. Jt. v. Chr.“, in: Yalcin Ünsal; Pulak, Cemal; Slotta, Rainer (Hrsg.) „Das Schiff von Uluburun – Welthandel vor 3000 Jahren“, Katalog der Ausstellung des Deutschen Bergbau-Museums Bochum, Bochum 2005, S. 311.

auf Quellen, wonach Ladungen von *Staatsgeschenken* von hochrangigen Vertretern des Empfängerlandes abgeholt wurden.[160]

Folgende Prozessschritte sind dabei in Summe plausibel:

- Feststellung der *Bedarfsmengen* (Kupfer, Zinn) und zeitliche Planung der Versorgung an den Nachfrageorten (z.B. Mykene)
- Zusammenstellung einer Schiffsladung mit dem erwarteten *Gegenwert* der Bestellung als Bezahlung
- *Fahrt in den Zielhafen* (z.B. Ugarit) in Begleitung einer kleinen militärischen Eskorte zur Absicherung der Ladung *(*Bezahlung*)*
- Übermittlung der Bestellung an *lokale* (i.e. mykenische) *Residenten* des Nachfrageortes im Verschiffungshafen.
- *Weiterleitung der Bestellung* durch die lokalen Residenten an die dortigen (i.e. ugaritischen) Kaufleute mit Verbindung zur Palastwirtschaft
- Abwarten, bis die gewünschte Menge an *Metallen* beschafft bzw. *produziert* worden ist
- Abwicklung der *Bezahlvorgänge* (Abwiegen der Metallmengen, Feststellung von Wert und Gegenwert der Ladungen)
- *Rücktransport* der eingekauften Metallmengen erneut mit militärischer Eskorte

Über derartige Prozesse musste, abhängig von den üblichen und genau zu planenden Zeiträumen für die Informationsübermittlung und den Transport, eine regelmäßige Versorgung der verarbeitenden Industrien an den Nachfrageorten sichergestellt werden.

Parallel zu diesen großvolumigen Transaktionen muss sich zunehmend ein privater und kleinvolumiger Handel mit Metallprodukten – z.B. Recyclingmetalle, aber auch symbolträchtige Gegenstände (z. B. Schwerter, Götterbilder) – etabliert haben, in den eine größere Anzahl auch privater Akteure involviert gewesen ist und der sich ab dem 13. Jh. BCE offenbar weiter intensiviert hat.[161] Innerhalb dieser Austauschverhältnisse gerieten lokale Einheiten auch im Handel über große Entfernungen in Europa in ein gegenseitiges Abhängigkeitsverhältnis.[162] Für diesen dezentralisierten Handel ist die o.a. Annahme eines Handels über sich überschneidende Netzwerke eher plausibel.

---

160 Vgl. Höckmann, a.a.O., S. 311.
161 Vgl. Sherratt und Sherratt (1991) in Papasavvas, a.a.O., S. 120.
162 Vgl. Kristiansen, Kristian; Larsson, Thomas B. 2005, S. 39.

Insgesamt lassen sich an dieser Stelle die Determinanten von Nachfrage, Supply Chain und Angebot von Metallen in der späten Bronzezeit lediglich in den Grundzügen und qualitativ darstellen. Für weiterführende Untersuchungen wären Modellierungen und Ansätze zur Quantifizierung der einzelnen Nachfragekomponenten erforderlich.

6.6 Knappheiten, Metallrecycling und Preisbildung auf den Rohstoffmärkten der späten Bronzezeit

In den Wirtschaftswissenschaften werden Märkte betrachtet, in denen Über- oder Unterversorgungen mit Gütern über den Preismechanismus tendenziell zu einem Ausgleich gebracht werden. Bei einer Betrachtung der Märkte für Metalle[163] in der späten Bronzezeit im östlichen Mittelmeerraum wird das Risiko von Ungleichgewichten deutlich:

Während Kupfervorkommen an verschiedenen Stellen des östlichen Mittelmeerraumes vorhanden waren, musste insbesondere Zinn wie oben dargestellt aus großen Entfernungen herbeigeschafft und dabei aufgrund der nachgefragten Mengen eine planbare und regelmäßige Versorgung sichergestellt werden. Diesen Anforderungen nach Planbarkeit und Versorgungssicherheit standen erhebliche *Risiken in der Supply Chain* gegenüber.

Bereits der *Informationsfluss*, ob und wann eine Lieferung am Ziel angekommen ist, war über größere Entfernungen nicht einfach zu organisieren. Eine ganze Anzahl identifizierter bronzezeitlicher Schiffswracks auf dem Boden des Mittelmeeres legt Zeugnis darüber ab, dass aufgrund von *Naturgewalten* und menschlicher Irrtümer nicht alle Ladungen ihren Zielhafen erreichten.[164] Auch die Frage, ob die *Gegenleistungen* in der vereinbarten Höhe erfolgten, basierte bis zu einem gewissen Grad auf Vertrauen. Auch hier geben die Amarna-Briefe einen Einblick in Beschwerden und Diskussionen zwischen den Herrscherhäusern. Die hier beschriebenen Risiken beziehen sich allerdings nicht nur auf den herrschaftlichen Geschenkeaustausch, sondern auch den dezentralisierten und rein kommerziellen Güterverkehr in der Bronzezeit. In die-

163 Inwieweit in der Bronzezeit von Märkten in heutigen Sinne ausgegangen werden kann wird diskutiert bei Rahmstorf, Lorenz: „Die Rahmenbedingungen des bronzezeitlichen Handels in Europa und im alten Orient einschliesslich Ägyptens“, in: Dietz, Ute Luise; Jockenhövel, Albrecht (Hrsg.) (2016) „Prähistorische Bronzefunde, Abteilung XX, Band 14, Stuttgart, S. 291–310.

164 Vgl. Bass, George F.: „Die Schiffswracks der Bronzezeit im östlichen Mittelmeer“, in: Yalcin, Ünsal; Pulak, Cemal; Slotta, Rainer (Hrsg.) „Das Schiff von Uluburun – Welthandel vor 3000 Jahren“, Katalog der Ausstellung des Deutschen Bergbau-Museums Bochum, Bochum, 2005, S. 303–308.

sem Kontext zeigen die bronzezeitlichen Schriftdokumente, die häufig Handelstransaktionen dokumentieren, den Bedarf an konkreten Unterlagen auf.

Der Möglichkeit des Zugangs zu den systemkritischen Rohstoffen hing u.a. auch von wechselnden *politischen Konstellationen* ab. Die Eroberung der Kupferminen von Ergani in Isuwa durch die Assyrer, aber auch die Auseinandersetzungen um Zypern in der Endphase der Bronzezeit sind Beispiele für ungeplante Unterbrechungen der *Supply Chain.*[165] Städte wie Troja und Ugarit konnten den Zugriff auf Rohstoffe wie Zinn zudem durch Zölle und Zugangsbeschränkungen erschweren.

Für die späte Bronzezeit ist auf Basis der o.a. Prämissen außerdem zu vermuten, dass eine wachsende Nachfrage nach Metallen einer offenbar erheblichen Marktmacht auf seiten ugaritischer und zyprischer Händler gegenüberstand. Diese Konstellation führte zu *politischen und ökonomischen Systemanfälligkeiten* und -abhängigkeiten, bei denen eine Beeinträchtigung der Supply Chain an den neuralgischen Punkten erhebliche Konsequenzen nach sich ziehen konnte. Die politischen Abhangigkeiten sind in der erforderlichen Absicherung der Handelswege durch die militärischen Mächte der damaligen Zeit zu sehen. Die ökonomischen Anfälligkeiten liegen in der mengenmäßigen Abhängigkeit der Versorgung an den Nachfrageorten von einzelnen Händler(-gruppen) und Verschiffungsorten.

Es ist somit davon auszugehen, dass es über längere Zeiträume hinweg für die einzelnen Wirtschaftsräume der Bronzezeit immer wieder zu Versorgungsengpässen und Knappheiten gekommen ist.[166] In modernen Volkswirtschaften werden derartige Knappheiten über den Preismechanismus gesteuert, so z.B. im Falle von Rohöl über den Barrelpreis. Welche Reaktionsmöglichkeiten es in der Bronzezeit bei Knappheiten und Versorgungsengpässen gab, verdeutlicht das folgende Marktmodell für Metalle:

165 Kristiansen und Larsson nennen hierzu außerdem Beeinträchtigungen der bronzezeitlichen Handelsnetzwerke durch den Kollaps der Indus-Kultur und die Einwanderung der Indo-Europäer (vgl. Kapitel 4.1). Kristiansen, Kristian; Larsson, Thomas B. 2005, S. 131f.

166 Hiervon zeugt auch ein Teil der Amarna-Briefe, die regelrechte und dringliche Anfragen nach Lieferungen von Metallen der korrespondierenden Herrscherhäuser beinhalten (vgl. Moran, William L. 1992).

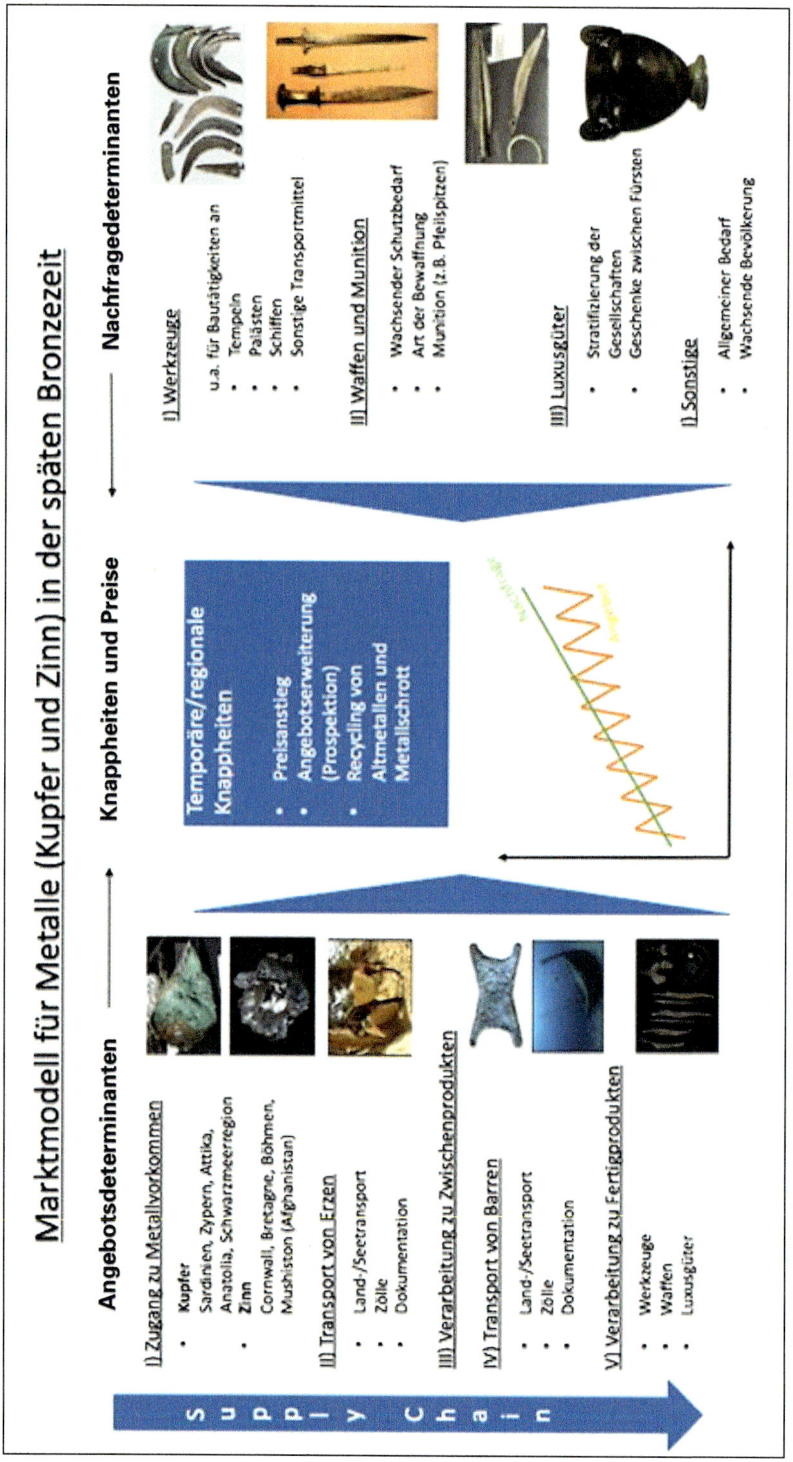

Abb. 17: Marktmodell für Metalle (Kupfer und Zinn) in der späten Bronzezeit

Auch in der Bronzezeit hatten Metalle in der Form von Erzen, Zwischenprodukten (Barren) und Endprodukten *Preise*, bei denen davon auszugehen ist, dass Knappheiten einen Einfluss auf die *Preisbildung* hatten. Leider haben wir nur wenige Informationen über den Preismechanismus aus dieser Epoche im Detail.

In der Bronzezeit wurden Preise überlicherweise in vergleichbaren Einheiten von Silber angegeben.[167] Außerdem scheinen sich neben Einheiten von Getreide auch Kupfer und Zinn in bestimmten genormten Quantitäten (Barren, Ringe) zu internationalen *Proto-Währungen* entwickelt zu haben.[168] Das Wirtschaftssystem der späten Bronzezeit im östlichen Mittelmeerraum beruhte somit grundsätzlich auf monetären Prinzipien, ohne dass bereits Geldwährungen eingeführt worden wären.[169] In der Abwesenheit von Geldwährungen waren für die Tauschwirtschaften der Bronzezeit allerdings umfangreiche Standardisierungen und Umrechnungen auf der Basis von Gewichten erforderlich. Hierauf deuten die bereits erwähnten zahlreichen im Wrack von Uluburun gefundenen Gewichte in den unterschiedlichen Standardeinheiten der Versandhäfen.[170]

Im zentralisierten Handel über die Palastwirtschaften, über den wir z.B. durch die Amarna-Briefe etwas mehr an Informationen haben, wurde Kupfer und Bronze gegenüber Gold und Silber nur ein nachrangiger Wert zugesprochen.[171] In Ägypten wurde offenbar Silber ein ähnlicher Wert beigemessen wie Gold, weil es ebenso schwierig zu erhalten gewesen ist. Ein Indiz hierfür liefern wiederum die Amarna-Briefe, in denen silberne Geschenke im Vergleich zu denen aus Bronze oder Gold vergleichsweise seltener sind. Auch dokumentierte Beschwerden von Empfängern, über einen zu hohen Silberanteil an einigen Goldgeschenken, dürften vor diesem Hintergrund zu Verständnisproblemen geführt haben.

Von verschiedenen Autoren ist bereits darauf hingewiesen worden, dass die Wertrelationen von Gold zu Silber und zu Kupfer etwa im Bereich 1:2:200 gelegen haben. Aus ugaritischen Texten lassen sich demgegenüber etwas inflationierte Wertverhältnisse von 1:4:800 ableiten.[172]

---

167 Vgl. Alparslan, Metin: „Der Handel im Hethiterreich: Ein Interpretationsversuch nach den hethitischen Quellen", in: Yalcin, Ünsal; Pulak, Cemal; Slotta, Rainer (Hrsg.) „Das Schiff von Uluburun – Welthandel vor 3000 Jahren", Katalog der Ausstellung des Deutschen Bergbau-Museums Bochum, Bochum, 2005, S. 383.

168 Vgl. Michailidou, a.a.O., S. 76f, insbesondere aber Rahmstorf, Lorenz: „The Archaeology of Money", in: Haselgrove, Colin; Krmnicek, Stefan (2016), „Proceedings of the Workshop „Archaeology of Money", University of Tübingen, October 2013, Leicester Archaeology Monograph 24, Leicester, S. 19–42.

169 Vgl. James (1984) in Michailidou, a.a.O., S. 77.

170 S. Beitrag von Pulak, Cemal: „The balance weights from the Late Bronze Age shipwreck at Uluburun" in: Pare, Christopher T. E. (Hrsg.), „Metals Make The World Go Round – The Supply and Circulation of Metals in Bronze Age Europe", Oxford, 2000, S. 247–266.

171 Vgl. Moran, William L. 1992 sowie Papasavvas, a.a.O., S. 122.

172 Vgl. Verschiedene Autoren in Papasavvas, a.a.O., S. 124.

Besonders wertvoll – da knapp – war offenbar Zinn, zumindest in der Mittleren Bronzezeit. In den Palastarchiven von Mari findet sich ein Hinweis aus der Zeit um 1750 BCE, dass Zinn damals das Zehnfache seines Gewichtes in Silber wert gewesen ist.[173] Muhly hat auf Wertrelationen im Zinnhandel über Mari aus dieser Zeit hingewiesen, die auf ein Austauschverhältnis von 1:15 bis 1:18 im Vergleich zu Kupfer deuten.[174]

In der späten Bronzezeit ist der Preis von Zinn dann möglicherweise aufgrund der breiteren Verfügbarkeit insbesondere von Kassiterit-Erzen aus Mesopotamien deutlich gefallen. Constantinou unterstellt einen ‚*Wechselkursverfall*' gegenüber einer vergleichbaren Silbermenge von 6:1 in der Mittleren auf 520:1 in der späten Bronzezeit.[175]

Ebenso selten wie knapp war Eisen noch in der mittleren Bronzezeit. Bis zu seiner weiteren Verbreitung wurde Eisen als Edelmetall gehandelt, dessen Preis in der Karum-Siedlung von Kanesh mindestens achtmal höher lag als der von Gold.[176] Ab dem 14./13. Jh. BCE sank der Preis von Eisen im Zuge einer etwas weiteren Verbreitung dann auf ein Niveau von Silber und Zinn ab.[177]

	Gold	Silber	Kupfer	Zinn
LBA (Amarna)	1	2	200	
LBA (Ugarit)	1	4	800	
MBA		1	90–180	6 bis 10
LBA		1		520

Abb. 18: Überblick der Wertrelationenvon Metallen in der Bronzezeit

Bei einem Monatsgehalt von rd. einem kg Kupfer für einen Arbeiter waren damit im Uluburun-Schiff ca. 10.000 Mannmonate oder rd. 830 Mannjahre an Arbeit enthalten.[178] Eine Umrechnung des Ladungswertes des Uluburun-Schiffes in heutige Preise ist aus verschiedenen Gründen problematisch. So haben sich offenbar bereits in der Bronzezeit die Wertrelationen von Metallen zueinander, u.a. aufgrund sich verändernder relativer Verfügbarkeiten, verschoben (siehe Abbildung 18). Eine Herleitung des Warenwertes für das an Bord befindliche Kupfer, z.B. über heutige Kupferpreise[179],

173 Vgl. Anthony, David W. 2007, S. 418.
174 Vgl. Muhly (1995) in Kristiansen, Kristian; Larsson, Thomas B. 2005, S. 95.
175 Vgl. Constantinou, a.a.O., S. 8f.
176 Vgl. Nieling, Jens 2009, S. 40.
177 Vgl. Nieling, Jens 2009, S. 86f.
178 Vgl. Papasavvas, a.a.O., S. 124.
179 Die Preise für Kupfer variieren heute außerdem stark abhängig von den zugrunde gelegten Quantitäten.

trägt der Tatsache keine Rechnung, dass die Verfügbarkeit von Kupfer heutzutage durch moderne Abbaumethoden, die auch die Ausbeutung von Erzen mit geringen Kupferkonzentrationen möglich machen, erheblich gestiegen ist.

Tendenziell richtiger ist wohl eine indirekte Ableitung über andere Güter, deren relative Werte aufgrund vermutlich etwas konstanterer Knappheiten stabiler geblieben sind. So war ein Esel in der späten Bronzezeit ungefähr 2 Talente (ca. 50–60 kg) Kupfer wert, was in etwa heutigen Verhältnissen entspricht.[180] Auch der Wert von Gold als seltenes Edelmetall bietet sich u.U. als Referenz an. Eine Herleitung über heutige Preise für einen Esel und parallel über den gegenwärtigen Goldpreis[181] ergäbe mit den in der Tabelle angezeigten Umrechungsrelationen einen heutigen Wert allein des Kupfers in der Ladung des Uluburun-Schiffes von 0,5 bis 1,5 Mio. EUR. Inclusive der Zinnbarren und der weiteren Luxusgegenstände ist es vermutlich nicht falsch, von einem Gesamtwert der Ladung von – nach heutigen Preisen – mehreren Millionen Euro auszugehen.

In Anbetracht der hier und in den vergangenen Kapiteln aufgezeigten Größenordnungen mancher Lieferungen lässt sich damit auch ohne konkrete Preisvorstellungen erahnen, welchen kommerziellen Verlust der Untergang des Uluburun-Schiffes mit u.a. rd. 11 Tonnen Kupfer- und Zinnbarren bedeutet hat.[182]

Es gibt Indizien dafür, dass in der späten Bronzezeit im Rahmen einer Dezentralisierung des Metallhandels auch zunehmend auf ein Recycling von Metallschrott zurückgegriffen wurde.[183] Sherratt verweist hierzu auf *"evidence for the growing circulation of scrap metal"*[184] in den Jahren um 1200 BCE. Sherratt sieht in diesem Bronze-Recycling Anzeichen für einen beschleunigten Umlauf von Bronzeschrott auf einem informellen, d.h. nicht über die Palastwirtschaften zentralisierten Austauschniveau.[185]

Wenn es stimmt, dass in den Jahren um 1200 BCE mehr Bronze auf unterschiedlichen sozialen Niveaus in das Austauschsystem eingespeist und mit einer höheren Umlaufgeschwindigkeit gehandelt wurde, kann dies grundsätzlich ein Beitrag gewesen sein, Knappheitssituationen zu reduzieren. Eine etwa ab dem 13. Jh. BCE zu verzeichnende *Demokratisierung* der Bronze kann allerdings auch ein Indikator für bzw. eine Reaktion auf eine weiterhin wachsende Nachfrage in unterschiedlichen gesellschaftlichen Segmenten sein. In diesem Fall wäre das Bronzerecycling ein Hinweis

---

180 Vgl. Bell „The merchants of Ugarit ..." a.a.O., S. 182.

181 Als Ansatz für den Preis für einen Esel wurde ca. 250 EUR gewählt, der Goldpreis auf ca. 32.000 EUR pro kg ermittelt.

182 So auch Yasur-Landau, Assaf 2010, S. 57.

183 Zur Rolle des Kupfer- und Bronzerecycling in der Bronzezeit vgl. auch O'Brien, William 2015, S. 26.

184 Sherratt in Pare, a.a.O., S. 87.

185 Sherratt in Pare, a.a.O., S. 87f.

auf einen nachhaltigen Nachfragesog durch neue Konsumentengruppen. Mit den vorliegenden Daten ist hierzu aktuell kein abschließendes Bild möglich.

Oft blieb den beteiligten Handelspartnern in Zeiten von immer wieder auftretenden Knappheiten nichts weiter übrig, als eine Angebotserweiterung z.B. über die Entdeckung neuer Vorkommen und der z.T. auch militärischen Absicherung des Zugangs zu diesen Vorkommen vorzunehmen.[186] Ein Beispiel hierfür, auf das im weiteren Verlauf noch eingehend eingegangen werden soll, ist möglicherweise der Versuch der mykenischen Griechen, Zugriff auf die Metalllieferungen aus dem Schwarzmeerraum zu erlangen. Der Zugang zu den Vorkommen in der Kolchis und den Lieferungen insbesondere von Zinn auf der Donauroute in den Mittelmeerraum wurden damals durch die Stadt Troja kontrolliert. Mit der Schwächung des hethitischen Reiches in der Schlussphase des 13. Jh. BCE war die Kontrolle der Hethiter über Troja verloren gegangen. Die Erinnerungen an die Prospektionen der Mykener und die resultierenden Konflikte sind allem Anschein nach u.a. in der Argonautensage und den homerischen Epen verarbeitet.

6.7 Der Übergang in die Eisenzeit

Mit dem Ende der Bronzezeit vollzog sich im Mittelmeerraum ein erheblicher kultureller Bruch in der relativ zügigen Umstellung der metallischen Prozesse auf die Eisenproduktion. Dieser Übergang ging schneller und durchgreifender vonstatten als die Einführung der Vollbronze in Europa.

Die Herstellung von sog. *weichem* (d.h. ungehärtetem) *Eisen* war bereits mindestens *ab ca. 1800 BCE* bekannt.[187] In den Handelsarchiven der Karum-Siedlung von Kanesh aus dem 19./18. Jh. BCE wird Eisen noch als besonders wertvolles Edelmetall gehandelt. Da möglicherweise auch meteoritisches Eisen verarbeitet wurde, kam Eisen als „vom Himmel gefallenes Metall“[188] eine geradezu mystische Bedeutung zu. Aufgrund seiner Seltenheit und den Schwierigkeiten bei der Herstellung signalisierte Eisen zu dieser Zeit nicht nur außergewöhnlichen Reichtum, sondern auch eine exponierte

186 Vgl. hierzu Latacz, Joachim 2004, S. 45. Papasavvas verweist in diesem Zusammenhang auf die Militärexpedition des Amenemhet gegen Zypern um 1900 BCE, im Zuge derer erhebliche Mengen an Kupfer nach Ägypten gelangten (vgl. Papasavvas, a.a.O., S. 122). Auch Kristiansen und Larsson verweisen auf die wiederkehrende Notwendigkeit der Erschließung neuer Vorkommen (vgl. Kristiansen, Kristian; Larsson, Thomas B. 2005, S. 132).

187 Anthony verweist auf deutlich frühere Experimente der pontischen Steppenbewohner bzgl. der Herstellung von Waffen und Gerätschaften aus Schmiedeeisen (vgl. Anthony, David W. 2007, S. 336).

188 Vgl. Nieling, Jens 2009, S. 54.

Machtposition. Bei der Unterwerfung des Vasallenkönigs von Purusanda unter hethitische Oberhoheit um 1800 BCE, erhielt der hethitische Großkönig Anitta ein Zepter und einen Thron aus Eisen.[189]

Im Zuge wirtschaftlicherer Herstellungsverfahren, die von den Hethitern oder den Chalybern entwickelt wurden, wurde *zwischen 1600 und 1200 BCE* Eisen in größerem Umfang hergestellt und verarbeitet, wobei allerdings Bronze der dominierende Werkstoff blieb. Das Eisenerz wurde von den Hethitern in einfachen Rennöfen verhüttet und nachfolgend auch zu *hartem Stahl* (sog. *gutem Eisen*) vergütet.

Die Stahlherstellung war zu dieser Zeit weitgehend ein hethitisches Monopol[190] und wahrscheinlich ein Faktor für den wirtschaftlichen und militärischen Aufstieg des Hethiterreiches. Für das 14. und 13. Jh. BCE zeigen Schriftquellen, dass die Produktion und Weiterverarbeitung von Eisen bei den Hethitern (und wahrscheinlich im weiteren Zeitablauf den Hurritern und den Mitanni) gut bekannt war.[191] Eisen war Bestandteil des Warenaustausches zwischen den Palästen und Königshöfen. Texte aus dem Amarna-Archiv deuten darauf, dass im 14. Jh. BCE die Edelmetallfunktion des Eisens verloren gegangen ist.[192] Eisengegenstände und -waffen waren jedoch gegenüber solchen aus Bronze immer noch relativ selten.[193] Immerhin kamen auf hethitischer Seite bereits bei der Schlacht von Kadesh (1274 BCE) nachweislich auch Eisenwaffen zum Einsatz.

Ein hethitisches Zentrum für die Eisenverhüttung und -verarbeitung lag offenbar in Kilikien (Kizzuwatna).[194] Dies wird deutlich aus einem Brief von Hattusilis III, der vermutlich an Ramses II oder den König von Assyrien gerichtet war und folgende Hinweise enthielt:

„Betreffend das gute Eisen, wovon Du mir geschrieben hast. – Gutes Eisen in Kizzuwatna in meinem Siegelhaus gibt es nicht. Ich habe (ja) geschrieben, dass (die Zeit) schlecht für die Herstellung von Eisen ist. Sie werden Eisen herstellen, noch sind sie nicht fertig. Sobald sie fertig sind, lasse ich es Dir bringen. Jetzt nunmehr lasse ich Dir eiserne (Schwert-)klingen senden“.[195]

189 Vgl. Nieling, Jens 2009, S. 39f. insbes. S. 41.

190 Die Ursprünge der Stahlherstellung werden bei den o.a. Chalybern vermutet. Es kann also sein, dass die Hethiter die Technologie zur Herstellung von hartem Eisen von ihren Nachbarn übernommen haben.

191 Vgl. Nieling, Jens 2009, S. 48.

192 Vgl. Nieling, Jens 2009, S. 47f.

193 Vgl. Nieling, Jens 2009, S. 271.

194 Vgl. Nieling, Jens 2009, S. 45.

195 Vgl. Nieling, Jens 2009, S. 44.

Unmittelbar vor dem Ende des Hethiterreiches wurden Eisengegenstände offenbar in größeren Stückzahlen und Vielfalt hergestellt, wobei eine erste Ausdehnung der Eisennutzung auf breitere Bevölkerungskreise festzustellen ist.[196] Erstmals wurden auch Gegenstände des täglichen Lebens aus Eisen produziert.[197] Erst nach dem Untergang des Hethiterreiches verbreitete sich das Wissen um die Eisenproduktion im gesamten östlichen Mittelmeerraum. Bei diesem Prozess der Diffusion der eisenverarbeitenden Technologien kam offenbar der Insel Zypern sowie den späthethitischen Nachfolgestaaten in Syrien eine wichtige Rolle zu.[198]

Nach einer Studie von Jane Waldbaum[199] bestanden im 12. Jh. BCE im östlichen Mittelmeerraum noch 96 Prozent aller gefundenen Waffen aus Bronze und nur 3 Prozent aus Eisen. Im 11. Jh. BCE steigt der Anteil der Eisenwaffen dann auf 20 Prozent vs. 80 Prozent aus Bronze. Im 10. Jh. BCE schließlich liegt der Anteil von Eisenwaffen dann bei 54 Prozent. Mit der Verbreitung der Nutzung von Eisen im östlichen Mittelmeerraum kam dort schließlich die Bronzezeit zum Abschluss und wurde durch die sog. *Eisenzeit* abgelöst.

Zur Frage, warum es im östlichen Mittelmeerraum ab ca. dem 12./11. Jh. BCE bei diesem relativ zügigen Übergang zu einer vorrangigen Nutzung von Eisen gegenüber der vormals dominierenden Bronze gekommen ist, gibt es in der Literatur mehrere diskutierte Ansätze. Die folgende Aufzählung folgt im Kern der Gliederung von Nieling und erweitert diese:[200]

Zinnverknappung:
Vorliegende Analysen zeigen, dass in der späten Bronzezeit insgesamt wohl genug Zinn in den Märkten des östlichen Mittelmeerraumes verfügbar gewesen ist.[201] Hierfür spricht auch die o.a. Entwicklung der relativen Preise für Zinn, die vorliegenden Indikationen folgend im Zuge der Zuführung von Zinn aus Mesopotamien gefallen sind. Die vorausgehenden Ausführungen legen jedoch nahe, dass für einzelne Märkte dennoch Knappheitssituationen vorstellbar sind, z.B. aufgrund wechselnder politischer Konstellationen und Allianzen.

---

196 Vgl. Nieling, Jens 2009, S. 41 und 272.
197 Vgl. Nieling, Jens 2009, S. 75.
198 Vgl. Sherratt (1994) in Eder, a.a.O., S. 280; Snodgrass in Drews, a.a.O., S. 76; Nieling, Jens 2009, S. 277.
199 Vgl. Drews, Robert 1993, S. 75f. Eine Zusammenfassung der Waffen und Kampftechniken ist außerdem einschlägig in Georganas, Ioannis: „Weapons and Warfare“, in: Cline, Eric H. (Hrsg.), „The Oxford Handbook of the Bronze Age Aegean“, Oxford, 2010, S. 305–314.
200 Vgl. Nieling, Jens 2009, S. 230ff.
201 Vgl. Nieling, Jens 2009, S. 230.

Brennstoffmangel:
Ein Brennstoffmangel z.B. aufgrund von Abholzungen kann zu lokalen Ausweichstrategien geführt haben. Da jedoch auch für die Eisenverhüttung Holz als Brennstoff benötigt wurde, ist dieser Grund, als Basis des durchgreifenden Wandels im östlichen Mittelmeerraum, insgesamt wohl auszuschließen.[202]

Kupfermangel im Erz:
Die Ausschöpfung der Kupfererze in den technisch verwertbaren Konzentrationen hat offenbar Ende des 3. Jtsd. BCE zu einer Aufgabe der Kupferproduktion an einigen Orten in Griechenland geführt.[203] Für den Zeitraum zum Ende der Bronzezeit hat jedoch die Kupferproduktion u.a. auf Zypern offenbar floriert, sodass wahrscheinlich nicht von einem allgemeinen Kupfermangel als Auslöser des Technologiewechsels zum Eisen gesprochen werden kann.

Künstliche Verknappung der Rohstoffe:
Nieling führt eine Monopolisierung der Kupferproduktion und -verarbeitung als eine mögliche These für die regionale Verknappung der Bronze und den Übergang in die Eisenzeit an.[204] Die Arbeit von Carol Bell verdeutlicht die Marktmacht, die sich in den Händen einzelner Händler in Ugarit konzentrierte.[205] Denkbar ist auch, dass zyprische Hersteller und Händler sich eine marktbeherrschende Position bei der Produktion und Verschiffung von Kupfer erarbeitet und diese ausgenutzt haben. Maran verweist jedoch darauf, dass zumindest aus Tiryns für das Ende der Bronzezeit noch intensive Handelskontakte nach Zypern nachzuweisen sind.[206]

Mangel durch enorm gesteigerten Bedarf:
Eine Mangellage hervorgerufen durch eine erheblich gestiegene Bedarfssituation ist auf Basis der im vorausgehenden Abschnitt plausibilisierten Entwicklung wesentlicher Nachfragedeterminanten durchaus denkbar. Insbesondere eine *Demokratisierung* von Metallprodukten für eine breitere Zahl von Nutzern kann hier einen Beitrag zu einer Knappheitssituation geliefert haben, die sich nur langfristig durch neue lokal verfügbare Materialien wie der Nutzung von Eisen auflösen ließ.

---

202 Vgl. Nieling, Jens 2009, S. 231.
203 Vgl. Bassiakos, Yannis; Tselios, Thomas, a.a.O., S. 151–161.
204 Vgl. Nieling, Jens 2009, S. 231.
205 Vgl. Bell, „Merchants of Ugarit ...", a.a.O., S. 180–187.
206 Vgl. Maran, 2009, S. 246f.

Technische Überlegenheit des Eisens:
Die technischen Qualitäten von Eisen und insbesondere gehärtetem Eisen können einen weiteren Hintergrund für den Übergang in die Eisenzeit geliefert haben.[207] Ein Grund für die wachsende Verbreitung des Eisens am Ende der Bronzezeit war die militärische Überlegenheit von Eisenwaffen und -rüstungen gegenüber denen aus Bronze. Allerdings weist Nieling darauf hin, dass es bei der Herstellung von Metallen für den Massenbedarf, wie z.B. für die Ausrüstung einer Armee, in erster Linie auf die Menge des verfügbaren Metalls ankam und erst in zweiter Linie auf dessen Qualität.[208]

Diesen von Nieling genannten möglichen Gründen für den Übergang von der Bronze- in die Eisenzeit ist folgender weiterer Ansatz hinzuzufügen:

Disruption der Handelswege:
Hier sind der Einfluss der Seevölker sowie der Untergang des hethitischen Reiches auf die etablierten Handelswege im östlichen Mittelmeerraum zu nennen. Die Angriffe der Seevölker richteten sich – möglicherweise gezielt – gegen die Produktions- und Handelszentren für Metalle im östlichen Mittelmeerraum, darunter Zypern und Ugarit. Die Zerstörung dieser zentralen Entrepots verbunden mit dem Untergang eines der Großreiche, das die Handelswege geschützt hat, kann eine nachhaltig disruptive Wirkung auf die Supply Chains der späten Bronzezeit gehabt und die Erfordernis neuer Lieferstrukturen nach sich gezogen haben. Diese Angriffe und die damit verbundenen Zerstörungen sind Gegenstand der folgenden Abschnitte.

207 Vgl. Pare, a.a.O., S. 2.
208 Vgl. Nieling, Jens 2009, S. 233.

7 Das Ende der Bronzezeit im östlichen Mittelmeerraum – Das katalytische Ereignis

Ausgangspunkt der Umwälzungen am Ende der Bronzezeit im östlichen Mittelmeerraum ist das Auseinanderbrechen einer Machtbalance zwischen den Großmächten der damaligen Zeit, dem hethitischen Reich und Ägypten.[1] Durch den schrittweisen Kollaps des hethitischen Großreiches wurde es neuen Bevölkerungsgruppen möglich, das entstehende Machtvakuum in Anatolien zu füllen. Außerdem wurden für diese neuen Gruppen die Land- und Seerouten aus der Ägäis in die Levante frei.

Dieses Ereignis hat insofern offenbar als Katalysator für die Prozesse, die das Ende der Bronzezeit im östlichen Mittelmeerraum nach sich zogen, gewirkt. Weitgehend offen ist in diesen Prozessen die Frage nach den Ursachen, der genauen zeitlichen Reihenfolge der Ereignisse und auch nach den einzelnen Akteuren.

7.1 Der Abstieg und Zusammenbruch des Hethiterreiches

Nach der *Schlacht von Kadesh (1274 BCE)* hatte sich im östlichen Mittelmeerraum eine machtpolitisch stabile Situation ergeben. Der hethitische Einflussraum erstreckte sich neben dem Kernland in Zentralanatolien 1. auf den west-anatolischen Staatenbund (Karien, Luwien, Mysien, Phrygien, Seha Land), 2. auf Zypern und 3. auf den syrischen Kleinstaatenbund. Das hethitisch kontrollierte Gebiet war im Süden abgegrenzt zu Ägypten, wobei Kanaan ägyptisches Protektorat blieb. Im Westen grenzte die hethitische Einflusssphäre an die expandierende mykenische Koine, die von Sizilien bis Kleinasien reichte, wobei die Sporaden noch unter hethitischer Kontrolle standen.

Während der Regentschaft von Hattusilis II (1265–1240 BCE) nahm das Hethiterreich diplomatische Beziehungen zu Ägypten auf, die in einem Friedensvertrag (1259 BCE) mündeten.[2] Um 1250 BCE waren die Hethiter eine Großmacht auf Augenhöhe

1 Zum sog. *Club der Großmächte* der späten Bronzezeit gehörten außerdem Babylon und Assyrien (vgl. Kristiansen, Kristian; Larsson, Thomas B. 2005, S. 67).

2 Vgl. Woudhuizen, Frederik Christiaan 2006, S. 32.

mit Ägypten. Diese für einige Jahre stabile Machtkonstellation kam ab ca. 1230 BCE nach und nach ins Wanken und geriet schließlich komplett aus den Fugen. Etwa 50 Jahre später – um 1180 BCE – lag Hattusha zusammen mit anderen Städten in Zentralanatolien in Schutt und Asche. Das hethitische Reich verschwand mit Ausnahme von Enklaven in Nordsyrien von der Bildfläche. Robbins nennt die Situation des Hethiterreiches zum Ausklang der Bronzezeit sowie die Umstände, die zum Ende der hethitischen Kontrolle über ein ausgedehntes Imperium geführt haben, ein „deep mystery".[3]

Für die Abläufe am Ende der Bronzezeit war der Kollaps des Hethiterreiches wahrscheinlich ein wichtiger Treiber. Aus heutiger Sicht hat es den Anschein, dass für den Untergang des hethitischen Reiches mehrere Faktoren ausschlaggebend waren.[4] Ein Teil dieser Faktoren beruht auf internen Entwicklungen, wie Nahrungsmittelknappheit infolge von Trockenheit in Verbindung mit inneren Unruhen und einer schwächer werdenden Zentralgewalt. Ein anderer Teil ist das Ergebnis einer externen Bedrohung des Reiches an nahezu allen Fronten.

7.1.1 Interne Einflüsse

7.1.1.1 Hunger und Trockenheit

Aus dem Zeitraum zwischen 1250 und 1200 BCE liegen aus verschiedenen Teilen des östlichen Mittelmeerraumes Berichte über z.T. schwerwiegende Nahrungsknappheiten vor.[5] Nach Otten geben diese offensichtlichen Perioden von Trockenheit und Hunger in Kleinasien die charakteristische Situation in Zentralanatolien in der Endphase des hethitischen Reiches wieder.[6]

Die ersten bekannten Hilfslieferungen von Getreide aus Ägypten nach Hatti fallen in die Regierungszeit von Hattusilis II und Ramses II um das Jahr 1250 bis 1240 BCE.[7] Hierzu sind entsprechende hethitische Briefe mit Hilfsgesuchen gefunden worden. Die Tatsache, dass Ägypten diese Hilfsgesuche positiv beantwortete, deutet auf eine

3 Robbins, Manuel 2001, S. 169.

4 Vgl. Killebrew; Lehmann (2013), a.a.O., S. 13.

5 Eine Zusammenfassung der schriftlichen bronzezeitlichen Dokumente, in denen auf Probleme bei der Nahrungsmittelerzeugung und -verteilung hingewiesen wird, ist bei Knapp; Manning, a.a.O., S. 121 zu finden.

6 Vgl. Otten, a.a.O., S. 16.

7 Vgl. Robbins, Manuel 2001, S. 195. Hattusilis II wird in älteren Quellen noch Hattusilis III genannt (s. Königsliste im Anhang).

neue Qualität der Beziehungen zwischen den beiden Großmächten unter Hattusilis II und Ramses II nach der Auseinandersetzung bei Kadesh.[8]

Ferner sind Getreidelieferungen aus Ägypten unter Pharao Merneptah (1213–1204 BCE) im zweiten Regierungsjahr des Pharao (1212 BCE) an die Hethiter bekannt. Das Ausmaß der Lieferungen lässt evtl. auf Dürre und eine Hungerkatastrophe in Kleinasien schließen („*widespread famine in the west*").[9] Aufzeichnungen aus Ägypten bestätigen die Bedeutung dieser Getreidelieferungen („*to keep Hatti (Kheta) alive*").[10] Auch eine Botschaft eines hethitischen Königs an König Ammurapi von Ugarit, die in der hethitischen Handelsmetropole gefunden wurde, zeugt von Nahrungsmittelknappheit und wachsendem Hunger in Hatti.

Es hat den Anschein, als ob diese Periode der Nahrungsmittelknappheit, evtl. verursacht durch eine längere Trockenheit, um 1212 BCE regional nicht auf Zentralanatolien beschränkt blieb. So ist der erste Angriff der Seevölker im Verbund mit den Libyern in der Regierungszeit von Merneptah (1208 BCE) nach ägyptischen Quellen durch Hunger motiviert gewesen. Die partielle Auswanderung einzelner Volksgruppen aus dem westlichen Kleinasien lässt sich möglicherweise ebenfalls in diesen Kontext einordnen. Auch der Zeitraum der Trockenheit und des Hungers scheint sich in diesen Jahren außergewöhnlich lange hingezogen zu haben. Wenn die bereits zitierte Textstelle bei Herodot über die Auswanderung der Tyrrhenier sich auf diese Hungerperiode bezieht, ist sogar ein Zeitraum von 18 Jahren anzusetzen.

> *„In the days of Atys, the son of Manes, there was a great scarcity through the whole land of Lydia. For some time the Lydians bore the affliction patiently [...] In this way they passed eighteen years. [...] So the king determined to divide the nation in half ... the one to stay, the other to leave the land [...] The emigrants should have his son Tyrrhenus for their leader ... they went down to Smyrna, and built themselves ships. [...] after sailing past many countries they came to Umbria [...] and called themselves [...] Tyrrhenians."*[11]

Ein Zusammenhang zwischen der bereits weiter oben angesprochenen Auswanderung eines Teils der Tyrrhenier nach Herodot und den Getreidelieferungen von Merneptah „to keep Hatti alive"[12] wurde bereits von Richard D. Barnett vermutet.[13] Wenn

8 Vgl. Robbins, Manuel 2001, S. 194ff.
9 Robbins, Manuel 2001, S. 164.
10 Woudhuizen, Frederik Christiaan 2006, S. 32, Robbins, Manuel 2001, S. 163f.
11 Herodotus „The Histories", a.a.O., I, 94.
12 Woudhuizen, Frederik Christiaan 2006, S. 32, Robbins, Manuel 2001, S. 163f.
13 Vgl. Richard D. Barnett „The Sea Peoples" (1969) in Cambridge Ancient History II, zitiert bei Woudhuizen, Frederik Christiaan 2006, S. 38.

die Hilfslieferungen aus Ägypten über den Querbezug auf die Regierungszeit von Merneptah auf das Jahr 1212 BCE datierbar sind, ist die Phase der Auswanderung aus Kleinasien vermutlich etwas später anzusetzen. Möglich ist dabei sogar eine direkte Verbindung zwischen den bei Herodot beschriebenen Wanderungsbewegungen aus dem westlichen Anatolien unter Beteiligung der Tyrrhenier (Turisa in ägyptischen Quellen) und dem Seevölkerkonflikt unter Pharao Merneptah im Jahr 1208 BCE.

Auch in der Endphase des hethitischen Reiches mit dem finalen Kollaps um 1191 BCE (zur Datierung s.u.) scheint Hunger eine zumindest die Ausgangslage verschärfende Rolle gespielt zu haben. Der letzte Großkönig von Hattusha, Suppiluliuma II, forderte in seiner Korrespondenz mit dem Präfekten von Ugarit in der Phase der Seevölkerangriffe (dem sog. *Sikalayu-Brief*) auch ein Schiff mit Getreide an, was auf eine prekäre Versorgungslage in Hatti hindeutet.[14]

Eine mögliche, aber spekulative, Erklärung für diese offenbar wiederkehrenden Perioden akuten Getreidemangels in Hatti liegt neben klimatischen Phänomenen[15] in einer sinkenden Produktivität der landwirtschaftlichen Erzeugung in Kleinasien. Dies kann dadurch bedingt gewesen sein, dass die Einwanderung der thrakischen Stämme nach Nordwest-Kleinasien Gebiete betroffen hat, die für die Versorgung der Hethiter mit Getreide wichtig gewesen sind. Mit der Einwanderung der Phryger und Mysier, die eine eher pastoralen Landwirtschaft betrieben zu haben scheinen, sind diese Produktionsgebiete für Hatti praktisch entfallen.

Selbst im Falle von Hilfslieferungen per Schiff war es schwer, die Zustände im Zentralanatolien zu lindern. Bei einer angenommenen Bevölkerung von 50.000 Menschen dort, hätten im Fall einer extremen Hungersnot 50 t Getreide pro Tag von außerhalb angeliefert werden müssen.[16] Die Getreideschiffe aus Ugarit hatten eine Kapazität von 250 t. Desweiteren waren Überlandtransporte des Getreides nach Hattusha zu organisieren, was im Falle einer Schiffsladung bis zu 500 Ochsengespanne erforderte. Diese mussten es bei einer Verschiffung in einen kilikischen Hafen, dann durch das schroffe und hohe Taurusgebirge schaffen, um bis nach Zentralanatolien zu gelangen.

7.1.1.2 *Zerfall der zentralen Staatsmacht in Hatti*

Das Hethiterreich in seiner regionalen Reichweite beruhte über seine Kerngebiete in Zentralanatolien hinaus auf einem umfangreichen Bündnissystem. Zur Zeit des hethitischen Großreiches erstreckten sich die Allianzen über Westkleinasien bis nach

14 Vgl. Zangger, Eberhard 1994, S. 218.
15 Hierzu insbes. Robbins, Manuel 2001, S. 194ff. sowie Knapp; Manning, a.a.O., S. 99–149.
16 Berechnungen nach Robbins, Manuel 2001, S. 199.

Syrien. Um ein derartiges System funktionsfähig zu halten, ist eine fest strukturierte Zentralgewalt in Hattusha erforderlich gewesen. Diese hat z.B. in der Schlacht von Kadesh (1274 BCE) gut funktioniert und dafür gesorgt, dass neben den hethitischen Truppen auch umfangreiche Kontingente der Alliierten gekämpft haben.

Otten verweist darauf, dass neben den Bedrohungen an den Ost- und Westgrenzen des Reiches (s. folgende Abschnitte) auch interne Faktoren zum Ende des 13. Jh. BCE zu einer zunehmenden Schwächung von Dynastie und Staat im hethitischen Reich führten, auch wenn äußerlich die Symbole der zentralen Königsherrschaft bewahrt wurden.[17] Die innenpolitischen Schwierigkeiten begannen möglicherweise bereits mit Auseinandersetzungen zwischen Mursilis III und Hattusilis II im Nachgang zur Schlacht von Kadesh.[18] Sie setzen sich fort bis zu Suppiluliuma II mit Verunsicherungen bezüglich der Thronfolge sowie Abfällen im Heer und bei der Beamtenschaft.[19]

Genz[20] führt an, dass jüngst Siegel mit dem Namen eines bis dato unbekannten Großkönigs namens Kurunta aus der Schlussphase des hethitischen Reiches in einem Kontext gefunden wurden, der auf interne Probleme in diesen letzten Jahren hindeutet, welche wiederum zumindest bis zu einem gewissen Grad für den Untergang mitverantwortlich waren. Kurunta wurde als Abkömmling des Königshauses Regent über die Provinz Tarhuntassa. Die Titulatur als Großkönig deutet an, dass er im Rahmen von Thronstreitigkeiten evtl. sogar den hethitischen Thron bestiegen haben könnte, ohne offiziell anerkannt worden zu sein. Diese Thronstreitigkeiten könnten die Dimension eines Bürgerkriegs angenommen haben, der den Untergang des Reiches schließlich besiegelte. Auch Knapp und Manning betonen die Indikationen für eine Verteilung der vormals zentralen Macht in den letzten Jahren des hethitischen Reiches zwischen Hattusha, Tarhuntassa und Karkemisch.[21]

Zur Schwächung der hethitischen Zentralgewalt haben möglicherweise auch die o.a. Trockenheit und die wiederkehrenden Versorgungsprobleme beigetragen. Allerdings ist anzumerken, dass bis in die letzten Jahre des Reiches eine umfangreiche Bautätigkeit aufrechterhalten wurde. Auch die Königssiegel und Anreden in der Korrespondenz bekunden einen ungebrochenen Machtanspruch des Großkönigs.[22] Inwieweit also in den letzten Jahren des hethitischen Reiches von einem schrittweisen Zerfall in Einzelherrschaften ausgegangen werden muss, ist noch umstritten.[23]

---

17 Vgl. Otten, a.a.O., S. 20.

18 Vgl. Zangger, Eberhard 1994, S. 201.

19 Vgl. Otten, a.a.O., S. 20.

20 Vgl. Genz, Hermann: „No Land could stand before their arms, from Hatti ... on." New Light on the End of the Hittite Empire and the Early Iron Age in Central Anatolia", in: Killebrew and Lehmann (Hrsg.), 2012, S. 470f.

21 Vgl. Knapp; Manning, a.a.O., S. 126.

22 Vgl. Otten, a.a.O., S. 20.

23 Vgl. Otten, a.a.O., S. 21.

7.1.2 Externe Einflüsse

7.1.2.1 *Bedrohung und Niederlage im Osten*

Im Osten des hethitischen Reiches hatte sich mit dem Untergang der Mitanni Assyrien als neuer Machtfaktor etabliert, der nunmehr versuchte, nach Westen zu expandieren und dadurch in Konflikte mit den Hethitern geriet. Salmanassar I (ca. 1270–1243 BCE) hatte 1267 BCE die Restgebiete des Mitanni-Staatsgebietes erobert und dem assyrischen Reich eingegliedert. Sein Nachfolger Tukulti-Ninurta (1243–1207 BCE) zog nunmehr gegen die Hethiter unter Tudhaliya III[24] (1240–1215 BCE), dem Nachfolger Hattusilis' II, und brachte diesen in der Schlacht von Nihirya um 1236 BCE eine offenbar erhebliche und folgenreiche Niederlage bei, die machtpolitisch den Niedergang des hethitischen Großreiches einläutete.[25] Tukulti-Ninurta proklamierte jedenfalls einen großen Sieg für die Assyrer, drang aber nicht weiter nach Westen vor.[26]

Die militärische Niederlage der Hethiter hatte zum einen zur Folge, dass die Assyrer in der Folge im Osten als permanenter und akuter Gefahrenherd wahrgenommen wurden.[27] Die Hethiter waren fortan dazu gezwungen, das Militär und den politischen Fokus auf die Ostgrenze des Reiches zu legen.[28] Eine wichtige wirtschaftliche Konsequenz der Auseinandersetzung war ferner die nachhaltige Annexion der strategisch bedeutenden Kupferminen von Ergani im ostanatolischen Isuwa.[29] Die Hethiter mussten sich nach alternativen Bezugsquellen für Kupfer umsehen, wobei sich ihr Augenmerk augenscheinlich auf den Süden und insbesondere Zypern richtete.

Einer These von Meriggi zufolge hat auch der letzte hethitische Großkönig Suppiluliama II eine militärische Kampagne in Obermesopotamien geführt und ebenfalls eine Niederlage erlitten.[30] Dies soll die Auflösungstendenzen im hethitischen Reich weiter beschleunigt und gleichzeitig die Verlagerung der militärischen Kräfte nach Osten und damit die Erhaltung der Machtbasis in Syrien gefördert haben.

---

24 Vormals und in anderen Quellen auch Tudhaliya IV genannt. Vgl. Liste der hethitischen Könige im Anhang.

25 Vgl. Otten, a.a.O., S. 20.

26 Vgl. Dincol, Ali; Dincol Belkis: „Ein anatolisches Reich als Treffpunkt zweier Welten: Die Vermittlerrolle der Hethiter zwischen Ost und West", in: Yalcin, Ünsal; Pulak, Cemal; Slotta, Rainer (Hrsg.) „Das Schiff von Uluburun – Welthandel vor 3000 Jahren", Katalog der Ausstellung des Deutschen Bergbau-Museums Bochum, Bochum, 2005, S. 216.

27 Vgl. Otten, a.a.O., S. 19.

28 Vgl. Otten, a.a.O., S. 21, Robbins, Manuel 2001, S. 170.

29 Vgl. Robbins, Manuel 2001, S. 193.

30 Vgl. Meriggi, P. Wiener Zeitschrift für die Kunde de Morgenlandes 58", Wien, 1962, S. 84 ff., zitiert in Otten, a.a.O., S. 19.

7.1.2.2 *Die Situation im Süden und Südwesten von Hatti*

In den Jahren ab der Regierungszeit von Tuthaliya III waren die Hethiter gezwungen, militärische Kampagnen in Südwest- und Südanatolien zu führen. Nachdem die Hethiter nach ihrer schweren Niederlage gegen die Assyrer die Kontrolle über die wichtigen Kupferminen von Ergani in Ostanatolien verloren hatten, musste Tudhaliya III sich nach alternativen Rohstoffquellen insbesondere für die Versorgung mit Kupfer umsehen und fand diese Alternative in Zypern.[31] Vorher war es allerdings zunächst erforderlich, Südwestanatolien wieder gänzlich unter hethitische Kontrolle zu bringen. Ein Feldzug richtete sich gegen das untere Xanthos-Gebiet, wohl um das Seeräubertum dort einzudämmen, möglicherweise aber auch, um einen Schlag gegen Zypern vorzubereiten. Dabei fiel der achäische Stützpunkt Milet lt. Niemeier offenbar wieder in die Hände der Hethiter.[32]

Ein Angriff auf Zypern erfolgte dann auch in der Schlussphase seiner Regierungszeit. In den sog. Alasia-Texten beschreibt Tudhaliya III die Eroberung und Unterwerfung von Zypern/Alasia.[33] In der Endphase der Bronzezeit stieg der Anteil von sulfidischem Kupfer, das eine schlechtere Qualität als oxidisches Kupfer hatte, aber auf Zypern in großer Menge vorkam. Dies deutet auf eine steigende Bedeutung von Zypern für die Kupferversorgung im östlichen Mittelmeerraum insgesamt hin.

Dennoch blieb Zypern auch unter seinen Nachfolgern Arnuwanda II und Suppiluliuma II wie die gesamte Südküste Kleinasiens ein militärischer Brennpunkt, in dem sich die Hethiter bereits mit den Seevölkern auseinandersetzten, aber auch die Transportwege zur See in die Levante kontrollieren mussten.[34] Offenbar richteten die Lukka und Shardana Stützpunkte auf Zypern ein und bauten ihre Positionen in der Folge strategisch aus. Mittlerweile hatten sich auch die Mykener zu einem Machtfaktor im Zypernhandel entwickelt.

Als Tudhaliya III sich somit nach der partiellen Annexion von Zypern wieder dem Hauptgegner Assyrien zuwandte, war es offenbar wichtig, die Achäer an der Belieferung assyrischer Handelsposten mit kriegswichtigen Gütern zu hindern. In diese Phase fällt auch das o.a. Embargo gegen Achijawa's Schiffe im Handel mit Assyrien im sog. Sausgamuwa-Vertrag der Hethiter mit dem Herrscher von Amurru.[35]

In diesem Vertrag wird der Herrscher von Achaia nachträglich aus der Liste der gleichberechtigten Könige gestrichen. Dies kann auf eine Verschlechterung der Be-

31 Vgl. Zangger, Eberhard 1994, S. 202.
32 Vgl. Niemeier, a.a.O., S. 6.
33 Vgl. Robbins, Manuel 2001, S. 193 und Zangger, Eberhard 1994, S. 202.
34 Vgl. Woudhuizen, Frederik Christiaan 2006, S. 72.
35 Vgl. Latacz, Joachim 2004, S. 127.

ziehungen zwischen den Hethitern und den Achäern zurückzuführen sein, evtl. aber auch auf die Zerstörung des achäischen Zentrums Theben, die in etwa dieser Zeit vonstatten gegangen sein muss.

Die heute vorliegenden schriftlichen Zeugnisse aus der nachfolgenden Phase sind häufig Handelsdokumente. In diesen Dokumenten werden Namen genannt, die den Seevölkern zugeordnet werden, aber keine Achäer oder Mykener. Dies spricht dafür, dass das im Sausgamuwa Vertrag genannte Handelsembargo recht effektiv gewesen ist.

7.1.2.3 *Gefahr aus dem Westen – die Mykener und die thrakischen Stämme*

Zur Zeit des hier häufig zitierten Symposiums in Zwettl 1980 war noch kein hethitisches Archivmaterial bekannt, dass auf eine gleichzeitige Gefahrenlage im Westen des Hethiterreiches an der ägäischen Küste hingedeutet hat.[36] Dieser Befund hat sich in den letzten Jahren geändert, nachdem Korrespondenzen mit mykenischen Fürsten aufgetaucht sind und ausgewertet wurden.

Aus den mittlerweile gefundenen Keilschrifttafeln mit diplomatischem Inhalt lässt sich folgendes Bild rekonstruieren: Ab ca. 1250 BCE geraten die Mykener (bei Homer: Achäer und Danaer) im Rahmen ihrer Expansion in die östliche Ägäis in zunehmenden Konflikt mit dem hethitischen Reich. Sie gewähren nicht nur Rebellen aus Kleinasien Unterschlupf, sondern erheben Anspruch auf strategisch wichtige Inseln, womit höchstwahrscheinlich die Sporaden gemeint waren, die bis dato noch unter hethitischer Kontrolle standen.

So wurde u.a. ein Brief des *Königs von Ahhijawa* – wahrscheinlich eines Herrschers von Theben – an den Hethiterkönig Hattusilis II (1265–1240 BCE) gefunden, der sich auf ca. 1250 datieren lässt. Von M. Siebler wurde dieser Brief dem mythischen König von Theben Kadmos zugesprochen.[37] Diese Meinung wird jedoch nicht von allen Wissenschaftlern geteilt. In dem Brief geht es um einen Streit um die Sporaden Lemnos, Imbros, Samothrake, die um 1450 BCE zur Allianz von Assuwa gehört hatten.[38] Die Sporaden hatten einen erheblichen strategischen Wert, da sie wichtige Stützpunkte für die Kontrolle des Zugangs zum Schwarzen Meer darstellten. Dass die Kontrolle über die Inseln in der Korrespondenz in Frage gestellt wird, ist u.U. ein Hinweis auf den schwindenden Einfluss von Hatti auf West- und Nordwest-Kleinasien.[39]

36 Vgl. Otten, a.a.O., S. 20, 50.

37 Vgl. Siebler, Michael: „In Theben ging's los", in: Frankfurter Allgemeine Zeitung, 11.08.2003.

38 Vgl. Strauss, Barry 2006, S. 19.

39 Vgl. Siebler, Michael: „In Theben ging's los", in: Frankfurter Allgemeine Zeitung, 11.08.2003.

In den gleichen Zeitraum um 1250 BCE ist auch der sog. *Tawagalawa-Brief* von Hattusilis II an den König von Ahhijawa einzuordnen.[40] In diesem Schreiben beschwert sich Hattusilis darüber, dass die Ahhijawa den Rebellen Piyama Radu, der hethitisches Gebiet in West-Kleinasien incl. der vorgelagerten Inseln unsicher macht, vor hethitischem Zugriff schützen.[41]

Der König von Ahhijawa namens Tawagalawa (Linguisten sehen hierin den thebanischen König Eteokles, der damals wahrscheinlich Etewoklewos ausgesprochen wurde) wird vom hethitischen König als Gleichgestellter behandelt (d.h. als „Bruder" angesprochen), was sonst nur den Herrschern der damaligen Großmächte wie z.B. dem ägyptischen Pharao zukam. Dies ist als Hinweis darauf zu werten, welchen Stellenwert die Mykener im östlichen Mittelmeerraum mittlerweile innehatten. Außerdem ist der Briefverkehr als Beginn eines strategischen Interessenkonfliktes zwischen den Hethitern und den westwärts expandierenden Mykenern/Achäern zu verstehen. Diese haben erneut eine Operationsbasis auf dem kleinasiatischen Festland, denn offenbar gehört Milet zu dieser Zeit wieder zum Einflussgebiet von Ahhijawa.[42]

Das außenpolitische Problem für die Hethiter war die gleichzeitige Bedrohung im Osten durch die Assyrer, im Norden durch die Kaska und die akute Gefahr eines Mehrfrontenkrieges.

Stadelmann stellte die Seevölkerwanderungen in einer Arbeit aus dem Jahr 1969 in den Zusammenhang mit der phrygischen Einwanderung aus dem Balkan nach Kleinasien. Er macht die Phryger auch für die Zerstörung von Hattusha verantwortlich.[43] Auch Helck und Akurgal sehen eine Verbindung zwischen den Seevölkerwanderungen und ihrem späteren Angriff auf Ägypten im Jahr 1177 BCE zu den Einwanderungen thrakischer Stämme nach Anatolien.[44] Woudhuizen u.a. stellen diese Einwanderung in den Kontext allgemeiner Völkerwanderungen – der Ausbreitung der Urnenfelderkultur aus dem Donauraum bis nach Italien. Es ist somit nicht auszuschließen, dass in den kritischen Jahren um 1200 BCE (und damit auch in der Phase, in der der Trojanische Krieg anzusiedeln ist), erhebliche Wanderbewegungen thrakischer und illyrischer Stämme stattgefunden haben, wobei die Hauptstoßrichtung aus den Balkangebieten in den Südbalkan bis an das Ägäische Meer sowie nach Kleinasien gelegen haben könnte.

Möglicherweise ist es der Ostorientierung der hethitischen Politik Ende des 13. Jh. BCE und insbesondere der schweren Niederlage der Hethiter gegen die Assyrer in der

40 Vgl. Latacz, Joachim 2004, S. 123.
41 Vgl. Strauss, Barry 2006, S. 19, 196.
42 Vgl. Mee, Christopher, a.a.O., S. 143.
43 Vgl. R. Stadelmann (1969): „Die Abwehr der Seevölker unter Ramses III", zitiert nach Woudhuizen, Frederik Christiaan 2006, S. 38.
44 Vgl. Akurgal, a.a.O., S. 72.

Schlacht von Nihirya um 1236 BCE geschuldet, dass in West-Kleinasien ein Machtvakuum entstand. Vielleicht erlaubte auch die parallele Bedrohung durch Kaska und Assyrer keinen Mehrfrontenkonflikt. Es hat jedenfalls den Eindruck, als ob insbesondere in den nordwestlichen Teilen Kleinasiens die hethitische Kontrolle verloren gegangen war und die Phryger und Mysier es daher einfacher hatten, in diese Gebiete vorzustoßen. Das hethitische Protektorat über Teile von West-Kleinasien und Zypern löste sich zunehmend auf und blieb nur im syrischen Kleinstaatenbund stabil.

Es scheint, als hätten sich um 1200 BCE bereits thrakische Stämme in verschiedenen Teilen Nordwestanatoliens bis zum Sangarios niedergelassen.[45] Diese Besiedlungsphase ist archäologisch nur schwer fassbar.[46] Architektur oder Wohnsitze der Thraker in Kleinasien aus dieser Phase konnten bis heute nicht nachgewiesen werden, was Akurgal zu der These führt, dass diese weitgehend nomadisch gelebt haben.[47] Allerdings gibt es eine Reihe von Toponyme sowie linguistische und philologische Indizien, die auf die Anwesenheit der thrakischen Stämme in dieser Zeit schließen lassen.

Akurgal vermutet ferner, dass diese thrakischen Stämme auch Troja zerstört und dadurch „das Tor nach Kleinasien“[48] aufgestoßen haben. Die mykenische Eroberung Trojas verweist er in den Bereich dichterischer Phantasie.[49] Er macht dies an der typischen den Thrakern zugeschriebenen Keramik (Buckelkeramik) fest, die in Troja nach der Zerstörungsschicht und ungefähr zeitgleich auch in Gordion gefunden wird. Diese These ist nach Ansicht des Autors allerdings nicht haltbar, wenn die homerischen Epen herangezogen werden. Dort – wie später gezeigt werden wird – sind die thrakischen Stämme nicht Gegner, sondern Alliierte der Trojaner (siehe Abschnitt 10.5.1.2).

Im weiteren Verlauf lassen sich die Mysier als Gegner der Assyrer in den Jahren 1170 bis 1160 BCE wieder fassen. In den Annalen des assyrischen Königs Tiglath Pileser (1112 – 1074 BCE) wird erwähnt, dass 50 Jahre vor Beginn seiner Regierung an der Nordgrenze Assyriens im oberen Tigris-Gebiet eine Auseinandersetzung gegen 20.000 *Muschki* und 5 ihrer Könige stattgefunden hat. Die thrakischen Gruppen oder Stämme müssen also in dieser Zeit z.T. bereits durch Kleinasien hindurchgezogen sein.[50] Dies geschah offenbar im weiteren Kontext des finalen Zusammenbruchs des hethitischen Reiches und der Brandschatzung der hethitischen Festungen in Zentralanatolien.

45 Vgl. Bittel, a.a.O., S. 45 bis 47, Robbins, Manuel 2001, S. 172.
46 Vgl. Robbins, Manuel 2001, S. 173.
47 Vgl. Akurgal, a.a.O., S. 75.
48 Vgl. Akurgal, a.a.O., S. 50.
49 Vgl. Akurgal, a.a.O., S. 47f.
50 Vgl. Akurgal, a.a.O., S. 71.

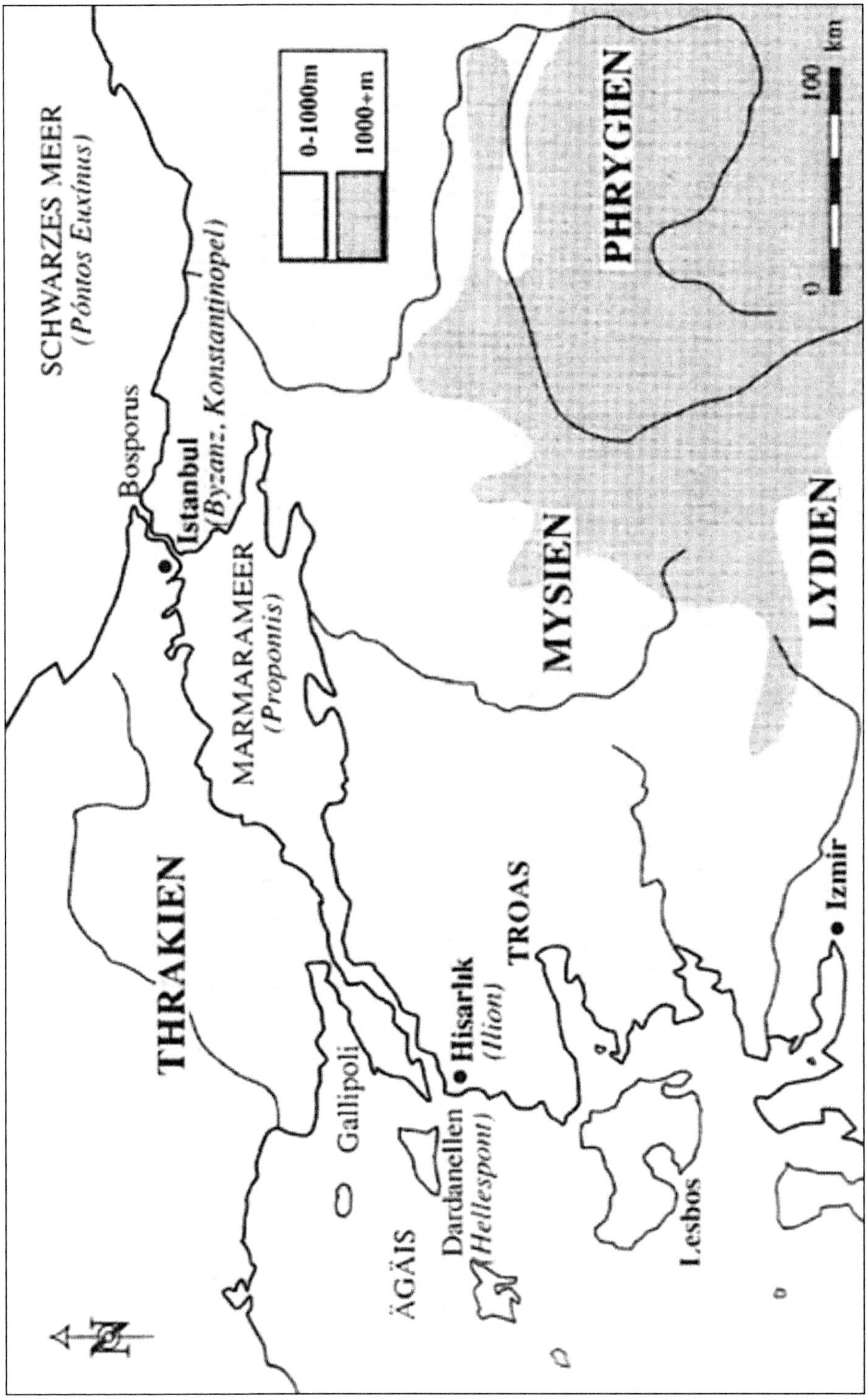

Abb. 19: Die thrakischen Siedlungsgebiete in Nordwest-Kleinasien in der späten Bronzezeit [Zangger 1994, S. 105]

7.1.2.4 *Die Nordgrenze – Einfälle der Kaska*

Eine ständige Bedrohung der Kerngebiete von Hatti stellten neben den Assyrern und in zunehmendem Maße den Mykenern auch die Kaska dar. Diese pontischen Stämme lebten in den Gebieten am Schwarzen Meer nördlich der Hethiter. Angriffe der Kaska auf hethitisches Gebiet sind bereits aus der Regierungszeit von Tudhaliya II und Arnuwanda belegt (zwischen 1420 und 1375 BCE).[51] Mitte des 14. Jh. BCE wurde Hattusha durch die Kaska und Krieger aus Arzawa zerstört und geplündert. Erst Suppiluliuma I (1355 bis 1320 BCE) besiegte die Kaska und erlangte so wieder die Kontrolle über das zentralanatolische Plateau. In dieser Phase erfolgte auch die Befestigung von Hattusha durch eine doppelte Mauer.

Die Kaska blieben jedoch auch unter den Großkönigen Mursilis II (1318 bis 1290 BCE) und Muwatallis II (1290 bis 1272 BCE) ein andauerndes Bedrohungspotenzial. Es kam wiederholt zu bewaffneten Zusammenstößen. Muwatallis II legte sogar die Verwaltung und die Militäradministration der Hauptstadt zeitweilig nach Südosten (Samuha), wohl auch, um den Rücken im Konflikt mit Ägypten frei zu haben.

In den folgenden Jahrzehnten griffen die Kaska das hethitische Kernland immer wieder an, besetzten die Regionen nördlich von Hattusha und konnten erst von Hattusilis II (1265 bis 1240 BCE) zurückgedrängt werden. Auch unter dessen Nachfolger Tudhaliya III (1240 bis 1215 BCE) blieben die Kaska erklärte Feinde von Hatti.

7.2 Die Katastrophe in Zentralanatolien – Der Untergang von Hattusha

In den Jahren um 1200 BCE deutet der archäologische Befund auf eine umfangreiche Plünderung und Brandschatzung von Hattusha und anderer Städte auf dem zentralanatolischen Plateau hin. Das Ausmaß der Zerstörungen in Hattusha wird von Kurt Bittel (1983) beschrieben, der dort viele Jahre für die Ausgrabungen zuständig war:

> „... *clear signs of disaster have been found everywhere in the royal citadel. Not a single building was spared and the surface of streets and open squares was found covered with thick layers of charred wood and mud brick reddened by fire.*“[52]

---

51 Vgl. hierzu die Ausführungen im Kapitel „Das hethitische Großreich“ und bei Robbins, Manuel 2001, S. 40ff. Die Zeitangaben beziehen sich erneut auf die hethitische Königsliste von Latacz im Anhang.

52 Robbins, Manuel 2001, S. 169. Vgl. auch Bittel, a.a.O., S.47.

Der genaue Zeitpunkt der Brandschatzung von Hattusha und anderer zentralanatolischer Befestigungsanlagen ist immer noch unklar. Der letzte nachweisbare hethitische Großkönig ist Suppiluliuma II, dessen Regierungszeit wohl um 1205 BCE beginnt. Die bis 1980 bekannten schriftlichen Überlieferungen aus Hattusa hören vor 1200 BCE auf.[53] Während Otten und Bittel aufgrund der Quellenlage das Ende des hethitischen Reiches daher auf ca. 1200 BCE setzen[54], geht Akurgal von einer späteren Zerstörung um 1180 BCE aus. Wahrscheinlicher ist vor dem Hintergrund der jüngsten in Hattusha gefundenen Schriftstücke ein Kollaps um 1190 BCE. In einem Brief bedankt sich der Großkönig von Hattusha bei Hammurapi von Ugarit für dessen Hilfslieferungen und fordert weitere Truppenunterstützungen gegen einen nicht genannten Feind an. Robbins geht daher von einem Zeitpunkt kurz *nach* dem Fall von Ugarit aus.[55]

Eine weitere, allerdings unvollständige, in Ugarit gefundene Nachricht eines Offiziers der ugaritischen Truppen in hethitischem Dienst spricht davon, dass der Großkönig bei der Verteidigung der Stadt Lawazantiya geflohen ist.[56] Lawazantiya war eine wichtige logistische Basis für die Verteidigung der Ostgrenze des hethitischen Reiches. Für die Reihenfolge der Datierungen der Zerstörungen ist die Nachricht insofern von Bedeutung, als es den Anschein hat, dass Hattusha noch stand und der Großkönig noch lebte, als Ugarit zerstört wurde.

Im hier betrachteten Szenario war der hethitische Großkönig durch die letztendlich erfolglosen Verteidigungsschlachten gegen die Seevölker im Süden des Reiches gebunden. Das Zentrum des hethitischen Imperiums um den Halysbogen war durch längere Perioden des Hungers geschwächt und möglicherweise schon teilweise entvölkert. Robbins vermutet, dass auch der Großkönig evtl. bereits die Verwaltung nach Lawazantiya verlagert hatte.[57]

Es ist noch nicht gesichert, wer Hattusha in der nachfolgenden Phase angriff und plünderte. Nach ägyptischen Quellen wurde Hatti von den Seevölkern ausgelöscht.[58] Stadelmann macht, wie oben bereits erwähnt, die nach Kleinasien eingewanderten Phryger für die Verwüstungen in Hattusha verantwortlich.[59] Hierfür gibt es jedoch bis dato keinerlei archäologische Indizien. Robbins hingegen setzt den Vorstoß der Phryger nach Zentralanatolien später an, die danach als Aggressor ausscheiden wür-

53 Anmerkung von Otten, a.a.O., S. 49.
54 Vgl. Otten, a.a.O., S. 15, Bittel, a.a.O., S. 30.
55 Vgl. Robbins, Manuel 2001, S. 201.
56 Vgl. Robbins, Manuel 2001, S. 202.
57 Vgl. Robbins, Manuel 2001, S. 202f.
58 Vgl. Akurgal, a.a.O., S. 71.
59 Vgl. Woudhuizen, Frederik Christiaan 2006, S. 38.

den.[60] Der archäologische Befund lässt bisher nicht auf außeranatolische Verursacher schließen.[61]

Bittel kommt aus diesem Grund zu der These, dass die Kaska aus dem pontischen Gebieten – evtl. im Verbund mit den Mysiern – für die Zerstörungen verantwortlich sind und die Mysier mit den Phrygern und Teilen der Kaska durch das entstandene Machtvakuum weiter nach Ostanatolien vordrangen.[62] Dies wird dadurch gestützt, dass die Kaska neben den Mushki um 1170 BCE im oberen Tigrisgebiet in Kämpfe mit den Assyrern verwickelt waren.[63] Letzteres muss nach dem Zusammenbruch von Hattusha geschehen sein.[64]

Ein alternativer Ansatz hierzu ist von Genz vorgebracht worden, der rein innenpolitische Faktoren für den Untergang von Hattusha und anderer hethitischer Zentren auf dem zentralanatolischen Plateau verantwortlich macht.[65] Genz verweist darauf, dass die Brandspuren in Hattusha sich auf die öffentlichen Gebäude und Tempel beschränkten und keine Anzeichen einer Plünderung auszumachen sind.

Welche dieser Thesen auch immer richtig ist, mit dem Untergang von Hattusha bricht dort die Tradition von Monumentalbauten, großen Steinskulpturen, administrativen Prozessen sowie die Schriftlichkeit ab.[66]

Im Gegensatz zum Befund in Hattusha sind für den Süden des Hethiterreiches in den zerstörten Siedlungen sehr wohl außeranatolische Elemente mit ostmediterranen Charakteristika nachzuweisen. Hier ist von einem Festsetzen von Einheiten der Seevölker auszugehen.[67] Im Osten (Syrien, Karkemish) lebt das Hethiterreich als politische Einheit und kulturell dagegen noch Jahrzehnte fort.

In Summe führt dies zu der o.a. These, dass Hattusha und weitere Siedlungen im hethitischen Kernland um *1191 BCE* durch einen Vorstoß pontischer Stämme (Kaska) im Verbund mit Phrygern und Mysiern zerstört wurde, nachdem es vorher durch Hungerperioden geschwächt worden war.[68] Zeitlich etwa parallel setzen sich Seevölker gewaltsam im Süden in Kilikien fest. Erst anschließend kommt es dann zu einem Landmarsch der Seevölker durch Kleinasien bis nach Amurru.

---

60 Vgl. Robbins, Manuel 2001, S. 176.

61 Vgl. Bittel, a.a.O., S. 45; Genz „No Land could stand before their arms …", a.a.O., S. 469–477 sowie Knapp; Manning, a.a.O., S. 126.

62 Vgl. Bittel, a.a.O., S. 47.

63 Details bei Robbins, Manuel 2001, S. 174f.

64 S. den Kommentar von Lehmann zum Beitrag von Bittel, a.a.O., S. 51.

65 Vgl. Genz „No Land could stand before their arms …", a.a.O., S. 469–477.

66 Vgl. Genz, a.a.O., S. 475.

67 Vgl. Robbins, Manuel 2001, S. 181.

68 Vgl. Bittel, a.a.O., S. 45–47 und Akurgal, a.a.O., S. 71.

Bittel fasst den Stand der Erkenntnisse um 1980 wie folgt zusammen:

> „... *so scheint es, als ob unbeschadet der primären, vielleicht auf inneren Vorgängen beruhenden Ursachen, der anatolische Anteil des Hethiterreiches durch drei Geschehnisse seine Auflösung erfahren hat: den Vorstoß pontischer Stämme [die Kaska, Anm. des Verfassers] nach Süden, entscheidend für die Hauptstadt und den Kernraum; das Vordringen peripherer Elemente [die thrakischen Stämme, Anm. des Verfassers] über oder vor den Meerengen ungefähr dem Sangarios folgend nach Osten; und die Festsetzung von Einheiten im weiteren Sinne ägäisch-ostmediterraner Herkunft [u.a. die Achäer, Anm. des Verfassers] in Kilikien.*“[69]

Es bleibt zusammenfassend festzuhalten, dass im Hinblick auf den Prozess des Zusammenbruchs des Hethiterreiches, der für den Erklärungszusammenhang der Ereignisse am Ende der Bronzezeit in Kleinasien und darüber hinaus von elementarer Bedeutung ist, noch erhebliche Wissenslücken bestehen.

69 Vgl. Bittel, a.a.O., S. 46f.

8 Die Wanderungen der Seevölker

8.1 Zum Problem der Identifikation der Seevölker

Der Untergang vieler bedeutender Städte und ganzer Zivilisationen wie der der Hethiter im östlichen Mittelmeerraum um 1200 BCE wird in den zeitgenössischen Texten und auch von einigen modernen Autoren den sog. *Seevölkern* zugeschrieben. Die Bezeichnung *Seevölker* ist eine Wortwahl des Ägyptenforschers Gaston Maspero, der am Ende des 19. Jh. in Medinet Habu den Totentempel von Ramses III und die dort aufgefundenen Reliefs und Inschriften untersuchte. Abgebildet waren Schlachten der Ägypter zu Land und zur See gegen Gegner mit sog. Federkronen und Hörnerhelmen, die in den Begleittexten als *Peleset, T(j)ekker, Sekeles, Denen* und *Weses* bezeichnet werden.

Mit der Identifikation dieser zusammenfassend als *Seevölker* genannten Gruppen – einem Kernpunkt der Erklärungszusammenhänge am Ende der Bronzezeit im östlichen Mittelmeerraum – haben sich bereits Generationen von Wissenschaftlern befasst. Dies wirft die Frage auf, warum die Bestimmung der involvierten Volksstämme so schwierig ist. Hierfür gibt es mehrere Gründe: Erstens ist die Quellenlage dürftig und i.d.R. einseitig.[1] Bei den Stadtstaaten oder Mächten, die vom Seevölkersturm betroffen waren und z.T. in ihm untergegangen sind, liegen nur fragmentarische kontemporäre Aufzeichnungen vor. Neben den bebilderten Tempelinschriften aus Ägypten der Pharaonen Merneptah und Ramses III sind Tontafeln aus Ugarit bekannt, die die Abwehraktionen gegen die *Seevölker* beschreiben.

Insbesondere die ägyptischen Inschriften sind interpretationsbedürftig, weil die Hieroglyphenschrift konsonantenorientiert ist und keine Vokalisierungen zeigt. Es sind daher bei den aufgeführten Gegnern immer mehrere Lesungen der Namen möglich. Inhaltlich stellen die gezeigten und beschriebenen Kampfhandlungen aus heutiger Sicht keine historischen Fakten dar, sondern laufen konform mit der bronzezeitlichen Geschichtsauffassung. Abgebildet sind personifizierte Glorifizierungen der Taten des Pharao, die auch sakrale Zwecke haben und aus der Perspektive der Sieger verfasst sind.

1 Ob und inwieweit bronzezeitliche Mythen bei der Klärung der Handlungszusammenhänge helfen können, wird in einem der folgenden Kapitel untersucht.

Ein zweiter Umstand, der die Identifikation der am Seevölkersturm beteiligten Volksstämme erschwert, ist die Tatsache, dass die betreffenden Gruppen in unterschiedlichen Ländern oft anders bezeichnet wurden. Die griechischen Achäer sind bei den Hethitern offenbar als Ahhijawa bekannt gewesen, bei den Ägyptern dagegen möglicherweise als Denyen. In der Ilias werden die Griechen abhängig von inhaltlichen Bezügen oder von den Vorgaben des Versmasses als Achäer, Danaer oder Argiver bezeichnet.

Auch die später aus Kleinasien nach Italien ausgewanderten Tyrrhener (griechische Bezeichnung) sind dort als Tusci oder Etrusker bekannt. Strabo schreibt hierzu in seinen *Geographika*:

> *„Die Tyrrhener heißen demnach bei den Römern ‚Etrusker' und ‚Thuscer'. Die Hellenen nannten sie aber vom Tyrrhenus, dem Sohn des Atys, so der, wie man sagt, Kolonisten aus Lydien dorthin sendete."*[2]

Ein dritter Problemkreis beruht auf dem Umstand, dass die Schilderungen der griechischen und römischen Historiker von Vorgängen in der späten Bronzezeit 600 bis 1000 Jahre später verfasst wurden und z.T. auf eine spätere Namensgebung referenzieren. Wenn beispielsweise bei Strabo von „Lydern" die Rede ist, die als Kolonisten nach Italien segelten, muss angemerkt werden, dass in den bronzezeitlichen Mythen noch von Mäoniern gesprochen wird und die Lyder sich erst in einem längeren Prozess aus Luwiern und diesen Mäoniern herausgebildet haben. Als Staat wird Lydien erst ab ca. 700 BCE greifbar.

Viertens muss bei der Identifikation bronzezeitlicher Volksstämme bzw. Ethnien berücksichtigt werden, dass in Zeiten umfangreicher Migrationen sich diese Populationen in unterschiedlichen Phasen der Wanderung, Sesshaftigkeit und Staatenbildung anders genannt haben. Im Idealfall lassen sich Ethnonyme bestimmten Gebieten zuordnen oder aus anderen Namen ableiten, wie im Fall der Phryger, die wie bereits oben erwähnt auf die thrakischen Bryger zurückgehen. Auch für die Mysier ist eine Herkunft aus Moesien angenommen worden. In vielen Fällen hat die Namensgebung jedoch gewechselt.[3] In der Phase der Wanderung und beginnenden Sesshaftigkeit wurden Stämme und die von ihnen besiedelten Landschaften oft über wichtige Führungspersönlichkeiten bezeichnet. Nahezu für alle griechischen Landschaften sind namensgebende mythische Gründer bekannt. Im Zeitablauf kam es dann i.d.R. im Rahmen komplexer Prozesse der Assimilation von Urbevölkerung und anderen Einwanderern (sub- und adstratum) zur Bildung der später bekannten Staaten.

2 Strabo „Geographika", 5.2.2.

3 Vgl. auch Eder, a.a.O., S. 277.

Als fünfter Problemkreis ist erneut anzusprechen, dass im archäologischen Befund zwar versucht wird, eine Identifikation der *Seevölker* über ihre typische Keramik herzustellen, die vor allem in Kilikien, Zypern und der Levante lokal nach mykenischen Vorbildern produziert wurde.[4] Dieser Ansatz lässt jedoch nur in Ausnahmefällen Schlüsse auf die einzelnen hier diskutierten Bevölkerungsgruppen im Detail zu.

Vor dem Hintergrund dieser z.T. grundlegenden Schwierigkeiten soll im Folgenden zunächst auf die zeitgenössischen Quellen eingegangen werden, bevor die archäologischen Spuren der sog. Seevölker verfolgt werden. Im Anschluss werden die Abläufe am Ende der Bronzezeit auf Grundlage der verfügbaren Informationen rekonstruiert.

8.2 Die Seevölker in zeitgenössischen Quellen

Erste Erwähnungen einzelner Volksstämme, die später an den Seevölkerkonflikten beteiligt waren, gibt es bereits in den *Amarna-Briefen* sowie in der Korrespondenz von Pharao Ramses II. Darüber hinaus liegen aus der Spätphase der Bronzezeit, d.h. also aus den kritischen Jahren zwischen 1208 und 1177 BCE, verschiedene schriftliche Quellen vor. Hierzu gehören die Tempelinschriften und Papyri der Pharaonen Merneptah, einem Sohn und Nachfolger von Ramses II, sowie diejenigen von Ramses III. Vollständige Übersetzungen dieser Texte sind bei Woudhuizen abgedruckt.[5] Ursachen, Hergang und Ergebnis des Konfliktes mit Libyen und den Seevölkern hält Merneptah in Tempelinschriften in Karnak sowie auf mehreren Stelen, darunter der monumentalen Merneptah Stele, fest.

Demnach wird ein erster Angriff der Seevölker in einer Allianz mit den Libyern auf Ägypten von Pharao Merneptah 1208 BCE zurückgeschlagen. Im Gefolge der Libyer werden dort die *Eqwesh (Achäer), Tursha (Tyrsener), Lukka (Lykier)* und *Sherden* genannt. Alle diese Völker kommen nach ägyptischen Angaben „aus dem Meer nördlich von Ägypten" und werden als „seefahrend" beschrieben.[6]

Hölbl vermutet, dass die Teilnahme der Seevölker-Volksgruppen am Feldzug der Libyer durch Aussicht auf Beute motiviert war oder als Söldner stattgefunden hat. Seiner Auffassung nach war die Anzahl der Seevölker in der Armee der Libyer für eine

4 Vgl. hierzu Killebrew, Ann E. und Lehmann, Gunnar: „The World of the Philistines and Other Sea Peoples", in: Killebrew, Ann E. und Lehmann, Gunnar (Hrsg): „The Philistines and Other Sea Peoples in Text and Archaeology", Atlanta, 2013, S. 16.

5 Vgl. Woudhuizen, Frederik Christiaan 2006, S. 43ff.

6 Eine ausführliche Würdigung der Seevölker in den ägyptischen Quellen ist bei Hölbl, a.a.O., S. 121 ff. zu finden, außerdem bei Sternberg El-Hotabi, Heike 2012.

Hilfstruppe bestehend aus vormals gefangenen Soldaten zu groß.[7] Der überwiegende Teil der Angreifer im Jahr 1208 BCE waren Libyer, die zweitgrößte Gruppe war die der Eqwesh[8], gefolgt von Tursha und Shekelesh. Lukka und Sherden sind zahlenmäßig unter ferner liefen einzuordnen.

Anzumerken ist, dass der Angriff um 1208 BCE auf Seiten der beteiligten Seevölker ohne Beteiligung der Familienangehörigen stattfand, es sich also nicht um eine Völkerwanderung handelte. Als Motiv dieses Angriffs wird Hunger angegeben. Auf den Zusammenhang mit der Dürreperiode im westlichen Kleinasien ist oben bereits hingewiesen worden. Merneptah schreibt hierzu:

> *„They spent their time going about the land, fighting, to fill their bodies daily. They came to the land of Egypt, to seek the necessities of their mouths.“*[9]

Der ägyptische Pharao Merneptah scheint durch seinen Erfolg 1208 BCE vorübergehend auch die Ruhe im Hethiterreich wiederhergestellt zu haben.

Einige Jahre später werden die *Seevölker* erneut zu einer Bedrohung für die damaligen Zivilisationszentren. Über die Abwehrschlachten der Hethiter und ihrer Verbündeten, den Königen von Ugarit und Alasia, die vermutlich in den Zeitraum von 1194 bis 1193 BCE einzuordnen sind, haben wir aus mehreren Quellen Kenntnis:[10] Einerseits sind in Ugarit ca. *100 Tontafeln* mit Nachrichten und Korrespondenzen gefunden worden, die aus der Zeit kurz vor der Zerstörung der Stadt stammen und in denen die Seevölker namentliche Erwähnung finden.[11] Zum zweiten liegt die sog. *Alasia-Korrespondenz* zwischen dem letzten König von Ugarit, Hammurapi, und den Fürsten bzw. dem Generalquartiermeister von Alasia über die gemeinsame Verteidigung gegen die Seevölker unter hethitischem Oberbefehl vor. Drittens wurde 1973 der sog. *Sikalayu-Brief* des hethitischen Großkönigs Suppiluliuma II an den König von Ugarit aus der Endphase der Stadt gefunden.[12]

28 Jahre nach dem ersten Angriff auf Ägypten unter Pharao Merneptah wird ein zweiter Angriff der Seevölker auf Ägypten in den Jahren 1180 und 1177 BCE von Ramses III zu Land und zur See abgewehrt. In den Darstellungen der Landschlacht wird

---

7 Vgl. Hölbl, a.a.O., S. 124.

8 Im Folgenden auch mitunter als *Ikwesh* transkribiert.

9 Vgl. Robbins, Manuel 2001, S. 163.

10 Vgl. Lehmann, a.a.O., S. 86ff.

11 Vgl. Woudhuizen, Frederik Christiaan 2006, S. 43ff.

12 Eine vollständige Auflistung der zeitgenössischen Texte incl. einer Diskussion zu Einschränkungen bei der Interpretation ihrer Inhalte und ihrer zeitlichen Einordnung findet sich bei Knapp; Manning, a.a.O., S. 118ff. Ein Abdruck einiger Texte mit Übersetzung findet sich auch bei Woudhuizen, Frederik Christiaan 2006, S. 43ff. („Contemporary Sources“).

deutlich, dass im Unterschied zu 1208 BCE auch Frauen und Kinder sowie Wagen mit Hausrat vor den Toren Ägyptens standen.

Ramses III hält seinen Sieg ebenfalls in monumentalen *Tempelinschriften in Medinet Habu* fest, darin auch die bereits oben zitierte Passage:

> *„Die Fremdvölker trennten sich von ihren Inseln. Verschwunden und zerstreut in dem Kampf waren die Flachländer auf einmal. Kein Land konnte standhalten vor ihren Armeen, von Hatti, Quadi, Karkemisch und Arzawa bis Alasia, zerhackt auf einmal. Aufgeschlagen wurde ein Lager an einem Ort im Inneren von Amurru. Sie vernichteten seine Bevölkerung; sein Land war wie eines, das nie gewesen war. Sie zogen, während Feuer verbreitet wurde, vor ihnen, vorwärts gegen Ägypten, ihre Sperrfestung. Die Peleset, Tekker, Sekeles, Denen und Weses – vereinte Länder – legten ihre Hände auf die Flachländer bis zum Umkreis der Erde, wobei ihr Herz vertrauen hatte und zuversichtlich war. Sie sagten: ‚Unsere Pläne gelingen.'"*[13]

Anders als 1208 BCE sind somit nunmehr die Peleset und die T(j)ekker[14] die Hauptgegner der Ägypter.[15] In den Darstellungen an den Tempelwänden in Medinet Habu werden viele der Seevölker-Krieger mit sog. *Federkronen* abgebildet, die aus einem Stirnband und aufgestelltem Schilf, Federn oder Pferdehaaren bestand.[16] Die Federkrone wurde durch einen Kinnriemen gesichert. Nach Herodot war die Federkrone ein Merkmal der Lukka/Lykier.[17] Zangger bringt die Federkronen außerdem mit den *Tjkr* in Verbindung[18], Sternberg El-Hotabi auch mit den Philistern.[19] Die Ursprünge und Verbreitung der Federkronen werden bei Robbins ausführlich diskutiert und in Kleinasien bis nach Mesopotamien verortet.[20]

Eine andere Gruppe der angreifenden Seevölker wird mit Hörnerhelmen dargestellt. Derartige Hörnerhelme galten als charakteristisch für die Shardana Krieger, wobei Sternberg El-Hotabi auch die Shekelesh als Hörnerhelmträger identifiziert.[21]

---

13 Zangger, Eberhard 1994, S. 26ff.

14 In einigen Transkriptionen der ägyptischen Bezeichnung „Tjkr" wird neben „Tekker" auch „Tjekker", „Teukrer" oder „Teker" verwendet.

15 Vgl. Hölbl, Günther: „Die historischen Aussagen der ägyptischen Seevölkerinschriften", in: Deger-Jalkotzy, Sigrid (Hrsg.): „Griechenland, die Ägäis und die Levante während der Dark Ages vom 12. bis zum 9. Jh. v. Chr.", Symp. Zwettl, Wien, 1983,S. 131.

16 Vgl. Zangger, Eberhard 1994, S. 25.

17 Vgl. Herodotus „The Histories", VII, 92.

18 Vgl. Zangger, Eberhard 1994, S. 81.

19 Vgl. Sternberg El-Hotabi, Heike 2012, S. 54.

20 Vgl. Robbins, Manuel 2001, S. 347ff.

21 Vgl. Woudhuizen, Frederik Christiaan 2006, S. 40; Sternberg El-Hotabi, Heike 2012, S. 49.

Oben wurde angemerkt, dass nach einer unvollständigen Textstelle bei Herodot auch den Chalybern Hörnerhelme zugeschrieben werden.[22] In der Ilias ist ferner vermerkt, dass auch die Achäer z.T. Hörnerhelme trugen.[23]

Die einzelnen Seevölkergruppen oder Ethnien tauchen also zu unterschiedlichen Zeitpunkten in den Aufzeichnungen der etablierten Kulturen im östlichen Mittelmeerraum auf. Der Beleg von Gruppen entsprechenden Namens ist also heterogen, was durch folgende Übersicht deutlich wird:

	ca. 1350	1278	1208–1207	1180
NAME	AMARNA-ZEIT	RAMSES II.	MERENPTAH	RAMSES III.
Luka *(rkw)*	•	•	•	•
Šardana *(š3rdn)*	•	•	•	•
Šekeleša *(š3krš3)*			•	•
Turiša *(twrš3)*			•	•
Aqi-waša *(jḳ3w3š3)*			•	
Danu *(d3jnjw)*	•			•
Tjeker *(ṯ3k3r)*				•
Peleset *(prwsṯ)*				•
Wašaš *(w3š3š3)*				•

Abb. 20: Völkernamen und ihre Quellen [Quelle: Tabelle modifiziert aus Wikipedia]

8.3 Die Seevölker im archäologischen Kontext

In der Phase der sog. *mykenischen Koine*, also bis zum Ende der Periode *Späthelladisch (SH) III* B[24], wurde getöpferte Ware aus festlandsgriechischer Fertigung im gesamten östlichen und zentralen Mittelmeerraum gehandelt. Die Archäologen sprechen im Be-

22 Vgl. Herodotus „The Histories", a.a.O., VII, 76. Anzumerken ist allerdings, dass man in der Bronzezeit keine Uniformen im heutigen Sinne kannte, auch wenn in bronzezeitlichen Darstellungen z.B. aus Ägypten fremde Völker mit relativ einheitlichen Trachten und Ausrüstungen dargestellt wurden.

23 Vgl. Robbins, Manuel 2001, S. 304.

24 Anmerkung: Für die mykenische Keramik aus Südgriechenland und Rhodos wird heute in der Literatur anstelle der von Strobel verwendeten Terminologie „Mykenisch (Myc)" vor allem die Begrifflichkeit „Späthelladisch (SH)" (engl. „Late Helladic (LH)") verwendet. Für die auf Zypern und in der Levante lokal im „mykenischen Stil"gefertigte Keramik des 12. Jh. BCE ist hingegen neben den bei Strobel verwendeten Begriffen wie z.B. „Philisterkeramik" auch die Terminologie „Mykenisch III C 1:b" üblich.

reich der Keramik vom sog. *Koine* Stil, der sich durch eine ausgesprochene stilistische Uniformität auszeichnete.

Zwischen 1200 und 1180 BCE ist im archäologischen Befund dann an verschiedenen Stellen des östlichen Mittelmeerrraumes – darunter Kilikien, Zypern und Kanaan – das Auftreten eines neuen Keramiktyps zu verzeichnen, der als *Mykenisch III C 1*:b bezeichnet wird und sich an die festlandsgriechische SH III C-Keramik des 12. bzw. 11. Jhs. BCE anlehnte, aber offenbar jeweils lokal angefertigt wurde. Dieser Keramiktyp ist deswegen für den hier untersuchten Kontext von Bedeutung, weil er verschiedentlich mit den sog. Seevölkern in Verbindung gebracht wird. [25]

Zur Verbreitung dieser neuen Keramikformen aus der Nachpalastzeit im Mittelmeerraum werden derzeit noch unterschiedliche Hypothesen diskutiert. Sherratt und Crouwel unterstellen einen Prozess der *„kulturellen Diffusion“* über den Handel dieser Produkte, bei der die Eliten in den Kulturzentren der Bronzezeit Lebensgewohnheiten der mykenischen Palastkultur emulierten.[26] Dieser Ansatz kommt weitgehend ohne eine Migration von Bevölkerungselementen als Ursache für das Auftreten der mykenischen Keramik aus. Abweichend hierzu wird von verschiedenen Autoren – zuletzt Yasur-Landau (2010) – eine Bevölkerungsbewegung aus dem ägäischen Raum nach Kilikien, Zypern und an die Levanteküste unterstellt. Killebrew sieht in einer Variation dieser migrationsbasierten These den Ursprung der Wanderungsbewegungen nicht in der Ägäis, sondern in Kilikien oder Zypern.[27]

Unter der Annahme, dass die neuen Keramikformen auf die Zuwanderung neuer Bevölkerungselemente und nicht ausschließlich auf lokale Vorgänge zurückgehen bzw. im Zusammenhang mit einer *„kulturellen Diffusion“* zu werten sind, sind in diesem Kontext zwei Prozesse von Bedeutung:

a) die regionale Ausbreitung der Seevölkerkeramik – und im gleichen Zug wohl auch der entsprechenden ethnischen Gruppen – im östlichen Mittelmeerraum und

b) die sukzessive Assimilation der neuen Stilrichtungen – und damit dann auch der entsprechenden zugewanderten Ethnien – in den jeweiligen lokalen Kulturen.

---

25 Zusammenfassende und vergleichende Betrachtungen der sog. „mykenischen Keramik“, liegen von Furumark (1944), Strobel (1976) und Mountjoy (1986) vor.

26 Vgl. Sherratt, E.S.; Crouwel J. H. „Mycenaean Pottery from Cilicia in Oxford“ in: Oxford Journal of Archaeology 6. Jg., Ausg. 3, 1987, S. 325–452; Yasur-Landau „The Philistines and Aegaean Migration …“, a.a.O., S. 218.

27 Killebrew (1998) in Yasur-Landau, Assaf 2010, S. 218 und 326.

	Griechisches Festland und Rhodos	Kreta	Zypern	Palästina	
1230	Myc III C: 1a	LMin III B: 2a	LCyp III A		1230
1200	Myc III C: 1b (close style)	LMin III B: 2b			1190
				Philistine 1	1150
			LCyp III B (1) Earlier PrWhP ware	Philistine 2	
1125					1100
1100	Myc III C: 1c	LMin III B: 2c	(2) Later PrWhP ware	Philistine 3	
1075	Myc III C: 2 (Submycenaean)	Subminoan			1050
1025	Protogeometric	Protogeometric	CG I A	Sub-Philistine	
1000					1000

Abb. 21: Terminologie der mykenischen Keramik [In Anlehnung an Strobel 1976, S. 229]

Es ist bereits darauf hingewiesen worden, dass sich am Ende der Bronzezeit in den *kilikischen* Städten Zeugnisse von Zerstörungen (Mersin, Tarsus) nachweisen lassen. Auf Basis von Keramikfunden vom Typ *Mykenisch III C 1:b* in den nachfolgenden Schichten wurde vielfach eine nachfolgende Neubesiedlung durch ein neues ethnisches Element *ägäisch-ostmediterraner* Herkunft unterstellt.[28] Bezüglich dieser in Kilikien gefundenen Keramik konstatiert Furumark eine Vermischung von Stilen aus alter levante-mykenischer Überlieferung mit neuen Impulsen vom griechischen Festland.

> „*Instead of the ‚koine' products of Mycenean emporia dependent on the homeland we find the regionally limited style of Greek colonists.*"[29]

Neben Bittel unterstellt somit auch Furumark Bevölkerungsbewegungen in dieser Phase aus Griechenland nach Kilikien.[30] Eine andere Meinung wird von Sherratt und

28 Vgl. Bittel, a.a.O., S. 47.
29 Furumark in Strobel, August 1976, S. 227.
30 Vgl. Strobel, August 1976, S. 227.

Crouwel vertreten, nach denen die Ausbreitung dieses Keramiktypes über Handel bzw. Emulation von kulturellen Vorbildern *(„kulturelle Diffusion")* stattfand und die nächsten Vorbilder der kilikischen Keramik dieser Zeit im ostägäischen Raum und insbesondere auf Zypern zu suchen sind.[31]

Ausgrabungen auf *Zypern* weisen auf Unterbrechungen im Besiedlungsstatus im hier betrachteten Zeitraum um 1200 BCE bzw. kurz danach. An den Ausgrabungsorten (Enkomi, Kition, Sinda) sind vereinzelt Zerstörungen am Ende der Periode *Späthelladisch III b* (bezogen auf die Phaseneinteilung für die festlandsgriechische Keramik) bzw. *Spätzypriotisch (SZ) II c* nachweisbar.[32] Die Zäsur markiert auf Zypern insofern das Ende der Periode, die als Spätzypriotisch II c bezeichnet wird. Einige der zerstörten Siedlungen blieben verlassen, andere wurden wieder aufgebaut oder von vielleicht auch externen Bevölkerungselementen neu gegründet.

In den letztgenannten wurde, wie in Kilikien, die für die Seevölkerzeit typische Keramik vom Typ *Mykenisch III C 1:b* gefunden, die vermutlich zwischen 1190 und 1165 BCE dort produziert wurde und in Gebrauch war. Außerdem sind dort Abbildungen von Kriegern mit gehörnten Helmen und den typischen Federkronen ausgegraben worden.[33]

Strobel deutet mit Desborough die neuen und offenbar mykenischen Einflüsse in der Keramik, aber auch in der Architektur, als Anzeichen für Einwanderer aus der Argolis.[34] Wie im Fall von Kilikien gibt es jedoch auch für Zypern Stimmen, die gegen die Annahme einer *Massenmigration* aus dem mykenischen Kulturkreis nach Zypern sprechen.[35]

In *Kanaan* war es Mackenzie, der als erster Archäologe eine eigenständige lokale philistäische Keramik als Typus bzw. Typen in der sog. Pentapolis nachgewiesen hat.[36] Diese philistäische Keramik wird heute in vier Gruppen eingeteilt, bei denen jeweils mykenische, zypriotische, ägyptische und lokalpalästinische Einflüsse identifiziert werden können. Es kommen dabei auch Mischformen vor, insgesamt aber überwiegen besonders in der frühen Phase mykenische Stilelemente.

Mit *Phase A* wird ferner die frühe philistäische Keramik aus dem frühen 12. Jh. BCE bezeichnet.[37] In dieser Phase, die damit einige Jahrzehnte nach dem Aufkommen

---

31 Vgl. Sherratt; Crouwel, a.a.O., S. 325–452.

32 Vgl. Strobel, August 1976, S. 237.

33 Vgl. Robbins, Manuel 2001, S. 187.

34 Vgl. Strobel, August 1976, S. 237.

35 Vgl. Podzuweit, Chr. „Studien zur spätmykenischen Keramik, Tiryns XIV (Forschungen und Berichte), Wiesbaden, 2007, S. 285 und Mühlenbruch, T. „Baubefunde und Stratigraphie der Unterburg und des nordwestlichen Stadtgebiets, (Kampagnen 1976 bis 1983), Die mykenische Nachpalastzeit (SH IIIC), in: Tiryns XVII 2, Wiesbaden, 2013.

36 Vgl. Strobel, August 1976, S. 224.

37 Vgl. Strobel, August 1976, S. 224.

des vergleichbaren Keramiktypes auf dem griechischen Festland begann, wurde in den von Philistern bewohnten Städten in Kanaan lokal eine *mykenische Keramik* gefertigt, von der bereits Strobel vermutete, dass sie sich evtl. an zyprischen Vorbildern orientierte.[38] Furumark identifizierte Protoypen der philistäischen Keramik hingegen in Kilikien, Karageorghis vermutete auch die Übernahme kretischer Stilelemente.[39]

Dothan spricht von einer frühen Phase der Kristallisation philistäischer Kulturelemente in Kanaan. In den folgenden Phasen B (1100 bis 1050 BCE) und C (ab 1050 BCE) kam es erst zur Diffusion und schließlich zur Assimilation, also dem Aufgehen der spezifischen Philisterkeramik in der lokalen Töpferei.[40] Dieser Prozess der Kristallisation, Diffusion und schließlich Assimilation spiegelt nach Dothan einen analogen Prozess des Philistervolkes in den neuen Siedlungsgebieten in Kanaan wider.[41]

Bereits Furumark hatte auf die enge Verwandtschaft der frühen philistäischen Keramik mit der spätmykenischen III C 1:b Ware verwiesen, die zwischen 1200 und 1135 BCE produziert wurde, so z.B. im Bereich der Dekormuster.[42] Über das Ausmaß dieses Zusammenhangs im Hinblick auf eine mykenische ethnische Komponente in den Siedlungen der Philister in Kanaan gibt es mehrere in der Tendenz unterschiedliche Theorien:

Strobel lehnt eine längere Periode des kulturellen Transfers sowie „Modeerscheinungen" als Ursache des Auftretens der philistäischen Keramik in der Frühphase ab und geht von einer „bevölkerungsmäßigen Abhängigkeit", also einer ägäisch-mykenischen Herkunft der Besitzer, in diesem Fall also konkret der Philister, aus.[43] Ein Grund für diese Annahme liegt in der stärksten Bindung der Stilrichtung, was Gefäßformen und Dekoration anbetrifft, an mykenische Vorbilder in der frühen Phase A der philistäischen Keramik.

T. Dothan spricht vorsichtiger von kulturellen Einflüssen im Zuge einer allgemeinen Desintegration der bronzezeitlichen Kultur und unterstellt einen längeren Zeitraum für die Migration dieser Einflüsse im östlichen Mittelmeerraum.[44] Sie unterstreicht, wie Killebrew, die zyprischen Einflüsse in der philistäischen Keramik. Letztere hätte demnach nur indirekt mykenische Vorbilder.[45]

38 Vgl. Strobel, August 1976, S. 229 und 235.
39 Vgl. Strobel, August 1976, S. 226f.
40 Vgl. Strobel, August 1976, S. 224.
41 Vgl. Strobel, August 1976, S. 225.
42 Vgl. Strobel, August 1976, S. 224.
43 Vgl. Strobel, August 1976, S. 227.
44 Vgl. Strobel, August 1976, S. 226.
45 So auch Killebrew und Lehmann, a.a.O., S. 15 und Yasur-Landau, ‚Levant", a.a.O., S. 841f.

Yasur-Landau (2010) zeichnet ein insgesamt plausibles und ganzheitliches Bild einer Migration von Bevölkerungsgruppen aus dem Ägäisraum über Anatolien, Kilikien bis in die Levante und nach Ägypten.[46] Der Auslöser bzw. Hintergrund dieser Wanderungsbewegungen zu Land und zur See waren demnach der Untergang der mykenischen Palastkultur in Griechenland um 1190 BCE sowie die nachfolgenden fragmentierteren Machtstrukturen der Nachpalastzeit mit untereinander wetteifernden Eliten.[47] Die Ursachen des kulturellen Bruchs in Griechenland, der zum Ende der Palastzeit geführt hat, bleiben dabei letzten Endes offen.

Yasur-Landau weist allerdings überzeugend nach, dass auf der Seeroute aufgrund begrenzter Transportkapazitäten nur vereinzelte Überfälle (*raids*) von 10 bis max. 20 Schiffen möglich gewesen sind, aber keine Massenwanderungen von Familien und deren Haushaltsgegenständen.[48] Seegestützte Überfälle müssen im Kontext der Wanderungen dennoch eine Rolle gespielt haben und waren u.a. für die Zerstörungen von Ugarit und auf Zypern verantwortlich.

Die Wanderungen ganzer Familien und Stammesverbände muss, nach Yasur-Landau, im Schwerpunkt auf den längeren und beschwerlicheren Landrouten mit Ochsenkarren wie denjenigen, die in den Reliefs von Medinet Habu abgebildet sind, stattgefunden haben. Diese Landrouten wurden durch den Fall von Troja um 1200 BCE sowie den Untergang der Machtstrukturen des hethitischen Reiches in Zentralanatolien frei.[49] Die Routen führten über die Dardanellen, die Städte an der Westküste Kleinasiens bzw. über Anatolien, durch die Pässe des Taurusgebirges nach Kilikien und weiter in die Levante.

Abbildungen in Ägypten liefern Indizien dafür, dass sich den Mykenern bzw. Achäern und Philistern auf den Landwanderungen Migranten weiterer Bevölkerungsgruppen angeschlossen haben. Städte wie Tarsus und Ugarit wurden zerstört und nachfolgend von den achäischen und philistäischen Gruppen z.T. neu gegründet bzw. wieder aufgebaut. Spuren der Achäer und Philister haben sich in den Landschaftsbezeichnungen in Kilikien und der Levante erhalten.

Archäologisch greifbar wird die Wanderung durch die Ausbreitung der Keramik vom Typ *Mykenisch III C 1:b* in genau diesen Gebieten entlang der Wanderungsroute. Yasur-Landau weist ebenfalls überzeugend nach, dass die Verwendungsformen dieser Keramik im häuslichen Umfeld, aber auch architektonische Neuerungen sowie Webgewichte auf neue Siedler und deren Lebensgewohnheiten schließen lassen und nicht als Phänomene einer kulturellen Diffusion gelten können.

---

46 Vgl. Yasur-Landau, Assaf 2010.
47 Vgl. Yasur-Landau, Assaf 2010, S. 96.
48 Vgl. Yasur-Landau, Assaf 2010, S. 120f.
49 Vgl. Yasur-Landau, Assaf 2010, S. 121.

Zypern und Kilikien wurden in diesem Prozess wesentliche neue Ausgangspunkte bzw. Brückenköpfe für den Handel mit ägäischen Produkten in die Levante. Neuere Forschungen zeigen, dass in Kanaan – allerdings nur im nördlichen Teil bis hinunter zur Carmel Küste – im Zeitraum unmittelbar nach 1200 BCE zunächst in geringem Umfang Importkeramik aus festlandsgriechischer Produktion durch Importe im mykenischen Stil aus Zypern ersetzt wurde, wohl nachdem erstere nicht mehr erhältlich war. Dort wurde diese Importkeramik aus Zypern bei lokal gefertigten Keramikprodukten imitiert.[50] Im südlichen Kanaan sind ab 1200 BCE oder kurz danach eine Reihe von materiellen Kulturelementen nachgewiesen, die ägäische Inspirationen aus der Nachpalastzeit (*Späthelladisch III C*) aufweisen, darunter auch lokal hergestellte Keramik vom Typ *Mykenisch III C 1:b*.[51] Diese Veränderungen in der materiellen Kultur werden mit der Ankunft der Philister in ihren Siedlungsgebieten – insbesondere der Pentapolis – in Verbindung gebracht. Der archäologische Kontext in Kanaan spricht also in Summe für eine Ansiedlung von Philistern, die einige Jahrzehnte nach Beginn der *Mykenisch C 1:b* Periode nach 1190 BCE mit der lokalen Herstellung von quasimykenischer Keramik begannen.[52]

Zu den insgesamt stimmigen Ausführungen von Yasur-Landau ist kritisch anzumerken, dass die zeitliche Reihenfolge der Ereignisse noch weiterer Prüfungen bedarf. Wie oben angemerkt bleiben die Ursachen des Untergangs der mykenischen Palastkultur und damit der wesentliche Auslöser der Wanderungen offen. Auch ist der Untergang von Ugarit möglicherweise noch in der Endphase des hethitischen Reiches erfolgt. Dabei ist noch unklar, wie frei die Landroute nach über Kilikien bereits war und wie es zu einer Landschlacht in Mukisch kommen konnte. Ferner ist die ethnische Zuordnung der Seevölker bei Yasur-Landau nicht in allen Fällen überzeugend und lässt die Beiträge unterschiedlicher Bevölkerungsgruppen aus dem zentralen Mittelmeerraum offen.

Insgesamt ist im Hinblick auf die archäologisch greifbaren Zeugnisse der Seevölker festzuhalten, dass diese über Metallgegenstände, architektonische Spuren und Abbildungen, insbesondere aber über ihre typische Keramik im östlichen Mittelmeerraum ab ca. 1200 BCE durchaus greifbar werden. Eine Zuordnung der materiellen Hinterlassenschaften auf einzelne Ethnien, die uns aus den historischen und mythologischen Berichten bekannt sind, ist allerdings nur in Einzelfällen (z.B. den Philistern in Kanaan) möglich. Herkunft und Wanderungsbewegungen der Seevölkergruppen sind im Detail bis heute noch umstritten.

---

50 Vgl. Yasur-Landau, Assaf „Levant", a.a.O., S. 840f.
51 Vgl. Yasur-Landau, Assaf „Levant", a.a.O., S. 841.
52 Vgl. Strobel, August 1976, S. 227.

Während die vorliegenden materiellen Zeugnisse bis vor wenigen Jahren noch so interpretiert wurden, dass das Gesamtbild von Wanderungen, die sich in den mythischen Erinnerungen niedergeschlagen haben, ein hohes Maß an Übereinstimmung zu den historischen und mythischen Quellen ergab (s. Darstellung von Strobel), ist dieses Bild in den letzten Jahren zunehmend in Frage gestellt und durch die Vorstellung einer allgemeinen Desintegration der bronzezeitlichen Kulturen ersetzt worden. Die Ausführungen von Yasur-Landau (2010) zeigen ein differenzierteres Szenario einer Wanderung aus dem Ägäisraum in die Levante, ausgelöst durch den dortigen Untergang der Palastkultur, bestätigen aber im Kern die Migrationsthese.

8.4 Theorien über die Herkunft der Seevölker

Nachdem die archäologischen und textlichen Spuren der Seevölker umrissen wurden, stellt sich die Frage, um welche Bevölkerungsgruppen es sich eigentlich gehandelt hat und wo deren Herkunft im Einzelnen zu verorten ist. In den ägyptischen Quellen werden die Seevölker im Meer (im Fall der Shardana) bzw. von den Inseln nördlich von Ägypten gesucht. Nach Hölbl können damit nur die ägäischen Inseln gemeint sein.[53] Im Falle der Denyen macht der Papyrus Harris klar, dass diese von den Inseln abstammen, bei den Peleset und Tekker ist die Angabe etwas unklarer und geht über den „Norden" nicht hinaus.[54] Über die genaue Herkunft dieser mysteriösen Volksgruppen gibt es allerdings auch heute noch unterschiedliche Auffassungen, die im folgenden Abschnitt kurz dargestellt werden sollen.[55]

8.4.1 Kleinasien- oder Ägäistheorie[56]

Gemäß der Kleinasientheorie stammen die Seevölker überwiegend aus dem westlichen und südlichen Anatolien sowie dem Ägäisraum. Es handelt sich also im Wesentlichen um luwisch sprechende Gruppen. Robbins fasst die Gründe zusammen, die zu dieser Annahme führen[57]:

---

53 Vgl. Hölbl, a.a.O., S. 129.

54 Vgl. Hölbl, a.a.O., S. 139.

55 Anmerkung: Als Mindermeinung sieht Alexandra Nibby den Ursprung der meisten Seevölkergruppen mit Ausnahme der Peleset in kleinasiatischen Volksgruppen, die bereits im Nildelta ansässig waren. Diese These ist u.a. von Vanschonwinkel kritisiert worden und wird hier nicht weiter betrachtet (vgl. auch Woudhuizen, Frederik Christiaan 2006, S. 39f.).

56 U.a. vertreten von Maspero, H. R. Hall, G.A. Wainwright, Stadelmann und Robbins.

57 Vgl. Robbins, Manuel 2001, S. 155.

a) Die Endungen einiger Volksstämme der Seevölker auf -sha in den ägyptischen Quellen werden mit der anatolischen und kretischen Endung -ssos oder -issos in Verbindung gebracht.
a) Das gemeinsame Ursprungsgebiet in Kleinasien und die geographische Nähe erleichtert den Zusammenhalt und die Kommunikation während der Wanderung.
a) Die Karnak Inschriften implizieren eine ägyptische Erwartung, dass die Hethiter den Seevölkern Einhalt gebieten sollten, verbunden mit der Befürchtung, dass die hethitische Kontrolle über West-Kleinasien nicht mehr garantiert ist. In der Merneptah-Stele nimmt der Pharao außerdem für sich in Anspruch, Hatti nach der Abwehr des ersten Seevölkerangriffs befriedet zu haben.[58]

Der geopolitische Kontext spricht nach dieser Theorie also für eine Verortung der Seevölker im westlichen Anatolien. Folgt man der Kleinasientheorie könnten die Wanderungsbewegungen der Seevölker wie in der hier beigefügten Karte ausgesehen haben:

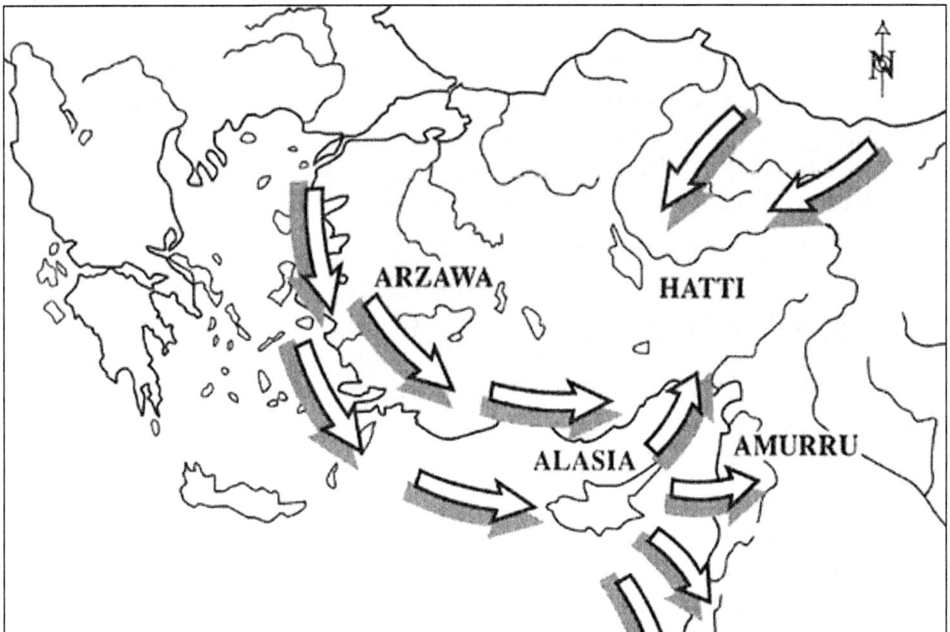

Abb. 22: Wanderungsbewegung der Seevölker [Zangger 1994, S. 29]

58 Vgl. Robbins, Manuel 2001, S. 164.

Strobel ergänzt diesen Ansatz um die Annahme von zwei größeren Seezügen der Seevölker in Richtung auf Ägypten.[59] Eine Bewegung hätte demnach aus dem ägäisch-westkleinasiatischen Raum durch Kleinasien zur phönizischen Küste stattgefunden, eine weitere aus Kreta und Zypern per Schiff zum Nildelta hin.

Möglich ist eine anschließende Wanderung nach der Abwehr durch die Ägypter von einzelnen Volksstämmen nach Italien (Srdn ⟶ Sardinien, trs ⟶ Tyrrhenien).

8.4.2 Urnenfelder- oder Adriatheorie[60]

Ursache für die Bewegungen der Seevölker gemäß der Adriatheorie ist die Ausbreitung der sog. Urnenfelderkultur aus dem nördlichen Balkanraum nach Norditalien und Griechenland, die erstmals von de Rouge formuliet wurde.[61] Lehmann sieht den Ursprung der Bewegungen noch weiter nördlich im Donauraum. Dabei werden insbesondere die *Wss* aus den ägyptischen Aufzeichnungen als Ausonen oder Osker identifiziert, die im Verlauf ihrer Wanderungen in Italien heimisch wurden und dort vorher ansässige Volksstämme wie die Sardinier und Sizilier nach Süden bzw. Osten verdrängten.

Einwanderer und Verdrängte machten gemäß dieser Theorie in der Folge gemeinsame Sache, wanderten weiter in den ostmediterranen Raum (Dominotheorie) und werden dadurch in Summe zu den hier betrachteten Seevölkern, die sich u.a. lt. Kimmig an der typischen Form der Schiffe als Mitglieder der Urnenfelderkultur bestimmen lassen.[62]

8.5 Die Seevölkergruppen nach klassischen Quellen

8.5.1 Die Philister (plst)

Eine der wesentlichen Untergruppen der Seevölker im Rahmen der Angriffe auf Ägypten in 1179 und 1176 BCE waren die *Plst* (Lesung im allgemeinen *Peleset*), die bereits früh mit den biblischen Philistern identifiziert wurden.[63]

59 Vgl. Strobel, August 1976, S. 233ff.

60 U.a. vertreten von de Rouge, Chabas, Kimmig, Lehmann und Woudhuizen.

61 Vgl. hierzu Woudhuizen, Frederik Christiaan 2006, S. 37.

62 Vgl. Woudhuizen, Frederik Christiaan 2006, S. 116.

63 Folgende Abschnitte im Wesentlichen nach Woudhuizen, Frederik Christiaan 2006, S. 95ff.

Die Bibel gibt als Herkunftsland der Philister die Insel Kreta an (*Kaphtor* wird aufgrund der akkadischen Parallele *Kaptara* als Kreta identifiziert). Auch lingustische Hinweise und kulturelle Verbindungen (Keramik, Architektur) weisen auf eine Herkunft der Philister aus dem Ägäis-Raum und insbesondere Kreta hin.[64]

Die Philister wurden aufgrund ihres griechischen Namens *Palaistinoi* sowohl mit der Stadt Palaiste in Illyrien als auch mit Siedlungsgebieten am Oberlauf des Strymon in Verbindung gebracht, dessen alter Name gleichlautend gewesen ist.[65] Zurückgehend auf einen Vorschlag von Francois Chabas (1872) werden die Philister mit den in Kapitel 5.5.1 beschriebenen Pelasgern identifiziert, von denen ein Teil ja ebenfalls am Strymon siedelte. Auch in den bereits erwähnten mythischen Erinnerungen waren die Pelasger unter Führung von Teutamos auch nach Kreta übergesetzt und hatten dort gesiedelt.

Die Siedlungsgebiete, die den Philistern von den klassischen Autoren zugeschrieben werden, decken sich somit weitgehend mit denen der Pelasger. Außerdem lassen sich gemäß der Kleinasien-Theorie einige Personennamen der Philister auf kleinasiatische Wurzeln zurückführen.

Robbins erwähnt eine These, wonach die Griechen den Namen der Philister nicht gut aussprechen konnten und so auf die Form *pelasgoi* brachten.[66] Sternberg – el Hotabi weist darauf hin, dass es neben der Form *pelasgoi* in der griechischen Sprache auch die Nebenform *pelastoi* gegeben hat, was eine Identifikation der Pelasger mit den Philistern unterstützen würde.[67]

8.5.2 Die Dardaner (drdny), Tyrsener (trs) und Teukrer (tjkr)

Die *tjkr* werden im Rahmen der Seevölkerangriffe unter Ramses III in den Jahren 1180 und 1177 BCE erwähnt sowie später im Papyros von Wen Amon.[68] Sie wurden bereits 1867 von Francois Chabas in einen Zusammenhang mit den aus mythischen und historischen Quellen bekannten Teukrern gebracht. Diese Auffassung hat in der letzten

---

64 Es gibt Autoren, die aufgrund von Keramikvergleichen und -datierungen eine enge Verbindung der Philister zu Zypern sehen. Vgl. Killebrew, Ann E. und Lehmann, Gunnar: „The World of the Philistines and Other Sea Peoples", in: Killebrew, Ann E. und Lehmann, Gunnar (Hrsg): „The Philistines and Other Sea Peoples in Text and Achaeology", Atlanta, 2013, S. 15.

65 Vgl. hierzu Strobel, August 1976.

66 Vgl. Robbins, Manuel 2001, S. 323ff.

67 Vgl. Sternberg-el Hotabi, Heike 2012, S. 51.

68 Auf die in der Literatur unterschiedlichen Transkriptionen der ägyptischen Bezeichnung „tjkr" als „Teker", „Teukrer", „Tjeker" oder „Tjekker" ist bereits hingewiesen worden.

Zeit durch neue archäologische und historische Erkenntnisse weitere Unterstützung erhalten.[69] In bildlichen Darstellungen werden die *tjkr* mit Federkronen abgebildet.

Bei den *trs* (häufig gelesen als *Tursha*) könnte es sich um trojanische Flüchtlinge unter den Seevölkern handeln (Tursha ⟶ Taruisa ⟶ Troja). Hier ist evtl. von einer engen sprachlichen Verwandtschaft zu den Tyrsenern auszugehen. Alternativ könnten auch die Einwohner der kilikischen Stadt Tarsus gemeint sein.[70]

Die Dardaner, Tyrsener und Teukrer wurden bereits in den vorhergehenden Abschnitten als Bewohner der Troas identifiziert, die sich ausschließlich in klassisch-historischen und mythischen Quellen greifen lassen. Mythologisch wird den drei Gruppen eine gemeinsame Abstammung zugesprochen, so dass u.U. von einer engen ethnischen Verwandtschaft ausgegangen werden kann.

Yasur-Landau setzt die *tjkr* demgegenüber mit den Sikelern (den Ureinwohnern Siziliens) gleich. Da er gleichzeitig die Shekelesh erwähnt, auf die diese Gleichsetzung besser passen würde, ist sein Ansatz in diesem Punkt allerdings nicht überzeugend.[71]

8.5.3 Die Lukka (lkk)

Die *lkk* oder *Lukka* tauchen in ägyptischen Quellen bereits in einem Brief aus dem Amarna-Archiv aus der Zeit um 1350 BCE auf. Ihre Identifikation in ägyptischen Tempelreliefs in Medinet Habu ist über die charakteristischen Helmbüsche bzw. Federkronen möglich. Eine Inschrift in Byblos datiert sogar noch älter auf den Zeitraum um 2000 BCE. In hethitischen Quellen werden die Lukka außerdem als Alliierte der Hethiter in der Schlacht bei Kadesh (1274 BCE) aufgeführt.[72]

Die Lukka lassen sich relativ sicher mit den Einwohnern der Lukka-Länder in Südwest-Kleinasien identifizieren, was räumlich mit dem späteren Lykien zusammenfällt.[73] Hierbei handelt es sich um die Flusstäler des Xanthos (hethitisch Siyanta) sowie der benachbarten Gebiete. Abgesichert ist dies durch Inschriften der Hethiterkönige Tuthaliya III (1240–1215 BCE) sowie einer Grenzbeschreibung für die Provinz Mira, die den Siyanta Fluss aus der Zeit von Mursilis II (1318–1290 BCE) erwähnt.

---

69 Vgl. Woudhuizen, Frederik Christiaan 2006, S. 107.

70 Vgl. Robbins, Manuel 2001, S. 160 und 162.

71 Vgl. Yasur-Landau, Assaf 2010, S. 110.

72 Vgl. Robbins, Manuel 2001, S. 156.

73 Vgl. Woudhuizen, Frederik Christiaan 2006, S. 57.

8.5.4 Die Shekelesh (skrs)

Die *skrs* oder *Shekelesh* werden bereits in den Aufzeichnungen von Merneptah über den ersten Seevölkerangriff 1208 BCE aufgeführt und weiter von Ramses III unter den Angreifern gelistet. Auch Suppiluliuma II fordert auf einer in Ugarit gefundenen Korrespondenz, dem sog. Sikalayu-Brief, Informationen über die Sikalayu an, die *„auf Schiffen leben"*.[74] Wie oben bereits angemerkt, vermutet Sternberg El-Hotabi, dass die Shekelesh neben den Sherden (s.u.) zu denjenigen Seevölkergruppen gehörten, für die das Tragen von Hörnerhelmen charakteristisch war.[75]

Die Shekelesh oder Sikalayu wurden gemäß der Adria Theorie bereits von de Rouge mit den Sikelern oder Sikulern sowie der Insel Sizilien in Verbindung gebracht. Da Sizilien in der Bronzezeit zum mykenischen Einflussgebiet gehörte und auch von Homer mehrfach erwähnt wird, scheint eine Verbindung nicht ausgeschlossen.

Die offene Frage innerhalb dieser Theorie ist, ob die Sikeler ggfs. vor oder nach dem Seevölkersturm nach Sizilien gelangt sind. Gemäß Dionysios von Halikarnassos haben die Sikeler ursprünglich in Latium und Etrurien gesiedelt und sind von dort bereits vor dem Trojanischen Krieg nach Sizilien gewandert.[76] Thukydides setzt diesen Zeitpunkt mit dem 11. Jh. BCE später an.[77] Seinen Aufzeichnungen zufolge wurden die Sikeler von den Umbriern und Oskern aus Italien nach Sizilien vertrieben.[78]

Im Rahmen der Kleinasientheorie werden die *skrs* auch als Bewohner der Stadt Sagalassos bestimmt.[79] Drews hält diesen Ansatz allerdings für ausgesprochen unwahrscheinlich, weil die Bevölkerungszahl von Sagalassos zu klein und zu küstenfern war, um einen signifikanten Strom von Auswanderern zur See zu generieren.[80]

Einen alternativen Ansatz bietet Woudhuizen, der die *skrs* mit den Einwohnern von Scheria (sakarijo) identifiziert und damit auf Kreta lokalisiert.[81] Es ist bereits darauf hingewiesen worden, dass Kreta als vorübergehender Stützpunkt der Seevölker u.U. eine besondere Rolle im Rahmen der Wanderungsbewegungen innehatte.

---

74 Vgl. Woudhuizen, Frederik Christiaan 2006, S. 114

75 Vgl. Sternberg El-Hotabi, Heike 2012, S. 49.

76 Vgl. Dionysios von Halikarnassos, Roman Antiquities, I, 9. 16. 20ff.

77 Vgl. Thukydides „Geschichte des Peloponnesischen Krieges", a.a.O., VI, 2, 5.

78 Vgl. Woudhuizen, Frederik Christiaan 2006, S. 115.

79 So bereits von Maspero, Woudhuizen, a.a.O., S. 114 und Robbins, Manuel 2001, S. 159f.

80 Vgl. Drews, Robert 1993, S. 66. Ebenso kritisch Woudhuizen, Frederik Christiaan 2006, S. 114.

81 Vgl. Woudhuizen, Fred 1992, S. 44f.

8.5.5 Die Shardana oder Sherden (srdn)

Die *srdn* oder Sherden sind aus den Amarna-Briefen bekannt, aber auch aus Textquellen, die in Ugarit gefunden wurden.[82] In der Amarna-Korrespondenz tauchen sie erstmals um 1350 BCE als Söldner im Dienste des Königs von Byblos auf. Auch in Ugarit sind die Sherden als Teil der Leibgarde des Königs belegt, ohne dass diese Angabe genauer datiert werden kann. Ab Pharao Ramses II (1290 und 1279 BCE) und insbesondere in dessen zweitem Regierungsjahr finden die Sherden in Ägypten Erwähnung als Seeinvasoren im Nildelta. Sie sollen dabei „aus der Mitte des Meeres" kommen, womit Lehmann zufolge die südliche Ägäis gemeint ist. Bei der Schlacht um Kadesh drei Jahre später hat Ramses die Sherden bereits als starkes Söldner-Korps in die ägyptische Armee integriert.[83]

Lehmann sieht einen Zusammenhang zwischen dem ersten Auftreten der Sherden im östlichen Mittelmeerraum um 1350 BCE und der Übernahme der Palastzentren im westlichen Kreta durch mykenische Invasoren bzw. dem resultierenden Machtvakuum im Osten Kretas. Die Möglichkeit ist nicht auszuschließen, dass die Sherden evtl. im Verbund mit den Lukka den Osten Kretas und nachfolgend auch den Westen Zyperns als Operationsbasis für gezielte Angriffe auf die Levante und das Nildelta ausbauten.[84]

Das besondere Kennzeichen der Sherden waren ihre *typischen Hörnerhelme*.[85] Außerdem werden sie in den Reliefs in Medinet Habu auf Schiffen dargestellt, die sich nicht von denen der Philister unterscheiden.

Woudhuizen vermutet, dass die Sherden in den Seevölkerschlachten unter Ramses III um 1177 BCE auf beiden Seiten gekämpft haben, wobei die Kämpfer auf der ägyptischen Seite mit einer Sonnenscheibe zwischen den beiden Hörnern dargestellt werden. Bei den angreifenden Sherden als Teil der Seevölker fehlt hingegen diese Sonnenscheibe.[86] Dieser Vermutung stellt Sternberg-Hotabi die Annahme entgegen, dass es sich bei der Sonnenscheibe um die bildliche Differenzierung von Sherden und Shekelesh handeln könnte.[87]

Über die Herkunft der Sherden gibt es mehrere plausible Theorien. Bereits Emanuel de Rouge (1867) verband die Sherden mit Sardinien. Sardinien war in der Bronzezeit neben Kleinasien und Zypern ein Zentrum der Kupferproduktion und Heimat

82 Vgl. ausführlich hierzu Lehmann, a.a.O.
83 Vgl. Beitrag von Lehmann, a.a.O., sowie Sternberg El-Hotabi, Heike 2012, S. 17.
84 Vgl. Lehmann, a.a.O., S. 83 und Hallager, a.a.O., S. 156f.
85 Vgl. Woudhuizen, Frederik Christiaan 2006, S. 40.
86 Vgl. Woudhuizen, Frederik Christiaan 2006, S. 40.
87 Vgl. Sternberg-El Hotabi, Heike 2012, S. 30f.

der sog. *Nuraghen-Kultur.*[88] Auf Sardinien wurden Figuren mit Hörnerhelmen und Rundschilden gefunden, die jedoch schwer zu datieren sind und auch aus der Eisenzeit stammen können.

Ein Zusammenhang der Shardana mit der Insel Sardinien wird heute nach wie vor offen diskutiert.[89] Dort sind Inschriften, die auf die Sherden hindeuten, aus dem 9. Jh. BCE gefunden worden. Auch die Herkunftsbezeichnung für die Seevölker in ägyptischen Quellen als „von der Mitte des Meeres“ kommend, könnte sich auf Sardinien beziehen. Ungeklärt ist dabei allerdings die Frage, ob die *Srdn* ursprünglich (auch) aus Sardinien stammten, oder ob sie erst im Anschluss an die Seevölkerwanderungen dorthin ausgewandert sind. Aktuell liegen sowohl für die Ursprünge der Sherden auf Sardinien als auch für die Abstammung aus Kleinasien nur wenige Zeugnisse vor, die kein abschließendes Urteil zulassen.

Maspero hingegen vertrat nur wenige Jahre nach de Rouge (1873) die Auffassung, dass die Sherden, in Analogie zu den Tyrsenern, ihren Ursprung in Kleinasien und insbesondere in der Stadt Sardis im Seha River Land haben.[90] Robbins erwähnt einen Berg in der Nähe der Stadt Sardis, der in klassicher Zeit als Mt. Sardene oder Shardene bekannt war.[91] Die Zuordnung der Sherden nach Kleinasien, auf Basis dieser Indizien, ist allerdings offen.

Von Kirsten und Drews wird darüber hinaus eine Verwandtschaft der Sherden mit den Serdoi unterstellt.[92] Die Serdoi waren ein thrakischer Stamm vom Balkan, sie sind aber auch durch sprachliche Zeugnisse auch aus dem Adriaraum belegt. Die Herkunft und ethnische Zuordnung der Sherden muss trotz plausibler Ansätze daher heute als insgesamt noch offen betrachtet werden.

8.5.6 Die Ikwesh (ikws)

Die *ikws* werden von den meisten Wissenschaftlern mit den Achäern gleichgesetzt. Der Name korrespondiert mit dem Terminus *Ahhijawa* aus den hethitischen Texten. Unterstellt man, dass diese Identifikation korrekt ist, wären die Achäer maßgeblich bereits am ersten Seevölkerangriff auf Ägypten im Verbund mit den Libyern unter Pharao Merneptah (1213–1203 BCE) beteiligt gewesen. Dies ist allerdings insofern strittig, als

88 Vgl. Robbins, Manuel 2001, S. 304f und O'Brien, William 2015, S. 67.
89 S. Diskussion zum Beitrag von Lehmann, a.a.O., S. 94.
90 Vgl. Woudhuizen, Frederik Christiaan 2006, S. 112.
91 Vgl. Robbins, Manuel 2001, S. 304.
92 Siehe Diskussionsbeitrag von Kirsten zum Vortrag von Lehmann, a.a.O., S. 93f. Darin wird auch auf den alten Namen von Sofia, Serdica, Bezug genommen. Vgl. auch Drews, Robert 1993, S. 70.

die Ikws gemäß ägyptischer Quellen beschnitten gewesen sind. Auch die Achäer haben gemäß der Ilias z.T. gehörnte Helme in der Schlacht getragen.[93]

8.5.7 Die Denyen und die Danuna (dnyn)

Während bei Merneptah bei der Listung der Angreifer um 1208 BCE von den *Ikwesh* die Rede ist, findet sich in den Reliefs und Ikonographien Ramses' III hingegen das Ethnonym *Denyen*. Bei den Denyen oder *Tanayu* aus ägyptischen Quellen handelt es sich offenbar um die Danaer aus den mythischen Texten. Diese Gleichsetzung mit den Denyen geht dabei bereits auf Emmanuel de Rouge zurück.

Während die Hethiter in ihren Texten den Terminus *Achäer* (Ahhijawa) vorzogen, ist auch in älteren ägyptischen Texten meistens von den *Tanayu* oder Denyen die Rede, so erstmals bei Thutmosis III (1479–1425 BCE) sowie bei Amenhotep III (1390–1352 BCE).[94] Dabei scheint sich das Ethnonym *Denyen* speziell auf die Einwohner der Argolis sowie weiterer Plätze auf dem griechischen Festland zu beziehen.

Interessant ist, dass im Mythos insbesondere die Argolis mit dem Namen Danaos in Verbindung gebracht wird, der aus Ägypten nach Argos geflohen sein soll. Homer benutzt für die mykenischen Griechen in seinen Epen wechselweise die Ethnonyme Achäer, Danaer oder Argiver, abhängig auch von den Vorgaben der Versrhythmik.

Im Zusammenhang mit der Kleinasien-Theorie wird häufig auf die Möglichkeit verwiesen, dass mit den Denyen auch die Einwohner der kilikischen Stadt Adana gemeint sein könnten. Letztere werden u.a. in den *Amarna Briefen* erwähnt. Woudhuizen erinnert hierzu allerdings an die Ausfürungen von Alan Gardiner, wonach zwischen den Denyen (Danaern) und Danuna (Adana) unterschieden werden muss. Letztere werden in den ägyptischen Texten als *dnnym* bezeichnet werden, wohingegen die Danaer *dnyn* geschrieben werden und somit ein eindeutiges Unterscheidungsmerkmal vorliegt.[95]

8.5.8 Die Weshesh (wss)

Die *wss* oder Weshesh werden ausschließlich im Zusammenhang mit der letzten Attacke der Seevölker im Jahr 1177 BCE von Ramses III erwähnt. Auch zu den Weshesh gibt es

93 Vgl. auch Robbins, Manuel 2001, S. 304.
94 Vgl. hierzu Woudhuizen, Frederik Christiaan 2006, S. 77.
95 Vgl. Gardiner (1947) in Woudhuizen, Frederik Christiaan 2006, S. 77.

unterschiedliche Identifikationen, je nachdem, ob man der Kleinasien- oder der Adriatheorie folgt. Woudhuizen hat die Weshesh mit den germano-keltischen Ausonen oder Oskern in Zusammenhang gebracht, die im Zuge der Ausbreitung der Urnenfelderkultur mit den Ambronen (= Umbriern) aus Zentraleuropa bis nach Italien vorgedrungen sind.[96]

Dem steht in der Kleinasientheorie nach Maspero der Ansatz entgegen, die Weshesh mit den Einwohnern der Stadt Wassos in Karien gleichzusetzen. Eine weitere Identifikationsmöglichkeit wird von Henry R. Hall angeboten, der in den Weshesh die Waksioi von der Insel Kreta sieht.[97]

Die folgende Tabelle gibt einen Überblick über die Identifizierungsansätze für die verschiedenen Volksstämme der Seevölker, gemäß der Adria- bzw. der Kleinasientheorie:

Ägyptische Quelle	Name/Lesung	Lt. Adriatheorie	Lt. Kleinasientheorie
Drdny	Dardanoi	Dardaner	Dardaner
Tjkr	Tjekker	Teukrer	Teukrer
Dnyn	Denyen	Danaer	Adana (Kilikien)
Srdn	Sherden	Sardinier, Serdoi	Sardis (Mäonien bzw. Lydien)
Trs	Teres/Tursha	Tyrsener/Thyrrener	Taruisa (Troja), Tarsus (Kilikien)
Lkk	Lukka	Lykier	Lykier
Plst	Peleset	Philister (Kreta)	Philister (Kleinasien)
Ikws	Ikwesh	Achäer	Achäer
Skrs	Sekelesh	Scheria (Kreta), Sikeler	Sagalassos (Pisidien)
Wss	Weshesh	Osker	Wassos (Karien), Waksioi (Kreta)

Abb. 23: Zusammenfassung der Identifikationen der Seevölkergruppen

Ein großer Teil der Ethnonyme der *Seevölker* begegnet uns in den homerischen Epen wieder. Ob und inwieweit die Ereignisse des Trojanischen Krieges, insofern sie erstens überhaupt einen historischen Bezug haben und zweitens in den Zeitraum der Seevölkerbewegungen fallen, mit den Seevölkerwanderungen und dem Angriff auf Kilikien und Ägypten in Beziehung stehen, ist ungeklärt und umstritten. Hierauf soll in den folgenden Abschnitten noch eingegangen werden.

96 Vgl. Woudhuizen, Frederik Christiaan 2006, S. 81.
97 Vgl. Woudhuizen, Frederik Christiaan 2006, S. 115.

8.6 Die historische Rekonstruktion der Seevölkerwanderungen

In den vorausgehenden Abschnitten ist dargelegt worden, dass zwischen den Jahren 1200 und 1175 BCE mit der Ausnahme von Ägypten nahezu alle großen Kulturen im östlichen Mittelmeerraum gewaltsam zugrunde gingen.[98] Die z.T. katastrophalen Hergänge dieser Zeit werden in den ägyptischen Quellen den oben beschriebenen Seevölkern zugeschrieben.

Zur Erinnerung: Nach Lehmann hatten bereits ab ca. 1350 BCE insbesondere die Sherden und Lukka begonnen, sich Stützpunkte im östlichen Teil Kretas sowie Zypern aufzubauen, während die Achäer vor allem den westlichen Teil der Insel okkupierten.[99] Von diesen Operationsbasen aus sind demnach, offenbar zunächst (ab 1290 BCE), Raubzüge ins Nildelta und in die reichen Städte an der Levanteküste ausgegangen, wobei die Seevölkersoldaten nach und nach auch in die Armeen der betroffenen Siedlungsgebiete integriert wurden. Lehmanns Interpretationen der archäologischen Funde wären im Zusammenhang der hier vorgestellten Thesen durchaus plausibel.

Die Reihenfolge der Angriffe, die in den ägyptischen Quellen angegeben sind, entspricht grob einer Bewegung von Nordwest nach Südost. Die bereits mehrfach zitierte Inschrift von Ramses III am Tempel von Medinet Habu nennt folgende Sequenz:

> *„Die Fremdvölker trennten sich von ihren Inseln. Verschwunden und zerstreut in dem Kampf waren die Flachländer auf einmal. Kein Land konnte standhalten vor ihren Armen, von Hatti, Quadi, Karkemisch und Arzawa bis Alasia, zerhackt auf einmal. Aufgeschlagen wurde ein Lager an einem Ort im Inneren von Amurru."*

Die Aufschrift unterstellt somit eine Folge von Angriffen auf 1. Hatti, 2. Kilikien (Quadi oder Kode), 3. Syrien (Karkemisch), 4. Arzawa (westl. Kleinasien), 5. Zypern (Alasia) und schließlich 6. Amurru. Die Angriffe der Seevölker richteten sich somit gegen die wichtigsten Handelsmetropolen (u.a. Ugarit), Machtzentren (Syrien) und Rohstofflieferanten (Zypern) des hethitischen Großreiches sowie des gesamten östlichen Mittelmeerraumes.

Laut Hölbl ist die Aufzeichnung in Medinet Habu durchaus als historisch zu werten.[100] Die Reihenfolge der aufgezählten Länder entspricht weitgehend einer geographischen Logik, wobei Arzawa etwas aus diesem Rahmen fällt. Die explizite Nennung von Alasia fügt der Liste weitere Glaubwürdigkeit hinzu, auch wenn Ugarit unerwähnt bleibt. Die Reihenfolge beginnt mit der wichtigsten Großmacht Hatti. Sie muss aller-

---

98 Vgl. Killebrew und Lehmann, a.a.O., S. 6.
99 Vgl. Lehmann, a.a.O., S. 83f.
100 Vgl. Hölbl, a.a.O., S. 131.

dings nicht zwangsläufig streng chronologisch aufgebaut sein, sondern kann auch die Bedeutung der genannten Regionen aus Sicht von Ägypten widerspiegeln. Die genaue Bestimmung der zeitlichen Abfolge der Zerstörungen in dieser kritischen Phase ist daher immer noch eine Herausforderung. Nachdem auf den Niedergang der Hethiter und die Zerstörung von Hattusha bereits ausführlich eingegangen wurde, sollen im Folgenden die Spuren der Seevölker in den historischen Aufzeichnungen in Kilikien aufgenommen werden.

8.6.1 Kilikien[101]

Auf dem Weg entlang der anatolischen Küste erreichten die Seevölker Kilikien, dem *Kode* oder *Quadi* der ägyptischen Aufzeichnungen (s. Abbildung 8/5 im folgenden Abschnitt).[102] In Kilikien lagen in der Bronzezeit mit Adana, Tarsus und Mersin mehrere bedeutende Städte, die unter hethitischer Oberhoheit gestanden haben.

Der Kampf um Kilikien muss sich in mehreren räumlichen und zeitlichen Schritten abgespielt haben. Zunächst kam es offenbar zu einer Verteidigungsfront der Hethiter gegen die *Seevölker* zu Lande in Kilikien und zur See in Lykien.[103] Dies muss sich zeitlich vor dem Untergang von Hattusha zugetragen haben. Wissenschaftler datieren diese erste Abwehrschlacht auf *ca. 1194 BCE.*

Die hethitische Flotte scheint dabei zunächst eine Schlappe erlitten zu haben, denn die Sikeler besetzten in der Folge Alasia (Zypern). Da Kilikien unmittelbar hethitisches Einflussgebiet gewesen ist, musste Suppiluliuma II reagieren. Der Hethiterkönig kam mit einer Streitmacht nach Kilikien und besiegte die Seevölker in zwei Treffen zur See.[104] Evtl. kam es dabei auch zu einer vorübergehenden Vertreibung der Seevölker aus Zypern. Hethitische Quellen berichten von einer siegreichen Rückkehr des Hethiterkönigs[105] nach Hattusa.

In der Folge muss Kilikien aber für das hethitische Großreich wieder verloren gegangen sein. Dies kann sich nach dem finalen Untergang von Hattusha ereignet haben. Auf jeden Fall lassen sich in den kilikischen Städten Zeugnisse einer umfassenden Zerstörung (Mersin, Tarsus) aufdecken. Die Zerstörungshorizonte wurden von „squattern" wiederbesiedelt. Die Neubesiedlung fand – wie bereits oben diskutiert –

101 Vgl. Bittel, a.a.O., S. 42, 43 und Robbins, Manuel 2001, S. 181.
102 Vgl. Bittel, a.a.O., S. 42f.
103 Vgl. Bittel, a.a.O., S. 53.
104 Vgl. Bittel, a.a.O., S. 55.
105 Nach Güterbock (1967) muss es sich hierbei um Suppiluliuma II handeln (vgl. Robbins, Manuel 2001, S. 184).

aller Wahrscheinlichkeit nach durch ein neues ethnisches Element ägäisch-ostmediterraner Herkunft statt.[106] Dies wird von Archäologen aus Keramikfunden vom o.a. lokal gefertigten Typus *Mykenisch III C 1:b* geschlossen.

Viel spricht also für eine Zerstörung der kilikischen Städte und einer Neubesiedlung durch die Seevölker. In einem Dokument aus dem 8. Jh. BCE wird das Land um Adana als *Hiawa* bezeichnet, einem luwischen Äquivalent für das hethitische *Ahhijawa*. Auch dieser Umstand deutet darauf hin, dass die Achäer an der Zerstörung oder zumindest an der Neubesiedlung von Kilikien substanziell beteiligt waren.[107] In die gleiche Richtung verweist Herodot, indem er die Kilikier späterer Tage als „Hypachäer"[108] bezeichnet.

8.6.2 Mukish und Ugarit[109]

Erhaltene Tontafeln deuten auf eine Abwehrschlacht zu Land in der Gegend von Mukish (s. Karte), einem wichtigen Getreideanbaugebiet nördlich von Ugarit an der Mündung des Orontes. Die Informationen über die Vorbereitungen zur Schlacht deuten auf eine Auseinandersetzung von erheblicher Größenordnung. Für die Abwehr wurden 2000 Pferde bereitgestellt.[110]

Der Gegner der ugaritisch-hethitischen Truppenverbände wird in den Tafeln nicht explizit genannt. Der Kontext lässt aber auf eine Abwehrschlacht gegen die Seevölker schließen, die vor der Eroberung von Ugarit stattgefunden haben muss.

Auf die Bedeutung der Stadt Ugarit, eine der wesentlichen Handelsmetropolen der Levante, bei der sich die wichtigsten Überland- und Seerouten kreuzten, ist oben bereits hingewiesen worden. Historisch ist der Angriff der Seevölker auf Ugarit ebenfalls durch eine Reihe von Tontafeltexten belegt, die z.T. in Brennöfen gefunden wurden und möglicherweise aus der Zeit kurz vor der Zerstörung der Stadt stammen. Hinzu kommt die sog. *Alasia Korrespondenz* des letzten Königs von Ugarit – Hammurapi – mit dem König und dem Generalquartiermeister von Zypern (Alasia).[111] Außerdem sind in Hattusha diplomatische Briefe der Hethiter an Hammurapi gefunden worden (*Sikalayu-Brief*). In diesen Briefen beklagt sich der hethitische Großkönig (wohl Suppiluliuma II) u.a. über einen fehlenden Antrittsbesuch des Königs von Ugarit.

---

106 Vgl. Bittel, a.a.O., S. 47.

107 Vgl. Woudhuizen, Frederik Christiaan 2006, S. 74, 77.

108 Herodotus „The Histories", a.a.O., VII, 91.

109 Vgl. Robbins, Manuel 2001, S. 189f.

110 Vgl. Robbins, Manuel 2001, S. 185.

111 Gefunden in einem Haus in der Nähe des Königspalastes, das als Archiv des Rapanu, des königlichen Schreibers, gilt. Vgl. Sternberg – el Hotabi, a.a.O., S. 22.

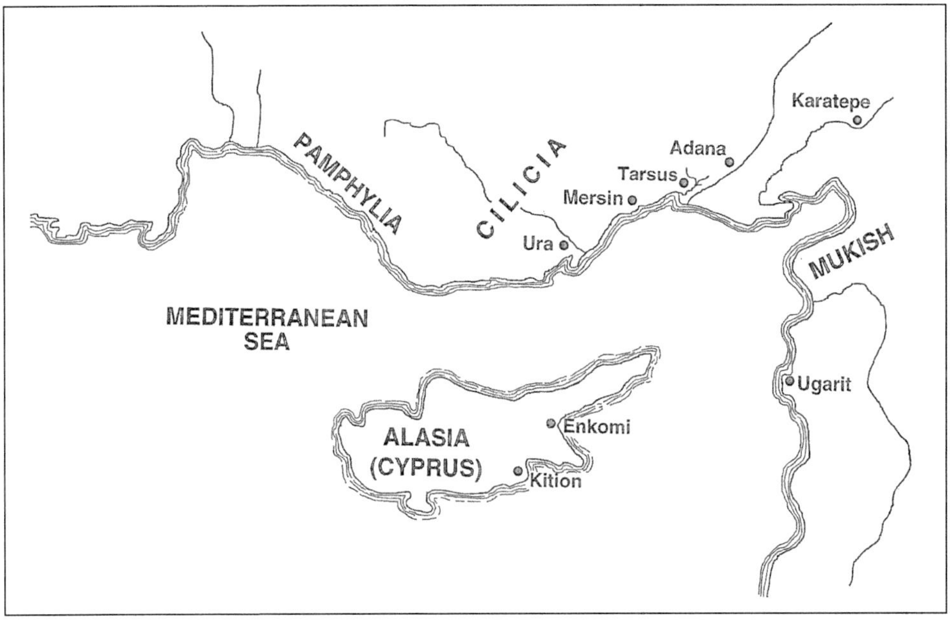

Abb. 24: Kilikien, Zypern und die Levante zur Zeit der Seevölkerangriffe [Robbins 2001, S. 181]

Als letzter bezeugter König von Ugarit ist Hammurapi bekannt, der ein Zeitgenosse von Suppiluliama II war. In die Regierungszeit dieses letzten Königs fällt der Angriff der Seevölker, der zu einem kompletten Zusammenbruch des politisch-administrativen Systems der Hafenstadt geführt haben muss. Vorher hatte sich die Lage offenbar durch Versorgungsengpässe infolge unsicherer Seewege bereits zugespitzt. In der Alasia Korrespondenz warnt der Herrscher von Zypern vor einem bevorstehenden Angriff der Seevölker auf die Levante und rät Hammurapi zur Aufrüstung.[112]

Nachteilig für die Sicherheit von Ugarit war, dass die ugaritischen Landstreitkräfte unter hethitischem Oberbefehlt nach Hatti verlagert worden waren und so für die Abwehr nicht zur Verfügung standen. Gleiches gilt für die ugaritische Kriegsflotte, die für den Seekrieg, der gemeinsam mit Alasia gegen die Seevölker geführt wurde, in die Lukka Länder verlagert worden war. Dies geht aus einem Brief des Großkönigs von Hatti an den jungen König Hammurapi von Ugarit aus der Endphase der Auseinandersetzung hervor.[113]

112 Vgl. Sternberg – el Hotabi, Heike 2012, S. 22.

113 Vgl. Zangger, Eberhard 1994, S. 219.

In den o.a. Korrespondenzen werden als Angreifer explizit die Sikalayu genannt *„who live on ships"*, die mit den Shekelesh aus ägyptischen Quellen identisch sein dürften und deren mögiche Herkunft bereits diskutiert worden ist. Diese Erwähnung lässt keinen Zweifel daran, dass die Seevölker für den Angriff verantwortlich waren.

Im Zuge des Angriffs landete offenbar zunächst eine relativ kleine Flotte von ca. 6 Schiffen im Umland von Ugarit und richtete dort Verwüstungen an.[114] Die letzte Nachricht warnt vor einem Angriff einer zweiten größeren Seevölker Flotte von 20 Schiffen. Bei diesem zweiten Angriff wurden Palast und Metropole weitgehend vernichtet. Die archäologischen Zeugnisse lassen auf eine allgemeine, kopflose Flucht der Bewohner – evtl. begleitet von Evakuierungsmaßnahmen – schließen. Die nachfolgenden Schichten deuten auf einen Kontinuitätsabbruch in der Besiedlung der Stadt. Ugarit wurde nie wieder aufgebaut, möglicherweise auch als Konsequenz einer Änderung der Wirtschaftsströme in der Region.

Für den weiteren Analysezusammenhang ist der Zeitpunkt des Untergangs von Ugarit von einiger Bedeutung. Die Hypothese ist dabei, dass mit der Zerstörung der Handelsmetropole die Versorgung des östlichen Mittelmeerraumes mit Zinn nachhaltig unterbrochen und somit für die bronzeproduzierenden Mächte ein Anreiz geschaffen wurde, sich nach alternativen Quellen umzusehen. Wann also zerstörten die Seevölker Ugarit?

Der Zeitpunkt der Katastrophe lässt sich sicher auf den Zeitraum nach dem Regierungsantritt Merneptahs (1212 BCE) und vor der Verwüstung von Amurru (1180 BCE) eingrenzen. Cline vermutet, dass der Angriff zwischen 1190 und 1185 BCE stattgefunden hat.[115] Für Zangger fällt der Untergang Ugarits in die erste Hälfte der Amtsperiode des Dreigespanns Tausret, Siptah, Bija (1194 bis 1188 BCE) in Ägypten.[116] Sternberg El-Hotabi grenzt weiter ein auf 1192 bis 1190 BCE.[117] Eine Analyse von Manfred Dietrich und Oswald Loretz auf Basis astronomischer Beobachtungen kommt schließlich zu dem Schluss, dass der Untergang Ugarits sich sogar präzise auf den *21.01.1192 BCE* festlegen lässt.[118] Dieses Datum wird in den folgenden Darstellungen weiter verwendet, da es innerhalb der von den anderen Autoren gesetzten Spannen liegt und sich gut mit einer vorliegenden Radiocarbondatierung, die auf 1192 bis 1190 BCE weist, in Übereinstimmung bringen lässt.

---

114 Vgl. Sternberg – el Hotabi, Heike 2012, S. 22.

115 Vgl. Cline, Eric H. 2014, S. 108.

116 Vgl. Zangger, Eberhard 1994, S. 220.

117 Vgl. Sternberg – el Hotabi, Heike 2012, S. 22; Robbins, Manuel 2001, S. 187. Strauss bietet als weiteres Datum 1187 BCE an. Vgl. Strauss, Barry 2006, S. 197.

118 Vgl. Dietrich, Manfred; Loretz, Oswald 2002, S. 53–74.

8.6.3 Zypern

Zypern hatte in der späten Bronzezeit lange unter hethitischen Einfluss gestanden, aber die meiste Zeit den Status eines relativ unabhängigen Vasallenstaates innegehabt. Unter dem Druck, nach der Niederlage von Nihiriya und dem Verlust der Kupferminen von Ergani die Kupferversorgung sicherzustellen, hatte Tudhaliya III Zypern kurzfristig für das hethitische Reich erobert. Bereits unter Arnuwandas III (1209–1203 BCE) begannen jedoch Teile der Insel wieder von Hatti abzufallen. Möglicherweise hatten auch Teile der Seevölker bereits früher die ersten Stützpunkte auf Zypern gegründet.

Der Nachfolger von Arnuwandas III, Suppiluliuma II, war daher gezwungen, Alasia für das hethitische Reich zurückzuerobern und die Kontrolle über die Kupfervorkommen aufrechtzuerhalten, was in erster Instanz wohl auch gelang. Wie oben bereits angemerkt, ist in einem Text von Suppiluliuma II von drei Schlachten zur See und einem Gefecht zu Land die Rede, wobei die Gegner vermutlich die Seevölker gewesen sind. Zumindest an den Seegefechten waren Schiffe aus Alasia beteiligt. Suppiluliuma schreibt:

> *„Gegen mich stellten sich die Schiffe von Alasia inmitten des Meeres dreimal zum Kampf. Ich vernichtete sie, indem ich Schiffe in meine Gewalt brachte und mitten auf dem Meer in Brand steckte. Wie ich aber dann ... gelangte, kamen mir die Feinde aus Alasia in Scharen zum Kampf entgegen, und ich schlug sie."*[119]

Nachdem Suppiluliuma II somit offenbar den ersten Angriff der Seevölker auf Zypern noch hatte abwehren können, stand nach dem Kollaps des hethitischen Reiches in Zentralanatolien und der Plünderung von Ugarit einer Okkupation von Zypern nicht mehr viel im Wege.

Ramses III nennt Alasia (Zypern) in seinen ikonographischen Tempelinschriften explizit als eines der von den *Seevölkern* zerstörten Gebiete. Quellen über die Konflikte um Zypern sind ebenfalls die *Alasia Korrespondenz* zwischen König Hammurapi von Ugarit und dem König von Alasia. In diesen Briefen ist von einem Seekrieg die Rede, der gemeinsam unter hethitischem Oberbefehl gegen die Seevölker geführt wurde. Dies geschah offenbar zu einem Zeitpunkt, als feindliche Schiffe Ugarit bereits attackierten, d.h. vor 1180 BCE.

Zur zeitlichen Einordnung bzw. zur Reihenfolge der Angriffe lässt sich ableiten, dass Alasia (Zypern) von Ramses III wie o.a. als *Opfer* der Seevölkerangriffe genannt

---

119 Zangger, Eberhard 1994, S. 217f.

wird. In den Texten aus Ugarit (*Alasia-Korrespondenz*) ist Alasia im Gegensatz dazu noch Alliierter von Ugarit. Die in Ugarit gefundenen schriftlichen Dokumente lassen damit den Schluss zu, dass Zypern zum Zeitpunkt der Destruktion von Ugarit noch funktionsfähig war.[120] Damit muss der Untergang Zyperns zeitlich *nach* der Zerstörung von Ugarit liegen. Lehmann fasst daher wie folgt zusammen:

> *„Unter den genannten Aspekten verstärkt sich daher der Eindruck, dass der große Umbruch im Levantebereich mit der Besetzung Alasia-Cyperns und der Zerstörung von Ugarit durch die „Seevölker"-Stammesverbände sich in einer sehr kurzen Zeitspanne, ja mit geradezu erstaunlicher Schnelligkeit vollzogen haben muss, während die Katastrophe des großköniglichen Regimes (Hatti, Anm. des Verf) und die verheerenden Zerstörungen im hethitischen Kernbereich erst um einiges später erfolgt sein dürften."*[121]

Ausgrabungen auf Zypern weisen auf Unterbrechungen im Besiedlungsstatus im hier betrachteten Zeitraum um *1191 BCE*. Die Zäsur markiert in der Keramikdatierung das Ende der Periode, die als *Spätzypriotisch II C* bezeichnet wird. Wenn diese zeitliche Einordnung zutrifft, wären mit Ugarit und Zypern zwei der wesentlichen Produktions- bzw. Distributionszentren für Metalle im östlichen Mittelmeerraum in kurzer Folge nacheinander untergegangen. Dies wäre in der heutigen Welt u.U. vergleichbar mit einer aufeinanderfolgenden Zerstörung der Wall Street in New York und der Londoner Bankencity. Die Konsequenzen für die Versorgung der damaligen Kulturzentren mit Metallen und für die darauf aufbauenden Wirtschaftssysteme dürften erheblich gewesen sein, zumal mit dem fast zeitgleichen Untergang von Hattusha ein für die Handelswege in und um Kleinasien stabilisierender Machtfaktor entfallen war.

Einige Siedlungen auf Zypern blieben verlassen, andere wurden wieder aufgebaut bzw. neu gegründet. In den letztgenannten wurde die für die Seevölkerzeit typische Keramik vom *Typ Mykenisch III C 1:b* gefunden, die vermutlich zwischen 1190 und 1165 BCE dort produziert wurde und in Gebrauch war. Außerdem sind Abbildungen von Kriegern mit gehörnten Helmen und Federkronen gefunden worden.[122]

Eine These besagt, dass neben den Sikelern/Sikalayu, deren charakteristisches Merkmal die Hörnerhelme waren, möglicherweise auch die Achäer an den Eroberungen von Zypern oder zumindest etwas später an der Neubesiedlung beteiligt gewesen sind, denn aus der fraglichen Zeit ist auf Zypern mykenische Töpferware gefunden worden.[123] In klassischer Zeit sprachen die Zyprioten zudem einen griechischen

---

120 Robbins, Manuel 2001, S. 187, 214 und 215.

121 Lehmann, a.a.O., S. 91f.

122 Vgl. Robbins, Manuel 2001, S. 187.

123 Vgl. Robbins, Manuel 2001, S. 187.

Dialekt, der dem arkadischen verwandt war.[124] Eine Wanderung von Arkadiern nach Zypern müsste dabei zeitlich vor der Besiedlung der Peloponnes durch die Dorer – d.h. vor ca. 1100 BCE – stattgefunden haben. Ferner ist auf Zypern eine Begräbnisstätte eines offenbar mykenischen Kriegers ausgegraben worden, der aufgrund der typischen Bewaffnung identifiziert werden konnte.

Auch eine Beteiligung der Philister an den Besiedlungen auf Zypern kann nicht ausgeschlossen werden. Killebrew und Lehmann verweisen in diesem Zusammenhang auf die enge Verwandtschaft materieller Kulturelemente zwischen Zypern und der südlichen Levante, dem späteren Siedlungsgebiet der Philister.[125]

8.6.4 Amurru und Kanaan

Otten und Yasur-Landau gehen davon aus, dass erst der Zusammenbruch des hethitischen Reiches und seine Auflösung in Einzelherrschaften es weiteren Gruppen der sog. Seevölker ermöglicht hat, die Wanderungen per Karren durch Zentralanatolien und über Ugarit und Zypern zu Schiff bis an die Nilmündung anzutreten.[126] Die große Seevölkerwanderung würde sich dann nach Otten *etwa ein bis zwei Jahrzehnte nach dem Untergang von Hattusha* im politischen und militärischen Vakuum nach dem Auseinanderfall der kleinasiatischen Zentralgewalt abgespielt haben.[127]

Der „erste Feindkontakt“ der Ägypter mit den Seevölkern soll im 5. Regierungsjahr von Pharao Ramses III (1180 BCE) stattgefunden haben, zu einer Zeit, als die Seevölker in Amurru nach umfangreichen Verwüstungen ihr zentrales Lager als Basis für weitere Operationen aufgeschlagen hatten. Amurru, das gebirgige Gebiet nördlich von Byblos und westlich des Orontes, gehörte seit den Eroberungen von Suppiluliuma I zu den südlichsten Vasallenstaaten des hethitischen Reiches.[128]

Vermutlich hat sich nach der Zestörung von Hattusha und dem Untergang des hethitischen Reiches eine größere Menge von Menschen aus Kleinasien mit Hab und Gut in Bewegung gesetzt und ist nach Süden gewandert. Ob neben der bereits erwähnten Nahrungsmittelknappheit noch andere Faktoren für diese Wanderung verantwortlich gewesen sind, wird im weiteren Verlauf des Buches noch untersucht.

124 Vgl. Karageorghis (1994) und Deger-Jalkotzy (1994) in Eder, a.a.O., S. 280; Robbins, Manuel 2001, S. 222.

125 Vgl. Killebrew; Lehmann, a.a.O., S. 15.

126 Vgl. Otten, a.a.O., S. 21, Yasur-Landau, Assaf 2010.

127 Vgl. Otten, a.a.O., S. 23.

128 Vgl. Lehmann, a.a.O., S. 88f, Hölbl, a.a.O., S. 131.

Die Seevölker müssen Amurru damit deutlich nach der Zerstörung von Ugarit und Mukish sowie nach den Angriffen auf Kilikien und Zypern erreicht haben. Cline datiert die Verwüstung von Amurru auf 1187 bis 1185 BCE.[129] Betroffen waren die Städte Emer, Ras Bassit, Ras Ibn Hani, Gibala (Tell Tweini) sowie Sumur (Tell Kazel).[130]

Kanaan stand im Unterschied zu Amurru unter ägyptischer Kontrolle. Dies entsprach dem Status Quo in der Levante seit der Schlacht von Kadesh. Die Zerstörungen in Kanaan müssen kurz danach, also ca. 1183 BCE, stattgefunden haben. In Kanaan sind offenbar Megiddo, Lachisch, Akko, Deir Alla und Beth Shan betroffen gewesen.[131]

8.6.5 Ägypten

Zwischen den Angriffen der Seevölker im Gefolge der Libyer im Jahr 1208 BCE auf Ägypten unter Pharao Merneptah, einem Sohn Ramses II, und den Abwehrschlachten unter Ramses III um 1180 BCE musste Ägypten mit innenpolitischen Unruhen fertig werden. Auf Seti II (1203–1194 BCE), einem Sohn des Merneptah, folgte eine Periode, in der ein junger Pharao names Siptah gemeinsam mit einer der Frauen von Seti II, Twosret, regierte (1197–1191 BCE), wobei Twosret nach dem Tod von Siptah noch zwei Jahre alleine weiter an der Macht blieb (1191–1189 oder 1188–1186 BCE[132]). Mit Twosret endete die 19. Dynastie. Die folgende 20. Dynastie wurde von Setnakht begründet, der von 1186 bis 1184 BCE regierte. Auf ihn folgte Ramses III, in dessen Regierungszeit die zweite Welle der Angriffe der Seevölker fiel.

Die *Quellen* für die Angriffe der Seevölker auf Ägypten aus den Jahren 1208, 1180 und 1177 BCE sind verschiedene Tempelinschriften, insbesondere aus dem Totentempel Ramses III. in Medinet Habu, sowie Stelen und Papyri, darunter der Papyrus Harris. Bei der Interpretation der Angaben auf diesen Dokumenten ist wichtig, dass sie nicht in erster Linie als historische Urkunden, sondern vorrangig als Kunstwerke für einen sakralen Zweck aufgesetzt wurden. Die darin enthaltenen Abläufe müssen damit dem ägyptischen bronzezeitlichen Geschichtsbewusstsein entsprechen, mit der darin verankerten Rolle des Pharao als übermächtigem Herrscher, der die Weltordnung gegen Störungen aufrechterhalten muss.[133] Der Erzählstil erinnert in einigen

---

129 Vgl. Cline, Eric H. 2014, S. 114.

130 Vgl. Cline, Eric H. 2014, S. 112f.

131 Vgl. Cline, Eric H. 2014, S. 114f.

132 In unterschiedlichen Quellen wird die Regierungszeit um 3 Jahre versetzt angegeben bzw. angenommen. Die spätere Regierungszeit würde besser in den hier angenommenen Kontext passen und wird im Folgenden unterstellt.

133 Vgl. Hölbl, a.a.O., S. 121f. Dieser Darstellungstypus wird in der Ägyptologie als „Königsnovelle" bezeichnet. Vgl. auch Sternberg – el Hotabi, a.a.O., S. 25.

Punkten an die homerischen Epen, wie z.B. in der Rolle der Götter, die das Kampfgeschehen lenken, oder auch bezogen auf die Beinamen des Pharao.

Nach dem ersten abgewehrten Angriff im Jahre 1208 BCE im Gefolge der Libyer zogen die Seevölker in den Jahren 1180 und 1177 BCE erneut gegen Ägypten. Die vorgelagerten Zerstörungen in anderen Ländern der Levante sind in den vorausgehenden Abschnitten beschrieben worden. Die Ägypter waren nicht nur gewarnt, sondern vermutlich hochbesorgt, da sie bereits erfahren hatten, dass die Länder *Hatti, Quadi* (wahrscheinlich *Kizzuwatna, Kilikien*), *Karkemisch, Arzawa, Alasia* (Zypern) und *Amurru* zerstört worden sind.

Die Seevölker lagerten um 1180 BCE in Amurru – und damit bedrohlich nahe am ägyptischen Grenzgebiet, dem Protektorat Kanaan – von wo aus die Ägypter den ersten Feindkontakt hatten.[134]

Als Herkunftsgebiet der Seevölker werden erneut die „nördlichen Inseln" genannt bzw. die Inseln inmitten des Meeres. Die in den Tempelreliefs von Medinet Habu genannten Volksstämme sind die *Peleset, die Tjekker,* die *Sekelesh,* die *Denyen* und die *Weses.* Als sichtbare Kennzeichen sind auf den Reliefs *Feder- bzw. Schilfblattkronen oder Hörnerhelme* zu erkennen.[135]

Die Motive für die Angriffe der Seevölker in den Jahren 1180 und 1177 BCE (im 5. und 8. Regierungsjahr von Ramses III) auf Ägypten scheinen nicht in einem Raubzug (raid) zu liegen. Dagegen spricht, dass die Seevölker auf den Reliefs der Tempelwände mit ihren Familien und ihrem Hab und Gut auf Ochsenkarren versuchen, in Ägypten Fuß zu fassen. In den ägyptischen Berichten heißt es, dass die Seevölker *„ihr Land abschnitten",* was sie als Flüchtlinge klassifiziert. In der Seevölker-Inschrift gibt es eine weitere Stelle, die angibt, dass die ankommenden Völkerschaften in Ägypten zunächst um Frieden und Siedlungsraum gebeten haben.

Die Seevölker scheinen sich, ausgehend von ihrem Lager in Amurru, in einen Teil aufgeteilt zu haben, der zur See gen Ägypten fuhr und einen anderen Teil, der mit Familie, Hab und Gut zu Lande nach Süden zog.[136] Die Vermutung liegt daher nahe, dass es sich um eine Wanderung mit dem Ziel handelte, neue Wohnsitze zu finden, nachdem die Volksgruppen – so die Annahme von Hölbl – *‚aufgrund einer Völkerunruhe im Norden'* aus ihren Wohnsitzen vertrieben wurden, in die sie nicht zurückkehren konnten.[137] Hölbl führt diese Angabe nicht weiter aus, so dass der genauere geographische Bezug sowie die möglichen Ursachen ungenannt bleiben. Auf eine denkbare Spezifi-

134 Vgl. Hölbl, a.a.O., S. 140.
135 Vgl. Hölbl, a.a.O., S. 133.
136 Vgl. Sternberg – el Hotabi, Heike 2012, S. 23.
137 Vgl. Hölbl, a.a.O., S. 134.

kation der Aussage von Hölbl soll in der zusammenfassenden Schlussbetrachtung der Arbeit noch einmal eingegangen werden.

Nach der ersten Feindberührung im Jahr 1180 BCE erfolgte dann 1177 BCE im 8. Regierungsjahr Ramses III der Hauptangriff der Seevölker auf Ägypten.[138] Ramses III richtete das ägyptische Militär auf eine große Abwehrschlacht zu Land und zur See ein. Er musterte die Landstreitkräfte und errichtete in Dahi (oder Zahi = Kanaan[139]) eine Landgrenze, an der die *Maryannu*, also die Streitwagenkräfte, stationiert wurden. Außerdem wurde die Flotte ausgerüstet und die perusische Nilmündung befestigt.

Die Niederlage der Seevölker gegen die ägyptischen Truppen wird im Detail im sog. Papyrus Harris sowie in den Tempelreliefs von Medinet Habu beschrieben. Die Reihenfolge der Reliefs in Medinet Habu legt nahe, dass die Landschlacht zeitlich zuerst stattgefunden hat,[140] wahrscheinlich in Kanaan und möglicherweise in Küstennähe.[141] Die Gegner trugen ausschließlich Federkronen und sind vermutlich z.T. Peleset, evtl. auch Tjekker und/oder Danuna.[142] Im Gefolge der Kämpfer sind schwere Wagen, Frauen und Gerätschaften zu erkennen.[143]

Abb. 25: Ausschnitt aus dem Seevölkerschlacht Relief in Medinet Habu mit Federkronenträgern (vermutlich Peleset) [Guttandin u.a. (Hrsg.): ,Inseln der Winde', S. 160]

138 Vgl. Bittel, a.a.O., S. 53, und S. 125, Amtsantritt von Ramses III war der 26.03.1184.

139 Vgl. Robbins, Manuel 2001, S. 281.

140 Vgl. Robbins, Manuel 2001, S. 281.

141 Maspero, Albright und Alt vermuten, dass die Ägypter das Hauptlager der Seevölker in Amurru angegriffen haben. Andere Wissenschaftler halten dies für unwahrscheinlich. Vgl. Robbins, a.a.O., S. 289.

142 Vgl. Sternberg – el Hotabi, Heike 2012, S. 30.

143 Vgl. Robbins, Manuel 2001, S. 283.

Auch zur See wird die Koalition von Aggressoren im Nildelta (Perusischer Arm) von den Ägyptern zurückgeschlagen. Unter den Gegnern der Ägypter zur See sind neben den Federkronenträgern (Peleset) die Sherden anhand ihrer typischen Helme zu identifizieren. Sternberg El-Hotabi weist allerdings darauf hin, dass es sich auch um Shekelesh gehandelt haben könnte, deren Hörnerhelmtypus leicht differenziert zu denen der Sherden dargestellt wird.[144]

Die Sherden bzw. Shekelesh agieren dabei mit eigenen Schiffen und getrennt von denen der Federkronenträger. Der Schiffstyp der Angreifer lässt sich mit seiner typischen Vogelbugform als ägäisch bzw. der Urnenfelderkultur zugehörig identifizieren.

Die Seeschlacht scheint den Charakter einer Vernichtungsschlacht gehabt zu haben. Die Landschlacht ist dagegen eher als eine geglückte Abwehr zu werten, evtl. mit einer nur formellen Unterwerfung der Angreifer.[145] Es ist offenbar zu einer größeren Zahl von Gefangenen gekommen, die in der Folge nach ägyptischen Angaben z.T. als Grenzschutztruppen an befestigten Orten in Kanaan angesiedelt werden. Offen ist, wie durchgreifend der von Ramses III proklamierte Sieg in der Landschlacht wirklich war. Fakt ist, dass die ägyptische Kontrolle von Kanaan nach Ramses III nur noch formeller Natur gewesen ist.

8.7 Siedlungen der Seevölker im Anschluss an die Wanderungen

8.7.1 Siedlungen in Kanaan

Ramses III nimmt für sich in Anspruch, die Seevölker zu Lande und zu Wasser entscheidend geschlagen zu haben. Nach seinen Angaben wurden die besiegten Volksstämme von ihm in Kanaan als Garnisonen für die dortigen befestigten Städte eingesetzt. Ein Teil der ankommenden und besiegten Flüchtlinge scheint von Ramses III in der Tat im Nildelta angesiedelt worden zu sein. Dies berichtet der Papyrus Harris, der Ramses III wie folgt zitiert:

> *„Ich siedelte sie an den befestigten Plätzen, bezwungen in meinem Namen. Zahlreich waren ihre Mannschaften wie Hunderttausende. Ich stattete sie aus mit Kleidung und Korn von den Speichern jedes Jahr.“*[146]

---

144 Vgl. Sternberg – el Hotabi, Heike 2012, S. 30f.

145 Vgl. Hölbl, a.a.O., S. 138.

146 Vgl. Zangger, Eberhard 1994, S. 248.

In der Tat lassen sich die Seevölker im Anschluss an die Schlachten in Ägypten in Kanaan nachweisen. Für die örtliche Zuordnung der einzelnen Gruppen scheint dabei eine Rolle gespielt zu haben, mit welchen Partnerstädten die jeweilige Gruppe vor den Auseinandersetzungen besondere Handelsbeziehungen hatte.[147]

Im Papyrus Harris gibt Pharao Ramses III an, die von ihm besiegten *Philister* in seinem Namen als Vasallen in den Städten an der südlichen Levanteküste angesiedelt zu haben. Spuren der Philister finden sich dort insbesondere in der sog. Pentapolis, den Städten Ekron, Ashdod, Gath, Gaza und Ashkelon. In dieser neuen Heimat erreichen sie eine wichtige Machtposition auf der Grundlage ihrer Fertigkeiten in der Eisenherstellung, die nach dem Untergang des Hethiterreiches weitere Verbreitung fand.

Den Darstellungen von Ramses III einer Ansiedlung unterworfener Völker in Grenzgarnisonen steht allerdings entgegen, dass für Ägypten die Kontrolle über Kanaan und die wichtige Handels- und Militärwege nach Norden (Horusweg) in der Folgezeit verloren ging. Dies war spätestens um 1100 BCE ein allgemein akzeptiertes Faktum. Wissenschaftler gehen daher heute davon aus, dass der Sieg von Ramses III zumindest zu Lande nicht so durchgreifend gewesen ist, wie von ihm selber behauptet. Barako stellt hierzu zusammenfassend fest, dass die Präsenz der Philister in der südlichen Levante aus seiner Sicht nicht *„as garrisoned prisoners of war, but rather as an intrusive population hostile to Egypt"*[148] zu verstehen ist.

Nach etwas über einem Jahrhundert in der neuen Heimat verliert sich die Spur der Philister schließlich als Folge von Assimilation durch die Hebräer und Phönizier.

Die *Tjekker* lebten gemäß ägyptischer Schriften nach der Abwehr durch Ramses III in der Stadt Dor in der Nachbarschaft der Shekelesh. Dies wird berichtet im Papyrus von Wen Amun, einem ägyptischen Offiziellen, der um 1075 BCE nach Byblos reiste und berichtete, dass die Tjekker die Stadt Dor kontrollierten.[149] In der Tat ist auf Zypern, in Ugarit und in Haifa in direkter Nachbarschaft der Stadt auch ein grauer Keramiktypus *(handmade burnished ware)* gefunden worden, die Ähnlichkeiten zu einer Keramikart aufweist, die in Troja in dieser Zeit in Gebrauch und Umlauf war. Da diese Keramik damals keine besonders begehrte Handelsware war und daher auf häuslichen Gebrauch schließen lässt, ist evtl. von einer direkten Besiedlung von ehemaligen Bewohnern der Troas auszugehen, was durch die Angriffe der Achäer verursacht worden sein kann.[150] Etwas nördlich der Tjeker siedelten *Shardana* an der Küste Palästinas

---

147 Vgl. Zangger, Eberhard 1994, S. 241.

148 Barako, Tristan J.: „Philistines and Egyptians in Southern Coastal Canaan during the Early Iron Age", in: Killebrew und Lehmann (Hrsg.), a.a.O., S. 51.

149 Vgl. Robbins, Manuel 2001, S. 291.

150 Vgl. Woudhuizen, Frederik Christiaan 2006, S. 109.

in der Stadt Akko. Es ist allerdings darauf hinzuweisen, dass es neben den Erwähnungen im Wen Amun Papyrus für diese Siedlungsvorgänge nur wenige archäologische Belege gibt.[151]

Für die *Denyen* wird in ägyptischen Quellen kein separates Siedlungsgebiet genannt. Oben ist bereits darauf hingewiesen worden, dass die Achäer oder Danaer wahrscheinlich maßgeblich an der Zerstörung und Wiederbesiedlung von Städten in Kilikien beteiligt waren. Robbins und Woudhuizen verweisen hierzu auf einen Ansatz des israelitischen Archäologen Yigael Yadin, der hinter dem biblischen Stamm Dan Reste der Danuna vermutet.[152] Biblische Quellen (Genesis 49:16) legen demnach nahe, dass die Dan erst nachträglich und im Laufe der Zeit in den Stammesverband der Israeliten integriert wurden. Das ursprüngliche Siedlungsgebiet der Dan vor der Wanderung nach Norden lag ebenfalls in unmittelbarer Nähe der Seevölkersiedlungen zwischen Ashdod und Dor. Ferner passen die Charakteristika der danaanitischen Protagonisten (Samson, Delilah, Deborah) eher zu einem den Philistern ähnlichen Seefahrervolk.[153]

Weder in Kilikien noch in Kanaan waren die Siedlungen der Danaer zahlenmäßig groß bzw. nachhaltig genug, um die ansässigen luwischen bzw. semitischen Sprachelemente zu verdrängen.[154] In Summe werden die Seevölker für ca. 150 Jahre zu einem wichtigen Machtfaktor in der Levante, bevor Sie durch Assimilation sowie durch den Verlust der politischen Eigenständigkeit nach der Eroberung durch die Assyrer im Dunkel der Geschichte verschwinden.

8.7.2 Siedlungen in Italien

Nach anderen Quellen (hier sind insbesondere die griechischen klassischen Historiker zu nennen) siedelten Seevölker nach Abwehr durch Ramses III auch in Italien, Sizilien und Sardinien. In den Thyrrenern oder Tyrsenern werden demnach die Ahnherren der Etrusker gesehen, aus den Sherden werden die Sardinier und aus den Shekelesh die Sizilier. Diese Theorie stützt sich auch auf die bereits erwähnten Referenzen u.a. bei Herodot, wonach die Tyrsener gemeinsam mit Teilen der Pelasger als Kolonisten infolge einer Hungersnot nach Italien ausgewandert sind.[155]

---

151 Vgl. Yasur-Landau, Assaf 2010, S. 170f.
152 Vgl. Robbins, Manuel 2001, S. 312f und Woudhuizen, Frederik Christiaan 2006, S. 77f.
153 Vgl. Robbins, Manuel 2001, S. 312f. „And Dan, why did he remain in ships?", Buch Richter, V, 17.
154 Vgl. Woudhuizen, Frederik Christiaan 2006, S. 74.
155 Vgl. Herodotus „The Histories", a.a.O., I, 94, auch bei Dionysios von Halikarnassos erwähnt.

Darüber hinaus gibt es offenbar sprachliche Verwandtschaften zwischen Etruskisch und Luwisch, die sich auf anderem Wege nicht erklären lassen.[156] Eine weitere Siedlungsbewegung kann es gemäß des bereits erwähnten Zitats bei Thukydides nach dem Trojanischen Krieg gegeben haben. Thukydides erwähnt Trojaner, die nach der Flucht aus Troja in Sizilien siedeln.[157] Die Route dieser Seevölkergruppen nach der Abwehr durch die Ägypter entspricht dabei den traditionellen Handelsrouten über Libyen nach Italien, eine Strecke, die wir auch in der Odyssee wiederfinden werden.

Eine Wanderung der abgewehrten Seevölker nach Italien wird heute von einigen Wissenschaftlern insofern bezweifelt, als es auch Indizien für eine autochtone Entwicklung der Etrusker in Italien gibt.[158] Die o.a. sprachlichen Verwandtschaften zwischen luwisch und etruskisch sprechen jedoch gegen diese Theorie und stützen in der Tat die Annahme eines Wanderungsprozesses.

Unter den Historikern, die die Wanderung aus Kleinasien nach Italien für denkbar halten, gibt es unterschiedliche Meinungen über den möglichen Zeitpunkt. Eine Denkrichtung unterstellt eine Migration um 1200 BCE, eine andere setzt dieses Datum wesentlich später um 750 BCE an.[159] Bei der Annahme des früheren Zeitpunktes stehen die bereits zitierten Aussagen von Herodot im Vordergrund, der die Migration von Tyrsenos in einen bronzezeitlichen Kontext einordnet.[160] Wenn es zu dieser frühen Wanderung gekommen ist, hat sie sich allerdings nicht in der Form von archäologischen oder schriftlichen Zeugnissen niedergeschlagen.

156 Vgl. Fortson, Benjamin W. IV 2010, S. 275. Fortson verweist neben sprachlichen Parallelen außerdem auf kulturelle Praktiken und genetische Studien, die die Etrusker mit Kleinasien verbinden. Allerdings gibt es auch die gegenteilige Ansicht, dass die etruskische Kultur direkt aus der nordzentralitalienischen *Villanova-Kultur* hervorgegangen ist. Nach Ansicht des Autors könnte ein Erklärungsansatz auch eine Verbindung dieser beiden Theorien mit einer Vermischung kultureller Elemente sein.

157 Vgl. Thukydides „Geschichte des Peloponnesischen Krieges", a.a.O., VI, 2, S. 443.

158 Vgl. Woudhuizen, Frederik Christiaan 2006, S. 79.

159 Vgl. Woudhuizen, Frederik Christiaan 2006, S. 79.

160 Die Dynastie von Manes, Atys und Lydos wird von Herodot vor derjenigen der Herakliden eingeordnet und damit in das 12. Jh. BCE.

9 Der Untergang der mykenischen Palastkultur

Vor dem Hintergrund des Untergangs des Hethiterreiches sowie der Seevölkerwanderungen am Ende der Bronzezeit wird im Kontext des nahezu gleichzeitigen Niedergangs der mykenischen Paläste häufig die Frage gestellt, ob die mykenischen Griechen Opfer, Teilnehmer oder sogar wesentliche Treiber dieser Prozesse gewesen sind.[1] Die historischen, mythischen und archäologischen Quellen liefern hierzu z.T. scheinbar widersprüchliche Befunde.

Um 1190 BCE wurde nicht nur Hattusha, sondern wurden auch die wichtigsten Palastzentren in Griechenland offenbar relativ plötzlich zerstört, wobei der archäologische Befund vielerorts Brandspuren aufweist.[2] Der Datierungsansatz auf das Jahr 1190 BCE ist dabei eine moderne Konvention und nicht unbedingt wörtlich zu nehmen. Der Untergang der mykenischen Palastkultur wird von Archäologen mit dem Ende der Phase *Späthelladisch III B 2* in Verbindung gebracht, die etwa um das Jahr 1190 BCE in die nachfolgende Phase *Späthelladisch III C* überging. Die genaue Abgrenzung zwischen den Phasen *Späthelladisch III B* und *Späthelladisch III C*, die den Übergang in die sog. *Nachpalastzeit* markiert, sowie möglicherweise einer Übergangsphase wird von den Archäologen z.T. noch unterschiedlich interpretiert.[3] Funde des nachfolgenden Keramiktyps *Späthelladisch III C* u.a. in Tell Kazel (Sumur) legen jedenfalls nahe, dass in Südgriechenland bereits vor 1177 BCE dieser Keramiktyp von Bewohnern der Nachpalastzeit produziert wurde. Insofern ist wahrscheinlich davon auszugehen, dass der Untergang der mykenischen Paläste vor diesem Zeitpunkt anzusiedeln ist.

Die Vorgänge gingen offenbar mit erheblichen Bevölkerungsbewegungen, regional auch mit deutlichen Bevölkerungsrückgängen einher. In keinem der zerstörten Palastzentren wurden anschließend Gebäude in einer vergleichbaren Größenordnung wieder aufgebaut. Zwar blieben einige Palastzentren besiedelt und auch die griechische Sprache weiter in Gebrauch. Jedoch gingen die administrativen Strukturen verloren

---

1 Vgl. Robbins, Manuel 2001, S. 108ff.; Strobel, August 1976, S. 235ff.

2 Vgl. hierzu Dickinson, Oliver: „The Collapse at the End of the Bronze Age", in: Cline, Eric H. (Hrsg.), „The Oxford Handbook of the Bronze Age Aegean", Oxford, 2010, S. 486.

3 Vgl. Jung, Reinhard: „Relative Chronology", in: Cline, Eric H. (Hrsg.), „The Oxford Handbook of the Bronze Age Aegean", Oxford, 2010, S. 174f.

und auch das Konzept eines übergeordneten Herrschers, des *wanax*, verschwand.[4] Der Zeitraum um 1190 BCE markierte insofern einen wesentlichen Einschnitt, ohne dass der genaue Zeitpunkt innerhalb der beschriebenen Spannbreite bisher exakt datiert werden konnte.[5]

Auch die Ursachen dieses Bruchs in der Entwicklung der mykenischen Palastkultur sind noch nicht abschließend geklärt und wurden verschiedentlich mit Einfällen der Seevölker, natürlichen Ursachen wie klimatischen Veränderungen oder einer Serie von Erdbeben, ökonomischen Faktoren oder einem Systemkollaps in Verbindung gebracht.[6]

Shelton ist der Ansicht, dass Anzeichen eines Niedergangs der Palastkultur bereits deutlich früher spürbar gewesen sind und insofern der Zerstörungsprozess der Paläste sich u.U. über mehrere Jahrzehnte erstreckt hat. Sie sieht mehrere zeitlich und regional unterschiedliche Gründe für den Untergang der Paläste, wobei ihrer Auffassung nach natürliche Ursachen und insbesondere Erdbeben eine Rolle gespielt haben.[7] Dieser Auffassung widersprechen Knapp und Mannig, die feststellen, dass ein Nachweis von Erdbeben als wesentliche Ursache der kulturellen Veränderungen am Ende der mykenischen Palastzeit schwierig ist und Erdbeben auch im Allgemeinen selten langfristige kulturelle Veränderungsprozesse auslösen.[8] Auch für Klimaveränderungen als Treiber des Niedergangs fehlen noch die robusten chronologischen Daten.[9]

Im Hinblick auf den sog. „Systemkollaps" werden u.a. von Deger-Jalkotzy interne strukturelle Schwächen und soziale Spannungen in den mykenischen Gesellschaften vorgebracht, die am Ende zu Revolten geführt haben sollen. Ein Hinweis von Deger-Jalkotzy verweist darauf, dass in der Schlussphase der mykenischen Palastzeit möglicherweise der Import von Rohmaterialien schwieriger wurde.[10] In diesem Zusammenhang wäre dann die weitere Frage zu stellen, ob diese vermuteten Importschwierigkeiten ev. auf das hethitische Handelsembargo oder auf die Unterbrechung von etablierten Handelswegen z.B. durch die Seevölker in Zypern oder Ugarit zurückzuführen wären. Von Iakovidis wurde hierzu die These vorgebracht, dass wesentliche Handelszentren in der Levante u.U. vor den mykenischen Palästen zerstört worden sind.[11]

4 Vgl. Maran, 2009, S. 242.
5 Vgl. Dickinson, a.a.O., S. 487.
6 Vgl. Deger-Jalkotzy, Sigrid: „Decline, Destruction, Aftermath", in: Shelmerdine, Cynthia W. (Hrsg.), „The Cambridge Companion to the Aegean Bronze Ag", Cambridge, 2008, S. 387ff.
7 Vgl. Shelton, Kim: „Mainland Greece", in: Cline, Eric H. (Hrsg.), „The Oxford Handbook of the Bronze Age Aegean", Oxford, 2010, S. 146.
8 Vgl. Knapp; Manning, a.a.O., S. 112.
9 Vgl. Knapp; Manning, a.a.O., S. 112.
10 Vgl. Deger-Jalkotzy, a.a.O., S. 390.
11 Vgl. Maran „The crisis years? ...", a.a.O., S. 245.

Maran sieht auf Basis der archäologischen Funde in Tiryns keine Anzeichen einer vorher absehbaren Krise und betont die nachhaltige Bedeutung von Tiryns für den Handel mit Zypern und den kosmopoliten Charakter der Stadt bis in die Jahre unmittelbar vor dem Untergang.[12] Auch die im ägäischen Raum gefundenen Linear-B Tafeln, die aus den Jahren bzw. dem Jahr unmittelbar vor dem Kollaps der Palastwirtschaften stammen müssen, enthalten offenbar keine Hinweise auf eine krisenhaft zugespitzte Situation. Im Hinblick auf die von Iakovidis vorgebrachte These kommt Maran zu dem Schluss, dass die mykenischen Paläste aus seiner Sicht knapp vor den Handelszentren der Levante untergegangen sind. Auf diese These wird im Folgenden noch zurückzukommen sein, da die Reihenfolge durchaus auch umgekehrt gewesen sein kann.

Im Hinblick auf die Rolle die Einfälle externer Bevölkerungselemente – vermutet werden hier häufig die Seevölker – in diesem Zusammenhang gespielt haben könnten, lassen sich aus den archäologischen Funden folgende Schlüsse ziehen:

In der Phase *Späthelladisch III C* tauchen im materiellen Befund vermehrt Metallobjekte auf, die ihren Ursprung in Italien, dem Nordwestbalkan sowie Zentraleuropa haben. Darüber hinaus findet sich in dieser Phase eine neue handgemachte Keramik *(handmade burnished ware)* ebenfalls nicht-mykenischen Ursprungs.[13] Beide materiellen Spuren werden z.T. mit eindringenden Bevölkerungselementen und insbesondere mit den *Seevölkern* im Kontext der Adriatheorie in Verbindung gebracht.[14] Die Interpretation, dass der Untergang der mykenischen Paläste somit auf Einfälle der Seevölker zurückgeht, ist jedoch aus verschiedenen Gründen problematisch. Jüngste Ausgrabungsergebnisse zeigen, dass sowohl die Metallgegenstände als auch die handgemachte Keramik bereits in der vorausgehenden Phase *Späthelladisch III B 2* vorhanden waren, wenn auch in geringerem Umfang. Schachermeyr weist somit darauf hin, dass es sich beim Untergang der mykenischen Palastkultur möglicherweise um einen politischen oder kulturellen Bruch handelte, der allerdings nicht durch eine neue Keramikgattung oder -phase in Griechenland im archäologischen Befund sichtbar wird.[15]

Strobel fasst eine Analyse von Desborough zusammen, indem er potenzielle Einbrüche von Ethnien von außerhalb der mykenischen Koine aus verschiedenen Richtungen (Adria, Sizilien, Kleinasien, Thessalien) nach Griechenland bewertet.[16] Mit der

12 Vgl. Maran „The crisis years? ...“, a.a.O., S. 246f.

13 Vgl. Deger-Jalkotzy, a.a.O., S. 389. Diese Keramik findet sich in den entsprechenden Phasen auch auf Kreta.

14 Vgl. Deger-Jalkotzy, a.a.O., S. 389.

15 Vgl. Schachermeyr, a.a.O., S. 242 und 244.

16 Vgl. Strobel, August 1976, S. 235f.

Ausnahme von Pylos, das möglicherweise von See aus bedrängt und zerstört wurde, scheint es keine Anzeichen einer externen Besetzung der Palastzentren nach 1190 BCE zu geben.[17] In der Tat scheint die mykenische Kultur lokal differenziert auf einem anderen Niveau durchaus weiterbestanden zu haben. Strobel kommt daher zu dem Schluss, dass wahrscheinlich überwiegend interne Gründe zu einem Kollaps der Palastwirtschaften in Griechenland geführt haben.[18]

Die weiter oben diskutierte sog. Seevölkerkeramik in Form lokal produzierter Imitate mykenischer Töpferwaren vom Typus *Mykenisch III C 1:b,* wird in Kilikien, Kreta, Zypern und Kanaan mit einem Versatz von wenigen Jahren oder Jahrzehnten etwas später greifbar. Furumark und Yasur-Landau sehen daher im Fall von Mykene bzw. dem Untergang der mykenischen Palastkultur einen wesentlichen Faktor, der zu der Ausbreitung der Seevölkerkeramik im östlichen Mittelmeerraum durch die Emigration von Teilen der mykenischen Bevölkerung in neue Siedlungsgebiete beigetragen hat.[19] Killebrew und Lehmann sehen die Seevölker demgegenüber weniger als verzweifelte Flüchtlinge aus zerstörten Palastzentren als vielmehr kommerziell interessierte und aktive Teilnehmer an den spätbronzezeitlichen Veränderungsprozessen.[20]

Wenn also a) das Auftreten der Seevölker im östlichen Mittelmeerraum und die Zerstörungen am Ende der Bronzezeit in einem inhaltlichen Zusammenhang zum Untergang der Palastzentren stehen, b) die Seevölker zumindest in Teilen aus dem ägäisch-westkleinasiatischen Raum und der mykenischen Koine stammen und c) es in Griechenland keine Anzeichen für Fremdeinflüsse bei der Zerstörung der Palastzentren gibt, müssen laut Strobel zumindest Teile der *Seevölker* aus dem Siedlungsbereich der mykenischen Koine stammen, also selber Mykener – oder Philister/Pelasger – sein. Einwanderungen neuer Ethnien nach Griechenland aus dem Norden (Thessalien) haben erst Generationen später stattgefunden. Insgesamt sind die Auffassungen der Wissenschaftler bzgl. der Ursachen und Folgewirkungen des Untergangs der mykenischen Palastkultur allerdings, wie hier dargestellt, noch nicht einheitlich.

Nach Ansicht des Autors lassen die vorliegenden Befunde u.U. auch noch eine andere Interpretation zu. Zerstörungen durch eine Kette von Erdbeben sind grundsätzlich möglich, als Ursache eines zivilisatorischen Bruchs aber eher als unwahrscheinlich einzustufen und eine externe Eroberung offensichtlich nicht nachweisbar. Wenn

17 Auch für Pylos ist die Annahme einer Eroberung durch fremde ethnische Elemente umstritten. Vgl. Müller, Marko: „Schwerter zu Pflugscharen! Eine Neuinterpretation der pylischen o-ka-Tafeln als Verzeichnis mykenischer Textilarbeiter“, in: bonjour.Geschichte 2, bremer online journal geschichte, 2012.

18 Vgl. Strobel, August 1976, S. 237.

19 Vgl. Strobel, August 1976, S. 227f.; Yasur-Landau, Assaf 2010, u.a. S. 58.

20 Vgl. Killebrew; Lehmann, a.a.O., S. 17.

man Maran im Grundsatz folgt, eine längere Krise im Vorfeld der Umwälzungen – zumindest für Tiryns – ausschließt und im Gegenteil bis kurz vor den Untergang ein kosmopolites Umfeld mit aktiven Handelskontakten insbesondere nach Zypern unterstellt, ist evtl. auch eine andere Abfolge der Ereignisse denkbar:

Maran verweist darauf, dass die Mykener bereits in den Phasen SH I bis SH IIa nicht nur ein Interesse an den tyrrhenischen Gebieten um und nordwestlich der Straße von Messina hatten, sondern auch dort präsent waren, was durch umfangreiche Keramikfunde nachweisbar ist. Dieses Interesse lag offenbar in der Absicherung der Zinn- und Bernsteinlieferungen aus Cornwall und der Bretagne über die sog. *Atlantikroute* über die Flusssysteme Westeuropas begründet.[21]

Nimmt man an, dass die Zinnversorgung der mykenischen Paläste auf der Atlantikroute durch das Vordringen der Urnenfelderkultur in die Handelswege für atlantisches Zinn erschwert worden sind, ist davon auszugehen, dass die Palastkulturen für diesen systemkritischen Rohstoff Ende des 13. Jh. BCE in einiger Abhängigkeit zu Zinnlieferungen über Ugarit und Zypern standen. Auch die Kupferversorgung aus Zypern muss für die Palastwirtschaften von erheblicher ökonomischer Bedeutung gewesen sein. Mit dem Vordringen der Seevölker aus dem zentralen Mittelmeerraum in Richtung auf Zypern, der Zerstörung von Ugarit 1192 BCE und Teilen von Zypern 1191 BCE kann es insofern zu kurzfristigen und schwerwiegenden Disruptionen der Zinn- und Kupferbelieferung nach Griechenland gekommen sein.[22]

Als Reaktion auf diese vermuteten Lieferengpässe könnten die Mykener versucht haben – das jedenfalls legen die mythischen Überlieferungen nahe – die alte Schwarzmeerroute wieder zu öffnen, wofür eine Ausschaltung von Troja als Kontrolle des Engpasses über die Dardanellen zwingend erforderlich wurde. Diese Öffnung der Schwarzmeerroute und der Krieg gegen Troja waren nur im Verbund nahezu aller Palastmächte Griechenlands und unter hohem Ressourceneinsatz möglich. Nahezu gleichzeitig und in Abwesenheit der herrschenden Anführer kollabierten die Wirtschafts- und Palaststrukturen im mykenischen Griechenland mit nachfolgenden politischen und gesellschaftlichen Umwälzungen. Dieser Umbruch motivierte wiederum Teile der mykenischen Bevölkerung, sich den Seevölkerbewegungen anzuschließen.

Dieser Ansatz, der in den folgenden Abschnitten noch genauer analysiert wird, wäre zumindest einigermaßen mit den mythischen und antiken historischen Überlieferungen konsistent. Die Palastwirren und Umstürze sind in der Mythologie jedenfalls ein Phänomen, mit dem sich erst die Heimkehrer aus Troja unmittelbar auseinander-

21 Vgl. Maran, „Wessex und Mykene ...“, a.a.O., S. S. 56 und 58.

22 Einschränkend ist hierzu anzumerken, dass Funde von LH III C Keramik in Ugarit nahelegen, dass die Zerstörung der Stadt bereits in der mykenischen Nachpalastzeit stattfand. Dies stünde der o.a. Reihenfolge der Vorgänge entgegen.

setzen mussten. Neben den homerischen Epen gehen auch die klassischen Historiker davon aus, dass der Trojanische Krieg den Zusammenbruch des heroischen Zeitalters erst ausgelöst hat.[23] So ordnet Thukydides den Untergang der mykenischen Palastkultur etwa 80 Jahre nach dem Trojanischen Krieg und damit etwas später als hier vorgeschlagen ein.[24] Diese Hinweise und z.T. sicher spekulativen Überlegungen zeigen, dass es sich u.U. lohnt, mit den Inhalten der mythischen Überlieferungen eingehender dahingehend zu beschäftigen, ob und inwieweit sie Hinweise auf die Abläufe am Ende der Bronzezeit enthalten.

23 Cline erwähnt demgegenüber eine abweichende Meinung des britischen Archäologen Guy Middleton, der die Zerstörungen in Griechenland auf ca. 1225 bis 1180 BCE und damit möglicherweise vor die Seevölkerwanderungen datiert.

24 Vgl. Wood, Michael 2005, S. 30.

10 Mythen – Die kulturelle Software der Bronzezeit

Die dramatischen Ereignisse zum Ende der Bronzezeit haben nicht nur in den materiellen Hinterlassenschaften für einen Bruch gesorgt, sondern auch in der kulturellen Software der betroffenen Völker tiefe Spuren hinterlassen. Dies betrifft zum einen das Wertesystem, an dem sich die damaligen Menschen orientiert haben, zum anderen aber auch das Verständnis dieser Menschen von ihrer eigenen Position und Geschichte. Eine besondere Rolle kommt in diesem Zusammenhang der mythologischen Überlieferung zu.

Bereits für die indo-europäischen Gesellschaften um ca. 3500 BCE lassen sich das Vorhandensein von Mythen und öffentlich vorgetragenen Gedichten bzw. Gesängen vermuten.[1] Für die *indo-europäischen Mythen* kann man überdies bestimmte gemeinsame und sehr alte Leitmotive feststellen, die in den verschiedenen Kulturen in unterschiedlicher Form verarbeitet wurden. Es scheint Parallelen in der Vorstellungswelt und Art der Interpretation von Ereignissen zwischen den Volksgruppen in der Bronzezeit gegeben zu haben. Besonders deutlich treten diese Parallelen zwischen den Überlieferungen der verschiedenen indo-europäischen Gruppen bzw. Stämmen zutage und zwar in einem geographischen Raum, der von Indien bis nach Europa reichte.[2]

Der griechische Terminus *mythoi* lässt sich mit ‚Erzählungen' oder ‚Überlieferung' übersetzen.[3] Heute bezeichnet man mit Mythos im Volksmund demgegenüber eine zumindest weitgehend erfundene Geschichte. In der heutigen Wissenschaft gibt es bezüglich der antiken Mythen im Verhältnis zu historischen Ereignissen zwei Denkrichtungen.

Die sog. *Skeptizisten* sehen in den Mythen tradierte bzw. traditionelle Geschichten, die in verschiedenen Varianten existieren, übernatürliche Elemente beinhalten, weitgehend symbolhaft sind bzw. einen Lehrcharakter aufweisen und einen Zeitbezug

---

1 Vgl. Dowden, Ken: „The epic tradition in Greece", in: Fowler, Robert (Hrsg.) „The Cambridge Companion to Homer", Cambridge, 2004, S. 189.

2 Vgl. Puhvel, Jaan 1993. Persische und Indische Traditionen (Mythologie, Sprache, Religion) haben starke Gemeinsamkeiten. Indo-Aryan: Rigveda, Indo-Iranian: Zarathustra/Avesta. Daher ist die Annahme belegt, dass die Rigveda und die Avesta auf eine gemeinsame Quelle zurückgehen. Vgl. auch Avari, a.a.O., S. 63.

3 Vgl. Latacz, Joachim 2004, S. 251f.

haben, der sich nicht in einen Zusammenhang mit konkret datierbaren historischen Fakten bringen lässt.[4]

Die sog. *Positivisten* sehen demgegenüber in den Mythen im Kern das Ziel bzw. den Anspruch, historisches Wissen zu übermitteln.[5] Die Art der Übermittlung orientiert sich an den kontemporären Glaubensvorstellungen, Bildern und Beschreibungen zeitlicher Abfolgen. Insbesondere die griechischen Historiker im Altertum hatten im Kern keine Zweifel an der Geschichtlichkeit der mythologisch überlieferten Stoffe, auch wenn bestimmte Einzelfakten relativiert wurden.

Nachdem die zeitgenössischen schriftlichen Überlieferungen und die archäologischen Funde aus der späten Bronzezeit bei der Rekonstruktion der Ereignisse noch Interpretationslücken lassen, ist die Frage zu stellen, inwieweit die Mythen helfen können, diese Lücken evtl. zu schließen. Bei der Beantwortung der Frage, ob die Mythen herangezogen werden können, um für das Ende der Bronzezeit im östlichen Mittelmeerraum verwertbare Informationen zusätzlich zum archäologischen und historischen Befund zu erhalten, sollen folgende Kriterien herangezogen werden:

- Enthalten die Mythen *spezifische* Informationen?
- Sind diese Informationen zwischen verschiedenen Mythen bzw. Teilen von Mythen inhaltlich *konsistent*?
- Sind die in den Mythen beschriebenen Vorgänge im archäologischen und historischen Rahmen *plausibel*?

Da die Mythen keine historischen Berichte im engeren Sinne sind – weder aus heutiger Sicht noch nach dem Verständnis der der klassischen Historiker – ist es wichtig, vorab darauf einzugehen, wie Mythen erzählt und schließlich aufgezeichnet wurden. Dabei soll auf die Rolle der Mythen sowie ihre wesentlichen Elemente und Erzählformen eingegangen werden, in denen die zu transportierenden Informationen eingebettet wurden.

10.1 Die Rolle von Mythen in der Bronzezeit

In der Bronzezeit wurden die für die damaligen Menschen wesentlichen und herausragenden Ereignisse in der Form von Mythen weitergegeben und an die folgenden Generationen überliefert. Besonders wichtig waren in einer Zeit umfangreicher Wande-

4 Vgl. Kershaw, Stephen P. 2007, S. 21 sowie die Diskussion der Schriften von Finley und Giovannini, zitiert bei Visser, Edzard 1997, S. 45f., aber auch Hertel, Dieter 2001.

5 Darunter u.a. Visser (1997), Latacz (2004) und Burkert (1995).

rungen beispielsweise Abstammungsmythen, die es den Menschen der damaligen Epoche erlaubten, ihre Identität und Geschichte in den beschriebenen sich entwickelnden Mischgesellschaften zu bewahren.[6] Ebenso wurden in mythischer Form Geschichten über Landnahmen und Eroberungen[7] überliefert.

In Summe lassen sich viele wesentliche und historisch fassbare Ereignisse der späten Bronzezeit auch als Inhalt von Mythen nachweisen. Dies gilt für das heutige Griechenland, aber in ähnlicher Form z.B. auch für die Zeit der indo-europäischen Einwanderungen in Indien. Auf die dabei verwendenten Erzähltechniken in einer noch weitgehend vorschriftlichen Kultur sowie die verwendeten Bilder und Inhalte – so z.B. die Rolle von Göttern und Heroen – wird im Folgenden noch genauer einzugehen sein.

Es ist möglich und bereits angedeutet worden, dass bestimmte Themen oder Elemente einzelner Charaktere innerhalb der bronzezeitlichen Mythen auf alte indo-europäische Vorbilder zurückgehen. So gibt es Autoren, die Parallelen zwischen den vedischen und griechischen Mythen erkennen.[8] Zur Dekodierung der in diesen Mythen überlieferten kulturellen Software sollen im Folgenden daher auch die großen indischen Epen – insbesondere das Mahabharata – herangezogen werden.

Der sog. *Epische Zyklus* aus Griechenland mit den Mythen um den Trojanischen Krieg wie auch das *Mahabharata* aus Indien wurden in der Bronzezeit in Form der sog. bardischen mündlichen Überlieferung weitergegeben.[9] Auch die *Ilias* und die *Odyssee* sind im Stil einer mündlichen Dichtung verfasst. Diese sog. *oral poetry* war offenbar unter bestimmten Rahmenbedingungen in der Lage, Inhalte über ein halbes Jahrtausend und länger ohne größere Veränderungen zu überliefern, wobei mitunter Details aus späteren Perioden hinzugefügt wurden, um die Zusammenhänge verständlicher zu machen.[10] Dabei wurde ein großer Wert auf eine wörtlich getreue und korrekte Überlieferung gelegt. Die Ausbildung der Barden bzw. Aoiden dauerte entsprechend lange.

Die Epen wurden zur Lyra bzw. Phorminx[11] vorgetragen oder gesungen. Dabei wurde auf ein Versmaß (im Beispiel der griechischen Epen den Hexameter) zurückgegriffen, um dem Vortrag Rhythmus zu geben und ein Auswendiglernen zu erleichtern.

---

6 Bsp. die Mythen um Kadmos oder Pelops als Begründer von Dynastien.

7 Z.B. in den Mythen um Sarpedon in Kleinasien, oder dem Mythos von Theseus auf Kreta. Vgl. auch die Rigveda ‚the Aryan God Indra destroyed a hostile people called the Dasus or Dasyus, who lived in fortified places called pur" nach Avari, Burjor 2007, S. 52.

8 Vgl. Dowden, a.a.O., S. 189.

9 The Mahabharata, Translated by John D. Smith, London, 2009, Einführung S. Lxvi, Homer „The Odyssey", a.a.O., Einführung S. Xxvii. Wood stellt eine bronzezeitliche Bardenkultur in Frage, dem stehen jedoch eindeutige Hinweise in den Epen entgegen.

10 Vgl. Cavalin (2002) in Kristiansen, Kristian; Larsson, Thomas B., S. 22.

11 Die Phorminx gehört in die Familie der lyra-artigen Instrumente und war in Homer"s Zeiten in Gebrauch. Aus der Phorminx hat sich später die 7-seitige Kithara entwickelt (vgl. Dowden, a.a.O., S. 191).

Die Gesänge mussten in der Tat erlernt werden. Der Zwang, umfangreiche Inhalte in einer großen Zahl von Versen wiederzugeben, führte zu einer gewissen Formelhaftigkeit der Epen. Aufgrund der außergewöhnlichen Länge der Dichtungen sowie des Zwanges zum Versmaß wird ein Repertoire von standardisierten und vorformulierten (*prepackaged*) Phrasen, Sätzen und Szenen eingesetzt. Sogar die sog. *Kataloge* (Schiffskatalog, Verbündetenkatalog) der Ilias, die lange Aufzählungen von Personen und Ortschaften beinhalteten, konnten auf diese Weise mit Hilfe der Improvisationstechnik generiert und reproduziert werden.[12] Der Sänger (Barde oder Aoide) konnte somit den Text variieren, allerdings nicht willkürlich, sondern innerhalb eines bekannten Gesamtrepertoires an Geschichten und innerhalb der Grenzen des Versmaßes.[13]

Die Dichtungen sind in dem Sinne traditionell, dass sie über eine größere Zahl von Generationen mündlich weitergegeben wurden. Die Themen der Dichtungen verarbeiten Materialien, die über hunderte von Jahren überliefert worden sind. Eine Verschriftlichung fand erst bei der Ilias um 700 BCE, beim indischen Mahabharata wohl um 300 bis 400 BCE statt. Es ist daher nicht überraschend, dass z.T. mehrere Varianten der gleichen Sage im Umlauf waren.[14]

Die großen bronzezeitlichen Mythen in Griechenland und Indien hatten einen Trend zur *Inklusivität*. Darunter ist zu verstehen, dass der ursprüngliche Mythenkern im Laufe der Zeit weiter angereichert wurde, um das Geschehene möglichst umfassend zu erklären. Für das indische Mahabharata ist der Satz „*what is not found here is to be found nowhere.*"[15] geprägt worden. Damit hat das Mahabharata einen quasienzyklopädischen Anspruch. Nachdem der Text dadurch im Zeitverlauf (hier ist von mehreren Jahrhunderten auszugehen) immer umfangreicher wurde, wurde dieser Anspruch zu einem selbsterfüllenden Automatismus.[16] Auch bei den griechischen Epen sind derartige Tendenzen erkennbar. So sind einige Parallelen bei Passagen der Argonautensage mit Elementen aus der Odyssee erkennbar.[17]

---

12 Vgl. Visser, Edzard 1997, S. 750.

13 Vgl. auch Kristiansen, Kristian; Larsson, Thomas B. 2005, S. 352.

14 Korrekterweise muss hier im deutschen Sprachgebrauch zwischen *Sage* und *Lied* differenziert werden. Eine Sage beschreibt eine mündliche Überlieferung, was durch das Wort selber ja auch schon angedeutet wird. Ein *Lied* (z.B. Nibelungenlied) bezeichnet dagegen eine verschriftlichte Form der Sage, wobei sich das Wort *Lied* vom lateinischen *littera*, also Buchstaben, ableitet.

15 The Mahabharata, a.a.O., S. L.

16 The Mahabharata, a.a.O., S. lxvi.

17 Vgl. Codino, Fausto 1970, S. 21.

10.2 Gestaltungselemente der bronzezeitlichen Mythen[18]

10.2.1 Die Abbildung der stratifizierten Gesellschaften im Mythos

Es ist oben bereits dargestellt worden, dass die indo-europäischen Bevölkerungsgruppen Vorstellungen von einem klar gegliederten Gesellschaftssystem mit einem Kriegerstand und einem separaten Stand von Priestern und Sehern mitbrachten, die in einigen Fällen von der indigenen Urbevölkerung abgegrenzt waren und im Extremfall, wie in Indien, in einem Kastenwesen mündeten, in anderen Fällen (Hethiter) schrittweise mit der ansässigen Bevölkerung verschmolzen.[19] Die neuen Eliten wurden vom Rest der Bevölkerung offenbar als qualitativ unterschiedliche Menschen wahrgenommen.[20]

Es ist vor diesem Hintergrund wichtig zu verstehen, dass die uns überlieferten Mythen wie z.B. die Ilias, die Odyssee, die Argonautensage oder auch das indische Mahabharata die Erzählungen eben dieses und über diesen elitären und spezialisierten Kriegerstand – ein *martial epic* – waren. In der Einführung in die Ilias wird dazu gesagt „*The story centers round the aristocratic heroes, not the general mass of troops.*“[21]

Die im trojanischen Sagenzyklus beschriebenen Ereignisse (Frauenraub, Kriegerkultur mit starkem Ehrenkodex, Form der Kriegsführung) gehen u.U. auf eine bronzezeitliche Kultur dieser Kriegerkaste mit besonderer Wertorientierung zurück, die typisch für die Phase der indo-europäischen Wanderungen ist.[22]

Das Selbstverständnis dieses herausgehobenen Kriegerstandes wird in beiden Werken, besonders aber im Mahabharata, genau beschrieben. Dort wird in Kapitel 71[23] ausgeführt: „*Military affairs were in ancient times the sole concern of the military order, the kshatriyas. Their culture and their training were entirely their own charge. The principles and the secrets of warfare and the science and the art of the use of military weapons were handed down from generation to generation by traditions and personal instructions.*“

Die Spezialisierung des Kriegerstandes auf ihr Tagesgeschäft wird aus einer weiteren Textstelle deutlich:

---

18 Fortson und Puhvel beschreiben eine Anzahl von Gestaltungselementen, die typisch für die Mythen der indo-europäischen Gesellschaften und Gruppen gewesen sind. Diese können hier nur in wesentlichen Ausgriffen dargestellt warden (vgl. Puhvel, Jaan 1993; Fortson, Benjamin W. IV 2010, insbes. S. 19ff.).

19 Vgl. die Darstellung von Fortson, der hierzu auf die Arbeiten von Georges Dumezil aus den 50ger Jahren des vorigen Jahrhunderts Bezug nimmt. Fortson, Benjamin W. IV 2010, S. 19f.

20 Vgl. Kristiansen, Kristian; Larsson, Thomas B. 2005, S. 45.

21 Homer „The Iliad“, a.a.O., S. Xii.

22 Vgl. Robbins, Manuel 2001, S. 78f.

23 The Mahabharata, a.a.O., S. 227. Vgl. auch Burgess zum Kriegerethos in der Bronzezeit.

„In those days, all warriors wore heavy armour and the secret of hitting weak points such as joints and moving parts was specially studied by kshatriyas and was an important part of military training.“[24]

Hierzu passend bilden die Ilias, aber auch das Mahabharata, eine Zweikampfkultur ab, die im Kern nur zwischen den herausgehobenen Vertretern der Kriegerkaste stattfindet.[25] Auf die „rank and file“ Soldaten oder die Zivilbevölkerung wird in den bronzezeitlichen Quellen kaum eingegangen. Strauss führt hierzu aus *„A contest between champions was a standard procedure in the Bronze Age“*[26] und ergänzt *„duels (were) not unusual“*.[27] Die Duelle zwischen Arjuna und Karna aus dem Mahabharata, aber auch der biblische Kampf von David gegen Goliath sind neben den Duellen von Achilles und Hektor bzw. Ajax und Hektor nur ein Ausgriff der zahlreichen Beispiele.[28]

Innerhalb des Kriegerstandes wurden die Duelle nach bestimmten Regeln und Ritualen, eine Art ‚Code of Conduct‘, durchgeführt. Eine Beschreibung dieser Regeln in der Ilias wird vor dem Zweikampf von Menelaos gegen Paris geliefert.[29] Nach der Einigung auf ein Regelwerk wird dort die Einhaltung über Eide und Opfer beschworen. Sowohl in der Ilias als auch im Mahabharata werden die Zweikampfregeln immer wieder betont, wohl auch deshalb, weil sie in der Realität brutaler Konflikte so schwer durchzuhalten waren. Beide Epen enthalten Passagen, in denen der Zusammenbruch der Kampfethik beklagt wird.

In der Ilias sowie im Mahabharata war zudem eine formelle Kriegserklärung erforderlich. Vor Troja erfolgt diese durch eine Delegation von Menelaos und Odysseus am Hof des Priamos.[30] Parallelen zu dieser Vorgehensweise sind auch bei den Hethitern und in den bronzezeitlichen indischen Mythen zu finden.[31] Offenbar haben wir es mit verbreiteten bronzezeitlichen Verhaltensmustern und Normen zu tun.

24 The Mahabharata, a.a.O., S. 246.
25 Vgl. Kristiansen, Kristian; Larsson, Thomas B. 2005, S. 247.
26 Strauss, Barry 2006, S. 118.
27 Vgl. Strauss, Barry 2006, S. 124.
28 Vgl. Strauss, Barry 2006, S. 126f.
29 Vgl. Homer, „The Iliad“, a.a.O., III, 260.
30 Vgl. Strauss, Barry 2006, S. 70, 71.
31 Ähnliche Rituale sind auch aus den bronzezeitlichen indischen Mythen bekannt. Im Mahabharata muss König Yudishtira vor Beginn und nach der Schlacht bei den Anführern der Gegenseite förmlich um Vergebung bitten. The Mahabharata, Translated by John D. Smith, London, 2009.

10.2.2 Heroisierung

Bronzezeitlichen Herrschern und Helden wird neben einer irdischen oft auch eine göttliche Abstammung zugeschrieben. So wurden mesopotamische Könige in Darstellungen als Halbgötter abgebildet.[32] Die herausgehobene Rolle von Helden und Halbgöttern ist auch in der Mythologie ein gängiges Motiv.[33] Dies gilt insbesondere auch für die Heroen der homerischen Epen, wie beispielsweise Memnon oder Achilles. *„Achilles was descended directly from a goddess. It is possible that here, as perhaps elsewhere, Homer reflects Bronze Age concepts"*[34].

Auch die Protagonisten im indischen Mahabharata waren häufig Inkarnationen von Göttern (z.B. Krishna ⟶ Vishnu). Gleichzeitig entspricht dieses Konzept auch den Vorstellungen der Ägypter zu ihren Pharaonen und schlägt sich u.a. in der bildlichen Darstellung der Herrscher nieder.[35] Ähnliches gilt auch für die Hethiter. Wir haben es hierbei also möglicherweise mit parallelen Vorstellungen zu tun, die typisch für mehrere bronzezeitliche Gesellschaften gewesen sind.

Die Darstellung von Helden als (Halb-)götter beinhaltet somit offenbar neben der poetischen Würdigung besonderer Leistungen und Kräfte ein verbreitetes bronzezeitliches Gedankengut. Hierzu gehört zum einen die Respektsbezeugung der Normalsterblichen gegenüber den Mächtigen in der Gesellschaft. *„To declare someone no mere mortal but a god was a Bronze Age gesture of respect to the great and powerful"*.[36] Aber auch innerhalb des herausgehobenen Kriegerstandes war die Ansprache oder Titulierung als Halbgott offenbar eine höfliche Respektsbezeugung. So wird der Lykier Glaukos in der Ilias von Diomedes vor ihrem Zweikampf gefragt, ob er ein Gott sei.[37]

Kristiansen und Larsson weisen darauf hin, dass im gesamten östlichen Mittelmeerraum und im Vorderen Orient der Heroenstatus auch durch die Teilnahme an weiten Reisen und Expeditionen zur Erringung mystischer Gegenstände aus fremden Ländern gewonnen wurde.[38]

In Summe erlaubte die Verbindung von Helden mit den Göttern poetisch die Einordnung des Konfliktes in ein übergeordnetes gesellschaftliches und moralisches Gerüst. Sie sorgt überdies für eine Überhöhung einer als glorreich wahrgenommenen Vergangenheit bei den Menschen der nachfolgenden Epochen. Die homerischen Epen

---

32 Vgl. Kristiansen, Kristian; Larsson, Thomas B. 2005, S. 65.
33 Vgl. Burgess, Jonathan S. 2001, S. 167.
34 Vgl. Robbins, Manuel 2001, S. 4.
35 Vgl. Strauss, Barry 2006, S. 6.
36 Vgl. Strauss, Barry 2006, S. 64, 65.
37 Vgl. Homer „The Iliad", a.a.O., VI, 120, S. 103.
38 Vgl. Kristiansen, Kristian; Larsson, Thomas B. 2005, S. 39.

besch…en die bronzezeitlichen Kriegereliten ganzheitlich als eine *„race of men who …alf-gods“* im Kontrast zu den als schwächer wahrgenommenen nachfolgenden Ge…ationen.[39]

6.2.3 Fokussierung auf Einzelschicksale

Die überlieferten Textzeugnisse[40] der Bronzezeit – neben den griechischen Mythen sind hier auch z.B. die Tempelinschriften in Ägypten zu nennen – haben nicht in erster Linie die Absicht, objektive oder abstrakte Zusammenhänge z.B. politischer und strategischer Natur zu berichten, sondern sie stellen bewusst die Heldentaten oder persönlichen Schicksale Einzelner in den Vordergrund.[41] Dies gilt in ähnlichem Maße für die Heldentaten der ägyptischen Pharaonen wie für die Inhalte der Ilias oder des Mahabharata. Der Versuch einer Objektivierung und Relativierung der Geschehnisse findet erst bei den späteren griechischen Geschichtsschreibern statt.

Auch Loyalitäten wurden in der Bronzezeit nicht gegenüber einem Staat oder dem Volk, sondern auf der persönlichen Ebene und innerhalb von Stammesverbänden definiert.[42] Die Armee als abstrakte Institution ist eine Erscheinung des späteren klassischen Griechenlands.

So steht in der Argonautensage nicht der Zugang zu den Rohstoffen im Schwarzmeerraum im Mittelpunkt der Motivfindung für die Reise der Argo. Vielmehr wird auf das persönliche Schicksal des Iason als Hintergrund oder Begründung für die Fahrt der Argonauten eingegangen, seine Beziehung zu König Pelias, der ihn als potenziellen Konkurrenten fürchtet, sowie ein entsprechender Orakelspruch. Ähnlich verhält es sich auch bei den Gründen für den trojanischen Krieg. Der Urteilspruch des Paris und der Raub der Helena sind ebenfalls persönliche Motive, verbunden mit übernatürlichen Einflüssen.

---

39 Vgl. Clarke, Michael: „Manhood and heroism“, in: Fowler, Robert (Hrsg.) ‚The Cambridge Companion to Homer“, Cambridge, 2004, S. 79f. und 86.

40 Hier abzugrenzen von den dokumentarischen oder buchhalterischen Linear B Inschriften sowie den diplomatischen Briefen z.B. des Amarna Archivs oder aus Hattusa.

41 Vgl. Strauss, Barry 2006, S. 17, 19.

42 Vgl. Strauss, Barry 2006, S. 35, 36.

10.2.4 Elemente des in den Mythen beschriebenen bronzezeitlichen Wertesystems

Es ist natürlich unendlich schwierig bzw. spekulativ, aus den wenigen vorhandenen Quellen zu rekonstruieren, wie die Menschen einer so lange zurückliegenden Epoche wie der Bronzezeit tatsächlich gedacht und welche Werte sie ihrem Handeln zugrunde gelegt haben.[43] Dies überwiegend aus den Mythen des griechischen Kulturkreises zu schließen, muss unter den Vorbehalt gestellt werden, dass diese Mythen wahrscheinlich – wie oben angesprochen – im Kern das Wertesystem einer herausgehobenen Kriegerkaste und nicht der damaligen Menschen generell beschreiben. Es handelt sich möglicherweise auch um idealisierte Sollvorstellungen, die nicht immer den Anforderungen des täglichen Kriegerlebens gerecht wurden. Ein Rückschluss ist zudem nur dann in Ansätzen möglich, wenn die beschriebenen Verhaltensweisen auch tatsächlich bronzezeitlichen Ursprungs und keine späteren Hinzudichtungen sind. Allerdings gibt es auch im Hinblick auf die Wertorientierungen bestimmte Parallelen in den bronzezeitlichen Epen aus Griechenland und Indien, die zumindest vermuten lassen, dass die an den Tag gelegten Verhaltensweisen der Protagonisten auf bronzezeitliche Muster zurückgehen. Auch Kristiansen und Larsson stellen fest: „*The Iliad and the Odyssey [...] transmit a genuine Bronze Age ethos, supported archaeologically and textually.*“[44] Einige dieser Konzepte seien hier exemplarisch aufgeführt[45]:

10.2.4.1 *Arete*

Ein zentraler Begriff aus der homerischen Dichtung ist die *Arete*[46], was sich allgemein als *Tugend, Effektivität* oder *Ausschöpfung der physischen und geistigen Potenziale* übersetzen lässt. Bei Homer überwiegt bei der Beschreibung von Helden und Heroen die physische Komponente von Stärke und Kampfesmut, z.B. bei der Charakterisierung von Achilles. Aber auch Penelope wird *Arete* zugeschrieben, hier allerdings eher im Sinne von geistigen Qualitäten, z.B. der Kooperation. Die tugendhafte Königin von Scheria in der Odyssee hieß sogar mit Namen Arete. Es geht also in beiden Fällen um das

---

43 Vgl. Kristiansen und Larsson unterstellen allerdings ein neues Wertesystem und kulturelles Verständnis der Kriegereliten in der späten Bronzezeit (vgl. Kristiansen, Kristian; Larsson, Thomas B. 2005, S. 225).

44 Vgl. Kristiansen, Kristian; Larsson, Thomas B. 2005, S. 24.

45 Es gibt zahlreiche weitere Schlüsselbegriffe in den homerischen Epen, die möglicherweise helfen, das Wertegerüst der beschriebenen bronzezeitlichen Gesellschaft zu verstehen. Einige davon sind bei Fowler, a.a.O., S. 108 zu finden.

46 Die hier angeführten Informationen sind z.T. Wikipedia unter http://en.wikipedia.org/wiki/Arete entnommen.

korrekte und normenkonforme Verhalten, das von einem Krieger bzw. einer Ehefrau erwartet wurde.[47]

Erst in der klassischen griechischen Epoche des 5. und 4. Jh. BCE änderte sich der Begriffsinhalt und beinhaltet nunmehr auch Elemente wie Gerechtigkeit und Selbstbeschränkung.

10.2.4.2 *Kleos*

Die Helden und Halbgötter der griechischen Mythologie strebten nach *Kleos*, was mit *Ruhm in der Nachwelt* oder *tadelloser Ruf* übersetzt werden kann. Clarke schreibt *„The Homeric warrior is driven to action by a need for social validation.“*[48]

Für die Kämpfer der mythischen Periode war *Kleos* ein Grundwert, ja eine Obsession. Das Beispiel des Achilles, der, vor die Wahl gestellt, den Ruhm und einen frühen Tod über ein langes Leben stellte, ist geläufig.[49] *„Wenn der homerische Held den Tod auf dem Schlachtfeld in Kauf nahm, so deshalb, weil er hoffte, dadurch unsterblichen Ruhm zu erlangen“*.[50] Kristiansen und Larsson verweisen in diesem Zusammenhang auch auf die Bedeutung der großen Gräber für die Mitglieder der Kriegereliten (tholos, barrows), die diesen Ruhm sicher auch für die Nachwelt sichtbar machen sollten.[51]

Das Wort *Kleos* oder *Kle(w)os* war Bestandteil vieler Namen aus den bronzezeitlichen Mythen wie z.B. bei Herakles oder Eteokles. Es ist daher davon auszugehen, dass das dahinterliegende Wertkonzept keine Erfindung späterer Epochen ist, sondern auch bronzezeitliche Wertorientierungen widerspiegelt.

10.2.4.3 *Xenia*

Unter *Xenia* wird im bronzezeitlichen Griechenland ein nahezu universelles Gastrecht zwischen Mitgliedern des gleichen Standes verstanden, das den Gastgeber zu Gastfreundschaft und Bewirtung (gleichgestellter) Fremder verpflichtet.[52] Strauss schreibt hierzu *„hospitality was a standard at any gathering under another man's roof“*.[53] Die

---

47 In dieser Bedeutung kommt der Begriff *arete* dem indischen *dharma* sehr nahe.

48 Clarke, a.a.O., S. 77 und Kristiansen, Kristian; Larsson, Thomas B. 2005, S. 240ff.

49 Vgl. Strauss, Barry 2006, S. 156.

50 Svenbro, Jesper: „Stilles Lesen und die Internalisierung der Stimme im alten Griechenland“, in: Kittler, Friedrich; Macho, Thomas; Weigel, Sigrid (Hrsg.): „Zwischen Rauschen und Offenbarung – Zur Kultur- und Mediengeschichte der Stimme“, Berlin, 2008, S. 55.

51 Vgl. Kristiansen, Kristian; Larsson, Thomas B. 2005, S. 241ff.

52 Vgl. Kristiansen und Larsson verwenden in diesem Kontext den Begriff der „guest friendship“ (Kristiansen, Kristian; Larsson, Thomas B. 2005, S. 238ff.).

53 Vgl. Strauss, Barry 2006, S. 135.

Ursprünge dieses Gastrechtes gehen dabei womöglich auf uralte indo-europäische Bräuche zurück, die sich auch in den entsprechenden Sprachwurzeln identifizieren lassen.[54] Eine wichtige Funktion der *Xenia* war möglicherweise, Schutz und Sicherheit für Reisende innerhalb der weit reichenden Handelsnetzwerke zu garantieren.[55]

In den homerischen Epen gibt es zahlreiche Beispiele, in denen die Gastfreundschaft in Anspruch genommen wurde, so z.B. in der Odyssee beim Besuch von Telemach am Hof von Menelaos.[56] Scodel beschreibt die *Xenia* daher auch als eines der Leitmotive der Odyssee.[57] Auch in der Ilias ist der Raub der Helena für die Beurteilung aus Sicht der Zeitgenossen deshalb ein besonders starker Frevel, weil Paris die *Xenia* des Menelaos missbraucht, als er Helena entführt.[58] Anthony verweist außerdem auf das Beispiel von Diomedes und Glaukos, die ihren Zweikampf in dem Moment abbrachen, als sie merken, dass ihre Großväter sich gegenseitig das Gastrecht gewährt hatten.[59]

10.2.4.4 Die Rolle der Frauen

Die Tatsache, dass im bronzezeitlichen Ägypten Frauen wie Hatshepsut und Twosret als weibliche Pharaonen regierten, zeigt, dass Frauen in den damaligen Gesellschaften durchaus zu ‚Amt und Würden' kommen konnten. Auch am hethitischen Hof hatte die Königin (*Tawananna*) eine wichtige Machtposition.[60] Grundsätzlich waren die ursprünglich indo-europäischen Gesellschaften jedoch – möglicherweise im Gegensatz zu vor-indo-europäischen Gesellschaftskonzepten im Mittelmeerraum und im Nahen Osten – patriarchisch, patrilinear und patrilokal aufgebaut.[61] Frauen wurden daher oft in andere Familien hineinverheiratet, wobei in den Führungsschichten diese Hochzeiten auch der Bildung strategischer Allianzen dienten.[62]

In der poetischen Darstellungsweise der griechischen Mythen werden Frauen teils als tugendhaft und stark charakterisiert (z.B. Penelope, Königin Arete von Scheria). Zu einem anderen Teil wurden Frauen aber auch Opfer tragischer Schicksale (z.B. Andromache, Medea, Kassandra). Die Handlungen beschreiben somit ein Spannungsfeld

54 Vgl. Anthony, David W. 2007, S. 303.
55 Vgl. Kristiansen, Kristian; Larsson, Thomas B. 2005, S. 28.
56 Vgl. Homer „The Odyssey", a.a.O., IV, 80, 120.
57 Vgl. Scodel, Ruth: „The story-teller and his audience" in: Fowler, Robert (Hrsg.) „The Cambridge Companion to Homer", Cambridge, 2004, S. 54.
58 Vgl. Strauss, Barry 2006, S. 20, Latacz, Joachim 2004, S. 174.
59 Vgl. Anthony, David W. 2007, S. 303.
60 Vgl. Latacz, Joachim 2004, S. 65 und Kristiansen, Kristian; Larsson, Thomas B. 2005, S. 286.
61 Vgl. Fortson, Benjamin W. IV 2010, S. 20.
62 Vgl. Kristiansen, Kristian; Larsson, Thomas B. 2005, S. 238.

zwischen der häuslichen Sphäre *(oikos)*, in denen den Frauen oft großer Respekt entgegengebracht wurde, und der Kriegssituation, in denen Frauen zur Beute wurden.[63] Vor allem in der zweiten Rolle scheinen die oft brutalen Realitäten der bronzezeitlichen Eroberungs- und Plünderungsfeldzüge durch. Hierzu schreibt Wood über „*familiar raiding pattern of the sackers of cities, where the men are killed and the women carried off.*“[64]

Dieser Aspekt wird ebenfalls von Wengrow und Strauss betont, die im Zuge von Darstellungen von Handelskontakten auf die Schicksale von Frauen verweisen. Wengrow formuliert „*women are repeatedly compared to exotic goods*“.[65] Ähnlich äussert sich Strauss, wenn er schreibt „*In the Bronze Age, women were often regarded as a commodity*“.[66]

10.2.4.5 Die Rolle der Götter

In den bronzezeitlichen Gesellschaften von Sumer über Babylon und Ägypten bis nach Mykene wurden wichtige Ereignisse den Göttern zugeschrieben. Dies gilt auch für die in den homerischen Epen beschriebene Welt, für die Kearns zusammenfasst: „*Significant ideas, emotions and events are in some way caused by the intervention of a god*“.[67] Wenn die Götter zürnten, folgte eine Bestrafung der Menschen. Die Götter agierten dabei manchmal willkürlich, belohnten aber in der Regel Frömmigkeit und bestraften die Frevler.

Für die Menschen der Bronzezeit ließen sich über den Willen der Götter aber auch Wendungen und Schicksale verständlich machen, die sich nicht über korrektes (d.h. normenkonformes) Verhalten erklären lassen (*Dharma* in den indischen Mythen, *Arete* in den homerischen Epen). In den indischen Epen wird der z.T. schwer zu verstehende „purpose of the Gods“ als *Schicksal* (*fate*, indisch *daiva*) beschrieben.[68] Das Gegenteil des Götterwillens ist *paurusa* (human endeavour). Diese Konzepte dienten auch als Antwort auf die Frage, warum Tugend (*Arete* oder *Dharma*) nicht immer zum Sieg und Erfolg führt. Dieses Dilemma nimmt für die Menschen in den bronzezeitlichen Epen Indiens und Griechenlands breiten erzählerischen Raum ein. Das

---

63 Vgl. Felson, Nancy; Slatkin, Laura: „Gender and Homeric epic“, in: Fowler, Robert (Hrsg.) „The Cambridge Companion to Homer“, Cambridge, 2004, S. 91.

64 Wood, Michael 2005, S. 182ff.

65 Wengrow, David: „The Voyages of Europa – Ritual and Trade in the Eastern Mediterranean circa 2500–1850 BC“ in : Parkinson, William A. und Galaty, Michael L. (Hrsg.) „Archaic State Interaction – The Eastern Mediterranean in the Bronze Age“, Santa Fe, 2010, S. 142.

66 Strauss, Barry 2006, S. 28.

67 Kearns, Emily: „The Gods in the Homeric epics“, in: Fowler, Robert (Hrsg.) ‚The Cambridge Companion to Homer“, Cambridge, 2004, S. 59.

68 The Mahabharata, a.a.O., S. xli.

Mahabharata kommt dabei zu dem Schluss, dass das *Schicksal* nicht zu kontrollieren und daher die menschlichen Handlungen oft vergeblich sind.

Der Hintergrund dieses Glaubens lag in der Auseinandersetzung mit den Regelmäßigkeiten (Jahreszeiten) – aber auch der Willkür – der Natur. Die Auswirkungen von Naturereignissen wurden dabei auf das Prinzip der sozialen Ordnung übertragen.

Den Willen der Götter zu erfahren und zu deuten, war für die damaligen Menschen sehr wichtig. Der Zugang erfolgte u.a. über Träume, Orakel, Prophezeihungen oder Omen. Die Deutung der Inhalte dieser Orakel oblag der Kaste der Seher oder Brahmanen und begründet u.a. deren herausgehobene Stellung.

In den bronzezeitlichen Epen aus Griechenland, aber auch in denen aus Indien, sowie in den gefundenen Aufzeichnungen aus hethitischen und ägyptischen Quellen wird deutlich, dass das Wirken der Götter sehr konkret erlebt wurde, wobei die Götter in anthropomorpher Gestalt verehrt wurden.[69] So werden einerseits die Handlungen der Götter mit menschlichen Zügen und Schwächen beschrieben, auf der anderen Seite aber auch Menschen als Heroen und Halbgötter klassifiziert, so dass die Grenze zwischen Menschen und Göttern nahezu fließend ist. Neben den Helden der Ilias gilt dies auch für die Inkarnationen der indischen Epen, in denen alle wesentlichen Helden einen vedischen Gott verkörpern.

Der Pantheon in den bronzezeitlichen Kulturen im östlichen Mittelmeerraum war in der Bronzezeit sehr vielfältig. Bei den in die Region eingewanderten indo-europäischen Gruppen gab es im Bezug auf die Vorstellungen von der Götterwelt gemeinsame Wurzeln, die z.T. zeitlich sehr weit zurückreichen. Über diese Ursprünge lassen sich Gemeinsamkeiten zwischen geographisch so weit auseinanderliegenden Gebieten wie Skandinavien und Indien erklären.[70] So nehmen einige Forscher an, dass der indische Gott Varuna und der griechische Uranos gemeinsame Wurzeln haben. Der Donner- und Wettergott Zeus wurde als Jupiter (Dios pater) in Italien, als Tiyaz bei den Pala und als Dyaus in Indien verehrt. Die Religionen der Bronzezeit waren trotz dieser Gemeinsamkeiten keine Weltreligion, sondern nach Kristiansen eher *„a gigantic syncretic melting pot with a shared cosmology“*.[71]

Hinzu kommt, dass immer deutlicher wird, dass es im Zuge einer Intensivierung des Austausches zwischen den Kulturzentren auch zu Importen in der Götterwelt kam.[72]

69 The Mahabharata, a.a.O., S. Xxxvi, *‚Gods figure prominently in the Mahabharata, but the gods found there are not entirely the same as those hymned in the vedas. Something much closer to modern Hinduism has begun to emerge.“* (Siva is unknown to the Vedas). Vgl. auch Kearns, a.a.O., S. 65.

70 Vgl. hierzu Puhvel, Jaan 1993.

71 Kristiansen, Kristian; Larsson, Thomas B. 2005, S. 349.

72 Vgl. hierzu die Ausführungen von Görke zur Integration anderer Götter im Weltbild der Hethiter. Görke, Susanne: „Das Weltbild der Hethiter“, in: Spektrum der Wissenschaft, August 2015, S. 62–66.

Bereits angesprochen wurde der Demeterkult, der nach der griechischen Überlieferung von den Danaiden aus Ägypten eingeführt wurde. Die Ursprünge der Aphrodite-Verehrung scheinen auf Zypern gelegen zu haben, wobei es darüber hinausgehende Verbindungen bis hin nach Mesopotamien (Astarte) gab.

Ursprünglich hatte die Verehrung von Göttern auch lokale Elemente und war mit ortsbezogenen Heiligtümern verbunden. Bereits ab 2300 BCE fanden allerdings über Prozesse kultureller Transfers vor dem Hintergrund eines gemeinsamen indo-europäischen Erbes an religiösen Vorstellungen eine gewisse *Vereinheitlichung des Pantheons* statt, in dem Götternamen und Kulte zwischen unterschiedlichen regional auseinanderliegenden Bevölkerungsgruppen übertragen wurden.[73] Es sind in diesem Zusammenhang Beispiele kultureller Transfers im Pantheon der Ethnien im östlichen Mittelmeerraum bekannt (s. obige Beispiele), die die zusätzlich vorhandenen Parallelitäten in den Glaubensvorstellungen, die auf indo-europäische Wurzeln zurückgehen, ergänzten und überlagerten.[74]

Da die indischen aber auch die homerischen Epen die Erzählungen der Kriegerkaste in den jeweiligen bronzezeitlichen Gesellschaften widergeben, kommt den *Kriegsgöttern* in diesen Werken besondere Bedeutung zu. Ähnlich einer Szene in der Ilias, in der Apollon dem trojanischen Heer vorausstürmt[75], schreiten auch in den hethitischen und ägyptischen bildlichen Darstellungen die Kriegsgötter der Armee buchstäblich voran. *„In the Bronze Age, for example, Hittite and Egyptian accounts regularly give the gods a role in military campaigns“*[76]

So entspricht der in ganz Anatolien verehrte anatolische Sturmgott Tarhunt (hurritisch Teshub) als Donner- und Wettergott in seinen Eigenschaften im Wesentlichen dem Zeus der Griechen.[77] Außerdem besteht offenbar auch eine linguistische Verwandtschaft zum nordischen Gott Thor, die auf alte indo-europäische Wurzeln zurückgeht. Auch in der Ilias wird Tarhunt bzw. Zeus der trojanischen Seite zugeordnet, wo er bekanntlich häufig die Partei der Trojaner ergriff.[78]

Der aus der griechischen Mythologie bekannte Gott Apollo geht wahrscheinlich ebenfalls auf anatolische Wurzeln zurück. In Kleinasien wurde in der Bronzezeit ein

73 Vgl. Kristiansen, Kristian; Larsson, Thomas B. 2005, S. 95f.

74 Erneut sei auf die Beispiele von Görke im Weltbild der Hethiter verwiesen. Görke, Susanne: „Das Weltbild der Hethiter“, in: Spektrum der Wissenschaft, August 2015, S. 62–66.

75 Vgl. auch Woudhuizen, Frederik Christiaan 2006, S. 28.

76 Strauss, Barry 2006, S. 74; Hölbl, a.a.O., S. 126f. der auf die Parallele zu den Darstellungen auf den ägyptischen Tempelwänden im Zusammenhang mit den Seevölkerschlachten hinweist, in denen Amun-Re das Geschehen lenkt.

77 Vgl. Kristiansen, Kristian; Larsson, Thomas B. 2005, S. 96.

78 Vgl. Strauss, Barry 2006, S. 146.

Kriegsgott namens Appuliunas verehrt.[79] Möglicherweise haben die Griechen also den Gott Apollo aus Kleinasien übernommen.[80] Auch Kearns verweist darauf, dass insbesondere Götter wie Apollon und Artemis, die starke Verbindungen zum kleinasiatischen Festland hatten, in den Mythen die Sache der dortigen Gemeinden unterstützten.[81]

Gleiches gilt evtl. auch für den hethitischen Gott Iyarri, der möglicherweise in dem griechischen Gott Ares eine wohl auch linguistische Entsprechung hat.[82] In den homerischen Epen wird der somit aus Kleinasien importierte Ares oft noch Enyalios genannt.

Interessant an diesen Parallelen ist die Tatsache, dass die genannten Kriegsgötter mit kleinasiatischen Wurzeln in der Tat durchgängig diejenigen sind, die in der Ilias die Sache der Trojaner und ihrer kleinasiatischen Verbündeten unterstützen. Die Ilias scheint also relativ konsistent die religiösen Zuordnungen der späten Bronzezeit abzubilden.

Bei einer summarischen Betrachtung der in den Mythen identifizierbaren bronzezeitlichen Wertekategorien wird dort eine Gedankenwelt beschrieben, in der menschliche Stärken und Schwächen, Entscheidungen und Einzelschicksale im Mittelpunkt stehen. Wir haben es zu tun mit

> *„a human-centered universe in which human actions are of paramount importance; the world is a place of conflict and difficulty, and human value and meaning is measured against individual effectiveness in the world.“*[83]

Für Wendungen des Schicksals, die sich nicht durch die menschlichen Tugenden und ein normenkonformes Verhalten erklären lassen, werden die Götter als Erklärung herangezogen, die in der Bronzezeit menschliche Züge haben.

---

79 Dies geht u.a. aus dem Alaksandus-Vertrag hervor, in dem Appuliunas als einer der Hauptgötter angerufen wird.

80 So auch Görke, a.a.O., S. 64. Anders Hertel, der in Apollon einen rein griechischen Gott sieht (vgl. Hertel, Dieter 2001, S. 58).

81 Vgl. Kearns, a.a.O., S. 61.

82 Vgl. Strauss, Barry 2006, S. 149. Hierzu ausführlich Millington, Alexander T.: „Iyarri at the Interface: the Origins of Ares“, in: „Luwian Identities – Culture, Language and Religion between Anatolia and the Aegean“, Mouton, Alice; Rutherford, Ian; Yakubowitch, Ilya (Hrsg.), Leiden, 2013, S. 543–566.

83 http: en.wikipedia.org.wiki.Arete.

10.3 Die Mythen des Epischen Zyklus

Beim sog. *Epischen Zyklus* handelt es sich um eine Reihe von für den griechischen Kulturkreis bis heute zentralen Mythen in Gedicht- bzw. Versform neben der Ilias und der Odyssee, die u.a. den Trojanischen Krieg incl. seiner Vorgeschichte und die Folgeaktionen in Gänze beschreiben.[84] Die Kerninhalte des *Epischen Zyklus* umfassen die Erschaffung der Götter, die thebanischen Kriege sowie den Trojanischen Krieg.[85] Zu den Mythen im engeren Umkreis des Trojanischen Krieges gehören die sog. kleine Ilias, die Kypria, die Äthiopis, die Iliou Persis, die Nostoi und die Telegonie.[86]

Will man die Inhalte der Epen um den trojanischen Krieg aus heutiger Sicht in eine zeitliche Reihenfolge bringen, hat der Epische Zyklus folgende Schwerpunkte:[87]

Cypria:	(11 Bücher) Umfasst den Kriegsausbruch und die ersten 9 Jahre. *(Autoren: vermutlich Stasimos oder Hegesias aus Zypern)*.[88]
Ilias:	Beschreibt 2 Monate der Auseinandersetzung kurz vor dem Ende des Konfliktes *(Autor: Homer)*
Aithiopis:	(5 Bücher) Fokussiert auf den Kriegsbeitritt einiger Alliierter der Trojaner in der Schlussphase der Auseinandersetzung und den Tod des Achilles. Die Aithiopis wird für älter gehalten als die Ilias.[89] *(Autor: wohl Arktinos von Milet)*.[90]
Kleine Ilias:	(4 Bücher) Beinhaltet die Geschichte des Trojanischen Pferdes. *(Autor: Lesches von Mytilene)*.[91]
Iliou Persis:	(2 Bücher) Detailliert die Plünderung Trojas. *(Autor: wahrscheinlich ebenfalls Arktinos von Milet)*.
Nostoi:	(5 Bücher) Die Rückkehr verschiedener Helden der Achäer. *(Autor: Hagias von Troezen)*.
Odyssee:	Die lange und verzögerte Rückkehr des Helden nach Ithaka *(Autor: Homer)*
Telegonie:	(2 Bücher) Fortsetzung der Odyssee *(Autor: Eugammon von Cyrene)*

84 Der Begriff *Epischer Zyklus* ist bereits seit der hellenistischen Zeit in Gebrauch (vgl. Dowden, a.a.O., S. 197).

85 Es gibt Anzeichen dafür, dass der Epische Zyklus ursprünglich auch die Titanomachie und die Theogonie umfasst hat. Vgl. Dowden, a.a.O., S. 197.

86 Zu den Autoren gehört u.a. Arktinos von Milet.

87 Vgl. Strauss, Barry 2006, S. xxi, xxii und Dowden, a.a.O., S. 198ff.

88 Vgl. Dowden, a.a.O., S. 198.

89 Vgl. Codino, Fausto 1970, S. 45.

90 Vgl. Dowden, a.a.O., S. 199.

91 Vgl. Dowden, a.a.O., S. 199.

Die Mythen um den trojanischen Krieg neben der Ilias und der Odyssee gehören einer langen Tradition an, die außerhalb der homerischen Epen existierte. Die anderen Elemente neben den homerischen Epen sind aber nur in Fragmenten überliefert.[92] Wie oben bereits erwähnt, gehen einzelne Elemente der Mythen des *Epischen Zyklus* auf sehr alte bronzezeitliche Traditionen und Wurzeln zurück.[93] Eine genaue Datierung der Quellen und Anfänge dieser Traditionen ist schwierig.[94] Auf jeden Fall setzt die Existenz des *Epischen Zyklus* eine umfangreiche und lange Überlieferung der Geschehnisse um den Trojanischen Krieg voraus, die hier in Anlehnung an die Untersuchungen von Burgess zusammengefasst wird.[95] Dieser Mythos muss als mehr oder weniger einheitliche Geschichte seit der Bronzezeit überliefert worden sein.[96]

Jeder Gesang bzw. jedes Element des *Epischen Zyklus* hat ursprünglich wohl eine vollständige Erzählung des Trojanischen Krieges zum Inhalt mit z.T. parallelen Inhalten und Überschneidungen, aber auch Widersprüchen gehabt, so dass eine Entstehung der einzelnen Werke unabhängig voneinander postuliert werden kann.[97] Die Gesänge und deren Aufführungen setzten dabei bei den Zuhörern ein umfangreiches Wissen um die mythologische Storyline insgesamt voraus.[98] Einige Inhalte sind dabei mykenischen – d.h. bronzezeitlichen – Ursprungs, andere gehen auf das darauf folgende sog. *archaische Zeitalter* in Griechenland zurück, wiederum andere bilden Inhalte und Realitäten aus der Zeit der schriftlichen Abfassung der Mythen um 700 BCE ab.[99]

Die Überlieferung der Gesänge des Epischen Zyklus erfolgte über einen langen Zeitraum mündlich.[100] Vorgetragen wurden die Gesänge an Fürstenhöfen oder anlässlich von Festspielen durch professionelle Aoiden oder Rhapsoden. Die Verse wurden in einem vorgegebenen Versmaß (Metron) verfasst, wobei bestimmte metrisch passende Elemente als vorformulierte Formeln das Vortragen erleichterten.[101] Diese mündliche Kultur hat in Griechenland lange, d.h. bis weit in das 5. Jh BCE, Bestand gehabt, bevor nach und nach auch eine schriftliche Kultur neben sie getreten ist.[102]

---

92 Vgl. Burgess, Jonathan S. 2001, Appendix A Photius and Proklus.

93 Vgl. Burgess, Jonathan S. 2001, S. 33.

94 Vgl. Burgess, Jonathan S. 2001, S. 9.

95 Vgl. Burgess, Jonathan S. 2001, S. 35.

96 Vgl. Burgess, Jonathan S. 2001., S. 13. In den Zyklus eingebettet sind auch uralte indo-europäische Themen (vgl. Puhvel, Jaan 1993, S. 126ff und insbes. S. 141).

97 Vgl. Burgess, Jonathan S. 2001, S. 12, 24, 143 und 172.

98 Vgl. Burgess, Jonathan S. 2001, S. 48.

99 Vgl. Burgess, Jonathan S. 2001, S. 52.

100 Vgl. Burgess, Jonathan S. 2001, S. 35.

101 Auch im Hinblick auf diese Form der längeren rhythmischen Verszeilen wird über ältere indo-europäische Vorbilder spekuliert. Dowden verweist in diesem Zusammenhang auf die Parallelen zu den vedisch-indischen Mythen. Vgl. Dowden, a.a.O., S. 190.

102 Vgl. Burgess, Jonathan S. „S. 128.

Eine „Kristallisierung“[103] dieser unterschiedlichen Geschichten in der Form fester mündlich vorgetragener Gesänge (rhapsodischer Vorträge) ist für das archaische Zeitalter anzunehmen.[104] Eine Fixierung in Schriftform fand gegen Ende dieses Zeitalters statt. Auch in der Frühphase der schriftlichen Abfassung ist davon auszugehen, dass die aufgeschriebenen Werke über einen längeren Zeitraum für ein lautes Vorlesen gedacht waren.[105]

Trennungen der Gesänge in sog. *Bücher* sind in diesem Kontext wahrscheinlich auch durch die speziellen Erfordernisse der mündlichen Vorträge begründet, die einen erheblichen Zeitraum in Anspruch genommen haben dürften.[106] In dieser Phase existierten noch verschiedene Fassungen des Trojanischen Krieges nebeneinander. Die in diesem Zeitraum verfassten sog. Homerischen Gesänge (Ilias und Odyssee) haben die Tradition des Trojanischen Krieges nicht unmittelbar dominiert. Sie sind somit nur repräsentativ für eine wesentlich breitere Überlieferungsgeschichte der Ereignisse.[107] Die homerischen Epen stachen dabei allerdings offenbar bereits in der klassichen Antike gegenüber anderen Werken des *Epischen Zyklus,* aufgrund ihrer besonderen Qualität heraus.[108]

Ihre finale schriftliche Form haben die Gesänge des *Epischen Zyklus* lange nach der Tradition mündlicher Überlieferungen erhalten, wahrscheinlich während der hellenistischen Epoche.[109] Dabei wurden die einzelnen Werke gekürzt und u.a. durch Ausgriffe und neue Übergänge manipuliert, um einen durchgängigen und möglichst widerspruchsfreien Handlungsstrang zu erzeugen.[110] Mit dem Aussterben der mündlichen Überlieferungstechniken wurden diese endgültigen Fassungen die Bezugsgröße für die Geschichte des Trojanischen Krieges schlechthin.[111]

Die Kerninhalte des Trojanischen Krieges, wie er uns im *Epischen Zyklus* überliefert ist, sollen nachfolgend noch einmal in den Grundzügen dargestellt werden. Dabei erfolgt ein grober Abgleich mit den archäologischen Spuren und der Versuch, die mythische Auseinandersetzung plausibel in das in den Vorkapiteln entwickelte Szenario für das Ende der Bronzezeit im östlichen Mittelmeerraum einzuordnen.

---

103 Vgl. Burgess, Jonathan S., S. 12, 173.
104 Vgl. Burgess, Jonathan S. 2001, S. 173.
105 Vgl. Svenbro, a.a.O., S. 55–72.
106 Vgl. Burgess, Jonathan S. 2001, S. 31.
107 Vgl. Burgess, Jonathan S. 2001, S. 127.
108 So zumindest die Ansicht von Aristoteles. Vgl. Dowden, a.a.O., S. 200.
109 Vgl. Burgess, Jonathan S. 2001, S. 29.
110 Vgl. Burgess, Jonathan S. 2001, S. 13 und 33.
111 Vgl. Burgess, Jonathan S. 2001, S. 44.

10.4 Der Trojanische Krieg – Die Motivsuche

10.4.1 Frauenraub – Der Raub der Helena

Troja muss in der Bronzezeit eine außergewöhnlich reiche Stadt gewesen sein. Als solche ist sie aufgrund der Aussicht auf Plünderung für Seeräuber und Raider wie die Achäer ein attraktives Ziel gewesen. Allein diese Perspektive auf die Schätze des Hauses Priamos und der Einwohner wird weder in der Ilias als wesentlicher Kriegsgrund angegeben, noch passt er zu der Bildung einer überregionalen Allianz der Achäer, wie sie in der Ilias im Schiffskatalog beschrieben wird. Hierzu mehr in den folgenden Abschnitten.

Im Epos des Trojanischen Krieges ist der Auslöser der *Raub der Helena*, Königin von Sparta und Gattin des Menelaos, durch den trojanischen Prinzen Paris anlässlich eines Gastbesuches in Lakedaimon. Beide fliehen aus Sparta mit einem Teil des Thronschatzes zurück nach Troja.[112]

Mit dieser Motivlage hat Homer einen Kriegsgrund gewählt, der in den Wertekontext der bronzezeitlichen Gesellschaften passt. Codino stellt die Frage, ob Helena nicht sogar freiwillig nach Troja gefolgt ist.[113] Aber selbst bei einer unfreiwilligen Übersiedlung von Helena nach Troja, wäre die Ausgangslage nach damaligen Kriterien stimmig. Frauenraub war typisch für die Kriegsführung der bronzezeitlichen ‚*Raider*'.[114] Frauen waren eine begehrte Kriegsbeute, auch die achäischen Eroberer Trojas teilen anschließend die trojanischen Frauen untereinander auf. Hinzu kommt, dass Paris eines der international geachteten Rechte verletzt, das Gastrecht (*Xenia*).[115] Beide Kriegsgründe waren also für die Hörer der trojanischen Epen durchaus kontextkonform und nachvollziehbar.

Dennoch, für einen Konflikt der Größenordnung und Dauer des Trojanischen Krieges ist dieser Kriegsgrund allein nicht plausibel. So wenig die Metallexploration im Argonautenmythos als Motiv für den Zug nach Kolchis angegeben wird, wird in der Ilias auf die geo- und rohstoffstrategischen Gründe für einen Konflikt mit Troja verwiesen. In beiden Mythen sind es persönliche Schicksale und Weissagungen bzw. Göttersprüche (Orakelspruch über Iason, Urteil des Paris), die den Konflikt heraufbeschworen. Auch diese Art der Personifizierung ist für den bronzezeitlichen mythischen Erzählkontext die Norm.

---

112 Vgl. Strauss, Barry 2006, S. 13ff.

113 Vgl. Codino, Fausto 1970, S. 50.

114 Vgl. Wood, Michael 2005, u.a. S. 182ff.

115 Vgl. Latacz, Joachim 2004, S. 174.

Insgesamt ist also der Raub Helenas möglicherweise Auslöser des Trojanischen Krieges, wahrscheinlich aber nicht die tiefere und eigentliche Ursache des Konfliktes. Zur Identifikation der wirklichen Ursachen lohnt sich ein Blick in die zeitlich vorgelagerten Mythen.[116]

10.4.2 Die strategische Lage Trojas

Bei der übergeordneten Motivsuche für den Trojanischen Krieg soll zunächst der historische Kontext rekapituliert werden. Die Achäer hatten in den Jahren nach 1450 BCE das Erbe der Minoer in der Ägäis angetreten und ihren Einflussbereich nach Osten bis auf das kleinasiatische Festland ausgedehnt. Dabei kam es zu Kontakten zum hethitischen Reich und seinen Vasallenstaaten an der kleinasiatischen Küste, zu denen ab 1280 BCE (Alaksandu Vertrag) auch Troja gehörte. Interessant ist in diesem Zusammenhang besonders der im Tawagalawa Brief dokumentierte Disput um die der Küste vorgelagerten Inseln, der in der Zeit um 1250 bis 1240 BCE dokumentiert wurde.[117] Gemeint sind hier höchstwahrscheinlich die Sporaden Samothrake, Lemnos und Skyros. Diese Inseln liegen in unmittelbarer Nähe zur Stadt Troja.

Neben einer zentralanatolischen Landroute vom Schwarzen Meer nach Mesopotamien und Ägypten, die direkt durch das Territorium der Hethiter verlief, begann ab 1700 BCE der Seehandel mit den kaukasischen und pontischen Erzen auf der Schwarzmeerroute über die Ägäis ins Mittelmeer zu blühen.[118] Wie bereits dargestellt, sind Zinnlieferungen aus Böhmen über die Donau in den Schwarz- und Mittelmeerraum ebenfalls nicht auszuschließen. Nachdem die Assyrer ab 1240 BCE die Kupferminen in Ostanatolien annektiert hatten, wurde die Seeroute um Kleinasien noch bedeutender.

Jedes der Schiffe auf dieser Route musste die Dardanellen passieren. Die Bedeutung der Stadt Troja und der vorgelagerten Inseln lag darin begründet, dass sie aufgrund ihrer Lage den Zugang zum Bosporus und damit zu den Metallvorkommen an der Küste des Schwarzen Meeres und aus dem Donauraum kontrollierte. Darüber hinaus lag Troja auf der Landroute von Anatolien auf den Balkan, so dass sich die Stadt im Kreuzungsbereich zweier zentraler Transportwege der späten Bronzezeit befand, einer absolut strategischen Position.[119]

---

116 Vgl. Strauss, Barry 2006, S. 28.
117 Vgl. Latacz, Joachim 2004, S. 123, 243 f., 279 bis 282.
118 Vgl. Latacz, Joachim 2004, S. 44f.
119 Vgl. Jablonka, a.a.O., S. 857.

Die Passage per Schiff durch die Dardanellen war grundsätzlich nur in den Sommermonaten möglich. Selbst dann zwangen widrige Meeresströmungen vom Schwarzen Meer durch die Dardanellen in die Ägäis sowie die vorherrschenden Windrichtungen die Schiffe in der Bronzezeit, in den Buchten um Troja im Durchschnitt 12 Tage vor Anker zu gehen.[120]

In der Tat gibt es archäologische Belege für spätbronzezeitliche Kontakte und einen Warenaustausch zwischen der Ägäis und dem Schwarzen Meer, wie z.B. Metallbarren und Steinanker aus der Ägäis, die an der bulgarischen Schwarzmeerküste gefunden wurden, sowie das aus dem Uluburun-Wrack geborgene Steinzepter aus dem heutigen Rumänien.[121] Für diesen Warenaustausch muss die Stadt Troja eine wichtige Entrepotfunktion gehabt haben.

Es ist davon auszugehen, dass die umliegenden Gebiete an der südthrakischen und an der kleinasiatischen Westküste ihrerseits ein so großes Interesse an der Unbeschadetheit und Funktionsfähigkeit von Troja als Handelsentrepot hatten, dass sie in der Stadt vertraglich abgesicherte permanente Vertretungen und Handelsstützpunkte hatten.[122] Umgekehrt mussten die mykenischen Griechen bzw. Achäer, um Zugang zu den strategisch wichtigen Metallvorkommen im Schwarzmeerraum zu erhalten und ggfs. die etablierten Parteien aus dem Umland von Troja zu verdrängen, die Stadt für sich gewinnen. Es ist spekulativ – aber nicht unplausibel – dass zu dieser grundsätzlichen strategischen Notwendigkeit mit dem Untergang Ugarits im Jahre 1192 BCE, der Eroberung von Teilen von Zypern und den nachfolgend gestörten Kupfer- und Zinnimporten in den Ägäisraum eine erhebliche Dringlichkeit hinzukam.

10.4.3 Der Argonautenzug – Eine Metallprospektion im Schwarzen Meer

Die Argonautensage ist in der Mythologie zeitlich etwa eine Generation vor dem Trojanischen Krieg einzuordnen. Die Sage ist aus Werken mehrerer klassischer Autoren bekannt, darunter Pindar, Diodoros, Hyginus und Ovid, die sich auf eindeutig bronzezeitliche Quellen stützen.[123] Die Argonautenfahrt wird auch bei Homer mehrfach erwähnt.[124] Die bekannteste Fassung, die *Argonautica*, stammt von Apollonios von Rhodos (295 bis 215 BCE), dem damaligen Bibliothekar von Alexandria.[125]

---

120 Vgl. Strauss, Barry 2006, S. 8.
121 Vgl. Jablonka, a.a.O., S. 857.
122 Vgl. Latacz, Joachim 2004, S. 48.
123 Vgl. Dowden, a.a.O., S. 197.
124 Vgl. Homer „The Iliad“, a.a.O., VII, 468ff.; Homer „The Odyssey“, a.a.O., XII, 69ff.
125 Vgl. Kershaw, Stephen P. 2007, S. 93.

Geschildert wird eine viermonatige Expedition per Schiff – mit dem Hafen Iolkos als Startpunkt – durch die Ägäis und das Marmarameer ins Schwarze Meer bis in die Kolchis am Kaukasus. In der Kolchis ist für die späte Bronzezeit archäologisch eine beachtliche Kupferproduktion und –verarbeitung nachgewiesen, wobei die relativ leicht zugänglichen Erzlagerstätten im westlichen Kaukasus eine Rolle gespielt haben.[126] Von dort aus führte die Argonautenfahrt ins Mündungsgebiet der Donau.

Von der Wahl der Zielpunkte und Zwischenstationen kommend hat der Argonautenzug eindeutig den Charakter einer Metallprospektion im Schwarzmeergebiet. In den einleitenden Abschnitten dieser Untersuchung ist dargelegt worden, dass die späte Bronzezeit die erste Epoche in der Menschheitsgeschichte gewesen ist, in der ganze Rohstofflieferketten zur Deckung des Metallbedarfes organisiert werden mussten. Im östlichen Mittelmeer- und Schwarzmeerraum konzentrierten sich die Metallvorkommen auf die nördliche Schwarzmeerküste bis zum Kaukaus, Zentralanatolien, Attika sowie Zypern. Gerloff hat außerdem auf die Wahrscheinlichkeit hingewiesen, dass böhmisches Zinn in der Bronzezeit über die Donau in den Schwarzmeerraum und die Ägäis gelangt ist.[127] Oben ist bereits dargestellt worden, dass die Achäer bereits ab ca. 1250 BCE dem hethitischen Reich die für den Schwarzmeerzugang strategisch wichtigen Sporaden streitig gemacht hatten.

Über die Crew der Expedition gibt es abweichende Berichte. Der Kern der Teilnehmer scheint aus Orchomenos in Böotien sowie aus Thessalien gestammt zu haben. Die jeweiligen Namenslisten der verschiedenen Autoren geben die größten Seefahrer und Helden der Generation vor dem Trojanischen Krieg wider. Mehrere der Teilnehmer am Argonautenzug sind Väter von achäischen Anführern vor Troja, so u.a. Laertes, der Vater des Odysseus, Menoitios, Vater des Patroklos, Peleus, der Vater des Achilles und Telamon, der Vater des Ajax. Nestor und Philoktetes nehmen als junge Krieger sowohl am Argonautenzug, als auch später am Trojanischen Krieg teil. Auch Herakles war zu Beginn der Fahrt an Bord der Argo, genau wie Mopsos, der später im Zusammenhang mit Siedlungen in Kilikien erneut erwähnt werden wird. Anführer des Argonautenzuges war Iason von Argos, der die Argo als möglicherweise ersten 50-Ruderer (penteconter) der Achäer bauen ließ.

Auf ihrer Fahrt trafen die Argonauten auf Lemnos zunächst auf Thraker – genauer gesagt thrakische Frauen – und landeten anschließend auf Samothrake. Die Durchfahrt durch den Hellespont musste bei Nacht vollzogen werden. Es war allgemein bekannt, dass Laomedon, der König von Troja und Sohn des Ilos[128] den Eingang zum

126 Vgl. Nieling, Jens 2009, S. 36f.

127 Vgl. Gerloff (1993) in Pare, a.a.O., S. 31.

128 Nach Ilos wurde die Stadt Troja auch Ilion genannt. Aus dieser Ortsbezeichnung leitet sich der Titel der „Ilias“ ab. In hethitischen Quellen entspricht dem der Name (W)ilios, Wilusa.

Hellespont bewachte und kein griechisches Schiff durchließ. Möglicherweise orientierte sich Laomedon neben seinem Eigeninteresse hierbei auch an der hethitischen Außenpolitik gegenüber den Achäern, die seit dem Sausgamuwa-Vertrag (s.o.) ein allgemeines Handelsembargo vorsah. Die Argonauten mussten sich also im Schutze der Nacht und an der thrakischen Küste (der europäischen Seite des Hellesponts) durch die Meerenge hindurchstehlen und kamen so sicher ins Marmarameer.[129]

Der nächste Stop der Argo fand an der sog. *phrygischen Küste* bei dem Volk der Dolionen auf der Insel Kyzikos statt. Gemeint ist hier die Südküste des Marmarameeres (Propontis). Dort kam es zu einem tragischen Gefecht, bei der der gleichnamige König Kyzikos die Argonauten mit marodierenden und ebenfalls in der Region ansässigen Pelasgern verwechselte und von Iason getötet wurde.[130]

Im späteren Bithynien an der Nordküste Kleinasiens begegneten den Argonauten Mysier, die „Läger aus Laub" errichteten. Dies deutet u.U. darauf hin, dass der Argonautenzug zu einer Zeit stattfand, in der die thrakischen und mysischen Stämme eingewandert, aber noch nicht vollständig sesshaft geworden sind. Keine Erwähnung finden die Hethiter in der Argonautensage, ein Umstand der angesichts der vormaligen Bedeutung des hethitischen Reiches bemerkenswert ist und sich in der Ilias wiederholt.

Stattdessen wurden bei der weiteren Fahrt entlang der südlichen Schwarzmeerküste erneut die bereits oben erwähnten Chalyber besucht, die für ihre Künste in der Metallverarbeitung, insbesondere ihr Monopol in der Stahlproduktion, bekannt waren. In den Argonautika wird berichtet, dass die Chalyber nicht von Ackerbau und Viehzucht, sondern ausschließlich vom Erzabbau lebten.[131] Zur Einordnung der Chalyber ist bereits in Kapitel 5.5.2 Stellung genommen worden. Nachdem die Kontrolle der Hethiter über die Chalyber verloren gegangen war, brach das hethitische Stahl- und Eisenmonopol, was ein besonders starkes Motiv für die Achäer für ihre Prospektion gewesen sein muss.

Zielpunkt der Expedition war die Kolchis am Kaukasus, wo Iason mit Medeas Hilfe das Goldene Vlies entführte. Das *Goldene Vlies* erinnert dabei an eine Technik, mithilfe von Schaffellen Gold und andere Edelmetalle aus dem Flusswasser auszuwaschen, wobei sich in den Fellen glaenzende Rueckstaende ansammeln.

---

129 Vgl. Von Ranke Graves, Robert 1986, S. 546.

130 Kyzikos soll die Dolionen, einen ebenfalls thrakischen Stamm, aus Thessalien in ihre späteren Wohngebiete im nördlichen Kleinasien geführt haben (vgl. Haefs, a.a.O., S. 159). Diese Überlieferung kann als weiterer Hinweis auf eine gerade erst erfolgte Einwanderung der thrakischen Stämme in Kleinasien gedeutet werden. Vgl. auch die Hinweise zum Thema Ethnogenese.

131 Vgl. Zangger, Eberhard 1994, S. 191.

Über die Rückfahrt der Argonauten gibt es wiederum unterschiedliche Berichte, die z.T. stark voneinander abweichen. In der Version von Apollonios fuhren sie über das Schwarze Meer ins Donaudelta und möglicherweise auch ein Stück donauaufwärts. Dies ist bemerkenswert, wenn Gerloff recht hat, dass die Bedeutung Trojas auch auf den Handel mit böhmischem Zinn beruht, das über die Donau ins Schwarze Meer und über Troja in den Mittelmeerraum verschifft wurde.[132]

Die Rückpassage aus dem Schwarzen Meer in die Ägäis war erneut von politischen Spannungen begleitet. Laomedon war offenbar wenig darüber erfreut, dass die Achäer auf der Hinroute sein Embargo durchbrochen hatten. Er ließ daher bei der Ankunft der Argonauten den Griechen die Nachricht zukommen, dass diese seine Grenzen verlassen sollten und verweigerte die Bereitstellung von Trinkwasser und Lebensmitteln, ein klarer Verstoß gegen das Gebot der *Xenia*.[133] Bei den griechischen Seefahrern hinterließ diese Abweisung einen bitteren Beigeschmack und verstärkte möglicherweise den Wunsch, den Zugang zum Schwarzen Meer notfalls mit Gewalt zu sichern.

In anderen Versionen der Argonautensage wird berichtet, dass diese mit weiteren Zwischenstops an der Pomündung über Sizilien und Kreta schließlich nach vier Monaten wieder ihren Heimathafen erreichten. Insgesamt enthalten die Argonautika somit eine Reihe von durchaus spezifischen Informationen über Routen, Ethnien etc., die sich plausibel in den Kontext einer Metallprospektion in den Schwarzmeerraum am Ende der Bronzezeit einreihen lassen.

10.4.4 Herakles, Laomedon und der erste Trojanische Krieg

Die Aufgaben, den Zugang ins Schwarze Meer für die Achäer freizukämpfen und das mit den Argonauten erlittene Unrecht zu rächen, fiel Herakles zu. Unter den legendären Taten des Herakles, die ebenfalls etwa eine Generation vor dem Trojanischen Krieg einzuordnen sind, findet sich auch ein Angriff auf die Stadt Troja. In der Sage half Herakles dem Herrscher von Troja, Laomedon, gegen ein von Poseidon gesandtes Seemonster. Nachdem Herakles das Seemonster getötet hatte, wurde ihm der versprochene Lohn, schneeweiße Pferde, jedoch verwehrt. Daraufhin rekrutierte Herakles auf der Peloponnes eine kleine Armee von vermutlich wenigen hundert Kriegern, segelte mit 6 Schiffen gen Troja und attackierte die Stadt.

Zunächst ist bezogen auf die Motivlage erneut anzumerken, dass die geostrategischen Gesichtspunkte in den Mythen keine oder nur eine untergeordnete Rolle spie-

132 Vgl. Gerloff (1993) in Pare, a.a.O., S. 31.

133 Vgl. Zangger, Eberhard 1994, S. 192.

len. Als Motiv für den Angriff wird in der Sage nicht der Zugang zum Schwarzen Meer angegeben, sondern ein sehr persönliches Thema, ein Betrug beim Pferdehandel.

Laomedon, der Sohn des Ilos, hatte die Mauern von Troja mit Hilfe der Götter Poseidon und Apollon gebaut, wobei außerdem ein gewisser Aiakos[134] aus Aigina geholfen haben soll. Aiakos war im Mythos der Vater von Telamon und damit der Großvater des sog. *großen Aiax* der Ilias. Beim Bau der Abwehranlagen hatte Aiakos Kenntnis von einer Schwachstelle in der Konstruktion der Mauer erhalten. Diese Kenntnis soll er seinem Sohn Telamon mit auf den Weg gegeben haben, der gemeinsam mit Herakles gen Troja zog.

Unter den von Herakles rekrutierten Kriegern waren neben Telamon auch Peleus, der Vater des Diomedes, die Zwillinge Kastor und Polydeukes sowie der junge Nestor, die allesamt auch am Argonautenzug teilgenommen hatten. Die Teilnahme von Vätern der Kämpfer aus der Ilias bzw. mit Nestor sogar zweifache Teilnahme am ersten und zweiten Trojanischen Krieg sprechen für eine zeitliche Einordnung des ersten Feldzuges um ca. 20 bis 30 Jahre vor dem in der Ilias beschriebenen Krieg.

Die Stadtmauer von Troja wurde an einer Schwachstelle auf der Westseite überwunden, wobei Telamon eine Brechstange aus Eisen angesetzt haben soll.[135] Telamon erhält nach der anschließenden Plünderung der Stadt die schöne Hesione als Beute, mit der er später den Teukros zeugt. Dieser Umstand spricht erneut für die enge Verbindung der Teukrer mit der Stadt Troja, die in den vorausgehenden Abschnitten bereits angesprochen wurde.

Bei der Eroberung der Stadt wird Laomedon und seine Familie getötet. Nur der jüngste Sohn Podarces überlebt, der sich für die gerechte Bezahlung von Herakles eingesetzt hatte, möglicherweise aber zur Zeit der Plünderung nicht in der Stadt war. Podarces änderte seinen Namen anschließend in Priamos und wurde neuer König von Troja. Eines seiner ersten Anliegen als neuer Herrscher war die Verstärkung der Befestigungsanlagen. Der Überlieferung nach vergrößerte Priamos die Stadt. Die Mauer wurde erneuert, erweitert und ausgebessert und mit 6 starken Toren versehen.

Interessant ist an dieser Sage auch die Tatsache, dass im Gegensatz zum späteren Trojanischen Krieg ein relativ kleines Kontingent von achäischen Kriegern offenbar ausgereicht hat, die Stadt zu plündern, die ja Protektorat der Hethiter gewesen ist. Dieser Umstand kontrastiert mit den umfangreichen Bündnissystemen, die im späteren

---

134 Vgl. Aiakos = Aiax. Der sog. *große* Aiax der Ilias stammte ebenfalls aus Aigina.

135 In der Tat wurde bei Ausgrabungen in Troja ein kollabierter Mauerabschnitt gefunden. Der amerikanische Archäologe Carl Blegen hielt aber ein Erdbeben als Ursache des Einsturzes für wahrscheinlicher. Vgl. hierzu die nachfolgenden Darstellungen. Ausführlich auch Zangger, Eberhard 1994, S. 195 ff.; Drews, Robert 1993, S. 42 verweist in diesem Zusammenhang auf die Zerstörung von Troja VI, die er auf *ca. 1220 BCE* datiert.

Trojanischen Krieg zum Einsatz kamen. Auch die Hethiter als Schutzmacht scheinen nicht eingegriffen zu haben, da sie möglicherweise größere Konflikte an ihrer Ostgrenze gegen das assyrische Reich abhielten.

Dieser sog. erste Trojanische Krieg wird von Homer in Ilias und Odyssee mehrfach zitiert, ebenso von späteren Autoren.[136] Die Überlieferung von zwei Plünderungen der Stadt deckt sich zumindest insoweit mit dem archäologischen Befund, dass sich in den bronzezeitlichen Spuren zwei Zerstörungsschichten nachweisen lassen (Troja VI h und Troja VII a), die zeitlich um 1250 bis 1230 BCE bzw. 1180 BCE eingeordnet werden. Der mythologische Befund spricht für einen noch engeren zeitlichen Zusammenhang. Allerdings ist auf die alternative Möglichkeit einer Beschädigung der Mauern sowie der Brandspuren durch natürliche Ursachen hinzuweisen.

10.5 Der Angriff auf das nordwestliche Kleinasien – Der Trojanische Krieg

10.5.1 Überregionale Bündnisse

10.5.1.1 Die Achäer und Danaer

Etwa eine Generation nach dem Argonautenzug kommt es zum epischen Trojanischen Krieg, der aufgrund seiner Dimension und Bedeutung für die klassischen Griechen eine Referenz für alle späteren Konflikte wurde. Im Mythos formiert sich als Antwort auf den Bruch des Gastrechts und den Raub der spartanischen Königin Helena durch den trojanischen Prinzen Paris eine Koalition der mykenischen Fürsten (nach Homer Achäer, Danaer und Argiver), die den Rechtsbruch mit einem Angriff auf Troja vergelten will. Hierfür sammelt sich im Hafen Aulis eine Flotte von über 1200 Schiffen. Die Flotte kann dabei nicht sofort lossegeln, sondern muss lange auf günstige Winde warten. Nach Aischylos war diese Wartezeit von Hunger und dem Ausbruch von Krankheiten gekennzeichnet, bis ein Opfer die Götter günstig gestimmt hat.

Die griechische Mythologie beinhaltet an verschiedenen Stellen Plünderungszüge (Herakles und Laomedon, Achilles gegen Theben unter Plakos) oder Expeditionen (Argonautensage). Dabei sind i. d. R. ein bis sechs Schiffe involviert, was einer Stärke von 50 bis 300 Kriegern entspricht. In dieser Größenordnung fand auch der Angriff der Seevölker gegen Ugarit statt (s.u.). Die im Trojanischen Krieg beschriebene Größen-

---

136 Vgl. Homer „The Iliad", a.a.O., V, 638 und XIV, 250; Homer „The Odyssey", a.a.O., XII, 69. Diskutiert in Wood, Michael 2005, S. 24 und Strauss, Barry 2006, S. 46.

ordnung der Schiffskontingente ist demgegenüber jedoch eine gänzlich andere und ist in dieser Ausnahmeposition von Homer sowie den griechischen Historikern der klassischen Periode auch wahrgenommen worden.

Der Trojanische Krieg wird somit bewusst *nicht* als typischer und isolierter Raubzug einer Stadt (Mykene) gegen eine andere Stadt (Troja) dargestellt. Insofern kontrastiert der Schiffskatalog vom Umfang der genannten Verbündeten auffällig mit der Nennung von sechs Schiffen, mit denen Herakles gegen Troja und Laomedon gezogen ist.

Für Thukydides galt:

„Also ist kein Grund zu zweifeln (...), sondern ist glaublich, dass der Troische Krieg wirklich der bedeutendste war aller früheren, ...“.[137]

Die Erinnerung an die überregionale Allianz, die ein Gebiet von 1000 km^2 umschloss, findet sich bei Homer in der Ilias im sog. Schiffskatalog im Buch 2. Dieser Katalog, der eine Aufzählung von 164 Ortschaften in der mykenischen Koine beinhaltet, die Kontingente für den Feldzug nach Troja entsandten, beruht auf Quellen, die nach übereinstimmender Einschätzung von Historikern bronzezeitlichen Ursprungs sind.[138] Die Allianz umfasst alle bekannten Siedlungsorte der Achäer (Mykener) und Danaer von Thessalien über Mittelgriechenland, die Peloponnes, Kreta und Rhodos. Er beschreibt Städte und Dörfer, die im klassischen Griechenland teilweise nicht mehr existierten. Nicht genannt werden die Kykladen sowie Westkleinasien. Das Einzugsgebiet der Achäer entspricht also genau der Machtausdehnung der mykenischen Einflusssphäre in der Spätphase der Bronzezeit.[139]

Im Schiffskatalog wird als erstes Entsendungsgebiet nicht Mykene genannt. Dies überrascht zunächst, da der Anführer der achäischen Allianz, Agamemnon, der König von Mykene war. Die vormalige Vormachtstellung der möglicherweise kurz vorher zerstörten Stadt Theben in Böotien klingt aber noch in der Reihenfolge an, in der die Kontingente aufgezählt werden. In der Liste selbst taucht nur noch Epithebai explizit auf. Aulis, der Abfahrtshafen, ist der ehemalige Hafen von Theben und liegt der Stadt Troja am nächsten.[140]

---

137 Thukydides „Geschichte des Peloponnesischen Krieges“, a.a.O., Einleitung S. 29.

138 Vgl. die ausführlichen Untersuchungen von Hope Simpson Lazenby (1970) und Visser (1997). Visser betont, dass auch der Schiffskatalog mit den Techniken der Versbildung durch Homer generiert werden konnte und die exakte Formulierung daher nicht über Jahrhunderte überliefert werden musste.

139 Vgl. Visser, Edzard 1997, S. 744.

140 Für den Fall, dass Theben nicht *vor* dem Trojanischen Krieg, sondern zeitgleich mit den anderen mykenischen Palästen zerstört wurde, was einige griechische Archäologen vermuten, ist die Nichtnennung Thebens im Schiffskatalog nur durch eine mykene-zentrierte Darstellung in der Ilias zu erklären.

Im Hinblick auf den geographischen Bezug der homerischen Epen ist ferner anzuführen, dass Sizilien in Ilias und Odyssee verschiedentlich genannt wird.[141] Da aber im Schiffskatalog keine sizilianischen Kontingente nach Troja entsendet werden und Odysseus auf Sizilien eher feindlich empfangen wird, entsteht der Eindruck, dass die Insel im epischen Kontext nicht (mehr) Bestandteil der mykenischen *Koine* gewesen ist.

Eine später weiter zu erörternde Frage ist, ob wir es hier mit einem Teil der *„Fremdländer"* aus den ägyptischen Quellen zu tun haben, *„die sich auf ihren Inseln zusammengetan haben"*. Haider (1988) verweist auf die Ähnlichkeit der Ausrüstung und Panzerung der in Medinet Habu abgebildeten Seevölker zu mykenisch-minoischen Trachten.[142] Dies gilt insbesondere für die Schurztracht sowie die Riemenpanzerung. Auch für die Helmformen gibt es Entsprechungen aus dem ägäisch-mykenischen Raum.

In der Literatur gibt es eine umfangreiche Diskussion darüber, ob und inwieweit die in der Ilias genannte Zahl an Schiffen und Menschen realistisch ist. Bei der sich aus dem Schiffskatalog ergebenden Zahl von etwa 1200 Schiffen ist zu berücksichtigen, dass von den Achäern unterschiedliche Schiffstypen eingesetzt wurden. Dazu gehörte auch ein relativ neuer Schiffstyp, die mykenische Galeere (schnell, schmaler Rumpf, leicht am Strand hochzuziehen, ein Steuerruder am Heck, ohne Rammbock am Bug).[143] In der Ilias werden die Galeeren *schwarze Schiffe* genannt, wohl da sie mit Pech hochseetauglich gemacht wurden. Außerdem wurden die Galeeren mit Dekorationen am Bug versehen.

In den Argonautika wird die Argo als *erstes Schiff* bezeichnet. Möglicherweise war die Argo mit 50 Ruderern ein Prototyp dieser neuen Schiffsform. In der Ilias, eine Generation später, war der sog. *Penteconter* (50 Ruderer mit je 25 Ruderern auf jeder Seite, ca. 30 m lang) dann offenbar bereits der Standardtyp. Daneben waren aber auch kleinere Schiffe im Einsatz, die 30 (triaconter) oder 20 Ruderer hatten (10 Ruderer auf jeder Seite, ca. 10 m lang). Homer nennt allerdings auch größere Kriegsschiffe mit bis zu 120 Mann Besatzung.[144]

Die Anzahl und Kapazität der homerischen Kriegsschiffe wird bereits von Thukydides kritisch hinterfragt:

---

141 Vgl. Homer „The Odyssey", XXIV, 380.

142 Vgl. Haider (1988) in Sternberg – el Hotabi, a.a.O., S. 43.

143 Vgl. Strauss, Barry 2006, S. 39ff. Zu Homer"s Zeit um 700 BCE waren bereits doppelte Steuerruder üblich, daher muss es sich hier um eine bronzezeitliche Quelle der Informationen handeln. Vgl. auch Guttandin u.a. (Hrsg.) „Inseln der Winde", a.a.O., S. 159 f., wo auf eine um ca. 1400 BCE einsetzende Differenzierung im Schiffsbau in der Entwicklung von Lang- und Rundschiffen (i.e. Kriegs- und Frachtschiffe) hingewiesen wird.

144 Vgl. Homer „The Iliad", II, 380.

„Homer lässt von 1200 Schiffen die der Boioter 120, die des Philoktetes 50 Mann fassen, womit er, dünkt mich, die größten und die kleinsten nennt; jedenfalls hat er der Größe der anderen bei der Aufzählung der Schiffe nirgends gedacht. Dass sie selbst an den Riemen saßen und alles Krieger waren, gibt er bei den Schiffen des Philoktetes an: alle Ruderer dort lässt er Schützen sein. Bloße Mitfahrer sind auf den Schiffen schwerlich viele gewesen, außer den Königen und den Allervornehmsten, zumal sie mit Kriegsgerät über See wollten, und das auf Kähnen, die ohne Verdeck mehr nach alter Seeräuberart gebaut waren. Nimmt man nun die Mitte zwischen den größten und den kleinsten Schiffen, so waren es offensichtlich nicht viele, die mitkamen – für einen gemeinsamen Auszug aus ganz Hellas“[145]

Interessant ist an dieser Quelle, dass Thukydides aus der zeitlichen Distanz von mehreren Jahrhunderten offenbar die Dimension des Feldzuges für durchaus realistisch hielt. Aber auch in der modernen wissenschaftlichen Diskussion gibt es Beiträge zur Kapazität bronzezeitlicher und mykenischer Kriegsschiffe. Müller kommt durch Vergleiche bronzezeitlicher Abbildungen (darunter u.a. das Thera-Fresko aus Akrotiri) auf eine Größenordnung von 30 bis 50 Kriegern pro Schiff.[146] Yasur-Landau bestätigt diese Dimensionen für die damaligen Kriegsschiffe der mykenischen Palastzeit. Er ermittelt eine kurzfristige Mobilisierungskapazität von ca. 600 Soldaten auf 12 bis 20 Schiffen für das von Pylos dominierte Gebiet in Messenien.[147]

In der jüngeren Vergangenheit wurden die offensichtlichen logistischen Probleme einer derart großen Streitmacht wie in der Ilias beschrieben diskutiert sowie Vergleiche zur Schlacht von Kadesh vorgenommen, bei der es sich um eine der größten Auseinandersetzungen der Bronzezeit handelte. Vor Kadesh kamen nach ägyptischen Quellen allein auf hethitischer Seite ca. 37.000 Fußsoldaten und 3.500 Streitwagen zum Einsatz.[148] Diese Vergleiche führen zu der heutigen Annahme, dass die Zahlenangaben im Schiffskatalog wahrscheinlich unrealistisch hoch sind. Bryce kommt daher zu der Schlussfolgerung, dass eine Belagerung von max. 6 Monaten durch eine Streitmacht von ca. 10.000 Kriegern eher realistische Größenordnungen abbilden würde.[149]

---

145 Thukydides „Geschichte des Peloponnesischen Krieges , a.a.O., Einleitung S. 29.

146 Vgl. Müller, Marko: „Schwerter zu Pflugscharen! Eine Neuinterpretation der pylischen o-ka-Tafeln als Verzeichnis mykenischer Textilarbeiter“, in: bonjour.Geschichte 2, bremer online journal geschichte, 2012, S. 7f.

147 Vgl. Yasur-Landau, Assaf 2010, S. 46.

148 Vgl. Drews, Robert 1993, S. 107.

149 Vgl. Bryce „The Trojan War“, in: Cline, Eric H. (Hrsg.), „The Oxford Handbook of the Bronze Age Aegean“, Oxford, 2010, S. 478.

Unabhängig davon, ob die im Schiffskatalog genannten Zahlen der achäischen Flotte historisch exakt sind oder eine Übertreibung darstellen, die Dimension der mykenischen Flotte muss die damals üblichen Größenordnungen weit überstiegen haben. Dies ist nur dadurch zu erklären, dass neben der Aussicht auf eine überreiche Beute auch die o.a. strategischen Gründe eine Rolle gespielt haben.

Diese strategischen Überlegungen sind, wie bereits aufgeführt, mit der Bedrohung des gerade gewonnen Zugangs zu den Rohstoffen des Schwarzen Meeres durch die Einwanderung thrakischer Stämme um den Hellespont zu erklären. Es ist denkbar, dass im Jahr 1192 BCE durch den Untergang von Ugarit sowie nachfolgend die Teilbesetzung von Zypern nachhaltige Unterbrechungen des Kupfer- und Zinnimports verursacht wurden und der Suche nach alternativen Bezugsquellen eine unmittelbare Dringlichkeit hinzugekommen ist.

10.5.1.2 Die Trojanischen Alliierten – geographischer Einzugsbereich und Truppenverbände

Während der Schiffskatalog der Ilias Gegenstand zahlreicher wissenschaftlicher Untersuchungen ist[150], steht der sog. „*Verbündetenkatalog*" der trojanischen Alliierten weniger im Fokus.[151] Dies ist bedauerlich, da u.U. gerade der Blick auf die politischen Verhältnisse im spätbronzezeitlichen Westkleinasien wichtige Hinweise für ein besseres Verständnis der Abläufe am Ende der Bronzezeit in der Ägäis liefern könnte.

Die Liste der trojanischen Verbündeten umfasst nahezu den gesamten nördlichen, westlichen und südlichen Teil Kleinasiens sowie Verbände aus dem europäischen Teil Thrakiens, also die ehemaligen hethitischen Protektorate bzw. Einflusssphären, erweitert um Truppen aus dem südlichen Balkan.[152] Dabei ist die geographische Ausdehnung der Alliiertenkontingente bemerkenswert.

Neben Truppenverbänden, die unmittelbar aus der Nachbarschaft in der Troas stammen (Entfernung 20 bis 65 km), werden Kämpfer aus dem südlichen Balkan genannt (Päonier, Ciconen) sowie vom Hellespont (Thraker). Von der Nordküste Kleinasiens stammen die Mysier, Eneti sowie die Halyzonen. Die Phryger besiedelten den Inlandsbereich des westlichen Anatolien, während die Karier und Lykier an der südlichen Westküste Kleinasiens beheimatet gewesen sind.

Die entlegensten Truppenverbände mussten also eine Distanz von mehreren 100 km überwinden, um nach Troja zu gelangen. Während bereits bei den Verbänden der

150 Vgl. Visser, Edzard 1997; Hope Simpson Lazenby (1970).
151 Vgl. Homer „The Iliad", a.a.O., II, 800 bis 870.
152 Vgl. Robbins, Manuel 2001, S. 179, 180: Die Ilias benutzt ausdrücklich *nicht* die „klassischen" hethitischen Bezeichnungen für die genannten Provinzen, d.h. Arzawa, Seha-River Land.

FIG. 22. The contingents in the Catalogue of Ships in the *Iliad*.

1. Boiotia (Peneleos, Leitos, Arkhesilaos, (Prothoenor, Klonios)
2. Region of the Minyai (Askalaphos, Ialmenos)
3. Phokis (Schedios, Epistrophos)
4. Lokris (Aias the Lokrian)
5. Euboia (Elephenor)
6. Athens (Menestheus)
7. Salamis (Aias the Telamonian)
8. South Argolis (Diomedes, Sthenelos, Euryalos)
9. North Argolis/Achaia (Agamemnon)
10. Lakonia (Menelaos)
11. North-West Messenia (Nestor)
12. Arkadia (Agapenor)
13. Elis (Amphimachos, Thalpios, Diores, Polyxeinos)
14. West Ionian Isles (Meges)
15. East Ionian Isles (Odysseus)
16. Aitolia (Thoas)
17. Crete (Idomeneus, Meriones)
18. Rhodes (Tlepolemos)
19. Syme (Nireus)
20. South Sporades (Pheidippos, Antiphos)
21. Spercheios region (Achilles)
22. Phthiotis (Protesilaos, Podarkes)
23. Pelasgiotis (Eumelos)
24. Magnesia (Philoktetes/Medeon)
25. Hestiaotis (Podaleirios, Machaon)
26. Thessalotis or Tymphaia (Eurypylos)
27. Perrhaibia (Polypoites, Leonteus)
28. Pindos region (Guneus)
29. Peneios/Pelion region (Prothoos)

Abb. 26: Die Herkunft der Truppenkontingente im Schiffskatalog der Ilias [Latacz 2004, S. 222]

Achäer und Danaer darauf hingewiesen wurde, dass die Allianz zahlen- und distanzmässig einen typischen *raid* bei weitem übersteigt, ist auch das Bündnissystem der Trojaner größer bzw. vergleichbar dem der Hethiter bei der Schlacht von Kadesh (1274 BCE) oder dem der Assuwan League (1450 BCE).

Diktys[153] unterscheidet bei den trojanischen Verbündeten zudem zwischen solchen, die per Bündnisvertrag zu Truppenentsendungen verpflichtet waren und anderen, die gegen Zahlungen angeheuert werden mussten. Diese Vorgehensweise ist wohl auch bei den genannten vorhergehenden Allianzen üblich gewesen.

Die Truppenkontingente der trojanischen Alliierten sollen an dieser Stelle noch einmal genauer untersucht werden. Dabei ist für die historische Einordnung interessant, welche ethnische Zugehörigkeit die jeweils genannten Verbände haben. Gleichzeitig ist auch bemerkenswert, welche Volksgruppen bzw. Regionen nicht genannt werden.

Die erste Gruppe sind die Alliierten aus der unmittelbaren Umgebung, der Troas. Hiervon sind incl. ihrer Anführer aufgeführt:

- *Trojaner* (Hektor)
- *Dardaner* (thrakisch/illyrisch) (Aeneas)
- Zeleia (Pandarus), Stadt in der Troas
- Adrasteia, Ephesos, Pityeia, Tereia (Adrestos)
- Percote, Practius, Sestos, Abydos, Arisbe (am Fluss Selleis) (Asius)
- *Pelasger* aus Larissa (Hippothous)

Bemerkenswert ist zunächst, dass die *Pelasger* noch als separate Einheit genannt werden, die offenbar in mehreren identifizierbaren Gruppen in der Troas lebten (vgl. Abschnitt 5.5.4.4). Ihre Hauptsiedlung Larissa wird in der aktuellen Grabungspublikation Studia Troica etwas südlich der Stadt Colonae lokalisiert.[154] Zu den *Dardanern* und ihrer engen Verwandtschaft zu den Trojanern ist bereits im Abschnitt 5.5.4.2 Stellung genommen worden.

Auffällig ist ferner, dass für die Kontingente aus Zeleia, Adrasteia, Ephesos, Percote, Practius, Sestos, Abydos und Arisbe keine ethnische Zugehörigkeit genannt wird. Möglicherweise handelt es sich hier um Teukrer bzw. Tyrrhener, was als Basiswissen

153 Diktys von Kreta mi Zanegger, Eberhard 1994, S. 223.

154 Vgl. Blum, Stephan W.E.; Thater, Mariana; Thumm-Dograyan, Diane: „Die Besiedlung der Troas vom Neolithikum bis zum Beginn der mittleren Bronzezeit: Chronologie und Siedlungsstruktur", S.770– 863; Pavuk, Peter; Schubert, Cornelia: „Die Troas in der Mittel- und Spätbronzezeit", S. 864–923, beide Beiträge in: Pernicka, Ernst, Rose, Charles Brian, Jablonka, Peter (Hrsg.): „Studia Troica Monographien 5", Tübingen 2014.

für die Hörerschaft offenbar vorausgesetzt wird. In Kapitel 5.5.4.1 ist bereits darauf hingewiesen worden, dass in der Mythologie Trojanern und Teukrern eine gemeinsame Abstammung bis hin zur Synonymität zugesprochen wurde. Möglicherweise sind die Teukrer und Thyrrener zusätzlich auch in der u.a. Bezeichnung *Mäonier* enthalten (s. Anmerkungen zur Ethnogenese der Mäonier und Lyder).

Die nachfolgende Karte gibt einen Überblick über die geographische Zuordnung der trojanischen Alliierten aus der unmittelbaren Umgebung von Troja, der Troas:

Eine zweite Gruppe von Alliierten der Trojaner stammt vom südlichen Balkan bzw. vom Hellespont.

- *Thraker* (Acamas)
- *Ciconen* (ebenfalls aus Thrakien) (Euphemos)
- *Päonier* (Mysier von der europäischen Seite des Bosporus) mit Kompositbogen aus Amydon am Axios Fluss (Pyrächmes)

In dieser Gruppe handelt es sich ausnahmslos um thrakische bzw. mysische Stämme (vgl. Abschnitt 5.5.3). Herodot berichtet, dass die *Päonier* vor dem Trojanischen Krieg aus der Troas gemeinsam mit den Teukrern auf die europäische Seite des Bosporus ausgewandert sind.[155]

Die dritte in der Ilias aufgeführte Gruppe von Alliierten der Trojaner stammt von der nord-kleinasiatischen Schwarzmeerküste. Dabei handelt es sich zum einen um die *Paphlagonier*, die sich aus den eingewanderten thrakischen Eneti rekrutieren. Über die verwandtschaftlichen Ähnlichkeiten der Paphlagonier zu den Phrygern ist bereits im Kapitel 5.5.3.3 berichtet worden. Inwieweit bei der Namensgebung bzw. -änderung von Eneti auf Paphlagonier die vorher ansässigen Pala hier noch eine Rolle spielten, muss offen bleiben.

Des Weiteren werden die bereits in Kapitel 5.5.2 besprochenen *Halyzonen* genannt. Diese wurden von einzelnen Autoren als Hethiter interpretiert[156], wobei sich der Autor dieser Auslegung nicht anschließen kann. Für die Hethiter wird bei Homer in den wenigen Erwähnungen das Ethnonym *Keteioi* verwendet. Es handelt sich demnach bei den Halyzonen wohl um die bereits mehrfach erwähnten Chalyber, die sich durch das Monopol in der Eisen- und Stahlverarbeitung auszeichneten.

- Paphlagonier (thrakische *Eneti* aus Cytorus um Sesamon am Fluss Parthenius) (Pylamenes)
- *Halyzonen* aus dem fernen Alybe (Odius)

155 Vgl. Herodotus „The Histories", a.a.O., V, 13.
156 Vgl. Strauss, Barry 2006, S. 54.

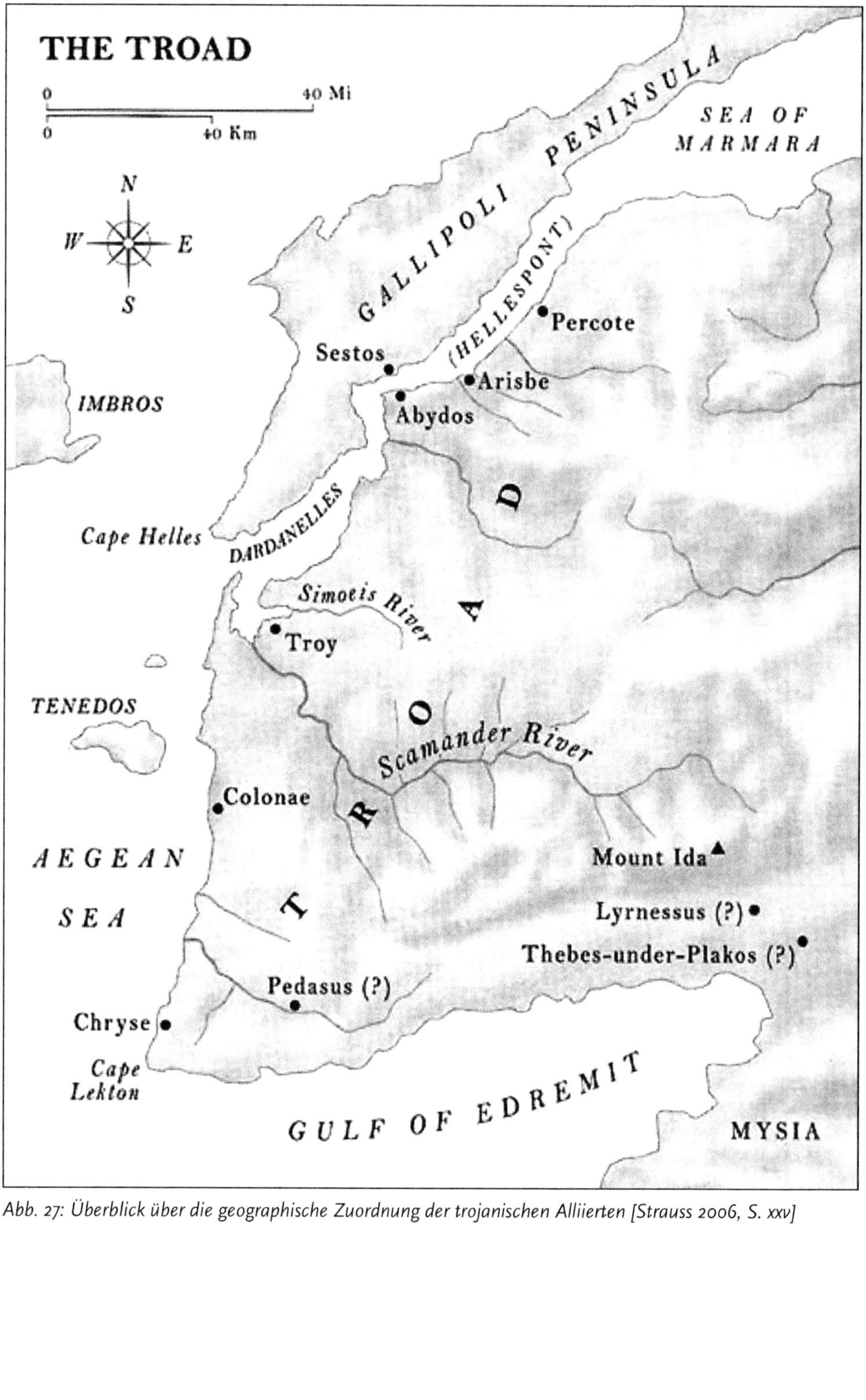

Abb. 27: Überblick über die geographische Zuordnung der trojanischen Alliierten [Strauss 2006, S. xxv]

Die nächste Gruppe von Verbündeten stammt aus dem mittleren und dem südlichen Teil von West-Kleinasien. Hier werden zunächst die *Mysier* und *Phryger* genannt, die jüngst aus dem südlichen Balkan in diese Siedlungsgebiete eingewandert sind und vermutlich später weiter nach Osten zogen (vgl. Abschnitt 5.5.3). Dort begegnen sie uns in den Auseinandersetzungen mit dem assyrischen Reich als Muschki wieder.

Die Mysier unter ihrem König Telephos lebten etwa 75 km südlich von Troja. In dem von Chromis angeführten Kontingent müssen auch Restkontingente hethitischer Soldaten mitgekämpft haben. Dies wird nicht aus der Ilias, sondern in einer Bemerkung innerhalb der Odyssee deutlich, in der über das Ende von Eurypylos, einem Sohn des Telephos, berichtet wird, der von Achilles zusammen mit zahlreichen hethitischen Soldaten getötet wurde.[157]

Die *Mäonier* vom Gygischen See (gemeint ist hier der Marmara See[158]) werden in der Ilias im Gegensatz zu dem o.a. Zitat von Plinius noch nicht als Lyder bezeichnet (s. Kapitel 5.5.4.5). Auch dies ist ein interessanter Hinweis für die Datierung des Trojanischen Krieges. Da sich die Mäonier offenbar später in die Tyrrhenier und die Lyder aufspalteten oder eine Sammelbezeichnung für diese Gruppierungen waren, muss der Konflikt in diesen Zeitraum der Neudefinition der Ethnonyme datiert werden. Für die Auswanderung der Tyrrhenier haben wir oben das Jahr 1212 BCE als wahrscheinlich angenommen. Die Bezeichnung ‚Gygischer See' passt nicht in diese Datierung, da König Gyges nach Herodot deutlich später gelebt hat. Evtl. haben wir es hier mit einer späteren Namensgebung aus der Zeit der Verschriftlichung der Ilias zu tun, in der der See dann unter diesem Namen bekannt war.

- *Mysier* (Chromis)
- *Phryger* aus Ascania (Ascanius)
- *Mäonier* vom Gygischen See (Mesthles)
- *Karier* aus Milet am Fluss Mäander (Nastes)
- *Lykier* vom Fluss Xanthus (Sarpedon und Glaucos)

Aus der Karte auf S. 244 werden die Einzugsgebiete der Thraker, Phryger, Mysier und Lyder (in der Ilias noch Mäonier) deutlich.

Die *Karier* und *Lykier* sind in Abschnitt 5.5.5 als Bewohner der südwestlichen kleinasiatischen Küstenregionen vorgestellt worden. Auf die Bedeutung der Lukka im Rahmen der Seevölkerkriege ist ebenfalls eingegangen worden.

---

157 Vgl. Homer „The Odyssey", a.a.O., XI, 519.
158 Der im Übrigen nicht zu verwechseln ist mit dem Marmara Meer.

Die Konstellation der Bündnissysteme fasst Zangger wie folgt zusammen:

> *„Um etwa 1200 v.u.Z. kam es zu einem großen militärischen Konflikt, der die Länder der Ägäis in zwei Lager spaltete. Auf der einen Seite stand ein Bündnis der Staaten entlang der westanatolischen Ägäisküste zwischen Thrakien im Norden und Lykien im Süden. Auf der anderen Seite standen die einzelnen Königtümer im mykenischen Griechenland und auf Kreta mit den Königen der Argolis als Anführer."*[159]

Ein wesentlicher Hinweis – oder vielmehr ein Nicht-Hinweis – der uns evtl. eine Einordnung und Datierung der Ereignisse am Ende der Bronzezeit im östlichen Mittelmeerraum ermöglicht, ist die Tatsache, dass bei der Aufzählung der achäischen Gegner in der Ilias die Hethiter nicht erwähnt werden. Überhaupt spielen die Hethiter in den homerischen Epen mit Ausnahme der oben angefühten Erwähnung in der Odyssee als Hilfskontingent unter mysischer Führung keine Rolle. Gleiches gilt im Übrigen für die Argonautika. Dies ist umso erstaunlicher, als das die Hethither Homer offenbar

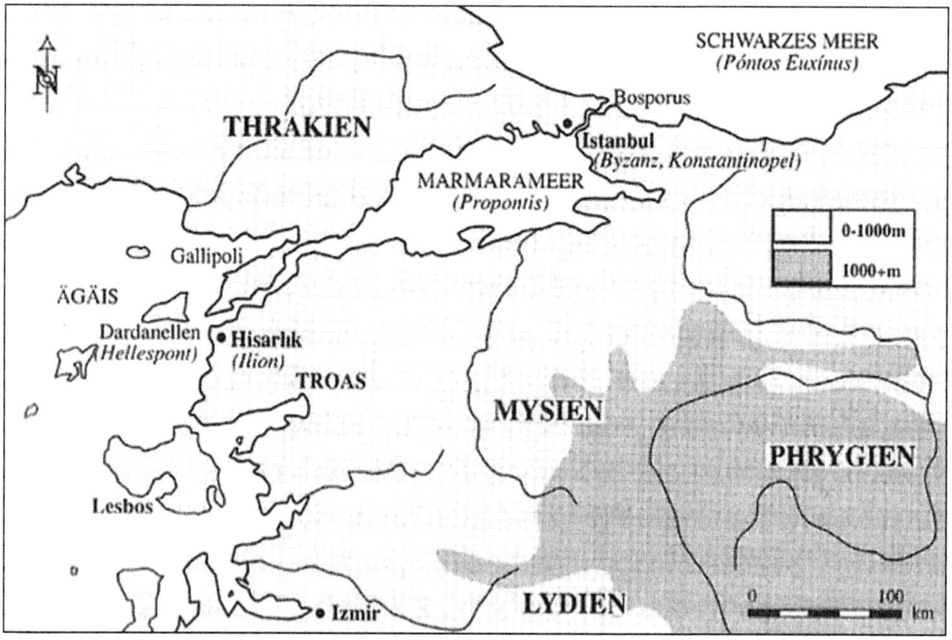

Abb. 28: Siedlungsgebiete der thrakischen Stämme in Nordwest-Kleinasien in der späten Bronzezeit [Zangger 1994, S. 105]

159 Zangger, Eberhard 1994, S. 55.

namentlich bekannt waren (in der Odyssee werden sie Keteioi genannt) und über Jahrhunderte die Geschicke in Kleinasien als lokale Großmacht mitbestimmt haben.

Latacz erklärt dies mit der geographischen Perspektive, aus der die homerischen Epen erzählt werden.[160] Möglicherweise befand sich aber der hethitische Zentralstaat bereits im Zustand der schrittweisen Auflösung, sodass die vormaligen hethitischen Protektorate nunmehr untereinander eine Allianz unter Zuhilfenahme der lokal noch stationierten hethitischen Truppen bildeten.

Wichtig ist, dass sich 6 bis 7 der 9 von den Ägyptern und Hethitern genannten Seevölkergruppen in den Alliierten entweder auf der griechischen oder auf der trojanischen Seite identifizieren lassen. Dies ist für eine Zeit wechselnder Ethnonyme ebenfalls für die zeitliche Einordnung der Geschehnisse durchaus signifikant und ein wichtiges Indiz für die Plausibilität der Erzählungen insgesamt.

Ägyptische Quelle	**Name**	**Lt. Adriatheorie**	**Lt. Kleinasientheorie**	**Alliierte bzw. Gegner der Trojaner in der Ilias**
Drdny	Dardanoi	Dardaner	Dardaner	Ja
Tjkr	Tjeker	Teukrer	Teukrer	(ja)
Dnyn	Denyen	Danaer	Adana (Kilikien)	Ja
Srdn	Sherden	Sardinier, Serdoi	Sardis (Maionien bzw. Lydien)	
Trs	Teres	Tyrsener/Thyrrener	Taruisa (Troja), Tarsus (Kilikien)	Ja
Lkk	Lukka	Lykier	Lykier	Ja
Plst	Peleset	Philister (Kreta)	Philister (Kleinasien)	Ja
Ikws	Ikwesh	Achäer	Achäer	Ja
Skrs	Sekelesh	Scheria (Kreta), Sikeler	Sagalassos (Pisidien)	Evtl. Nennung in der Odyssee
Wss	Weshesh	Osker	Wassos (Karien), Waksioi (Kreta)	

Abb. 29: Übersicht der Seevölkergruppen

Abschließend ist die Frage zu stellen, warum so zahlreiche Alliierte die Trojaner unterstützt haben. Hierfür lassen sich mehrere Argumente zur Plausibilisierung ins Feld führen:

1. Es handelte sich um einen Angriff einer der größten Allianzen der Bronzezeit. Wenn die Daten des Schiffskatalogs die Stärke der achäischen Flotte auch nur annähernd wiedergeben, muss das *Bedrohungspotenzial* enorm gewesen sein.

---

160 Vgl. Latacz, Joachim 2004, S. 169.

2. Es handelte sich um einen *großflächigen Angriff*. Das Kriegsinteresse der Achäer richtete sich offenbar gegen den gesamten nördlichen Küstenstreifen der westlichen kleinasiatischen Küste sowie die vorgelagerten Inseln und nicht nur gegen eine Stadt.
3. Die *strategische Lage Trojas* als *gatekeeper* der Dardanellen und Kontrolleur des Zugangs zum Schwarzen Meer und damit zu den dortigen Metallvorkommen war offenbar *Quelle des Wohlstandes für eine ganze Region.*
4. Zu einem erheblichen Teil muss auch eine *herkunftsbezogene Solidarität der thrakischen Stämme* in Kleinasien und im Südbalkan eine Rolle gespielt haben.
5. Zumindest der kleinasiatische Teil der trojanischen Alliierten war in den Auseinandersetzungen der späten Bronzezeit bündniserfahren. Dies zum einen in der Assuwan League um 1500 BCE gegen die Hethiter, zum anderen als Alliierte der Hethiter um 1274 BCE in der Schlacht von Kadesh. Möglicherweise haben sich hier auch *alte Abhängigkeiten und Traditionen* erhalten.

10.5.2 Das Angriffsziel

Der in der folgenden Karte farbig herausgehobene geographische Bereich zeigt die in den Mythen genannten Angriffsziele der Achäer. Der Angriff der achäischen Allianz richtete sich offenbar nicht ausschließlich gegen die Stadt Troja, sondern gegen ein größeres nordwest-kleinasiatisches Gebiet.

Auf dem Seeweg nach Troja sind dabei zunächst systematisch die vorgelagerten und strategisch wichtigen Inseln attackiert und geplündert worden. Um einige dieser Inseln hatte es bereits seit 1250 BCE Auseinandersetzungen mit dem hethitischen Reich gegeben, das dort längere Zeit eine gewisse Kontrolle ausgeübt hat. Erstes Angriffsziel war die Insel *Skyros*, die gegen die massierten Truppen der Achäer keine Chance hatte und geplündert wurde. Der nächste Halt war *Lemnos*, dessen Bevölkerung ein ähnliches Schicksal widerfuhr. Oben wurde bereits darauf hingewiesen, dass die Sporaden Siedlungsgebiet der Pelasger und Tyrsener gewesen sein müssen.[161] Anschließend wurden die Inseln *Lesbos* mit seiner Stadt Thermi und *Tenedos* gestürmt, der Sage nach durch Achilles und seine Krieger.[162] Latacz weist darauf hin, dass in der Ilias Lesbos dem Königreich von Priamos zugerechnet wird.[163]

---

161 Vgl. Abschnitt 5.5.4.3.

162 Vgl. Homer „The Iliad", a.a.O., XVIII, 346; Strauss, Barry 2006, S. 53 und S. 90; Wood, Michael 2005, S. 28, 182, 192 und 222.

163 Vgl. Spencer (1995) in Latacz, Joachim 2004, S. 315 verweist auf Homer „The Iliad", a.a.O., XXIV, 544–546.

Abb. 30: Angriffsrichtung der Achäer auf Nordwest-Kleinasien [Strauss 2006, S. xxiv]

Eine Quelle aus dem Epischen Zyklus, allerdings ausserhalb der homerischen Epen, berichtet, dass dem Angriff auf Troja ein fehlgeschlagener Angriff auf Mysien bzw. *Teuthranien* gegenüber Lesbos vorausging.[164] Die Achäer waren nach einem Zwischenstop auf Lemnos vom Weg abgekommen und 75 km weiter südlich in Mysien am Caicus Fluss gelandet. An dessen Mündung kam es mit den Soldaten des Königs Telephos zu einem Gefecht[165], in dem die achäischen Truppen eine Niederlage erlitten, König Telephos aber verwundet wurde. Aus einer Bemerkung in der Odyssee wird deutlich, dass unter den mysischen Soldaten auch hethitische Kontingente gewesen sein müssen.[166] Einer Quelle zufolge sind die Achäer im Anschluss zunächst nach Aulis zurückgesegelt, um sich neu aufzustellen, bevor dann der Angriff auf Troja erfolgte.

164 Vgl. Homer „The Odyssey", a.a.O., XI, 519 nach Strauss, Barry 2006, S. 53f.

165 Bei Telephos handelt es sich um die gräzisierte Form eines anatolische Namens, vgl. Telepinu, Name verschiedener hethitischer Könige.

166 Vgl. Homer „The Odyssey", a.a.O., XI, 519.

Möglicherweise ist diese Auseinandersetzung auch den Hethitern zu Ohren gekommen, denn es ist eine Schriftquelle gefunden worden, in der von einem König aus Achaia die Rede ist, der sich nach einem Kampf zurückzog.[167] Die Erinnerung an diesen Fehlschlag findet sich nicht nur im Epischen Zyklus, sondern auch bei späteren griechischen Geschichtsschreibern.[168]

Nach der Neugruppierung stieg dann der Großangriff auf Troja. Die Achäer erkämpften sich einen Brückenkopf auf dem Strand, der befestigt wurde. In der Ilias wird aber in der Folge über keine ausgedehnte Belagerung berichtet, eher über Gefechte in der vorgelagerten Ebene und in der weiteren Umgebung von Troja.

Die Ilias berichtet über weitere Plünderungen von Städten und Ortschaften der achäischen Anführer im *Umland von Troja,* während des Aufenthaltes in der Troas. Allein Achilles werden über 20 *„raids and sacks"* zugeschrieben, darunter die von Theben unter Plakos, Lyrnessos, Pedasos sowie zahlreichen weiteren Ortschaften in der Troas.[169] Ajax zerstörte überdies weitere Ortschaften in Mysien/Teuthranien.
Zangger schreibt hierzu:

> *„Im Rahmen der sich über eine längere Zeit hinziehenden Kampfhandlungen kam es zu Zerstörungen im gesamten Bereich der östlichen Ägäis. Die Schlacht, die schließlich die Entscheidung herbeiführte, galt Troja, einem der wichtigsten Zentren der westanatolischen Allianz."*[170]

10.5.3 Das Ende des Trojanischen Krieges

Die Dauer der achäischen Aktionen gegen Troja muss außergewöhnlich lange und von hohen Verlusten gekennzeichnet gewesen sein, auch wenn die Angabe von 10 Jahren in der Ilias eher eine bronzezeitliche Umschreibung eines langen Zeitraumes, als eine genaue Zeitangabe ist.[171]

Im Verlaufe des Krieges wird die trojanische bzw. west-kleinasiatische Allianz durch weitere Truppenkontingente verstärkt, darunter Amazonen von der Schwarzmeerküste und ein ägyptisches Regiment unter dem Anführer Memnon. Die Präsenz von Ägyptern ist dabei nicht weiter erstaunlich. Nach dem Bündnis mit Hatti von 1259 BCE war Ägypten an stabilen Verhältnissen in Kleinasien interessiert und stützte u.a.

167 Vgl. Wood, Michael 2005, S. 27 und 219; Strauss, Barry 2006, S. 53.
168 Vgl. Wood, Michael 2005, S. 219.
169 Vgl. Strauss, Barry 2006, S. 87, 89 und 90ff., sowie Zanegger, Eberhard 1994, S. 223.
170 Vgl. Zangger, Eberhard 1994, S. 55.
171 „9 times and then a 10th" (nach Moran, zitiert in Strauss, Barry 2006, S. 199).

das hethitische Reich mit Getreidelieferungen. Die Anführer der beiden Kontingente werden der Sage nach allerdings von Achilles getötet.

Nach den verlustreichen Kämpfen vor Troja, denen schließlich auch Achilles und Ajax auf Seiten der Achäer zum Opfer fallen, wird der Trojanische Krieg durch die Nachfolgegeneration beendet. Eine wesentliche Rolle bestreiten neben Veteranen wie Philoktetes beispielsweise der junge Neoptolemos, der Sohn des Achilles, und Eurypylos.[172]

Das Trojanische Pferd, das das Ende von Troja im Mythos einleitet, wird in der Iliu Persis erwähnt. Einer Theorie zufolge, die bereits in der Antike vom Historiker Pausanias geäußert wurde, kann es sich um eine Belagerungsmaschine bzw. einen Belagerungsturm gehandelt haben, die in der späten Bronzezeit im nahen Osten bereits verbreitet gewesen sind.[173] Die Assyrer der Bronzezeit benannten ihre Belagerungstürme beispielsweise nach Tieren, auch nach Pferden.

Die Plünderung Trojas durch die siegreichen Achäer ist ebenfalls Gegenstand der Iliu Persis, incl. des Nachtmarsches der Achäer von den Landeplätzen an der Küste bis zur Stadt Troja und einer Beschreibung des Trojanischen Widerstandes.[174]

In der Wissenschaft ist strittig, ob Troja VI oder Troja VII in zeitlicher und inhaltlicher Hinsicht Gegenstand eines konzertierten mykenischen Angriffs gewesen sein könnte. Archäologen haben in Troja VI (1300–1230 BCE) wie bereits erwähnt zwar Zerstörungen der Befestigungsmauern und Brandspuren festgestellt, diese werden von einigen Experten, darunter dem amerikanischen Trojaforscher und -archäologen Carl Blegen sowie Hertel, aber auch auf natürliche Ursachen zurückgeführt (Erdbeben, Sommerbrand).[175] In diesem Zusammenhang sei aber auch auf die o.a. mythische Erinnerung von zwei unterschiedlichen Angriffen der Mykener auf Troja verwiesen, wobei der erste Angriff von Herakles gegen Laomedon etwa eine Generation vor dem großen Trojanischen Krieg geführt wurde.

Nach neuesten Befunden wird dabei der Zeitpunkt des finalen Untergangs der bronzezeitlichen Stadt nicht mehr mit Troja VI in Verbindung gebracht, sondern mit Troja VII a (neu: Troja VI i), wonach der Zeitpunkt der Katastrophe auf 1210 bis 1180 BCE gelegt werden muss.[176] Zu Troja VII schreibt der ansonsten skeptische Hertel, dass diese Bauphase in einer Brandkatastrophe unterging, die noch größere Ausmaße hatte als jene, die das Ende von Troja VI mitbesiegelt hatte.

---

172 Vgl. Strauss, Barry 2006, S. 167, 168.

173 Vgl. Strauss, Barry 2006, S. 81, 172f.

174 Vgl. Strauss, Barry 2006, S. 175 bis 178.

175 Vgl. u.a. Hertel, Dieter 2001, S. 60ff.

176 Vgl. Strauss, Barry 2006, S. 180. Mountjoy datiert die Zerstörung von Troja VI i auf ca. 1180 BCE. Mountjoy (1999, 2005) in Korfmann, Manfred O.: „Troia in der Späten Bronzezeit", in: Yalcin, Ünsal; Pulak, Cemal; Slotta, Rainer (Hrsg.) „Das Schiff von Uluburun – Welthandel vor 3000 Jahren", Katalog der Ausstellung des Deutschen Bergbau-Museums Bochum, Bochum, 2005, S. 249–263.

„Im Zerstörungsschutt der Burg und des südwestlich von ihr gelegenen Stadtviertels wurden viel verbranntes Holz und anderes durch Brand versehrtes Material, zahlreiche hart gebrannte Lehmziegel und viele durch Hitze teilweise zu Kalk verbrannte Steine gefunden. Auch hat man in dieser Schicht sowohl in Häusern als auch auf Straßen verschiedentlich Skelett- und Schädelreste entdeckt, am Abhang vor der westlichen Burgmauer sogar ein zusammengekrümmtes Skelett mit zerschmettertem Schädel. Zudem fanden sich im Schutt von Zitadelle und Untersiedlung einige bronzene Pfeil-, Speer- bzw. Lanzenspitzen."[177]

Einige Autoren (u.a. Korfmann, Latacz) deuten diese Funde als mögliche Anzeichen einer gewaltsamen Eroberung.[178] Hertel hält diese Schlussfolgerung nicht für zwingend und verweist erneut alternativ auf die Möglichkeit einer natürlichen Ursache (z.B. Sommerbrand).

Hertel konstatiert zusammenfassend *„Der Untergang von Troja VII a könnte, muss aber nicht durch die Annahme einer gewaltsamen Einnahme erklärt werden"*.[179] Der archäologische Befund kann aus heutiger Sicht also nicht jenseits von Zweifeln beweisen, dass Troja nach einer Belagerung und im Rahmen einer umfangreichen Plünderung unterging. Das, was gefunden wurde, ist aber zumindest mit einer gewaltsamen Eroberung, Brandkatastrophe und Plünderung konsistent und lässt diese Möglichkeit offen.[180]

Eine Neubesiedlung Trojas fand offenbar unmittelbar durch Überlebende und Zuwanderer aus dem Balkanraum statt (Troja VIII), die durch ihre charakteristische grobe Keramik (*Coarse Ware*) identifizierbar sind.[181]

10.6 Spuren der Seevölkerwanderung in der griechischen Mythologie

In der bisherigen Darstellung wurde die These vertreten, dass ein Konflikt um den strategisch wichtigen Zugang zu den Rohstoffvorkommen im Schwarzen Meer zu einer kriegerischen Auseinandersetzung von außergewöhnlicher Größenordnung geführt hat, der seinen Niederschlag in den Mythen des Epischen Zyklus gefunden hat. Die in den Bündnissystemen auf beiden Seiten aufmarschierten Gruppen und Stämme wären konsistent mit der Bemerkung von Ramses III zur Seevölkerinvasion, dass sich die *„Fremdvölker von ihren Inseln gelöst haben"*.

177 Hertel, Dieter 2001, S. 67.
178 Vgl. Korfmann, a.a.O., S. 261.
179 Vgl. Hertel, Dieter 2001, S. 80.
180 Vgl. Strauss, Barry 2006, S. 181.
181 Vgl. Strauss, Barry 2006, S. 189; Hertel, Dieter 2001, S. 72ff.

Die Frage im Anschluss ist nun, inwieweit sich aus dem weiteren Verlauf der Seevölkerwanderungen über Kilikien, Ugarit, Amurru, Zypern und Ägypten eventuell auch Erinnerungen in der griechischen Mythologie finden lassen.

10.6.1 Der Angriff auf Kilikien in der Mythologie

Folgt man erneut der geographischen und zeitlichen Reihenfolge der Seevölkerwanderungen und den damit einhergehenden Zerstörungen, sind die nach Troja im Nordwesten Kleinasiens als Nächstes betroffenen Gebiete die Südküste Kleinasiens und insbesondere Kilikien. Im Bezug auf Kilikien ist bereits von Bittel und Yasur-Landau darauf hingewiesen worden, dass die Neubesiedlung im Anschluss an den Zerstörungshorizont auf ägäisch-ostmediterrane Volksstämme schließen lässt.[182]

Dieser Befund lässt sich mit der Sage von Mopsos in Verbindung bringen, die uns aus griechischen Quellen und über den Lyder Xanthos überliefert ist.[183] Demnach machte sich im Anschluss an den Fall Trojas der einflussreiche Seher des achäischen Heeres, Kalchas, mit anderen Kriegsveteranen auf und segelte die anatolische Küste hinunter. In Klaros bei Kolophon traf er auf Mopsos. Mopsos war bereits ein Jahr vor der Eroberung Trojas mit einer Gruppe von Kämpfern nach Kilikien aufgebrochen, um dort neue Städte zu gründen.

Nach einer Reihe von Ereignissen und dem Tod des Kalchas setzte Mopsos – mit einer Mischung aus Griechen und Westanatoliern – seine Reise über Pamphylien nach Kilikien fort, wo er in der Nähe von Adana mehrere Siedlungen gründete. Im weiteren Verlauf der Sage erreichte Mopsos mit seiner Mannschaft Kanaan und war an einem Angriff auf die Stadt Askalon beteiligt.[184]

Textfunde und Inschriften in Kilikien[185] und Syrien stützen die These, dass Mopsos eine reale Person gewesen ist und in Verbindung mit Kilikien stand.[186] Die Bevölkerung von Adana späterer Tage führte ihre Ahnenschaft auf Mopsos zurück.[187] Nach Robbins ist nicht auszuschließen, dass dieser Mopsos ein Grieche ist.[188] Die Identität und Herkunft dieses Mopsos ist allerdings noch nicht vollständig geklärt.

---

182 Vgl. Bittel, a.a.O., S. 47; Yasur-Landau, Assaf 2010.

183 Vgl. Hinweis von Schachermeyr zum Beitrag von Bittel, a.a.O., S. 54.

184 S. Diskussion zum Beitrag von Bittel, a.a.O., S. 54.

185 Man hat eine luwische Inschrift in der südanatolischen Stadt Karatepe gefunden, die die Legende zu bestätigen scheint (vgl. Zangger, Eberhard 1994, S. 237).

186 Vgl. Robbins, Manuel 2001, S. 184.

187 Vgl. Killebrew und Lehmann, a.a.O., S. 14.

188 Vgl. Robbins, Manuel 2001, S. 184. Otten unterstellt einen „älteren" Mopsos im Zusammenhang mit der Anklageschrift gegen Maduwatta (s.o.). Er ordnet diese Episode somit zeitlich wesentlich

Killebrew und Lehmann fassen daher zusammen, dass die epigraphischen Funde die These unterstützen, dass die homerischen Traditionen von ägäischen Wanderungsbewegungen nach Kilikien einen tatsächlichen historischen Prozess reflektieren und überdies die Bezeichnung *Hypachäer* für die Kilikier bei Herodot erklären helfen.[189]

Die Mopsos-Sage bildet somit möglicherweise einen mythischen Hintergrund für Wanderungsbewegungen von Anatoliern und Achäern aus West-Anatoliern nach Kilikien sowie im Anschluss nach Kanaan.[190] Mopsos hat also wahrscheinlich den Seevölkermarsch von Kleinasien über Kilikien bis nach Askalon im späteren Siedlungsgebeit der Philister mitgemacht. Die gemischte Mannschaft des Mopsos legt außerdem nahe, dass die Seevölker sich aus Achäern und Anatoliern zusammengesetzt haben.

10.6.2 Der Angriff auf Zypern in der Mythologie

Ähnliche Bezüge gibt es auch für die Insel Zypern, auf deren Bedeutung für die Rohstofflieferketten bei der Bronzeherstellung bereits hingewiesen worden ist. Für die Angriffe der *Seevölker* auf Zypern sowie eine griechische bzw. kleinasiatische Besiedlung im Anschluss lassen sich in der Mythologie gleich mehrere Referenzen finden.[191]

Zum einen gilt dies für die Sage von Agapenor, dem Anführer des arkadischen Kontingents vor Troja. Die Arkadier stammten aus der Zentralpeloponnes und mussten sich von Agamemnon Schiffe leihen, um am Feldzug teilnehmen zu können. Auf dem Rückweg von Troja wurde Agapenor zusammen mit einer Anzahl trojanischer Gefangener von Stürmen vom Kurs abgebracht und gelangte auf Umwegen nach Zypern, wo er die Stadt Paphos eroberte und neu gründete.

Diese Sage passt zu der oben erwähnten Tatsache, dass auf Zypern in klassischer Zeit ein arkadischer Dialekt gesprochen wurde, der vor der Dorischen Wanderung nach Zypern gelangt sein muss.

Des Weiteren gibt es eine weitere Sage mit unterschiedlichen Versionen über eine Besiedlung von Zypern durch Griechen und West-Kleinasiaten im Anschluss an den Trojanischen Krieg. In der einen Fassung wird Teukros, der Bruder und Kampfge-

---

früher ein, obwohl der Gegenspieler von Maduwatta, Attarissiyas, mit dem Atreus der griechischen Sage gleichgesetzt wird, was eine zeitliche Einstufung nur etwa eine Generation vor dem Trojanischen Krieg nahelegen würde. Ein Mopsos hat außerdem auch am Argonautenzug teilgenommen, was ebenfalls für die letztere spätere Zuordnung sprechen würde. Eventuell haben wir es in der Tat mit mehreren Figuren des gleichen Namens zu tun.

189 Vgl. Killebrew; a.a.O., S. 9 und 14, Herodotus „The Histories", a.a.O., VII, 91.

190 Vgl. Robbins, Manuel 2001, S. 183f.

191 Vgl. Robbins, Manuel 2001, S. 160 und 221ff.

fährte des großen Ajax, im Anschluss an seine erfolgreiche Rückkehr nach Salamis von seinem Vater verbannt, weil er den Tod des Bruders nicht verhindert hatte.[192] Teukros segelt daraufhin zunächst nach Ägypten und erhält dort von einem Orakel die Anweisung über Sidon nach Zypern zu fahren, wo er die Stadt Salamis (neu)gründet. Bei der Kolonisation von Zypern erhielt Teukros Hilfe vom sidonischen König Belos (Baal = semitisch *Herrscher*).[193] Diese mythologische Variante enthält offenbar Erinnerungen an die Seevölkerwanderungen nach Zypern und Ägypten.

In einer anderen Fassung sind kleinasiatische Teukrer als Gefangene des trojanischen Krieges aus der Troas und Mysien (Gergines = Teukrer[194]) nach Zypern gelangt. In Summe gibt es eine Reihe von Städtegründungen auf Zypern, die sich auf einen Helden des Trojanischen Krieges als Gründer berufen, was allerdings in der damaligen Zeit keine Seltenheit war. Der Bezug zu den Teukrern oder Teukros ist dabei möglicherweise ein Hinweis auf den Ursprung der Tjekker in den ägyptischen Inschriften, die nach der Abwehr durch die Ägypter in der Stadt Dor siedelten.

10.6.3 Der Angriff auf Ägypten in der Mythologie

Die griechische Mythologie liefert mehrere Hinweise auf häufige bis regelmäßige Kontakte zwischen den Achäern und Ägypten in der späten Bronzezeit.[195] Dies gilt nicht nur für die Ilias, in der, wie bereits erwähnt, ein ägyptisches Kontingent unter Führung von Memnon in die Kampfhandlungen eingreift. Es gilt vor allem auch für die Odyssee, in der Menelaos, Nestor und Odysseus über Reisen nach Ägypten berichten, die offenbar nicht nur kriegerische, sondern auch diplomatische und kommerzielle Motive gehabt haben.

So erwähnt Nestor gegenüber Telemachos in der Odyssee seine Rückfahrt von Troja aus nach Griechenland in Begleitung der Flotte von Menelaos. Ein Teil der Schiffe des Menelaos wird dabei von einem Sturm von Kap Sunion vor Attika nach Kreta getrieben, wo ein Teil zwischen Gortyn und Phästos auf Riffe läuft. Über Menelaos und den verbleibenden Rest seiner Flotte erzählt Nestor:

---

192 Vgl. Robbins, Manuel 2001, S. 221.

193 Vgl. Woudhuizen, Frederik Christiaan 2006, S. 108.

194 *Gergines* ist dabei die alte Form des Ethnonyms *Gergithai*, einem Namen, unter dem die Teukrer gemäß Herodot noch Anfang des 5. Jh. BCE in der Troas siedelten (vgl. Herodotus „The Histories", a.a.O., V, 122 und VII, 43 nach Woudhuizen, Frederik Christiaan 2006, S. 107).

195 Es sei daran erinnert, dass bereits in der Hyksos Zeit die Io- sowie die Danaos-Sage Hinweise auf intensive Kontakte zwischen Achäern und Ägyptern geben. Unter Amenophis III (1386–1349 BCE) ist außerdem eine ägyptische Handelsflotte wichtige Häfen in der Ägäis und auf Kreta angelaufen.

„Menelaos with the remaining 5 vessels of his blue-prowed fleet was driven on by wind and wave to Egypt. And so it was that he was cruising in these foreing lands, amassing a fortune in goods and gold, …“.[196]

Ob der Erwerb von Reichtum friedlich oder kriegerisch vonstatten ging, bleibt an dieser Stelle zunächst noch offen. Im weiteren Verlauf der Gespräche wird jedoch deutlich, dass Menelaos erst nach 7 Jahren beutebeladen nach Sparta zurückkehrt und an einem Festbankett des Orestes teilnimmt. Letzterer hatte sich nach eben diesen 7 Jahren an Aighisteus, dem Mörder seines Vaters, gerächt.

Menelaos spricht darüber gegenüber Telemach:

„… for it took me seven years to amass this fortune and bring it home in my ships. My travels took me to Cyprus, to Phoenicia and to Egypt. Ethiopians (i.e. Afrikaner), Sidonians (i.e. Phönizier), Erembians (i.e. Araber), I visited them all; and I saw Libya, too.“[197]

Menelaos ist also nach Zypern, Phönizien und Ägypten gereist und ist damit Gegenden angelaufen, die in dieser Zeit eine wichtige Rolle bei den Eroberungen und dem Vordringen der Seevölker gespielt haben. Einen interessanten Hinweis zur zeitlichen Einordnung dieser Episode wird im folgenden Abschnitt der Odyssee geliefert, als Helena mit einem kostbaren Geschenk in der Hand zu Menelaos und Telemachos stößt:

„… a gift from Alcandra, wife of Polybus, who lived in Egyptian Thebes, where the houses are furnished in more sumptuous style than anywhere else in the world. This man had given Menelaos two silver baths, a pair of three-legged cauldrons, and ten talents in gold.“[198]

Ob in dieser Textstelle das Wort *wife* richtig übersetzt wurde, darf bezweifelt werden, da der folgende Satz mit *„this man“* beginnt. Möglicherweise wäre *spouse* die bessere Übersetzung gewesen, denn Polybus war u.U. eine Frau. Dies legt zumindest eine Textstelle nahe, die von Manetho überliefert ist und in der es heißt

„Thuoris. This is the king called Polybos, the husband of Alcandra, by Homer. Troy was captured in his reign.“[199]

---

196 Vgl. Homer „The Odyssey“, a.a.O., III, 270 – 310.
197 Vgl. Homer „The Odyssey“, a.a.O., IV, 80.
198 Vgl. Homer „The Odyssey“, a.a.O., IV, 120.
199 Verbrugghe, Gerald P.; Wickersham, John M. 2001, S. 108.

Auch in dieser Textstelle ist das Wort *husband* u.U. falsch übersetzt, denn hinter Thuoris/Polybus verbirgt sich die Pharaonin Twosret der 19. Dynastie, die zwischen 1188 und 1185 BCE regiert hat. Der Grund für die ungenaue Übersetzung ist somit möglicherweise die Tatsache, dass eine Frau auf dem ägyptischen Thron ungewöhnlich gewesen ist. Darüber hinaus entsteht der Eindruck, als ob der Austausch zwischen Menelaos und der Pharaonin durchaus friedlich und eher diplomatischer oder kommerzieller Natur gewesen ist.

Mit diesem interessanten Querverweis ergibt sich ein konkreter Ansatz, den Trojanischen Krieg zu datieren: Homer und Manetho legen – möglicherweise unabhängig voneinander[200] – den Trojanischen Krieg in die Regierungszeit der Pharaonin Twosret und damit *um 1186 BCE.* [201]

Weitere Hinweise auf die Zeit von Menelaos in Ägypten erhalten wir in *Odyssee IV, 340–620*. So scheint der Kriegsheld bei dem Versuch, die Rückreise aus Ägpten anzutreten, zunächst aufgehalten worden zu sein. Als er endlich starten kann, muss er auf der vorgelagerten Insel Pharos einen Zwischenstop einlegen und auf das Festland zurückkehren, um Opferriten zu vollziehen. Dabei erhält er die Nachricht von der Ermordung Agamemnons.

Auf der Rückreise aus Ägypten schließlich kommt er an Phönizien vorbei, wo er vom König von Sidon ein silbernes Mischgefäß als Geschenk erhält.[202] Wenn der Zeitraum für die Rückkehr nach Sparta mit 7 Jahren korrekt wiedergegeben ist, müsste Menelaos *ca. 1179 BCE* wieder an seinem Hof eingetroffen sein. Bis zu diesem Zeitpunkt geben die homerischen Epen keine expliziten Hinweise auf kriegerische Auseinandersetzungen zwischen Achäern und Ägyptern.

Dies ändert sich mit einer Geschichte des Odysseus, in der über eine kriegerische Landung in Ägypten berichtet wird. In Buch XIV der Odyssee erzählt Odysseus eine von ihm als Alibi erfundene Geschichte über einen zurückgeschlagenen Angriff auf das Nildelta, die hier aufgrund der Länge der Erzählung zusammengefasst werden soll:

---

200 Der Querverweis wäre dann besonders wertvoll, wenn Manetho sich auf eine Quelle ausserhalb der homerischen Epen bezöge. Sollte Manetho andererseits mit der Odyssee vertraut gewesen sein, kann sich seine Angabe und Datierung auf ebendiese Textstelle in Homer „The Odyssey“, a.a.O., IV, 120 beziehen. Vgl. hierzu auch das folgende Kapitel.

201 Müller legt die Regierungszeit auf 1188–1186 BCE (vgl. Müller, Vera: „Eine kritische Darstellung der derzeitigen Diskussion zur historischen Chronologie Ägyptens in der 2. Hälfte des 2. Jt. v. Chr.“ in: Yalcin, Ünsal; Pulak, Cemal; Slotta, Rainer (Hrsg.) „Das Schiff von Uluburun – Welthandel vor 3000 Jahren“, Katalog der Ausstellung des Deutschen Bergbau-Museums Bochum, Bochum, 2005, S. 194).

202 Vgl. Strauss, Barry 2006, S. 186ff.

Odysseus berichtet dabei, dass einen Monat nach seiner Rückkehr von Troja die Schiffe erneut ausgerüstet und nach Ägypten gesegelt werden. Nach 5 Tagen kommt die Flotte in Ägypten an und ankert im Nildelta. Die Achäer plündern ägyptische Farmen, werden aber von starken ägyptischen Verbänden umzingelt. Der größere Teil der Achäer wird in den Kampfhandlungen getötet, die Gefangenen versklavt. Odysseus wird gefangengenommen, bleibt mehrere Jahre in Ägypten und erringt dort ein kleines Vermögen. Zu seinem Schaden verbündet er sich mit einem Phönizier, der ihn nach Phönizien bringt, wo er ein Jahr verbringt. Im zweiten Jahr macht er sich auf eine Schiffsreise nach Libyen und nimmt die sog. mittlere Route südlich von Kreta. Dort kommt das Schiff in ein Unwetter, die Crew ertrinkt, nur Odysseus wird nach Tagen an die Küste von Thesprotien gespült."[203]

Wenn die Odyssee insgesamt in die Zeit um 1180 BCE zu datieren ist, kann in dieser Geschichte eine Erinnerung an den gescheiterten Angriff der *Seevölker* auf Ägypten im Jahr 1177 BCE nachträglich verarbeitet sein. Odysseus gibt die Geschichte zwar als Alibi vor, da dieses aber glaubwürdig sein muss, muss er sich zumindest auf ein bekanntes und plausibles Geschehen berufen. Es ist also möglich, dass Odysseus nach seiner Rückkehr nach Ithaka 1178 BCE (zu dieser Datierung mehr im folgenden Kapitel) erneut losgesegelt ist, an der Seeschlacht aktiv teilgenommen hat und dass diese Ereignisse dichterisch in der Odyssee vorweggenommen werden.

In Summe sind im Hinblick auf die Hinweise auf achäische Kontakte zu Ägypten in den kritischen Jahren zum Ende der Bronzezeit folgende drei Aspekte bemerkenswert:

a) Die verschiedenen Hinweise über Aufenthalte in Äypten sind nicht nur über verschiedene Textstellen im *Epischen Zyklus* zeitlich und inhaltlich *konsistent*, sondern auch zu den Angaben bei Manetho.
b) Der Austausch mit Ägypten hatte offenbar regelmäßigen Charakter.
c) Die Odyssee enthält zumindest einen Hinweis auch auf eine kriegerische Auseinandersetzung im Nildelta, die zeitlich in den Kontext der Seevölkerangriffe im Jahr 1177 BCE passt.

10.6.4 Die Rückkehr der Helden

Die Rückkehr der achäischen Helden wird in der Mythologie in den sog. *Nostoi* beschrieben (*nostos* = Heimkehr). Die mykenischen Heerführer und ihre Soldaten kehren auf unterschiedlichen Wegen in die Heimat zurück. Voraus geht noch im Schiffs-

---

203 Nach Homer „The Odyssey", a.a.O., XIV, 245–250. Vgl. hierzu auch Wood, Michael 2005, S. 242f.

lager vor Troja ein Streit zwischen den Siegern um die Frage, ob vor einer Abreise die Götter über ein umfangreiches Opfer günstig gestimmt werden müssen.[204] Dies war offenbar erforderlich, weil ein erheblicher Sturm aufzog. Ein Teil verunglückt auf dem Seeweg. Ein anderer Teil wird nach der Rückkehr nach Griechenland im Zuge dynastischer Machtkämpfe sowie interner Rebellionen getötet bzw. vertrieben.

- *Menelaos, Nestor und Diomedes* fahren unmittelbar ab und erreichen die Heimat. Menelaos verliert dabei, wie im vorausgehenden Kapitel erwähnt, einige Schiffe und wird nach Ägypten abgetrieben. Nestor erreicht seine Heimat Pylos und stirbt dort hochbetagt. Diomedes muss um seine Herrschaft über Argos streiten und wandert schließlich nach Italien (!) aus.
- *Neoptolemos* kehrt ebenfalls nach Hause zurück, entscheidet sich aber, evtl. aufgrund der Sturmwarnung, für den sichereren Landweg
- *Ajax (der Lokrer)* kentert im Sturm und ertrinkt.
- *Agapenor und Teukros* gelangen auf Umwegen nach Zypern.
- *Agamemnon* kehrt nach Hause zurück, wird dort aber im Rahmen einer Palastrevolte getötet. Die anschließende Rache seines Sohnes Orestes an den Mördern des Vaters wird auch in der Odyssee aufgegriffen.
- *Philoktetes* kehrt nach Thessalien zurück, wird von dort aber durch Rebellen vertrieben.
- *Mopsos* segelt bereits ein Jahr vor Kriegsende weiter die West- und Südküste Kleinasiens entlang nach Kilikien und Kanaan.
- *Idomeneus*, der König von Kreta, soll sich ähnlich wie Diomedes infolge von Thronstreitigkeiten nach Italien begeben haben.
- *Odysseus* wird ebenfalls durch den Sturm vom Kurs abgebracht und kehrt erst nach einer längeren Irrfahrt nach Ithaka zurück.

Aus der Gesamtbetrachtung der Erzählungen in den Nostoi ergeben sich Hinweise auf die interne *Konsistenz* der verschiedenen Geschichten sowie auf den möglichen historischen Kontext.

a) Interne Konsistenz der Mythen

Zu den verschiedenen Heimkehrergeschichten ist erneut anzumerken, dass deren interne Konsistenz bemerkenswert ist. Verschiedene Querreferenzen zwischen den einzelnen Mythen (Telemachus stattet Nestor einen Besuch ab, Menelaos erhält Nachrich-

---

204 Vgl. Strauss, Barry 2006, S. 186ff.

ten von der Ermordung Agamemnons etc.). Auch die Bedeutung des wohl erheblichen Unwetters bei der Abfahrt aus Troja wird an verschiedenen Stellen des epischen Zyklus konsistent hervorgehoben (so bei Agapenor, Menelaos etc.).

b) Abbildung des Untergangs der mykenischen Palastkultur

Zum zweiten deuten die Schicksale von Agamemnon, Diomedes, Philoktetes und Idomeneus auf Palastrevolten und Unruhen in Achaia, die möglicherweise dazu beigetragen haben, dass andere – z.B. Teukros, Mopsos – sich für eine Fortsetzung der Seeabenteuer entschieden haben. Diese Unruhen und Umstürze werden auch von Thukydides berichtet:

> *„Gab es doch auch nach dem Troischen Krieg in Hellas noch lauter Wanderungen und Neugründungen, so dass es nicht in Ruhe wachsen konnte. So brachte die Heimkehr der Hellenen aus Ilion, nach so langer Zeit, manchen Umsturz, und häufig gab es in den Städten Bürgerkrieg, und die Verbannten siedelten sich anderwärts an."* [205]

Die Summe der Berichte über Umstürze und Palastrevolten in den Heimkehrersagen (*Nostoi*) deuten nicht auf ein Einzelproblem, sondern auf ein Phänomen, dass die mykenische Palastgesellschaft in toto betroffen hat. Es liegt nahe, hier einen Zusammenhang mit dem Untergang der mykenischen Palastkultur zu sehen, wie er sich aus dem archäologischen Befund darstellt. Interessant ist in diesem Kontext vor dem Hintergrund der Diskussion um mögliche Bewegungen von Teilen der Seevölker nach Italien im Anschluss an die Niederlage gegen die Ägypter, dass auch zwei der achäischen Anführer (Diomedes und Idomeneus) nach den internen Revolten nach Italien segeln.

c) Hinweise auf die historische und zeitliche Einordnung

Die lange und leidgeprüfte Heimreise des Odysseus ist von Homer in Form der Odyssee festgehalten worden. Für dieses epische Werk ist die gleiche Frage, die u. a. in Bezug auf die Argonautensage oder die Ilias bereits gestellt wurde, analog zu untersuchen: Gibt es Hinweise darauf, ob die Odyssee einen historisch greifbaren Kern hat?

Der Sagenkern der Odyssee beschreibt die mühevolle Heimkehr des Odysseus, der mit zahlreichen Unterbrechungen und unter Verlust seiner 11 Schiffe und aller seiner Kämpfer nach 10 Jahren wieder nach Ithaka zurückkehrt. Der Zeitraum von 10 Jahren

205 Thukydides „Geschichte des Peloponnesischen Krieges", a.a.O., Einleitung, S. 30.

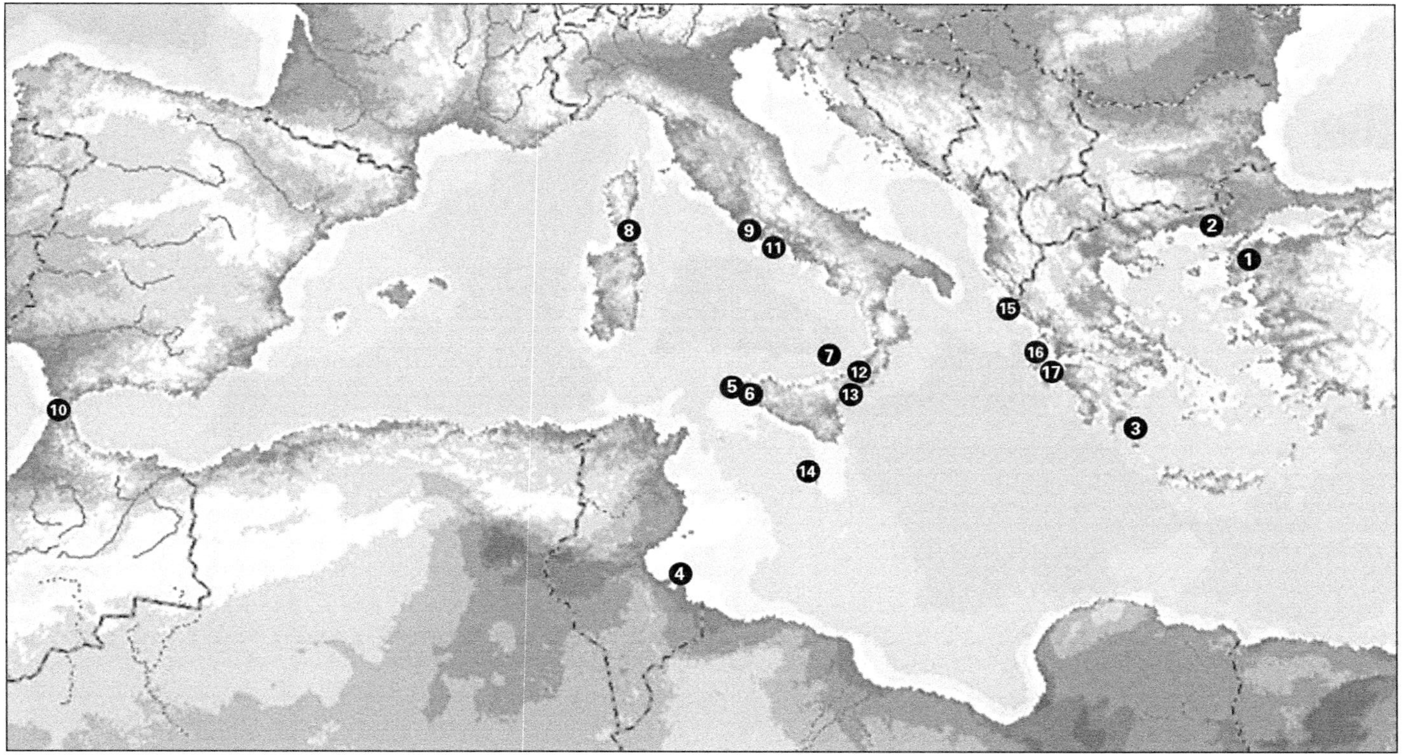

1 Troja (Ilion)
2 Alexandroupolis (Ismaros): Kikonen
3 Kap Maleia (Malea): Nordsturm
4 Djerba (Meninx): Lotophagen
5 Favignana (Caprera): Ziegeninsel
6 Trapani: Kyklopen, Polyphemos
7 Lipari und Vulcano: Reich des Aiolos
8 Bonifacio (Telepylos): Laistrygonen
9 Kap Circeo ("Insel" Aiaia): Kirke
10 Gibraltar: Hades
11 Capri/Galli: Sirenen
12 Straße von Messina: Skylla und Charybdis
13 Taormina (Thrinakia): Rinder des Sonnengottes Helios'
14 Malta/Gozo (Ogygia) : Schiffbruch; Landung bei Kalypso
15 Korfu (Scheria): Schiffbruch; bei den Phäaken
16 Ithaka (Phorkys-Bucht): Heimkehr

Abb. 31: Reiseroute des Odysseus [Karte http://www.365sterne.de/Odyssee/main/odyssee.html]

muss dabei erneut als Redewendung für einen besonders langen Zeitraum, aber nicht wörtlich verstanden werden.[206]

Die Reiseroute beschreibt eine Tour von Kleinasien (evtl. nach Ägypten und weiter) über Nordafrika nach Sizilien und Kreta, bevor eine Rückkehr nach Griechenland möglich wird. Diese Route umfasst präzise das damalige Einflussgebiet der Achäer in der Blütezeit bzw. Spätzeit der mykenischen Kultur, ist begrenzt auf den östlichen Mittelmeerraum und orientiert sich grob an den damals geläufigen Haupthandelsrouten.

Cicones: *Thrakier*
Lotosesser: Djerba in *Tunesien*
Erembians: *Arabische* Troglodyten (Quelle: Strabo)
Scylla und Charybdis: *Straße von Messina*
Aiolos: *Sizilien*
Laistrygonen: *Korsika*

Die wesentlichen Aktionspunkte der Odyssee liegen in *Nordafrika* und vor allem um *Sizilien* incl. der sog. *Äolischen Inseln.* Insbesondere von den Laistrygonen auf Sizilien werden Odysseus und seine Veteranen ausgesprochen feindlich empfangen. Er entkommt einem bewaffeten Konflikt nur mit wenigen Gefährten.

Sizilien fungierte in der Bronzezeit als wichtiger Stützpunkt und Entrepot für den Handel von Zinn aus England und der Bretagne. Es ist bereits dargestellt worden, dass auf Sizilien, Sardinien und in Italien zahlreiche mykenische Siedlungsspuren oder zumindest mykenische Handelswaren aus der späten Bronzezeit gefunden wurden (u.a. Thapsos).[207] Teile von Sizilien gehörten offenbar eine Zeit lang zur erweiterten mykenischen Koine. Zu der Vermutung, dass die Shekelesh ursprünglich aus Sizilien stammen, ist bereits oben Stellung genommen wurden. Auch in der Odyssee werden Sizilier an verschiedenen Stellen erwähnt.[208]

Der letzte Stop führt Odysseus nach *Scheria* auf die *Insel der Phäaken.* Nach herrschender Meinung wird Scheria mit der Insel *Korfu/Kerkyra* identifiziert. Als alternativen Vorschlag hat Woudhuizen Scheria mit dem südlichen Teil Kretas, einem Teil der Mesara Ebene, in Verbindung gebracht. Bei der Lokalisierung von Scheria auf Kreta bezieht sich Woudhuizen auf Ortslisten in den Linear B Tafeln, die in Knossos gefunden wurden, und in denen ein ‚sa-ka-ri-jo' aufgeführt ist. Mit den *Phäaken* sind dem-

---

206 Erneut Moran in Strauss, Barry 2006, S. 199.
207 Vgl. Vagnetti, Lucia: „Western Mediterranean", in: Cline, Eric H. (Hrsg.), „The Oxford Handbook of the Bronze Age Aegean", Oxford, 2010, S. 890–905.
208 Vgl. U.a. Homer „The Odyssey", a.a.O., XXIV, 380.

nach möglicherweise die Einwohner der benachbarten Stadt bzw. Palastanlage von Phaistos gemeint.[209]

Die *Reiseroute* des Odysseus umschreibt somit insgesamt exakt die Grenzen der mykenischen Koine in der Spätphase der Bronzezeit. Die angelaufenen Orte liegen auf Haupthandelsrouten dieser Epoche.

Für die Rückkehr des Odysseus nach Ithaka gibt es einen interessanten Datierungsansatz, der schon in der Antike aufgegriffen wurde, aber erst 2008 eine wissenschaftliche Bestätigung erfahren hat. Bereits Plutarch und Heraklit sahen in der sog. *„Prophezeihung des Theoklymenos“*[210], bei der sich die Gesichter der im Palast des Odysseus hausenden Freier plötzlich verdunkeln, die poetische Beschreibung einer Sonnenfinsternis im Bereich der ionischen Inseln. Der Wortlaut dieser Prophezeiung in der englischen Übersetzung ist wie folgt:

> *„Unhappy men, what horror is this that has descended on you? Your heads, your faces and your knees are veiled in night. The air is ablaze with lamentation; cheeks are streaming with tears. The walls and lovely alcoves are splashed with blood. The porch is filled with ghosts. So is the court – ghosts hurrying down to darkness and to the Underworld. The sun is blotted out from heaven and foul mist has crept upon the world“.*[211]

Da eine Sonnenfinsternis in dieser Region nur alle 350 Jahre vorkommt, gelang es 1926 Carl Schoch und Paul Neugebauer, diese auf den 16.04.1178 BCE zu datieren. Der Ansatz von Schoch und Neugebauer hat 2008 eine Bestätigung durch Baikouzis und Magnasco erfahren[212], die weitere Angaben aus der Odyssee zu Mondphasen und Positionen von Planeten zum Zeitpunkt der Heimkehr mit dem Datum im Frühjahr 1178 BCE in Übereinstimmung bringen konnten. Zu diesen Angaben gehörte, dass die Rückkehr des Odysseus bei Neumond stattfand, die Venus vor Sonnenaufgang hoch am Firmament stand, die Plejaden und Böotes gleichzeitig sichtbar waren und Hermes (i.e. Planet Merkur) gen Westen nach Ogygia flog. Das sich ergebende Datum für die Heimkehr, der *16.04.1178 BCE*, passt dabei zu den Angaben der klassischen Autoren für den vorhergegangenen Untergang Trojas, der zwischen 1194 und 1171 BCE verortet wird und beinhaltet offenbar eine weitere ausgesprochen *spezifische* zeitliche Information.

---

209 Vgl. Woudhuizen, Fred 1992, S. 44f.

210 Vgl. Homer „The Odyssey“, a.a.O., XX, 350, S. 275.

211 Vgl. Homer „The Odyssey“, a.a.O., XX, 350, S. 275.

212 Vgl. Baikouzis, Constantino; Magnasco, Marcelo O.: „Is an Eclipse described in the Odyssey?“ in: Proceedings of the National Academy of Sciences of the United States of America, 24.06.2008, Online Publikation.

Im Hinblick auf die Spezifizität, Konsistenz und Plausibilität der Angaben in den griechischen Mythen bezüglich der Wanderungsbewegungen der *Seevölker* in der späten Bronzezeit lässt sich zusammenfassen:

- Die Mythen über das Schicksal der achäischen Helden nach der Plünderung Trojas spiegeln den Untergang der mykenischen Palastkultur wider.
- Zahlreiche Überlieferungen beinhalten mykenische und west-kleinasiatische Krieger und Volksgruppen, die sich im Anschluss an den Trojanischen Krieg nach Süden und Westen aufmachten, um neue Siedlungsräume zu finden.
- Die Namen dieser Gruppen und Volksstämme decken sich zu einem erheblichen Teil mit denen, die in den Reliefs und Papyri von Ramses III erwähnt werden.
- Die Reiseroute von Odysseus entspricht derjenigen der in Ägypten abgeschlagenen Seevölker, die sich z.T. in Italien ansiedeln.
- Die Odyssee beinhaltet Angaben, die auf eine Rückkehr nach Ithaka im Jahr 1178 BCE schließen lassen.
- Der Ursprung dieser Wanderungs-, Verdrängungs- und Neugründungsmythen ist in allen Fällen der Trojanische Krieg.

11 Eine Synthese der Ereignisse

11.1 Der Trojanische Krieg – Erfundene oder erlebte Geschichte?

Im Hinblick auf den Inhalt der hier aufgeführten Mythen und der herangezogenen Kriterien ist für deren Nutzen bei der Interpretation von Lücken im archäologischen und historischen Befund zunächst generell Folgendes festzuhalten:

Trotz lange zurückreichender Erzähltraditionen, offensichtlich späterer Änderungen und Hinzufügungen, ist zu konstatieren, dass die Mythen häufig spezifische, konsistente und plausible Informationen beinhalten, die sich in den spätbronzezeitlichen Kontext einordnen lassen. Es fand in der Bronzezeit und den nachfolgenden Jahrhunderten offenbar noch keine Differenzierung zwischen Mythos und geschichtlicher Überlieferung im heutigen Sinne statt. Visser betont, dass *„für Homer die für uns grundlegende Dichotomie von Mythos und Geschichte vermutlich so nicht existierte."*[1] An anderer Stelle fasst Visser zusammen *„Der Mythos war für ihn (den Dichter, Anm. des Verfassers) Geschichte, zwar durch Größe und Bedeutung der Personen und Unternehmungen die Geschichte einer größeren Zeit als die Gegenwart, aber eben doch nicht fiktional."*[2] Sehr konkret sind oft auch die in den Mythen enthaltenen Ortsangaben, zu denen Visser anmerkt *„Zusammenfassend kann also festgestellt werden, dass die mythische Tradition, wie sie schon in der Ilias und der Odyssee selbst zu greifen ist, immer auch spezielles und detailliertes geographisches Wissen enthält."*[3] Hinzu kommen z.T. sehr spezifische Zeitangaben, wie die vorausgehenden Abschnitte zur Rückkehr des Odysseus nach Ithaka gezeigt haben.

Die bronzezeitlichen Mythen sind somit aufgrund der Verarbeitung von z.T. zeitgenössischen Interpretationen und Bildern, dem Zwang zur Formelhaftigkeit etc. keine historischen Dokumente im heutigen Sinne, enthalten aber durchaus konkrete Informationen und offenbar historische Kerne. Erneut sei auf Kristiansen und Larsson verwiesen, die betonen, dass mündliche Dichtung Inhalte wortgetreu über ein halbes Jahrtausend und länger zu überliefern in der Lage ist.[4] Die Mythen wurden von den Menschen der damaligen Gesellschaften vermutlich durchaus als geschichtliche Über-

1 Visser, Edzard 1997, S. 746.
2 Visser, Edzard 1997, S. 744.
3 Visser, Edzard 1997, S. 149.
4 Vgl. Kristiansen, Kristian; Larsson, Thomas B. 2005, S. 22.

lieferung verstanden. Scodel schreibt hierzu: „*The basic stories had been told many times already and were believed to be true*".[5] Eine kritische (d.h. reflektierende) und abstrakte (i.S. einer Einordnung von Vorgängen in übergeordnete Zusammenhänge) Geschichtsschreibung im heutigen Sinne begann erst Jahrhunderte später mit den klassischen griechischen Historikern wie Herodot und Thukydides.[6]

In den nachfolgenden Abschnitten soll zusammenfassend noch einmal auf die Kernfragen der vorausgehenden Analysen eingegangen werden:

- Gab es einen Trojanischen Krieg, wie er in den Mythen dargestellt wird, wirklich und, falls diese Frage positiv beantwortet werden kann, wann?
- Kann der Trojanische Krieg möglicherweise auch inhaltlich plausibel in den Kontext der Seevölkerwanderungen eingeordnet werden?

Für die Beantwortung der ersten Frage sollen noch einmal die wesentlichen Ergebnisse der historischen, archäologischen und mythologischen Forschung rezipiert und dabei auf die weitere Frage eingegangen werden, wie sich unser Erkenntnishorizont in den letzten Jahren verändert hat. Für die moderne Wissenschaft sind die verschiedenen damals vorliegenden Ansichten zur Historizität des Trojanischen Krieges 1968 von Albin Lesky zusammengefasst worden. Diese Ansichten reichten von kompletter Ablehnung bis zur zweifelsfreien Bestätigung der Geschichtlichkeit der homerischen Epen. Sein Fazit war damals, dass ein historischer Hintergrund für den Trojanischen Krieg möglich, aber ohne zusätzliche Fakten nicht beweisbar ist.[7]

Seit der Publikation von Lesky sind neue archäologische und historische Zeugnisse ausgewertet worden. Die heutigen Autoren, die einen historischen Trojanischen Krieg für möglich halten, datieren ihn entweder im Zeitraum von *1280 bis 1250 BCE*[8] oder zwischen *1190 und 1180 BCE*.[9]

Im *mythologischen Kontext* haben wir es mit epischen Werken zu tun, die erst rd. 400 Jahre nach dem Ende der Bronzezeit eine (oder mehrere) schriftliche Abfassung(en) erhalten haben. Diese Arbeit hat gezeigt, dass sich die Mythen des Epischen Zyklus in einen plausiblen Zusammenhang bringen lassen, der ökonomisch-strategische Reali-

5 Scodel, Ruth: „The story-teller and his audience" in: Fowler, Robert (Hrsg.) ‚The Cambridge Companion to Homer", Cambridge, 2004, S. 45.

6 Vgl. Codino, Fausto 1970, S. 22.

7 Vgl. Latacz, Joachim 2004, S. 166f.

8 Der frühere Zeitraum wird u.a. von Carl Blegen vertreten, einem der Ausgräber Trojas. Er hält 1250 BCE für den Zeitpunkt der Zerstörung von Troja VII a für wahrscheinlich, ‚oder etwas früher" (vgl. Burkert, Walter: „Lydia between East and West ...", a.a.O.; Wood, Michael 2005, S. 277 ff.; Woudhuizen, Frederik Christiaan 2006, S. 27 und 72).

9 Vgl. Strauss, Barry 2006, S. 19.

täten zum Ende der Bronzezeit abbildet – ohne dass diese in den Mythen explizit aufscheinen – und darüber hinaus eine Motivlage für einen Großangriff auf Troja liefert.

Unstrittig scheint zu sein, dass die homerischen Epen – neben eindeutig späteren Hinzufügungen, die aus den folgenden *Dark Ages* sowie aus der Zeit Homers stammen – eine ganze Vielzahl von *sprachlichen und inhaltlichen Gegebenheiten* und Vorgänge aus der Spätphase der Bronzezeit um 1190 BCE widergeben.[10]

So spiegeln die Waffen und Kampftechniken in der Ilias nach Drews den Übergang von Streitwagenschlachten auf Kämpfe mit beweglichen Truppen wider, der sich in der Endphase der Bronzezeit vollzog.[11] Vereinzelt werden noch archaische Waffen aus der vorausgehenden Epoche zitiert (Turmschild des Aias, Kompositbogen des Odysseus).

Es gibt weiterhin mehrere sprachliche bzw. linguistische Elemente innerhalb der Ilias und Odyssee, die auf bronzezeitliche Quellen schließen lassen.[12] So waren beispielsweise die in der Ilias verwendeten Worte für Schwert, (*phasganon* und *ksiphos*), mykenisch und im klassischen Griechisch nicht mehr in Gebrauch.[13] Gleiches gilt für die Bezeichnung *wanax* für den obersten Heerführer der mykenischen Armee. Hierbei handelt es sich um ein Konzept, dass so im klassichen Griechenland nicht mehr benutzt wurde.[14] Dort wurden Könige *basileus* genannt, was in der Ilias noch der Titel für die untergeordneten Heerführer war. Die überwiegende Mehrzahl der Waffen und Gebrauchsgegenstände in den homerischen Epen ist aus Bronze gefertigt.[15] Auch für den Helm aus Eberstoßzähnen[16] wurden vergleichbare Objekte aus mykenischer Zeit gefunden. Ferner setzt das Versmaß der Ilias und der Odyssee an vielen Stellen Wortformen voraus, die nur in mykenischer Zeit verwendet wurden, zur Zeit Homers aber bereits verschwunden waren.[17]

Latacz hat bereits darauf hingewiesen, dass die *geographische Abgrenzung* der achäischen Machtsphäre in der Ilias ebenfalls spätbronzezeitiche Realitäten abbildet.[18]

10 Vgl. Woudhuizen, Frederik Christiaan, 2006, S. 24ff. Strauss spricht von „well attested realities of Bronze Age life" (Strauss, Barry 2006, S. 6). Ähnlich bei Wood, Michael 2005, S. 145.

11 Vgl. Drews, Robert 1993, S. 113ff.

12 Vgl. u.a. Fortson, Benjamin W. IV 2010, S. 265f.

13 Vgl. Wood, Michael 2005, S. 146.

14 Anmerkung: Schmitt sieht in der Bezeichnung *wanax* ausschließlich einen mykenischen Gott und keinen Königstitel. Vgl. Schmitt, T. „Kein König im Palast – Heterodoxe Überlegungen zur politischen und sozialen Ordnung in der mykenischen Zeit", in: HZ 288 (2009), S. 281–346, zitiert in: Müller, Marko: „Schwerter zu Pflugscharen! Eine Neuinterpretation der pylischen o-ka-Tafeln als Verzeichnis mykenischer Textilarbeiter", in: bonjour.Geschichte 2, bremer online journal geschichte, 2012, S. 18.

15 Ausnahmen in Homer ‚The Iliad", a.a.O., IV, 123 und Homer „The Odyssey", a.a.O., XIX, 13.

16 Vgl. Homer „The Iliad", a.a.O., X, 261.

17 Vgl. Dowden, a.a.O., S. 191.

18 Vgl. Latacz, Joachim 2004, S. 232ff.

Demnach sandten insbesondere Nordwestgriechenland, die Kykladen und Kleinasien keine Kontingente nach Troja.[19] Die breite Allianz des achäischen Heeres reflektiert damit genau den Bereich der mykenischen Koine um 1200 BCE. Dies ist auch deswegen bemerkenswert, weil sich der Siedlungsbereich der Griechen – bis zur Zeit von Homer – durch die Kolonisierung der Westküste von Kleinasien wesentlich veränderte. In der Ilias ist er somit in seiner bronzezeitlichen Form überliefert.

Des Weiteren zeigen die Analysen von Hope Simpson, Lazenby und Visser zum Schiffskatalog der Griechen, dass die detaillierte Listung der Siedlungen, die Schiffe nach Troja entsandte, Städte und Ortschaften beinhaltete, die in später in den *Dark Ages* und dem klassischen Griechenland überhaupt nicht mehr existierten.[20] Robbins merkt zur Signifikanz des Schiffskataloges überdies an: *„The sole purpose for which the catalog could have been composed is in relation to a war at Troy. Without a continuing memory of a conflict at Troy, the catalog would have served no purpose“.*[21] In Summe spiegeln also viele Bestandteile der Ilias ein spätbronzezeitliches Szenario wider und sind ohne einen realen Konflikt als Hintergrund schwer zu erklären.

Im Bezug auf eine *zeitliche Einordnung* des Trojanischen Krieges auf Basis der mythischen Überlieferungen ist zunächst bemerkenswert, dass der Alliiertenkatalog der Trojaner in der Ilias mit großer Treffsicherheit die *Besiedlungssituation* im westlichen Kleinasien zum Zeitpunkt des Machtverfalls der Hethiter und nach der Einwanderung der thrakischen Stämme nach Nordwest-Kleinasien beschreibt. Wie oben ausgeführt, kann hierfür in einer groben Näherung der Zeitraum nach etwa 1230 BCE angesetzt werden.

Bei einer genaueren Betrachtung wird deutlich, dass die thrakischen Stämme in dieser Zeit bereits in das nordwestliche Kleinasien eingewandert, aber noch nicht oder gerade erst sesshaft geworden waren. Im Mythos waren die thrakischen Stämme zur Zeit des Trojanischen Krieges in der zweiten Generation in Kleinasien ansässig (*„in der Zeit des Priamos am Sangarios ihr Lager aufgeschlagen“*[22]). Die Thraker besiedelten gemäß der Ilias somit bereits weite Teile des nördlichen Kleinasiens bis zum Halys, hatten aber z.T. noch hethitische Truppenverbände inkorporiert.[23] Das thrakische Siedlungsgebiet umschloss somit neuerdings den Bosporus und die Dardanellen. Somit kontrollierten die Thraker den Zugang ins Schwarze Meer und damit wesentliche Me-

---

19 S. auch Woudhuizen, Frederik Christiaan 2006, S. 27.

20 Vgl. Hope Simpson, R.; Lazenby, J.F. 1970 und Visser, Edzard 1997.

21 Robbins, Manuel 2001, S. 82.

22 Homer „The Iliad“, a.a.O., III, bei Robbins, Manuel 2001, S. 172.

23 Die Hethiter werden in der Ilias nicht genannt, wohl aber in der Odyssee: In der Odyssee wird beschrieben, wie Neoptolemos (Sohn des Achilles) den Eurypylos, den Sohn des Telephus, tötet, and „many of his *Hittite* men-at-arms were slaughtered at his side.“ (Homer „The Iliad“, a.a.O., XI, 520).

talltransporte z.B. aus der Kolchis. Diesen Zugang hatten sich die Achäer erst wenige Generationen vorher erkämpft (Kern der Argonautensage).

Die Bithynier, die sich aus dem Balkan kommend ebenfalls – aber erst deutlich später (im 7. Jh. BCE) – in Kleinasien ansiedelten, fehlen konsequenterweise in der homerischen Aufzählung.[24] Die späteren Lyder werden in den homerischen Epen noch Mäonier genannt. Eine Aufspaltung der Mäonier in Lyder und Tyrrhenier ist wie in Kapitel 5.5.4.5 dargestellt erst nach 1212 BCE plausibel. Die Phryger und Mysier waren noch nicht in der Weiterbewegung nach Osten. Letztere kann mit dem finalen Kollaps der Kerngebiete des Hethiterreiches in Zentralanatolien eingeleitet worden sein.

Auch der Alliiertenkatalog der Ilias beschreibt damit bei einer tieferen Betrachtung eine Besiedlungssituation im nordwestlichen Kleinasien, bei der der Trojanische Krieg um 1200 bis 1180 BCE einzuordnen wäre.

Der Epische Zyklus legt außerdem ein *machtpolitisches Szenario* in Nord- und Westkleinasien zugrunde, in dem die Hethiter keine wesentliche Rolle mehr spielten. Hethitische Namen (Telephos) und Soldaten werden nur einmal in der Odyssee[25] sowie in einer Quelle außerhalb der homerischen Epen im Zusammenhang mit dem ersten – fehlgeschlagenen – Angriff der Achäer auf Mysien bzw. Teuthranien erwähnt.[26] Dies lässt den Schluss zu, dass die Handlungen des Trojanischen Krieges in einer Zeit stattfanden, als das hethitische Reich im Zerfallsstadium oder bereits komplett untergegangen war. Einer Einordnung des Trojanischen Krieges um 1250 BCE oder vorher steht somit entgegen, dass zu dieser Zeit das hethitische Reich noch in voller Blüte und Machtausdehnung stand.

Des Weiteren haben die vorausgehenden Kapitel gezeigt, dass in der griechischen Überlieferung neben dem Trojanischen Krieg als Ursprung zahlreicher Wanderungsbewegungen in der Folge auch Erinnerungen an Konflikte, Eroberungen und Städtegründungen von Kilikien über Zypern bis nach Ägypten abgebildet sind, die zusammen ebenfalls ein *stimmiges Bild von Teilaspekten der Seevölkerwanderungen* zeichnen. Mythen im Umkreis des Epischen Zyklus (Mopsos-Sage, Agapenor, Teukros) beinhalten Angriffe bzw. Neugründungen von Siedlungen in Kilikien und auf Zypern. Sie beschreiben Teilumfänge der Seevölkerwanderungen per Schiff nach Kleinasien, Amurru und Kanaan. Ilias wie Odyssee beinhalten eindeutige Referenzen achäischer Angriffe auf Ägypten, die verlustreich zurückgeschlagen werden und den nachfolgenden Rückzug über Nordafrika und Sizilien. Die von Baikouzis und Magnasco im Jahr 2008 publizierten Erkenntnisfortschritte zur Datierung der Rückkehr des Odysseus auf

24 Vgl. Haefs, Hanswilhelm 2007, S. 38.
25 Vgl. Homer „The Odyssey", a.a.O., XI, 519.
26 Vgl. Strauss, Barry 2006, S. 53f.

Basis der in der Odyssee beschriebenen astronomischen Phänomene deuten dabei auf das Jahr 1178 BCE.[27]

Zwischen den trojanischen Alliierten, den Teilnehmern an den mythischen Wanderungsbewegungen im Anschluss an den Trojanischen Krieg und den Seevölkern aus historischen Quellen gibt es dabei, wie gezeigt, ein hohes Maß an Überschneidungen.

Zu dieser positivistischen Interpretation der Mythen müssen einige Einschränkungen erwähnt werden. Es sei noch einmal angesprochen, dass sowohl Ilias als auch Odyssee neben den eindeutig bronzezeitlichen Spuren auch Elemente beinhalten, die ganz offensichtlich später hinzugefügt wurden und eisenzeitliche Zustände aus den *Dark Ages* sowie der Zeit der Abfassung der homerischen Epen um 700 BCE reflektieren.[28] Zu letzteren gehören insbesondere Ortsbezeichnungen bzw. Namen (Gygischer See[29], Arimoi (=Aramäer), Kimmerier[30]). Kristiansen und Larsson sehen hierin ein späteres Hinzufügen von Details, um den Inhalt der Epen für die Folgegenerationen verständlicher zu übermitteln.[31]

Neben einer Einordnung des Trojanischen Krieges um 1180 BCE wird verschiedentlich auch die Auffassung vertreten, dass die Ilias kein einzelnes Ereignis beschreibt, sondern unterschiedliche und zeitlich auseinanderliegende Begebenheiten zwischen 1280 BCE und 1180 BCE episch zusammenfasst.[32] Dass diese Annahme nicht völlig abwegig ist, zeigt die Analogie zur Nibelungensage aus dem deutschen Sprachkreis, in der nach heutiger Erkenntnis Erinnerungen an die Varusschlacht aus dem Jahre 9, die Feldzüge des Aëtius gegen die Burgunder um 450 und an das merowingische Reich um 613 miteinander verwoben worden zu sein scheinen.[33]

Für diejenigen modernen Wissenschaftler, die für den Trojanischen Krieg den früheren Zeitraum um 1250 BCE für wahrscheinlicher halten, spielen außerdem Namensparallelen zwischen historischen Dokumenten und den Mythen des Epischen Zyklus eine Rolle (z.B. Alaksandus ⟶ Alexander (Paris), Atarissiyas ⟶ Atreus).

Einer historischen Einordnung des Trojanischen Krieges liegt zudem die Annahme zugrunde, dass die bronzezeitlichen Mythen in der Tat historische Kerne haben und versuchen, geschichtliche Abläufe abzubilden. Dies wird nicht von allen Geschichtswissenschaftlern und Archäologen akzeptiert.

---

27 Vgl. Baikouzis; Magnasco, a.a.O.

28 Vgl. Woudhuizen, Frederik Christiaan 2006, S. 24 und 26.

29 Gyges war ein lydischer König (716–678 BCE).

30 Ein Volksstamm aus den nördlichen Kaukasusregionen, der im späten 8. Jh. BCE in Anatolien einfiel.

31 Vgl. Kristiansen, Kristian; Larsson, Thomas B. 2005, S. 22.

32 Vgl. Bryce, Trevor: „The Trojan War", in: Cline, Eric H. (Hrsg.), „The Oxford Handbook of the Bronze Age Aegaean", Oxford, 2010, S. 480.

33 Vgl. Oberste, Jörg 2008, S. 177ff.

Zweitens soll auf die Frage eingegangen werden, welche Erkenntnisse sich aus den *historischen Quellen* gewinnen lassen, wobei zwischen den bronzezeitlichen und den deutlich späteren Aufzeichnungen der griechischen Historiker unterschieden werden soll.

Im Bezug auf die spätbronzezeitlichen Quellen ist zunächst festzustellen, dass ein konkreter Hinweis auf einen Konflikt um Troja um 1190 BCE außerhalb der griechischen Epen nach wie vor fehlt. Allerdings haben die in den vergangenen Jahrzehnten in Hattusha gefundenen Schrifttafeln nicht nur Hinweise auf Troja (Taruisa) und Ilion (Wilusa) enthalten, sondern auch im diplomatischen Schriftverkehr Hintergründe für einen wachsenden machtstrategischen Konflikt zwischen den Hethitern und den Achäern (Ahhijawa) geliefert.

Für die klassischen Historiker, die aus der Distanz von mehr als 700 Jahren berichten, war die Historizität des Trojanischen Krieges ein Fakt. Wood schreibt hierzu: *„In the ancient world it was the almost uniform belief that the Trojan War was an historical event."*[34] Herodot suchte im 5. Jh. BCE hierfür eine Bestätigung durch Aufzeichnungen bei ägyptischen Priestern. Interessanterweise scheinen die Priester die Glaubwürdigkeit der homerischen Traditionen bestätigt zu haben.

Die Datierungen des Krieges bei den antiken Geschichtsschreibern wurden oft auf der Basis von Genealogien errechnet und reichen von 1126 bis 1334 BCE.[35] Laut Burkert bestehen die dabei verwendeten Genealogien (Königslisten) aus derjenigen der 26. Ägyptischen Dynastie von Psammetich, der Lyder von Gyges bis Kroisos, der Perser von Cyrus bis Xerxes und der Meder von Deioces bis Astyarges.[36] Robbins[37] hat die auf dieser Basis zurückgerechneten Daten für den Trojanischen Krieg zusammengestellt, die hier noch einmal wiedergegeben werden sollen:

Autor	**Datierung (BCE)**	**Autor**	**Datierung (BCE)**
Phanias von Eresus	1126	Timaius	1193
Callimachus	1127	Thrasyllus	1194
Ephorus von Kyme	1135	Dicaiarchus	1212
Sosibius	1171	Cleitarchus	1234
Erathosthenes	1183	Herodotus	1250
Ctesias	1183	Douris von Samos	1334

34 Vgl. Wood, Michael 2005., S. 32.

35 Zurückgerechnet wurde dabei häufig vom Datum der ersten Olympischen Spiele im Jahr 776 BCE. Anmerkung: Es gibt eine weitere Datierung des Trojanischen Krieges in der bereits erwähnten Parischen Chronik, die den 5. Juni 1209 angibt. Diese Angabe beruht allerdings wahrscheinlich auf einem astronomischen Missverständnis (vgl. Wood, Michael 2005, S. 35).

36 Vgl. Burkert, a.a.O., S. 139–148.

37 Robbins, Manual 2001, S. 85f.

Demokrit kommt außerdem mit seiner Angabe für das Verfassungsdatum seines *Mikros Diakosmos* von „730 Jahre vor dem Fall Trojas" auf ca. 1160 bis 1150 BCE.[38] Ebenso interessant ist, dass etwa die Hälfte der antiken Geschichtsschreiber einen Zeitraum von 1171 bis 1194 BCE angeben, der sich mit dem hier untersuchten Zeitraum des Endes der Bronzezeit deckt.[39]

Burkert ergänzt allerdings einschränkend, dass die von den Historikern verwendeten Genealogien in einigen Fällen möglicherweise angepasst worden sind, um einer vorgegebenen älteren Datierung des Trojanischen Krieges oder aktuellen politischen Opportunitäten zu entsprechen.[40] Genaue Zeitangaben sind bei den antiken Historikern auf der Basis mündlich überlieferter Geschichte nur bis etwa 700 BCE zu erwarten. Burkert hält daher die Koinzidenz der vielen von den alten Historikern angegebenen Daten für den Trojanischen Krieg mit dem archäologischen Befund bzgl. der Zerstörung von Troja VII a für eher zufällig.[41]

Nach dem ägyptischen Chronisten *Manetho*, der in der ptolemäischen Epoche im 3. Jh. BCE lebte, gemäss Plutarch einer der zwei priesterlichen Berater des Pharao war und im Austausch mit anderen griechischen Historikern stand, fand der Angriff auf Troja in der Regierungszeit der Pharaonin Twosret statt.[42] *Manetho* schrieb auf Griechisch und führte in seinem Werk die Einteilung der ägyptischen Pharaonen in Dynastien ein. Sein Werk ist nicht direkt überliefert, wird aber von späteren rivalisierenden Geschichtsschreibern umfangreich zitiert, die jeweils das besondere Alter ihres Volkes betonen wollten (u.a. Josephus).

In einem Epitom (Zusammenfassung) des Werkes des *Manetho*, das über Sextus Julius Africanus sowie Eusebius von Caesarea erhalten ist, wird Twosret als letzte Herrscherin der 19. Dynastie bezeichnet und ihre Regierungszeit mit *1187 bis 1185 BCE* angegeben.[43] Bei Manetho wird sie *Thuoris* genannt, die *„bei Homer als Polybus bekannt ist, vermählt mit Alcandara, und in deren Regierungszeit Troja erobert wurde"*.[44]

---

38 Vgl. Burkert, a.a.O.

39 Vgl. Robbins, Manuel 2001, S. 85f.

40 Vgl. Burkert, a.a.O.

41 Ähnlich skeptisch äußert sich Hertel über weiter zurückreichende Datenangaben (vgl. Hertel, a.a.O., S. 117).

42 Vgl. Dilley, John: „The First Egyptian Narrative History: Manetho and Greek Historiography", 1999 sowie Clayton „Chronicles of the Pharaos", a.a.O., S. 9.

43 Vgl. nach Clayton „Chronicles of the Pharaos", S. 156. Bei Müller wird die Regierungszeit von Twosret mit 1188–1186 BCE angegeben (vgl. Müller, Vera: „Eine kritische Darstellung der derzeitigen Diskussion zur historischen Chronologie Ägyptens in der 2. Hälfte des 2. Jt. v. Chr.", in: Yalcin, Ünsal; Pulak, Cemal; Slotta, Rainer (Hrsg.) „Das Schiff von Uluburun – Welthandel vor 3000 Jahren", Katalog der Ausstellung des Deutschen Bergbau-Museums Bochum, Bochum, 2005, S. 194).

44 Verbrugghe, Gerald P.; Wickersham, John M. 2001, S. 108.

Diese Angabe ist insofern sehr interessant, als Manetho für seine Chronologien sowohl auf griechische (u.a. Herodot) als auch auf ägyptische Quellen (u.a. Tempelarchive in Heliopolis) zugehen konnte. Wenn die Angabe zur Eroberung Trojas in der Regierungszeit der Königin Twosret aus einer ägyptischen Quelle stammen sollte – die heute verloren ist – wäre dies dann in der Tat ein Hinweis auf den Krieg um Troja außerhalb der homerischen Epen. Verbrugghe und Wickersham verweisen auf ein paralleles Zitat zu Thuoris in der Odyssee IV 120 und sehen durch diese wechselseitigen Bezüge griechischer und ägyptischer Traditionen *„a solid ground in Hellenic lore“*.[45]

Die bisherigen Darstellungen haben gezeigt, dass die griechischen Mythen und die Erinnerungen der klassischen Historiker fast ausnahmslos Vorgänge beschreiben, die eine – nach neuesten Erkenntnissen – durchaus historische Relevanz haben. Was die Mythen anbetrifft, sind sie allerdings in einem bronzezeitlichen Sprach- und Wertegerüst eingebettet und müssen insofern dekodiert werden.

Im Hinblick auf die *archäologische Evidenz* führt Latacz neben den unzweifelhaft bronzezeitlichen Quellen der Ilias und der Odyssee neue Argumente aus dem Bereich der Archäologie an, die die Angaben aus den Mythen in den Grundzügen bestätigen und für die Möglichkeit eines historisch fassbaren Krieges um Troja sprechen. Hierzu zählen insbesondere die jüngsten Ausgrabungsergebnisse in Hissarlik/Troja. Dort haben Korfmann und Pernicka in den Jahren 1987 bis 2005 unterhalb der bisher von Schliemann, Dörpfeld und Blegen erforschten Zitadelle eine Unterstadt freigelegt, die belegt, dass die Stadt Troja in der Spätbronzezeit durchaus Dimensionen hatte, die dem mythischen Kontext entsprechen.[46]

Brandspuren in den Schichten von Troja VI und VIIa würden zur mythischen Überlieferung von zwei Trojanischen Kriegen im Abstand von etwa einer Generation passen. Insbesondere die Spuren einer Brandkatastrophe in der Schicht Troja VIIa deutet auf eine gewaltsame Zerstörung der Stadt um das Jahr 1180 BCE.[47] Troja VIIa (1300 bis 1200 BCE) repräsentierte nach heutigen Erkenntnissen den Gipfel trojanischer Macht und Architektur.[48]

Für beide Zerstörungshorizonte sind jedoch in der archäologischen Forschung auch alternative Erklärungen vorgeschlagen worden, die eher auf natürliche Ursachen zurückgehen.[49]

45 Verbrugghe, Gerald P.; Wickersham, John M. 2001, S. 108.

46 Vgl. den Beitrag zur Forschungsgeschichte in Troja von Peter Jablonka „Bronzezeitliche Archäologie in Troja seit 1987“ in: Studia Troica, a.a.O., S. 152ff.

47 Vgl. Strauss, Barry 2006, S. 180.

48 Vgl. Siebler, Michael: „In Theben ging“s los“, in: Frankfurter Allgemeine Zeitung, 11.08.2003.

49 Vgl. Hertel, Dieter 2001, S. 60ff.

Im Rahmen einer *Gesamtbetrachtung* des archäologischen, historischen und mythologischen Forschungsstandes ist festzustellen, dass:

- Die Mythen des Epischen Zyklus zahlreiche spätbronzezeitliche Informationen verarbeiten.
- Der Inhalt insbesondere des *Schiffskatalogs* ohne den Kontext eines realen Konfliktes weitgehend gegenstandslos wäre.
- Der *Verbündetenkatalog* eine Besiedlungssituation im nordwestlichen Kleinasien um 1200 bis 1180 BCE beschreibt.
- In den historischen Quellen bei den klassischen griechischen Autoren ein Trojanischer Krieg als historisches Ereignis vorausgesetzt wurde, wobei die Mehrzahl der zeitlichen Angaben auf 1170 bis 1195 BCE deuten.
- Bei Manetho Hinweise auf ägyptische Quellen vorliegen, die den Trojanischen Krieg konkret in die Regierungszeit der Pharaonin Thuoris (1187 bis 1185 BCE) legen.
- Hinweise in der Odyssee auf eine Rückkehr des Odysseus nach Ithaka im Jahre 1178 BCE deuten.
- Im archäologischen Befund eine Zerstörung von Troja um 1180 BCE deutlich wird, die sich jedoch nicht eindeutig auf einen Angriff der Mykener zuschreiben lässt.

Latacz kommt daher zu der Schlussfolgerung *„The Result: There Probably Was a War over Troy“*.[50] Auch Zangger fasst die Befundlage wie folgt zusammen:

> *„Alle Anzeichen sprechen also dafür, dass ein ganz bestimmter Trojanischer Krieg tatsächlich stattgefunden hat und dass dieses Ereignis von großer politischer und kultureller Tragweite war.“*[51]

Die vorausgehenden Betrachtungen haben nahegelegt, dass ein Trojanischer Krieg, wenn er stattgefunden hat, mit hoher Wahrscheinlichkeit im Zeitraum um 1190 bis 1180 BCE eingeordnet werden kann. Im Hinblick auf eine mögliche Historizität des Trojanischen Krieges und der homerischen Epen ist allerdings einzuräumen, dass eine eindeutige Beweisführung pro auch heute noch nicht möglich ist. Allerdings hat sich seit Lesky's Fazit aus dem Jahr 1968 die Liste der Indizien deutlich erweitert, die die Angaben aus dem Epischen Zyklus in den Bereich des Möglichen, vielleicht auch des Wahrscheinlichen rücken.

---

50 Latacz, Joachim 2004, S. 283ff.

51 Zangger, Eberhard 1994, S. 54.

Wenn man die Geschichtlichkeit des Trojanischen Krieges postuliert und die Einordnung um 1190 bis 1180 BCE akzeptiert, wirft die zeitliche Koinzidenz zu den Seevölkerwanderungen sowie die hohe Übereinstimmung der jeweils betroffenen Ethnien die Frage nach einem möglichen Zusammenhang auf.

11.2 Der Zusammenhang zwischen den Seevölkerwanderungen und dem Trojanischen Krieg

Die kritische Phase des Endes der späten Bronzezeit umfasst die Jahre zwischen ca. 1192 und 1177 BCE, also etwa eine Spanne von ca. 15 Jahren. In diese Zeitspanne fallen so bedeutende Ereignisse wie die Zerstörung wichtiger Kultur- und Machtzentren (Hattusha) sowie einige der Produktions- und Handelszentren für die systemkritischen Metalle (Ugarit, Zypern und eventuell Troja). Über die Verursacher der Zerstörungen gibt es dabei noch unterschiedliche Theorien.

Außerdem waren offenbar diese Jahre durch umfangreiche Wanderungsbewegungen gekennzeichnet.[52] Im Kern scheinen wir es mit mehreren unterschiedlichen Bewegungen von Ethnien bzw. Bevölkerungsgruppen in den kritischen Jahren der späten Bronzezeit zu tun zu haben, die sowohl zeitlich als auch vom Teilnehmerkreis her zu differenzieren sind:

a) Dem Vordringen thrakischer Stämme aus dem Balkanraum nach Kleinasien, das vermutlich im Zusammenhang mit der schwindenden Kontrolle der Hethiter über Westanatolien nach 1236 BCE zu sehen ist.

b) Den Bewegungen von Ethnien der Urnenfelderkultur aus dem Donauraum u.a. nach Norditalien, von denen möglicherweise die Ausonen als *Weshesh* auch weiter bis in den östlichen Mittelmeerraum gelangten.

c) Gruppen aus dem zentralen Mittelmeerraum, darunter die Shardana (der Nuraghen-Kultur) und die Shekelesh (Sikuler), die bereits seit dem 14. Jh. BCE in den östlichen Mittelmeerraum und auch in die Machtsphäre Ägyptens infiltrierten.

---

52 Zu den Wanderungsbewegungen der Spätbronzezeit vgl. Eder, Birgitta: „Völkerwanderungen in der Spätbronzezeit aus althistorischer und archäologischer Sicht", in: Yalcin, Ünsal; Pulak, Cemal; Slotta, Rainer (Hrsg.) (2005) „Das Schiff von Uluburun – Welthandel vor 3000 Jahren", Katalog der Ausstellung des Deutschen Bergbau-Museums Bochum, Bochum, S. 275–282.

d) Bewegungen von Gruppen von Mykenern aus den (zerstörten?) Palastzentren nach Kilikien und Zypern und Wanderungen aus dem kleinasiatischen Raum und der Ägäis – über Kilikien und Amurru – bis an die Grenze von Ägypten, die um 1180 BCE zu verorten sind.

Die vorausgehenden Abschnitte haben gezeigt, dass wir auf der einen Seite historische Berichte über die Seevölkerwanderungen und militärische Konflikte haben, die zum Ende der Bronzezeit im östlichen Mittelmeerraum führten. Was fehlt, ist in jedem Einzelfall der Nachweis einer klaren und konkreten Motivation der betreffenden Volksgruppen für die Angriffe auf die Kulturzentren der Hethiter, auf Zypern, der Levante und Ägypten, die das Ende der Bronzezeit eingeleitet oder zumindest begleitet haben. Die von zeitgenössischen Wissenschaftlern vorgebrachten Motive für die Seevölkerwanderungen sind eher allgemeiner Art und reichen von Hunger in Kleinasien über Verdrängungsprozesse – u.a. durch Vertreter der Urnenfelderkultur (Dominotheorie) – bis zur grundsätzlichen Attraktivität der Hochkulturen für nomadische Volksgruppen.[53]

Die historischen Informationen lassen sich in mehrere zeitliche Phasen gliedern, deren Handlungsschwerpunkte um 1192 bis 1191 BCE sowie um 1180 bis 1177 BCE liegen. Zwischen diesen beiden Phasen liegt ein Zeitraum von immerhin ca. 12 Jahren, dessen Füllen evtl. unter Einbeziehung mythischer Informationen möglich ist. Hier wird die zusammenfassende These vertreten, dass sich die o.a. Bewegungen von Bevölkerungsgruppen in eine plausible Reihenfolge bzw. einen Zusammenhang in unterschiedlichen zeitlichen Clustern bringen lassen.

Cluster A: 1192/1191 BCE:

Der schrittweise Untergang von Hattusha und der hethitischen Siedlungen in Zentralanatolien mit dem finalen Kollaps wohl um 1191 BCE führte dazu, dass die *Schutzmacht* über die Handelswege in und um Kleinasien in den kritischen Jahren ausfiel. Dies machten sich Teile der später *Seevölker* genannten Gruppen zunutze und überfielen mit Ugarit und Zypern in den Jahren 1192 und 1191 BCE die reichsten und wichtigsten Stützpunkte im Metallhandel im östlichen Mittelmeerraum.

Die Datierung auf die Jahre 1192/1191 BCE leitet sich aus der Analyse von Dietrich und Loretz ab, die den Untergang Ugarits aufgrund astronomischer Beobachtungen auf 1192 BCE legen.[54] Aus den historischen Quellen (die in Ugarit gefundenen Ton-

53 Vgl. u.a. Eder, a.a.O., Kimmig (1964); Robbins, Manuel 2001, S. 194ff. und den Beitrag von Dobesch in: Deger-Jalkotzy, a.a.O., S. 179ff.

54 Vgl. Dietrich; Loretz, a.a.O., S. 53–74.

tafeln der *Alasia-Korrespondenz*) lässt sich folgern, dass Zypern nach Ugarit angegriffen wurde.[55] Lehmann vertritt zudem die These, dass Hattusha zum Zeitpunkt der Zerstörung von Ugarit noch funktionsfähig gewesen ist.[56]

Zu den beteiligten Seevölkergruppen gehörten vermutlich u.a. die Shekelesh aus Sizilien (vgl. den *Sikalayu-Brief*), möglicherweise auch Sherden aus der Nuraghen-Kultur auf Sardinien. Die Verursacher bzw. Treiber dieser Vorgänge sind also wahrscheinlich vorrangig Gruppen aus dem zentralen Mittelmeerraum gewesen.[57] Deren Bewegungen hatten nicht den Charakter von Völkerwanderungen, sondern eher von Überfällen (*raids*) und fanden vorrangig seegestützt statt.[58]

Archäologische Indizien u.a. auf Kreta und Zypern sowie mythische Quellen[59] legen die Vermutung nahe, dass sich die Plündderergruppen im Anschluss an die Überfälle teilweise im östlichen Mittelmeerraum niederliessen. Einige hatten offenbar bereits vorher Stützpunkte u.a. auf Kreta und Zypern angelegt.[60]

Cluster B: 1186/83 BCE:

Der sukzessive Untergang wirtschaftlich so bedeutender Zentren wie Ugarit und Zypern sowie darüber hinaus der finale Kollaps der Zentralmacht der Hethiter innerhalb von wahrscheinlich weniger als drei Jahren wird weitreichende Folgen für den gesamten östlichen Mittelmeerraum gehabt haben. Zunächst ist dabei davon auszugehen, dass der militärische Einfluss der Hethiter auf die verschiedenen Siedlungsgruppen an der west-kleinasiatischen Küste verschwand und die dortigen ehemals hethitischen Provinzen offen waren für weitere Einwanderungen thrakischer Stämme.

In den Zentren der mykenischen Palastkultur wird sich die Versorgungslage mit metallischen Rohstoffen und Zwischenprodukten dramatisch zugespitzt haben. Für die dortigen verarbeitenden Industrien und weiteren Wirtschaftsstrukturen (u.a. Pylos s.o.) muss der Ausfall von Metalllieferungen schmerzhaft spürbar gewesen sein. Es

55 Vgl. Robbins, Manuel 2001, S. 187, 214 und 215. Vgl. Knapp, Manning, a.a.O., S. 120.

56 Vgl. Hawkins (2002) in Lehmann, Gustav A.: „Das Auftreten der „Seevölker“ – Invasoren im östlichen Mittelmeerraum des 14.–12./11. Jh. v. Chr.“, in: Yalcin, Ünsal; Pulak, Cemal; Slotta, Rainer (Hrsg.) „Das Schiff von Uluburun – Welthandel vor 3000 Jahren“, Katalog der Ausstellung des Deutschen Bergbau-Museums Bochum, Bochum, 2005, S. 287.

57 Vgl. Lehmann „Das Auftreten der „Seevölker“ ...“ a.a.O., S. 289.

58 Vgl. Lehmann „Das Auftreten der „Seevölker“ ...“ a.a.O., S. 283ff.

59 S. auch den Hinweis in der Odyssee bzgl. der in Kreta siedelnden Pelasger und der dorischen Clans. Vgl. Homer „The Odyssey“, a.a.O., XIX, 170.

60 Hallager verweist auf Keramikfunde auf Kreta (*handmade burnished ware*), die auf die Anwesenheit von Siedlern aus Süditalien und Sardinien auf der Insel in der Spätpalastzeit schließen lassen (vgl. Hallager, a.a.O., S. 156f). Vgl. auch Lehmann (1983), a.a.O, S. 83.

muss in diesem Szenario von einer nachhaltigen Disruption der zentralen Versorgungswege für Kupfer und Zinn in den Ägäisraum ausgegangen werden. Die alternativen Supply Chains z.B. für Zinn über die sog. *Achse nach Nordwesten* bis nach England war u.U. durch das Vordringen der Urnenfelderkulturen und deren Strategien des Umgehens der Palaststrukturen über einen dezentralen Handel mit Metallen schwieriger geworden.

Archäologisch ist für die späte Bronzezeit das Vordringen der Urnenfelderkultur – zumindest bis nach Norditalien – festzustellen und mit ihr das Auftreten von typischen Bronzeprodukten, den sog. Seevölkerbronzen aus dem Donauraum im östlichen Mittelmeerraum. Im Bezug auf diese Seevölkerbronzen geht Sherratt davon aus, dass sie eine ökonomische Bedrohung für die etablierten Handelswege über die Palastzentren darstellten.[61]

Ist es also denkbar, dass die vordringenden Ethnien bzw. Gruppen der Urnenfelderkultur, zu denen evtl. auch die ‚Weshesh' zu rechnen sind, noch weiter in den Süden Italiens gelangten, evtl. im Verbund mit den Sherden[62] die mykenischen Stützpunkte auf Sizilien, die den Zufluss von atlantischem Zinn absicherten, unterbrachen bzw. ausschalteten und dadurch für die Mykener der strategische Zugriff auf die Metallvorkommen im Schwarzen Meer und die Donaumündung umso wichtiger wurde?[63]

Die Kombination dieser Wirkungsmechanismen kann jedenfalls wenige Jahre nach der Katastrophe in Hattusha, Ugarit und Zypern die militärischen Eliten der mykenischen Palastkultur dazu bewegt haben, einen (weiteren) Versuch zu unternehmen, den Zugang auf die Metallvorkommen im Schwarzmeerraum durch einen konzentrierten Angriff auf Nordwest-Kleinasien und die zentrale Stadt Troja zu erzwingen. Bei diesem Angriff, der dann möglicherweise 1186 BCE stattfand, handelte es sich somit um die Eskalation eines Rohstoffkonfliktes, um den Zugang zum Schwarzen Meer zwischen einer Koalition von Achäern und Danaern (*Mykenern*) auf der einen Seite und einer trojanisch-thrakischen Allianz auf der anderen Seite. Die Erinnerungen an diese Auseinandersetzung sind im Epischen Zyklus verarbeitet.

Die zeitliche Einordnung des Angriffs auf Troja um 1186 BCE folgt dem Hinweis bei Manetho, dass Troja in der Regierungszeit der Pharaonin Twosret gefallen ist.[64]

61 Vgl. Sherratt, Susan: „Circulation of metals and the end of the Bronze Age in the Eastern Mediterranean", in: „Metals Make The World Go Round – The Supply and Circulation of Metals in Bronze Age Europe", Pare, Christopher T. E. (Hrsg.), Oxford, 2000, S. 88.

62 Diese sind ggfs. der Nuraghen-Kultur auf Sardinien zuzurechen.

63 Dieser Ansatz ist spekulativ, die Urnenfelderkulturen lassen sich archäologisch nur bis in die nördlichen Teile Italiens nachweisen.

64 Vgl. Verbrugghe, Gerald P.; Wickersham, John M. 2001, S. 108; Müller, Vera: „Eine kritische Darstellung der derzeitigen Diskussion zur historischen Chronologie Ägyptens in der 2. Hälfte des 2. Jt. v. Chr." in: Yalcin, Ünsal; Pulak, Cemal; Slotta, Rainer (Hrsg.) „Das Schiff von Uluburun –

Dieses Datum passt zur Analyse von Baikouzis und Magnasco, wonach die Rückkehr des Odysseus nach seinen jahrelangen Irrfahrten auf der Basis astronomischer Angaben in der Odyssee auf 1178 BCE zu legen ist.[65]

Der massive Angriff einer mykenischen Allianz auf Nordwest-Kleinasien hatte möglicherweise wiederum mehrere Folgewirkungen: Die Zerstörung vieler Ortschaften und Siedlungen in West-Kleinasien sowie vorausgehende Perioden von Missernten und Hunger wird Teile der dortigen Bevölkerung zu Abwanderungen veranlasst haben. Da die Zentralgewalt in Anatolien nicht mehr existierte, war der Weg frei für die von Yasur-Landau beschriebene Wanderung nach Kilikien und an die Levanteküste.[66]

Bei der Frage ob und inwieweit der Trojanische Krieg möglicherweise ein Teil oder sogar Auslöser der sog. Seevölkerwanderungen gewesen ist, sei daran erinnert, dass für die klassischen Geschichtsschreiber der allgemeine Zusammenbruch des heroischen Zeitalters am Ende der Bronzezeit durch den Trojanischen Krieg (mit)verursacht worden ist.[67] Herausgehoben wird bei den klassischen Historikern auch die besondere Größenordnung der Auseinandersetzung. Das Kriegsereignis muss insofern erhebliche Verluste auf beiden Seiten sowie umfangreiche Verdrängungsbewegungen in Kleinasien ausgelöst haben.

Die verdrängten Gruppen, die sich im Anschluss an den Trojanischen Krieg auf den Weg über Kilikien und Amurru bis an die Grenze Ägyptens machten, waren also u.U. andere als diejenigen, die 10 Jahre vorher den Untergang von Ugarit und Zypern verursachten. Die Reliefs von Medinet Habu zeigen außerdem, dass die zu Land ankommenden Seevölker mit Familien und Hausrat auf schweren Wagen eintrafen. Es handelte sich also nicht um *raids*, sondern in diesem Fall um Flüchtlinge.[68]

Evtl. wirkte der Trojanische Krieg in dieser Hinsicht nur verstärkend auf die Verdrängungsbewegungen, die ohnehin durch die Einwanderung thrakischer Stämme nach Nordwest-Kleinasien ausgelöst wurden. Bereits *vor* dem Trojanischen Krieg um 1212 BCE setzte eine Hungersnot Wanderungen der nordwest-kleinasiatischen Völker, insbesondere der Tyrrhenier, in Bewegung. Eusebios geht außerdem davon aus, dass die Entvölkerung der kleinasiatischen Küste ein Faktor oder eine Voraussetzung für die nachfolgenden ionischen, dorischen und äolischen Wanderungen aus Griechenland an die kleinasiatische Küste waren.[69]

Welthandel vor 3000 Jahren", Katalog der Ausstellung des Deutschen Bergbau-Museums Bochum, Bochum, 2005, S. 194.

65 Vgl. Baikouzis; Magnasco, a.a.O.

66 Vgl. Yasur-Landau, Assaf 2010.

67 Vgl. Thukydides „Die Geschichte des Peloponnesischen Krieges", a.a.O., Einleitung, S. 30.

68 Vgl. Yasur-Landau, Assaf 2010, S. 118f.

69 Vgl. Eusebios in Akurgal, a.a.O., S. 47, 77.

Aber auch für die am Ende siegreichen mykenischen Achäer und Danaer waren die Probleme unübersehbar. Ein Teil der militärischen Führungsschicht war vor Troja umgekommen. Durch die Dauer des Konfliktes und die Abwesenheit des Führungspersonals verschärften sich interne Unruhen in den griechischen Palastzentren als Folge der o.a. Wirtschaftskrise. Am Ende kam es fast zeitgleich zum Trojanischen Krieg zu Umstürzen und Revolten in Griechenland.

Die zurückkehrenden Palastherren wurden mit diesen Unruhen konfrontiert, deren sie nicht mehr Herr wurden. Ein Teil von ihnen wanderte schließlich mit den Angehörigen und dem Gefolge nach Italien, Kilikien und Zypern aus, wo sie in den zerstörten Siedlungen Neugründungen vornahmen. Mit etwas zeitlichem Verzug werden Teile der Mykener nach dem Untergang der dortigen Palastzentren also den kleinasiatischen Gruppen nach Kilikien und Zypern gefolgt sein. Auch über diese Bewegungen haben sich Erinnerungen in den Mythen erhalten.

Cluster C: 1180/1177 BCE

In Summe kann der Trojanische Krieg somit neben weiteren Phänomenen wie Hunger infolge von Produktivitätsverlusten in der Landwirtschaft nach Jahren intensiver Migrationen eine wesentliche Rolle dabei gespielt haben, dass sich die verschiedenen Gruppierungen, die später unter dem Namen *Seevölker* zusammengefasst wurden, um 1190 BCE aus dem Bereich der Ägäis in Richtung aus Zypern, Kilikien und Ägypten in Bewegung gesetzt haben.

Die Vertriebenen kämpften sich den Weg bis nach Amurru frei, das sie 1180 BCE erreichten. Von der dortigen Sammelstelle aus wurden dann die Angriffe auf Ägypten vorbereitet. Diese fanden dann in den Jahren 1180 und 1177 BCE statt, was aus den ägyptischen Inschriften in Medinet Habu hervorgeht, die diese Ereignisse auf das 5. bzw. 8. Regierungsjahr von Ramses III legen.

Im Hinblick auf die möglichen Ursachen der Seevölkerangriffe auf Ägypten zwischen 1180 und 1177 BCE hatte bereits Hölbl auf eine „Völkerunruhe im Norden“ verwiesen, ohne das aus diesem Zitat deutlich wird, ob er damit das nordwestliche Kleinasien oder den Donauraum meint.[70] Sternberg El-Hotabi kommt im Zusammenhang mit den Seevölkerwanderungen zu der Schlussfolgerung, dass aus heutiger Sicht die These einer illyrischen Wanderungsbewegung vom Balkan zugunsten der Auffassung zurücktreten muss, dass *„der Ausgangspunkt der Seevölkerwanderung im Westen und Süden Kleinasiens, in Anatolien sowie im ägäischen Raum lag“*.[71]

70 Vgl. Hölbl, a.a.O., S. 134.
71 Sternberg El-Hotabi, Heike 2012, S. 58.

In den ägyptischen Quellen werden die *Peleset* (Philister), *Tjekker* (Teukrer), *Shekelesh* (Sikeler), *Denen* (Danaer) und *Weshesh* (Osker) als Angreifer benannt. Die in Ägypten ankommenden Bevölkerungsgruppen scheinen damit ein Gemisch der in den vergangenen 12 Jahren in Bewegung gekommenen Ethnien zu sein. Auch wenn die Identifizierung der Ethnonyme noch teilweise strittig ist, scheint zumindest ein Teil dieser Gruppen aus dem ostmediterranen Raum zu stammen. Bei den Shekelesh und Weshesh handelt es sich hingegen möglicherweise um Elemente aus dem zentralen Mittelmeerraum, die nach den Angriffen um 1191 BCE auf Zypern, in Kilikien und der Levante verblieben sind und die gemeinsam mit den kleinasiatischen Stämmen – nach den gescheiterten Angriffen auf Ägypten – schließlich in der Levante angesiedelt wurden.

Aus den mythischen und den historischen Quellen lassen sich 3 Zeitcluster für das Ende der Bronzezeit im östlichen Mittelmeerraum ableiten:

Ereignis	Zeitrahmen (BCE)	beteiligte Gruppen	Quelle Datierung	Konsequenzen
Untergang von Ugarit	ca. 1192	Shekelesh (Sherden? Peleset?)	Dietrich/ Loretz	Disruption der Supply Chain für Zinn im östl. Mittelmeerraum
Angriff auf Zypern	ca. 1191	Shekelesh (Sherden? Peleset?)	„Sikalayu-Brief“	Disruption der Supply Chain für Kupfer im östl. Mittelmeerraum
Untergang von Hattusha	ca. 1191	Interne Revolten? Kaska? Phrygier/Mysier?		Stabilisierender Machtfaktor in und um Kleinasien entfällt
Trojanischer Krieg	ca. 1186	Achaeer/Danaer	Manetho	Verdrängungsprozesse in Westkleinasien (Wanderung)
Untergang der mykenischen Palastkultur	ca. 1186–1177	Interne Revolten	Mythische Referenzen	Wanderungsbewegungen der mykenischen Führungsschicht nach Italien, Zypern und Kilikien
Odyssee (Rückkehr)	ca. 1178		Baikouzis/ Magnasco	
Zerstörung von Amurru	ca. 1180	Peleset, Tiekker, Shekelesh, Denyen, Weshesh	Medinet Habu	
Angriff auf Ägypten	ca. 1177	Peleset, Tiekker, Shekelesh, Denyen, Weshesh	Medinet Habu	Ansiedlung der beteiligten Gruppen an der Levante-Küste

Abb. 32: Zeitliches Phasenmodell für das Ende der Bronzezeit im östlichen Mittelmeerraum

Es lässt sich somit durch eine Kombination archäologischer, historischer und mythischer Quellen eine insgesamt zumindest plausible Storyline für das Ende der Bronzezeit im östlichen Mittelmeerraum generieren.

11.3 Das Ende der Bronzezeit im östlichen Mittelmeerraum – Eine Synthese

Die vorliegende Arbeit hat versucht aufzuzeigen, dass die griechischen Mythen historisch plausible, relevante und in sich konsistente Informationen aus der Spätphase der Bronzezeit beinhalten. Dies ist deshalb von Bedeutung, da die turbulenten Jahre um 1200 BCE eine Phase erheblichen ökonomischen und kulturellen Wandels eingeleitet haben, bei dem die mysteriösen Seevölker offenbar eine wesentliche Rolle gespielt haben und über die uns aus zeitgenössischen historischen Schriftquellen und archäologischen Funden nur bruchstückhafte Informationen vorliegen.

Insbesondere die Argonautensage und der Epische Zyklus um den Trojanischen Krieg scheinen im Kern Erinnerungen an eine größere ökonomisch-strategische Auseinandersetzung um den Zugang zu den metallischen Rohstoffen im Schwarzmeerraum während der Endphase des hethitischen Reiches zu beinhalten. Dabei stehen offenbar die Lagerstätten in der Kolchis am Schwarzen Meer, aber auch die Schiffsverbindungen zu böhmischem Zinn über die Donaumündung im Vordergrund des achäischen bzw. mykenischen Interesses.

Die daraus resultierende eskalierende und am Ende militärische Auseinandersetzung beginnt um ca. 1250 BCE in einer Phase, in der der expandierende mykenische Einflusskreis und die hethitische Machtsphäre an der Küste Kleinasiens aufeinanderprallen. Bereits in der Tawagalawa-Korrespondenz scheint es um die Kontrolle über die strategisch bedeutenden Sporaden zu gehen, die den Dardanellen unmittelbar vorgelagert sind. Spätestens aber mit dem Sausgamuwa-Embargo gegen mykenische Schiffe um 1225 BCE wird die Gegnerschaft der beiden Mächte deutlich.

Die konkreten Hinweise aus verschiedenen historischen Quellen sowie jüngste Erkenntnisse zur Datierung bestimmter Stellen aus den homerischen Epen lassen eine Einordnung des Trojanischen Krieges um 1190 BCE sehr wahrscheinlich werden.

Ein Zusammenhang der Ereignisse um den Trojanischen Krieg zu den Angriffen der sog. Seevölker wird aus der in der vorliegenden Arbeit nachgewiesenen hohen Übereinstimmung zwischen den gemäss Homer am Trojanischen Krieg teilnehmenden Volksstämmen und den einzelnen Ethnien der Seevölker sowie aus den Mythen, die sich auf den Nachgang des Trojanischen Krieges beziehen, deutlich. Dieser Tatbestand scheint darüber hinaus – in einer ersten Näherung – die sog. *Kleinasientheorie* bezüglich der Herkunft dieser Seevölker zu bestätigen.

Weitaus schwieriger ist es, die historischen und mythischen Überlieferungen mit den archäologischen Funden aus dieser Phase in Einklang zu bringen. Dies gilt ungeachtet der auch aus archäologischer, historischer und ökonomischer Hinsicht grundsätzlich plausiblen Motivlage für die mykenische Westexpansion, nämlich die einer Absicherung des Zugangs zu kritischen und strategisch wichtigen Rohstoffen.

Es gibt dabei durchaus Bereiche, in denen sich der archäologische Befund gut mit den schriftlichen Überlieferungen in Übereinstimmung bringen lässt. Im Hinblick auf einen Kampf um Troja ist deutlich geworden, dass ein gewaltsamer Untergang der Stadt, die eine wesentliche Rolle in der Kontrolle des Schwarzmeerhandels in die Ägäis gespielt hat, im hier betrachteten Zeitabschnitt um 1190 BCE auf Grundlage der materiellen Befunde zumindest nicht ausgeschlossen werden kann.

Darüber hinaus lassen die archäologisch nachweisbaren Besiedlungsspuren in Kilikien, Zypern und Kanaan in der Phase um und nach 1190 BCE den Schluss zu, dass zumindest ein Teil der sog. *Seevölker* eine ägäisch-ostmediterrane Herkunft hatte, also auch dem Siedlungsbereich der mykenischen Koine zu entstammen scheinen. Linguistische Spuren deuten außerdem bei der Verortung der Herkunft einiger schließlich in der Levante siedelnder Seevölker in Richtung auf das westliche Kleinasien.

Die Schwierigkeiten – und hier liegen einige Grenzen der vorliegenden Untersuchung – beginnen mit dem Grundproblem, dass sich mythisch und historisch greifbare einzelne Volksstämme nicht immer im archäologischen Befund niederschlagen und daher in der Archäologie andere Begriffskategorien gewählt werden.

Desweiteren muss aber auch auf offene Punkte innerhalb der vorliegenden Analyse hingewiesen werden: Trotz des hohen Maßes an Übereinstimmung zwischen den mythisch relevanten Gruppen oder Volksstämmen mit den *Seevölkern* werden in den o.a. Mythen die Sherden/Shardana, die Shekelesh sowie die Weshesh nicht greifbar, die jedoch in den zeitgenössischen Texten und Reliefs eine wichtige Rolle gespielt haben und oft mit Sardinien (Nuraghen-Kultur) und Sizilien bzw. Italien in einen Zusammenhang gebracht werden. Archäologisch ist in der Spätphase der Bronzezeit ein Vordringen von Bronze und Bronzegegenständen aus Norditalien und dem östlichen Alpenraum über Sizilien in die Ägäis festzustellen.[72] Die sog. ‚Urnenfelder- oder Seevölkerbronzen' stammen offenbar zu großen Teilen aus Werkstätten in Italien und werden mit dem Vordringen der Urnenfelderkultur in Verbindung gebracht.[73] Dieser Umstand lässt die o.a. Vorentscheidung bzgl. der Herkunft der *Seevölker* (Kleinasientheorie vs. Adriatheorie) wieder zu einem ‚Sowohl-als-auch' werden.

Ein möglicher – allerdings hypothetischer – Lösungsansatz hierzu wäre, dass das Vordringen der Urnenfelderkultur (evtl. scheinen hier die Shardana, Shekelesh und

72 Vgl. Sherratt, Susan: „Circulation of metals ...", a.a.O., S. 82–98.

73 Vgl. epoc 1, 2010 in http://www.spektrum.de/alias/seevölker/stürmische-zeiten/1014614.

Weshesh durch) über Sizilien für die Mykener im 13. Jh. BCE den Zustrom von sog. *atlantischem* Zinn aus Cornwall und der Bretagne über ebendiese Route erschwert und Ende des 13. Jh. BCE eine Abhängigkeit von Zinnlieferungen aus Ugarit über Zypern nach sich gezogen hat.

Das Vordringen der *Seevölker* aus dem zentralen Mittelmeerraum, final aber der Untergang von Ugarit im Jahr 1192 BCE und nachfolgend von Zypern, kann dann zu einer nachhaltigen Störung von Zinn- und Kupferimporten in den östlichen Mittelmeerraum geführt haben.[74] In diesem Fall wären die Metallvorkommen im Schwarzmeergebiet, insbesondere aber der Zugang zum Donaudelta als Lieferweg für böhmisches Zinn, ein starkes Motiv für einen Angriff auf Troja.

Drittens ist im Bezug auf den archäologischen Befund die Schwierigkeit zu nennen, dass in der aktuellen Literatur für einen Untergang der mykenischen Palastkultur ein Zeitrahmen um 1190 BCE veranschlagt wird.[75] Dieses Datum würde dann aber fast zeitgleich oder knapp vor dem o.a. Zeitraum für den Trojanischen Krieg liegen. In den Mythen ist hingegen die Reihenfolge umgekehrt, die Palastrevolten sind Probleme, mit denen sich erst die Heimkehrer auseinandersetzen müssen. Der gegenwärtig von Archäologen angenommene Datierungsansatz um 1190 BCE ist jedoch nicht wörtlich zu nehmen. Die mykenische Palastzeit ist auf Basis archäologischer Indizien offenbar nur *vor* der Seevölkerschlacht Ramses III im Jahr 1177 BCE zu Ende gegangen. Der Untergang der Paläste im mykenischen Griechenland kann also auch wenige Jahre nach der Zerstörung Trojas stattgefunden haben. In diesem Zusammenhang ist erneut auf die Unschärfe auch in den archäologischen Datierungsansätzen zu verweisen.

Ungeachtet dieser noch offenen Problemstellungen und der expliziten Warnung von Knapp und Manning vor zu spezifischen Datenangaben für die Bronzezeit[76] soll an dieser Stelle der Versuch einer Synthese für die Geschehnisse um 1200 BCE unternommen werden. Diese Synthese erfolgt in Form einer *Storyline* der wesentlichen Ereignisse, die so heute noch nicht wissenschaftlich in allen Detailpunkten beweisbar ist und deren Datenfolge in hohem Maße spekulative Elemente beinhaltet, aber in toto eine gewisse Plausibilität auf der Grundlage der Voruntersuchungen zukommt.

Aufsatzpunkt ist 1250 BCE, nur wenige Jahre nachdem Ägypten und Hatti einen Friedensvertrag abgeschlossen und damit ein neues Bündnis der Großmächte im Mittelmeerraum erzeugt haben. Das achäische Einflussgebiet umschließt seit etwa 200

---

74 Erneut ist anzumerken, dass Funde von LH III C Keramik in Ugarit nahelegen, dass der Untergang der Stadt bereits in der mykenischen Nachpalastzeit stattgefunden hat.

75 Vgl. Deger-Jalkotzy, Sigrid: „Decline, Destruction, Aftermath“ in: Shelmerdine, Cynthia W. (Hrsg.), „The Cambridge Companion to the Aegean Bronze Age, Cambridge, 2008, S. 387–415.

76 Vgl. Knapp; Manning, a.a.O., S. 117.

Jahren auch den westlichen Teil von Kreta, während im östlichen Teil von Kreta sowie auf Zypern die Sherden und Lukka Operationsbasen unterhalten.

1245: Westliche Expansion der mykenischen Griechen in der Ägäis. Deren Machtzentrum ist Theben. In einer diplomatischen Korrespondenz zwischen dem thebanischen König Eteokles (Tawagalawas) und Hattusilis II erheben die Mykener Anspruch auf die sporadischen Inseln Lemnos, Imbros und Samothrake. Diesen Inseln kommt eine strategische Bedeutung als Trittsteine für den Seeweg durch die Dardanellen zu den Metallvorkommen in der Schwarzmeerregion zu.

1236: Nach der Schlacht von Nihirya annektieren die Assyrer unter Tukulti-Ninurta die wichtigen Kupferminen von Isuwa in Ostanatolien und leiten den machtpolitischen Niedergang des hethitischen Reiches ein. In der Folge erobern die Hethiter unter Tudhaliya III Teile von Zypern, um die Kupferversorgung sicherzustellen.

1235: Zug der Sieben gegen Theben mit dem Versuch der Fürsten von Argos, Thronstreitigkeiten auszunutzen, um die Vormachtstellung von Theben zu brechen (Eteokles und Polyneikes). Das Vorhaben scheitert im ersten Anlauf. Die Achäer sind vorübergehend durch interne Kämpfe gebunden.

1230: Durch die Ostorientierung der Hethiter und den vorübergehenden internen Wirren in Achaia entsteht in Nordwestkleinasien ein Machtvakuum, in das thrakische Stämme eindringen und bis zum Sangarios vorrücken. In den betroffenen Einwanderungsgebieten sinkt die Produktivität in der Landwirtschaft.

1225: Theben wird 10 Jahre nach dem Zug der *Sieben gegen Theben* zerstört.[77] Mykene wird in der Folge die bedeutendste Palastmetropole der Mykener und übernimmt die Vormachtstellung von Theben.

1225: Sausgamuwa-Vertrag: Ein Handelsembargo der Hethiter gegen Assyrien richtet sich auch gegen achäische Schiffe. Hattusha und die Achäer werden Gegner. Aufgrund der Zerstörung und Plünderung Thebens wird der Name des achäischen Herrschers aus der Liste der gleichberechtigten Könige gelöscht.

1220: Die Argonautenfahrt – Achäische Krieger fahren mit einem neuartigen Schiffstyp gegen das Embargo des Königs von Troja, Laomedon, im Rahmen einer Metallprospektion durch die Dardanellen zu den Kupfer- und Goldvorkommen in der Kolchis sowie in den Unterlauf der Donau, um die Herkunft von Zinnlieferungen in den Mittelmeerraum zu ergründen. Laomedon hatte sich mit dem Handelsembargo an der hethitischen Außenpolitik gegenüber den Achäern im Sinne des Sausgamuwa-Vertrags orientiert.

---

77 Datierung hier nach Wood, Michael 2005, S. 207.

1218: Der Danaer Herakle(wo)s setzt die Westexpansion der Achäer fort und plündert mit einer kleinen Flotte von 6 Schiffen die Stadt Troja, die den Zugang zu den Dardanellen kontrolliert und durch eine Hungerperiode geschwächt ist.[78] Der Zugang zum Schwarzen Meer ist damit für die Achäer erstmals frei. Ein junger Herrscher namens Podarkes (Priamos) übernimmt die Regierung in Troja und lässt die Befestigungsanlagen reparieren.[79]

1212: In Kleinasien herrscht nach den Einwanderungen der pastoralen thrakischen Stämme seit 1230 BCE eine längere Hungersnot. Pharao Merneptah versucht, gemäß des Bündnisses mit Hatti aus dem Jahr 1259 BCE, durch Getreidelieferungen das Hatti-Reich zu stützen, dessen Einfluss in Westanatolien weiter schwindet.

1208: In Kleinasien suchen sich Teile der eingewanderten thrakischen Stämme infolge nachhaltiger Trockenheit und Hungerssituationen neue Siedlungsgebiete und wandern aus, darunter die Tyrsener/Mäonier (nach Italien) und die Mysier (Päonier) und Teukrer an die Balkanküste. Ein Teil der kleinasiatischen Völker schließt sich den Libyern bei ihrem Angriff auf Ägypten an.

1208: Erster Seevölkerzug – Von Hunger getrieben versuchen Libyer eine Invasion in Ägypten. Achäer und andere Volksstämme aus Kleinasien schließen sich den Libyern an. Der Invasionsversuch wird von Pharao Merneptah abgewehrt.

1203: Der hethitische Großkönig Arnuwanda wird von Suppiluliuma II abgelöst.

1194: Auseinandersetzung um Kilikien und Zypern. Der hethitische König Suppiluliuma II muss militärisch gegen die *Seevölker* eingreifen und ist in erster Instanz in drei Seeschlachten und einer Auseinandersetzung zu Land erfolgreich.

1192: Die *Seevölker* gewinnen eine Landschlacht in Mukisch und plündern die Handelsmetropole Ugarit[80], die Fernhandelsmetropole des hethitischen Reiches. Zinnimporte in den Mittelmeerraum werden nachhaltig unterbrochen und lassen Bronze knapp werden. Der hethitische König Suppiluliuma II flieht nach Lawazantiya.

1191: Im Anschluss an die Plünderung Ugarits greifen die *Seevölker*, darunter Achäer arkadischen Ursprungs sowie Sikeler, Siedlungen auf Zypern/Alasia an und bringen diese unter ihre Kontrolle. In der Folge kommt es zu Disruptionen der Kupferlieferungen aus Zypern in den östlichen Mittelmeerraum.

---

78 Drews setzt diese Zerstörung von Troja VI um 1220 BCE an (vgl. Drews, Robert 1993, S. 42).

79 Hertel verweist darauf, dass nach den Zerstörungen in Troja VI in der nachfolgenden Periode Reparaturarbeiten an den Befestigungsanlagen durchgeführt wurden (vgl. Hertel, Dieter 2001, S. 63ff.).

80 Gemäß einer Analyse von Dietrich und Loretz auf Basis astronomischer Beobachtungen hat der Untergang von Ugarit am 21.01.1992 BCE stattgefunden (vgl. Dietrich; Loretz, a.a.O., S. 53–74).

1191: Hattusha, die Hauptstadt der Hethiter, wird von einer Allianz von phrygischen Thrakern und Kaska (Chalybern) zerstört. Die Nachricht von einem Machtvakuum in Zentralanatolien verbreitet sich auch nach Achaia. Gruppen der Phryger und Mysier ziehen nach Süden und Westen weiter. Ein Teil ist auf dem Landweg nach Assyrien unterwegs, ein anderer Teil zieht durch Anatolien nach Kilikien und weiter nach Mukish.

1187: In einer Phase, in der Teile der nach Kleinasien eingewanderten thrakischen Stämme bereits nach Osten und Süden weitergezogen sind, ziehen die Achäer eine große Flotte mit Kontingenten aus allen mykenischen Palastmetropolen zusammen, um gen Nordwestkleinasien zu segeln. Die Protagonisten im folgenden Konflikt waren also die mykenischen Palastherren. Im Fokus steht der strategische Zugang zu den Metallen im pontischen Gebiet, insbesondere nach dem Untergang von Ugarit und der Teilannektion von Zypern. Das Ausmaß der Flotte übersteigt dabei alle bisherigen Operationen. Im Mittelpunkt der Angriffe steht die Stadt Troja. Deren Eroberung soll den Zugang zum Schwarzen Meer und der Donaumündung dauerhaft sichern. Der erste Versuch landet irrtümlicherweise in Mysien und wird von den dortigen Thrakern im Verbund mit Restkontingenten der hethitischen Armee zurückgeschlagen. Die achäische Flotte regruppiert sich in Aulis, dem Hafen der Stadt Theben.

1186: Nach einer Warteperiode im Hafen von Aulis erfolgt der zweite Angriff der Achäer auf Troja und die umliegenden Gebiete und Inseln. Lesbos und die Troas werden geplündert. Auf Seiten der Trojaner kämpft eine Allianz nahezu aller thrakischen Volksstämme in Kleinasien und auf dem Balkan sowie Teile der Nachfolgestaaten der Hethiter in Zentralanatolien. Die kleinasiatische Allianz wird im Verlauf der Auseinandersetzungen von einem ägyptischen Kontingent unter Memnon in der Regierungszeit der Regentin Twosret unterstützt. Der Anführer der ägyptischen Truppen wird von Achilles getötet. Nach verlustreichen Kämpfen fällt die Stadt Troja.

1185: Im Zuge der Verwüstungen in Nordwest-Kleinasien setzen sich erhebliche Teile der dortigen Volksstämme (u.a. Thraker, Tyrsener, Pelasger) nach Westen und Süden in Bewegung. Thrakische Stämme (Mysier) wandern im Verbund mit den Kaska (Chalybern) nach Osten und geraten um 1165 BCE in Konflikte mit den Assyrern. Andere Stämme ziehen zu Land und auf Schiffen nach Süden in Richtung auf Syrien.

1184: Ramses III wird in der Nachfolge von Setnakht Pharao von Ägypten. Er muss sich unmittelbar um die Bedrohung an der Nordgrenze kümmern.

1184/3: Die nach Süden gezogenen *Seevölker* erreichen Amurru, verwüsten diese südlichste Provinz des hethitischen Reiches und richten dort ein größeres permanentes Lager ein. Von dieser Basis aus erfolgen Vorstöße nach Kanaan, wo einige wichtige Städte von den *Seevölkern* zerstört werden.[81]

1182: Die *Seevölker*, darunter zahlreiche Achäer und Veteranen des Trojanischen Krieges, nehmen wesentliche Städte auf Zypern, eines der Zentren der Kupfergewinnung in der Bronzezeit, ein. Die dortigen Städte werden von achäischen Siedlern in Besitz genommen.

1180: Die *Seevölker* teilen sich in Amurru in einen Teil auf, der zur See gen Ägypten fährt, und einen anderen, der sich auf dem Landweg nach Süden in Bewegung setzt. Ein Teil der verdrängten Ethnien aus Kleinasien erreicht mit Sack und Pack über Amurru Ägypten. Die Auseinandersetzung mit der ägyptischen Armee ist der erste Seevölkerangriff zu Land auf Ägypten unter Ramses III. Dieser spricht davon, dass die *Seevölker* „ihre Inseln verlassen haben". Die Auseinandersetzung führt dazu, dass die *Seevölker* in Städten an der Levanteküste angesiedelt werden.

1178: Odysseus, einer der Trojaveteranen, kehrt nach umfangreichen Reisen über Ägypten, Libyen, Sizilien und Kreta nach Ithaka zurück. Möglicherweise segelt er nur einen Monat nach seiner Rückkehr noch einmal nach Ägypten und nimmt am Seevölkerangriff zur See, im Jahr 1177 BCE, teil.[82]

1177: Zweiter Seevölkerangriff zur See auf Ägypten. Unter den Angreifern sind auch Achäer, darunter auch Odysseus. Der Angriff wird abgewehrt. Die *Seevölker* siedeln zum Teil in Kanaan, ein anderer Teil wendet sich nach Italien und siedelt auf Sizilien und Sardinien.

1165: Mysier und Phryger treffen nach ihrer Wanderung durch Kleinasien am oberen Euphrat und Tigris auf die Assyrer. Reste der Mysier siedeln in dieser Region und bilden die Ursprungspopulation der Armenier.

Die hier vorgeschlagene Zeitschiene weist möglicherweise Ungenauigkeiten im Detail auf. Die Storyline insgesamt bietet jedoch eine plausible Möglichkeit, die mythischen Überlieferungen widerspruchsfrei in den historisch deutbaren Kontext einzuordnen.

---

81 Drews, sieht die Zerstörungen in Kanaan ein paar Jahre früher um 1186 BCE noch in der Regierungszeit von Königin Twosret (vgl. Drews, Robert 1993, S. 220).

82 Vgl. Homer „The Odyssey", a.a.O., XIV, 245.

11.4 The *Dark Ages* und der Übergang in die klassischen Kulturen

Das Ende der Bronzezeit im östlichen Mittelmeerraum war eine bewegende Phase der Menschheit, in der die großen Reiche, die in den Jahrhunderten vorher kulturelle Höchstleistungen vollbrachten, nahezu zeitgleich untergingen. Das hethitische Großreich mit seiner Hauptstadt Hattusha wurde zerstört. Gleiches widerfuhr den Handelsmetropolen Ugarit, auf Zypern, in Kilikien und Kanaan. Nur wenige Jahre später verschwand auch die mykenische Palastkultur. Das ägyptische Reich hielt dem Ansturm der mysteriösen *Seevölker* stand, geriet aber nach dem letzten großen Pharao des Neuen Reiches, Ramses III, in eine Phase des Niedergangs.

Diese bemerkenswerten *Kulturbrüche* fanden ihren Niederschlag in einigen materiellen Zeugnissen, aber auch in jahrhundertelang überlieferten Geschichten, den Mythen. Hier sollen abschließend noch einmal zunächst die materiellen Zeugnisse der Veränderungen am Ende der Bronzezeit dargestellt werden, bevor zusammenfassend noch einmal auf die Spuren in der kulturellen Software eingegangen wird.

Zu den wesentlichen Veränderungen im Bereich der *kulturellen Hardware* gehört, dass etablierte Handelswege zusammenbrachen. Bronze, deren Eigenschaften und breite Verwendung dem Zeitalter seinen Namen gegeben haben, wurde in seiner Bedeutung sukzessive durch ein neues Material, das *Eisen*, abgelöst.[83] Ein Faktor, der hierbei eine Rolle gespielt haben kann, ist die Knappheit von Zinn in der späten Bronzezeit relativ zum steigenden Bedarf sowie nach dem Untergang von Ugarit auch der Entfall eines der wesentlichen Umschlagplätze für dieses Metall. Das hethitische Reich hatte sein Eisen- und Stahlmonopol verloren, sodass sich die Kenntnisse von der Eisenherstellung im Mittelmeerraum auszubreiten begannen und u.a. von den Philistern an der Levanteküste aufgenommen wurden.

In den großen Auseinandersetzungen am Ende dieser Epoche zog ein erheblicher Teil der arbeitsfähigen männlichen Bevölkerung in den Krieg. Die hohen Verluste (Tote, Gefangene, Vertriebene) führten zu Produktivitätsverlusten in der Landwirtschaft und den spezialisierten handwerklichen Berufen. Viele Siedlungsgebiete wurden verlassen und führten zu regionalen Machtvakuen. Diese wurden nach wenigen Generationen im Zuge von Wanderungsbewegungen gefüllt.

In *Zentralkleinasien* ist nach der Zerstörung der großen Städte am Halysbogen keine Wiederbesiedlung bis in das 9. Jh. hinein festzustellen.[84] Dort riss die hethitische Tradition völlig ab. Auch bei den griechischen Dichtern und Historikern ist keine Überlieferung der hethitischen Geschichte eingeflossen. Homer erwähnt die Hethiter,

83 Vgl. Drews, Robert 1993, S. 75 und Nieling, Jens 2009.
84 Vgl. Bittel, a.a.O., S. 37.

wie oben gezeigt, nur an wenigen Stellen, Herodot kannte die Hethiter offenbar überhaupt nicht.[85]

Die Verwüstung urbaner Zentren in Zentralanatolien gilt allerdings nicht in gleichem Maße für die angrenzenden Gebiete im westlichen und östlichen Kleinasien. So blieb Gordion ohne wesentlichen Zerstörungshorizont. Dort schloss sich eine primitivere graue und handgemachte Keramik direkt an die hethitische Siedlungsschicht an.[86] Forscher vermuten eine längere Phase der Besiedlung durch nomadische Ethnien – wahrscheinlich die eingewanderten thrakischen Stämme – bevor im 9. Jh. BCE das phrygische Reich historisch greifbar wird.[87]

Nach dem Untergang des hethitischen Großreiches und den Wanderungen der *Seevölker*, lässt sich in *Westkleinasien* eine Wiederbesiedlung ca. 150 Jahre nach der Zerstörung von Troja, also ab ca. 1030 BCE, nachweisen. Dies deckt sich mit der schriftlichen Überlieferung nach Eusebios zu den äolischen und ionischen Wanderungen in die entvölkerten Gebiete.[88] In Troja ist eine neue, scheibengedrehte Keramik im Anschluss an die Zerstörungsschicht u.U. ein Indiz für einen Fremdeinfluss.[89]

Nur in *Ostanatolien* gibt es im materiellen Befund keine Indizien für einen Kulturbruch.[90] Aus assyrischen und urartäischen Quellen wird deutlich, dass in der Phase zwischen 1200 und 800 BCE Städte in Nordsyrien wie z.B. Malatya und Karkemisch ohne Unterbrechung besiedelt blieben. Die sprachlichen Zeugnisse lassen auf ein Fortleben hethitischer Traditionen schließen.

In *Ägypten* wurde Ramses III der letzte große Pharao des Neuen Reiches. Aber auch Ägypten litt unter dem Verlust der Kontrolle über wichtige Verbindungsstraßen nach Norden und den militärischen Anstrengungen der Abwehr der *Seevölker*. Nach der Ermordung von Ramses III im Jahre 1153 BCE fiel Ägypten unter schwächeren Pharaonen zurück und wurde schließlich eine zweitrangige Macht. Erst in der Zeit von Pharao Shoshenq, einem Libyer, dem Gründer der 22. Dynastie um 945 BCE, erlangte Ägypten einen Teil der früheren Bedeutung zurück.[91]

Herodot merkt außerdem an, dass die Insel *Kreta* nach dem Trojanischen Krieg von Seuchen heimgesucht und buchstäblich unbewohnbar wurde.[92] Archäologische Zeugnisse belegen, dass die *mykenische Palastkultur* in vielen Regionen Griechenlands endete, wobei die mykenische Kultur noch bis in das 11. Jh. BCE hinein existierte. Latacz

85 Vgl. Akurgal, a.a.O., S. 76.
86 Vgl. Bittel, a.a.O., S. 38.
87 Vgl. Akurgal, a.a.O., S. 75.
88 Vgl. Akurgal, a.a.O., S. 47, 77.
89 Vgl. Bittel, a.a.O., S. 38.
90 Vgl. Bittel, a.a.O., S. 39.
91 Vgl. Cline, Eric H. 2014, S. 9.
92 Vgl. Wood, Michael 2005, S. 241.

verweist auf die Forschungsergebnisse von Deger-Jalkotzy[93], die feststellt, dass mit der Zerstörung vieler Paläste der mykenischen Epoche auch die dortigen spezialisierten Wirtschaftsstrukturen zusammenbrachen. Die politisch-administrative Führungsschicht verschwand demnach mit den Palästen. Unterbrochen wurden aber auch insbesondere die überregionalen Kontakte und Fernhandelsrouten, die für die späte Bronzezeit gleichsam charakteristisch wie ökonomisch lebenswichtig waren.

Im Mythos ist in den Sagen über die Rückkehr und Ermordung des Agamemnon durch Aigisthos, aber auch in den Schicksalen von Diomedes, Philoktetes und Idomeneus der zeitnah nach dem Trojanischen Krieg stattfindende Niedergang der mykenischen Palastkultur festgehalten. In der Sagenwelt findet mit der Rache des Orestes an den Mördern seines Vaters das mythische Zeitalter ein Ende.

Im Zusammenhang mit dem Untergang der mykenischen Palastkultur ist die oft gestellte Frage zu beantworten, ob die Achäer und Danaer Teil der Seevölkerwanderungen waren oder deren Opfer. Eng verbunden mit dieser Frage ist das Problem, ob die mykenischen Paläste *vor* oder *nach* den Seevölkerwanderungen untergegangen sind.

Die vorausgehenden Darstellungen zeigen, dass aus heutiger Sicht insgesamt viel für eine Teilnahme der Mykener bzw. Achäer an den Seevölkerwanderungen spricht. Der archäologische Befund deutet auf eine Zerstörung der mykenischen Paläste etwa um 1190 BCE, also knapp *vor oder um* den Zeitraum, der hier für die Seevölkerwanderungen angesetzt wird. Killebrew und Lehmann kommen demgegenüber allerdings zu der Schlussfolgerung, dass die Seevölker zwar möglicherweise entwurzelte Elemente beinhaltet haben können, dass sie aber in erster Linie als unternehmerische Gruppen verstanden werden müssen, die aktiv ein Machtvakuum aufgrund des Zusammenbruchs imperialer Kontrollen ausnutzten und nicht in erster Linie als verzweifelte Flüchtlinge, die infolge des Zusammenbruchs ihrer Palastkultur ostwärts flüchteten.[94]

Wie oben dargestellt, gingen die klassischen Autoren davon aus, dass der Trojanische Krieg den Zusammenbruch des heroischen Zeitalters erst ausgelöst hat.[95] Die Palastwirren sind in der Mythologie ein Phänomen, mit dem sich erst die Heimkehrer unmittelbar auseinandersetzen müssen. Thukydides ordnet den Untergang der mykenischen Palastkultur allerdings erst 80 Jahre *nach* dem Trojanischen Krieg ein.[96]

Der Autor schließt sich in dieser Kontroverse der Sichtweise von Lehmann und Killebrew sowie der klassischen Autoren an. Allerdings muss dann der Untergang der

---

93 Vgl. Latacz, Joachim 2004, S. 276.

94 Vgl. Killebrew; Lehmann, a.a.O., S. 17.

95 Cline erwähnt demgegenüber eine abweichende Meinung des britischen Archäologen Guy Middleton, der die Zerstörungen in Griechenland auf ca. 1225 bis 1190 BCE und damit möglicherweise vor die Seevölkerwanderungen datiert. Vgl. Cline, Eric H. 2014, S. 128.

96 Vgl. Wood, Michael 2005, S. 30.

mykenischen Palastkultur in Griechenland sehr zeitnah nach dem Untergang Trojas, also nach 1186 BCE, aber noch vor 1177 BCE stattgefunden haben.[97]

Auch das Ausmaß des Kulturbruchs wird in der Literatur z.T. kontrovers diskutiert. Neben den unstrittigen materiellen und kulturellen Brüchen im Bereich der Palastkultur gab es in Griechenland allerdings auch Elemente, die für *kulturelle Kontinuität* auf einem anderen Level und in anderen Bereichen sorgten. Latacz zitiert Hölkeskamp, der zusammenfasst *„the collapse of the palace system and its consequences were far-reaching, but they did not amount to an abrupt or definite break, because this break had no effect on the underlying structures"*.[98] In der Tat scheinen einige mykenische Regionen in Athen, Euböa und Zentralgriechenland vom allgemeinen Zusammenbruch verschont geblieben zu sein. In diesen Zentren lebte die mykenische Kultur noch etwa 150 Jahre lang fort.

Insgesamt vollzog sich in Griechenland und in einigen anderen Regionen des östlichen Mittelmeerraumes trotz dieser Anzeichen für gewisse lokale Kontinuitäten ein Übergang in die sog. *Dark Ages*. Mehrere Jahrhunderte lang kam es zu kulturellen Rückschritten, bis sich die klassischen Kulturen des Altertums formten, darunter die der Phryger in Kleinasien und nach der sog. „Greek renaissance" des 8. Jh. BCE die klassischen griechischen Poleis.[99]

Die frühe Eisenzeit in Griechenland war zudem durch eine Dezentralisierung und Fragmentierung der vormals in den Palastzentren konzentrierten Machtstrukturen gekenntzeichnet. „Competitive Elites" werden von Yasur-Landau als eine Ursache der Migration von Achäern und Philistern aus dem Ägäisraum in die Levante betrachtet.[100]

In der Tat waren die *Dark Ages* durch eine Reihe von *Wanderungsbewegungen* gekennzeichnet, von denen auch die klassischen Historiker berichten. Ungeachtet der aufgezeigten kulturellen Rückschritte kam es dadurch im Laufe der *Dark Ages* erneut zu Verdrängungsprozessen, aber auch zu kulturellem Austausch und zu *Kulturtransfers* auf anderen Ebenen. Erinnerungen an diese Migrationen im Nachgang des Trojanischen Krieges sind an verschiedenen Stellen bei Thukydides festgehalten.[101] Er beginnt seine Schilderung des Peloponnesischen Krieges u.a. mit der bereits zitierten Feststellung,

97 Das Datum 1177 BCE gründet sich auf Funde von SH III C-Keramik u.a. in Tell Kazel. Diese Siedlung wurde wahrscheinlich um 1177 BCE durch die Seevölker zerstört. Damit müsste vor diesem Datum in Südgriechenland bereits SH III C-Keramik produziert worden sein.

98 Vgl. Latacz, Joachim 2004, S. 165f.

99 Vgl. Latacz, Joachim 2004, S. 165.

100 Vgl. Yasur-Landau, Assaf 2010, 2010.

101 Vgl. Osborne, Robin 2009, S. 47f.

> *„Gab es doch auch nach dem Troischen Krieg in Hellas noch lauter Wanderungen und Neugründungen, so dass es nicht in Ruhe wachsen konnte. So brachte die Heimkehr der Hellenen aus Ilion, nach so langer Zeit, manchen Umsturz, und häufig gab es in den Städten Bürgerkrieg, und die Verbannten siedelten sich anderwärts an.“*[102]

Auch die Annahme von Wanderungen einiger Seevölkergruppen nach Italien und Sizilien wird bei Thukydides mit weiteren Angaben unterstützt:

> *„Nach der Einnahme von Ilion gelangten einige der Troer, den Achäern entronnen, zu Schiff nach Sizilien, siedelten in der Nachbarschaft der Sikaner und bekamen alle zusammen den Namen Elymer, ihre Städte sind Eryx und Egesta.“*[103]

Nachrückende Volksstämme aus dem Norden des Balkans (Dorer) scheinen sich in Griechenland in der Folge erst mit einigem zeitlichen Abstand um die bereits im Zerfall befindlichen Palastkulturen herum angesiedelt zu haben. Sie waren möglicherweise Auslöser oder Nutznießer der zeitlich etwas nachgelagerten Wanderungsbewegungen der Achäer und Danaer an die kleinasiatische Küste und nach Zypern, die dort zur Ansiedlung griechischer Kulturelemente führten und die erste Phase einer griechischen Kolonisation des Mittelmeerraumes darstellten.[104]

Bereits die Seevölkerwanderungen hatten nicht nur zur Zerstörung zahlreicher Kulturzentren im Mittelmeerraum geführt und die wichtigen Fernhandelsrouten unterbrochen, sondern auch Neuansiedlungen der beteiligten Bevölkerungsgruppen in der Levante und evtl. in Italien nach sich gezogen. Die Fernhandelsrouten zur See wurden schließlich von den phönizischen Stadtstaaten Tyros, Sidon, Byblos und Beruta übernommen. Auf diesem Wege gelangte nach einem 400-jährigen Hiatus schließlich auch das phönizische Alphabet nach Griechenland und wurde dort adaptiert.

Stabilität und Wandel schlug sich in Griechenland somit auch im Bereich der *kulturellen Software* nieder. Ein Problem in diesem Zusammenhang war, dass die Volksstämme in Griechenland mit dem Untergang der Palastkultur mit den spezialisierten Aufgaben der Buchhaltung für vier Jahrhunderte ihre Schriftlichkeit verloren hatten.[105]

Die traumatischen Ereignisse, die zum Untergang der bronzezeitlichen Kulturen geführt haben, wurden daher mündlich weitergegeben, mythisch festgehalten und so im Bewusstsein der Menschen verankert.

---

102 Thukydides „Geschichte des Peloponnesischen Krieges“, a.a.O., Einleitung, S. 30.
103 Thukydides „Geschichte des Peloponnesischen Krieges“, a.a.O., VI, 2.
104 Vgl. Robbins, Manuel 2001, S. 337ff.
105 Vgl. Latacz, Joachim 2004, S. 276.

Erst nach rd. 400 Jahren wechselte das Medium zur Überlieferung von Geschichte. An die Stelle von mündlich tradierten Mythen traten wahrscheinlich im 8. oder 7. Jh. BCE schriftliche Aufzeichnungen des kulturellen Erbes in einer neuen Schrift, die sich an das phönizisch-kanaanäische Alphabet anlehnte. Dies ist zumindest der Zeitabschnitt, der für die schriftliche Abfassung der Trojanischen Mythen heute veranschlagt wird.

Trotz des langen Verlustes der Schriftlichkeit wurde in großen Teilen der ehemaligen mykenischen Koine weiterhin Griechisch gesprochen, was unabhängig von den Dialektverschiebungen gilt, die im Zuge der Wanderungsbewegungen stattfanden.[106] Die Sprache ist somit ein Element, das die kulturelle Kontinuität in Griechenland durch die *Dark Ages* hindurch stützte. Diese stabilen Elemente sorgten u.a. auch dafür, dass die Mythen als Erbe der späten Bronzezeit durch die *Dark Ages* hindurch mündlich übermittelt werden konnten.

Die in den *Dark Ages* tradierten Mythen um den Trojanischen Krieg stellten ein herausragendes Ereignis für die damaligen Menschen in den Mittelpunkt, das am Ende eines außergewöhnlichen Zeitalters stand und an dessen Historizität auch später die griechischen Historiker nie gezweifelt haben, wenn auch unterschiedliche Deutungen und Datierungen vorgeschlagen wurden (u.a. Thukydides[107]). Die Mythen hatten in der altgriechischen Gedankenwelt nicht den Charakter von Märchen, sondern den Anspruch auf Wiedergabe tatsächlicher Ereignisse in einer bestimmten Erzählform. In den letzten Jahren steigt nach Jahrzehnten der wissenschaftlichen Skepsis wieder die Zahl derjenigen, die eine Geschichtlichkeit der geschilderten Ereignisse zumindest für möglich halten.

Ein schrittweiser Wandel ist in den *Dark Ages* jedoch auch in anderen Bereichen der kulturellen Software zu verzeichnen gewesen. So beschreiben bereits die spätbronzezeitlichen Mythen der Griechen, aber auch die der vedischen Inder, Ansätze einer Auflösung des etablierten bronzezeitlichen *Wertesystems*. Bereits der Raub der Helena stellt einen Bruch der *Xenia*, des Gastrechtes, dar. In der Ilias bricht Achilles außerdem in seiner Rage die *Regeln eines ordentlichen Zweikampfes* in seinem Duell gegen Hektor und bei den Kämpfen am Skamander.[108]

---

106 Vgl. Panagl, Oswald: „Die linguistische Landkarte Griechenlands während der dunklen Jahrhunderte", in: Deger-Jalkotzy, Sigrid (Hrsg.) „Griechenland, die Ägäis und die Levante während der Dark Ages vom 12. bis zum 9. Jh. v. Chr.", Symp. Zwettl, 1983 Wien, S. 321–349.

107 Vgl. Thukydides „Geschichte des Peloponnesischen Krieges", a.a.O., I, 9–11.

108 Im Mahabharata beruht der militärische Erfolg der Pandavas gegen die Kauravas am Ende auch auf einem wiederholten Brechen des *Code of Conduct* (so u.a. in den Zweikämpfen von Arjuna mit Drona und Karna). Diese Regelverletzung wird versucht, zu rationalisieren. Hierbei wird Krishna als Avatar von Vishnu zur Rechtfertigung herangezogen.

Auch im Hinblick auf die *Rolle der Götter* kam es nach dem Ende der Bronzezeit zu einem Prozess der graduellen Veränderung. In den bronzezeitlichen Mythen wurden die Götter noch sehr vermenschlicht dargestellt. Einige Heroen stammten direkt von Göttern ab. Die Götter selber griffen z.T. direkt in das Kampfgeschehen ein. Für die Menschen der Bronzezeit bestand die vornehmliche Rolle der Götter darin, das Unbegreifliche zu erklären, d.h. Entwicklungen, die sich auf Basis des vorhandenen Wissens und der etablierten Werte nicht deuten ließen. Die Götter wurden auch als Erklärung für die hohen Verluste unter der Bevölkerung herangezogen. So wird als Motiv für den Trojanischen Krieg in der Kypria die Absicht des Zeus genannt, die Griechen und Trojaner zu vernichten. Am Anfang der Kypria entwickelt Zeus dabei einen Plan mit Themis, die Erde (Gaia) von der Last des Menschheitsüberschusses mittels des Trojanischen Krieges zu erleichtern. Auch ein Teil der Verantwortung für das in den Auswirkungen schwer begreifliche Geschehen wurde dadurch den Göttern quasi zugeschoben.

In den *Dark Ages* klang dieses Verständnis zunächst noch nach. Das nach-bronzezeitliche Griechenland hatte im Wesentlichen noch die gleichen Götter wie im mythischen Zeitalter. Nach und nach wich diese Einstellung jedoch dem kritischen Hinterfragen der Taten von Göttern, Helden etc. im klassischen Griechenland u.a. bei den großen Tragödiendichtern. Diese sahen die Verantwortung stärker bei den handelnden Menschen und stellten deren Entscheidungen in den Mittelpunkt ihrer Werke.

Diese Behandlung der Götter bei den Tragödiendichtern des 5. Jh. BCE hatte seine Entsprechung auch in der Philosophie. Die Götter wurden zunehmend aus der menschlichen Perspektive heraus rationalisiert und entmystifiziert. Im klassischen Zeitalter in Griechenland griff spätestens mit den ersten Geschichtsschreibern (Hekatäus, Herodot, Thukydides) ein neues Geschichtsverständnis Platz. Thukydides war offenbar der erste, der eine längere Erzählung ohne göttliche Eingriffe abfasste.[109] Die mythischen Überlieferungen wurden von den Historikern kritisch auf ihren Realitätsgehalt hinterfragt. Umso bemerkenswerter ist, dass die Historizität des Trojanischen Krieges als bis dato größter Feldzug aller Zeiten in diesem Kontext nicht in Frage gestellt wurde.

Nach dem Abschluß der Bronzezeit war den Menschen in einer Zeit des Untergangs einer kulturellen Hochphase offenbar bewusst, am Ende einer glanzvollen Epoche zu stehen. Hesiod hielt die Erinnerung an die vorausgehende Bronzezeit als eine bronzene Generation fest, die durch ihre eigenen Hände untergeht.[110] Dies gilt analog für die indischen Mythen. Im Mahabharata wird der hohe Menschenverlust der Aus-

---

109 Vgl. Kearns, a.a.O., S. 59.

110 Vgl. Robbins, Manuel 2001, S. 1.

einandersetzungen in den Zusammenhang zum Ende des sog. Dvapara hin zum Kali-Zeitalter gestellt.[111] Der Trojanische Krieg hat – ähnlich dem Mahabharata – somit den Charakter eines *Endzeitmythos*, der den Abschluß eines heroischen Zeitalters beschreibt. Zeitgenossen und Folgegenerationen nehmen den Trojanischen Krieg als Ende einer Epoche wahr.

Die sog. *Dark Ages* waren somit eine Periode graduellen, aber durchgreifenden Wandels im Hinblick auf die kulturelle Hardware, insbesondere aber im Bereich der kulturellen Software. Bronze, eine Legierung, die die Wirtschaft der Großmächte für Jahrhunderte maßgeblich geprägt hatte und dem Zeitalter aus heutiger Pespektive seinen Namen gab, wurde in seiner Bedeutung durch Eisen abgelöst. An die Stelle von Mythen als Ausdruck des kulturellen Verständnisses von Generationen in der Bronzezeit trat sukzessive eine kritische und reflektierende Geschichtsschreibung. Es liegt an uns, den Mythen die Bedeutung zuzumessen, die sie für die Menschen der Bronzezeit und die der nachfolgenden Generationen zweifellos hatten.

---

111 Vgl. The Mahabharata, a.a.O., S. xxii und 200.

Literaturverzeichnis

A) Kultur und Kulturveränderungen

Hofstede, Geert (2011): „Dimensionalizing Cultures: The Hofstede Model in Context", in: Online Readings in Psychology and Culture, 2 (1).

Huntington, Samuel P. (1997): „The Clash of Civilization and the Remaking of World Order", London.

Inglehart, Ronald „Kultur und Demokratie", in: Huntington, Samuel P. und Harrison, Lawrence E. (Hrsg.) (2004): „Streit um Werte", 1. Aufl., München.

Kristiansen, Kristian; Larsson, Thomas B. (2005): „The Rise of Bronze Age Society – Travels, Transmissions and Transformations", Cambridge.

Mull, Jörg (2005): „Kulturelle Dynamik – Ein prozessorientierter Ansatz", in: Organisationsentwicklung, 24. Jg., Nr. 2, S. 35–43.

Schlamelcher, Ulrike (2003): „Kultur und Management – Theorie und Praxis der interkulturellen Managementforschung", München.

B) Historischer Hintergrund des Endes der Bronzezeit

Anthony, David W. (2007): „The Horse, the Wheel and Language – How Bronze-Age Riders from the Eurasian Steppes shaped the modern world", Princeton, N.-J.

Avari, Burjor (2007): „India: The Ancient Past – A history of the Indian sub-continent from c. 7000 BC to AD 1200", New York.

Boshnakov, Konstantin: „Die Thraker südlich vom Balkan in den *Geographika* Strabos", in: Severin Koster (Hrsg.) (2003): Schriftenreihe für Klassische Altertumswissenschaft, Bd. 81, Stuttgart.

Bryant, Edwin (2001): „The Quest for the Origins of Vedic Culture", New York.

Clayton, Peter A. (1998): „Chronicle of the Pharaos", 2. Aufl., London.

Cline, Eric H. (2014): „1177 B.C. – The Year Civilization Collapsed", Princeton.

Deger-Jalkotzy, Sigrid (Hrsg.) (1983): „Griechenland, die Ägäis und die Levante während der Dark Ages vom 12. bis zum 9. Jh. v. Chr.", Symposium Zwettl, Wien.

Dietrich, Manfred; Loretz, Oswald (2002): „Der Untergang am 21.01.1192 v. Chr. von Ugarit? Der astronomisch-hepatoskopische Bericht", in: Ugarit Forschungen. Internationales Jahrbuch für Altertumskunde Syrien Palästinas, Bd. 34, S. 53–74.

Dilley, John (1999): „The First Egyptian Narrative History: Manetho and Greek Historiography", in: Zeitschrift für Papyrologie und Epigraphik, No. 127, S. 93–116.

Dincol, Ali; Dincol Belkis: „Ein anatolisches Reich als Treffpunkt zweier Welten: Die Vermittlerrolle der Hethiter zwischen Ost und West", in: Yalcin, Ünsal, Pulak, Cemal; Slotta, Rainer (Hrsg.) (2005): „Das Schiff von Uluburun – Welthandel vor 3000 Jahren", Katalog der Ausstellung des Deutschen Bergbau-Museums Bochum, Bochum, S. 211–218.

Drews, Robert (1988): „The Coming of the Greeks – Indo-European Conquests in the Aegean and the Near East", Princeton, New Jersey.

Eder, Birgitta: „Völkerwanderungen in der Spätbronzezeit aus althistorischer und archäologischer Sicht“, in: Yalcin, Ünsal; Pulak, Cemal; Slotta, Rainer (Hrsg.) (2005) „Das Schiff von Uluburun – Welthandel vor 3000 Jahren“, Katalog der Ausstellung des Deutschen Bergbau-Museums Bochum, Bochum, S. 275–282.

Forsen, Jeannette: „Mainland Greece“, in: Cline, Eric H. (Hrsg.) (2010): „The Oxford Handbook of the Bronze Age Aegean“, Oxford, S. 53–65.

Haefs, Hanswilhelm (2007): „Um Troja schlugen sich auch Thraker – Entwurf einer thrakischen Geschichte“, Norderstedt.

Hallager, Erik: „Crete“, in: Cline, Eric H. (Hrsg.) (2010): „The Oxford Handbook of the Bronze Age Aegean“, Oxford, S. 149–159.

Herodotus (1997): „The Histories“, 11. Aufl., New York.

Hesselmeyer, Ellis (2006): „Die Pelasgerfrage und ihre Lösbarkeit“, Nachdruck des Originals aus Tübingen, 1890.

Hinge, George: „Völkerwanderungen in Herodots Geschichtswerk“, elektronische Vorabveröffentlichung, später erschienen in: G. Barjamovic; I. Elmerot; A. Hyllested; B. Nielsen; B. Okholm Skaarup (Hrsg.) (2006): „Language and Prehistory of the Indo-European Peoples“, Archäolingua, Budapest.

Hölbl, Günther: „Die historischen Aussagen der ägyptischen Seevölkerinschriften“, in: Deger-Jalkotzy, Sigrid (Hrsg.) (1983): „Griechenland, die Ägäis und die Levante während der Dark Ages vom 12. bis zum 9. Jh. v. Chr.“, Symposium Zwettl, Wien, S. 121–139.

Jung, Reinhard: „Relative Chronology“, in: Cline, Eric H. (Hrsg.) (2010): „The Oxford Handbook of the Bronze Age Aegean“, Oxford, S. 171–184.

Killebrew, Ann E. (2005): „Biblical Peoples and Ethnicity, an Archaeological Study of Egyptians, Canaanites, Philistines, and Early Israel, 1300–1100 B.C.E.“, Atlanta.

Lehmann, Gustav A.: „Das Auftreten der Seevölker – Invasoren im östlichen Mittelmeerraum des 14.–12./11. Jh. v. Chr.“, in: Yalcin, Ünsal; Pulak, Cemal; Slotta, Rainer (Hrsg.) (2005) „Das Schiff von Uluburun – Welthandel vor 3000 Jahren“, Katalog der Ausstellung des Deutschen Bergbau-Museums Bochum, Bochum, S. 283–289.

Mallory, J.P. (1996): „In Search of the Indo-Europeans – Language, Archaeology and Myth“, 2. Aufl., London.

Manning, Sturt W.: „Chronology and Terminology“, in: Cline, Eric H. (Hrsg.) (2010), „The Oxford Handbook of the Bronze Age Aegean“, Oxford, S. 11–28.

Miglus, Peter A.: „Assyrien im 2. Jt. v. Chr. und der Weg zum Mittelmeer“, in: Yalcin, Ünsal; Pulak, Cemal; Slotta, Rainer (Hrsg.) (2005) „Das Schiff von Uluburun – Welthandel vor 3000 Jahren“, Katalog der Ausstellung des Deutschen Bergbau-Museums Bochum, Bochum, S. 241–248.

Muhly, James D.: „History of Research“, in: Cline, Eric H. (Hrsg.) (2010) „The Oxford Handbook of the Bronze Age Aegean“, Oxford, S. 3–10.

Moran, William L. (Hrsg.) (1992): „The Amarna Letters“, Baltimore.

Müller, Marko (2010): „Schwerter zu Pflugscharen! Eine Neuinterpretation der pylischen o-ka-Tafeln als Verzeichnis mykenischer Textilarbeiter“, in: bonjour.Geschichte 2, bremer online journal geschichte.

Müller, Vera: „Eine kritische Darstellung der derzeitigen Diskussion zur historischen Chronologie Ägyptens in der 2. Hälfte des 2. Jt. v. Chr.“, in: Yalcin, Ünsal; Pulak, Cemal; Slotta, Rainer (Hrsg.) (2005): „Das Schiff von Uluburun – Welthandel vor 3000 Jahren“, Katalog der Ausstellung des Deutschen Bergbau-Museums Bochum, Bochum, S. 193–210.

Osborne, Robin: (2009): „Greece in the Making 1200–479 BC“, Abington, 2. Ausg.

Otten, Heinrich: „Die letzte Phase des Hethitischen Grossreiches", in: Deger-Jalkotzy, Sigrid (Hrsg.) (1983): „Griechenland, die Ägäis und die Levante während der Dark Ages vom 12. bis zum 9. Jh. v. Chr.", Symposium Zwettl, Wien, S. 13–21.
Robbins, Manuel (2001): „Collapse of the Bronze Age – The Story of Greece, Troy, Israel, Egypt and the Peoples of the Sea", Lincoln, NE.
Romer, John (2012): „A History of Ancient Egypt – From the First Farmers to the Great Pyramid", London.
Schmitt, Stefan: „Santorin explodierte 100 Jahre früher", Spiegel Online, 28.04.2006.
Shelton, Kim: „Mainland Greece", in: Cline, Eric H. (Hrsg.) (2010): „The Oxford Handbook of the Bronze Age Aegean", Oxford, S. 139–148.
Sternberg – el Hotabi, Heike: „Der Kampf der Seevölker gegen Pharao Ramses III", in: Löben, Christian und Witthuhn, Orell (Hrsg.) (2012) AIDA (Archäologie, Inschriften und Denkmäler Altägyptens), Band 2, Rahden.
Strabo: „Geographika" (Erdbeschreibung).
Thukydides: „Geschichte des Peloponnesischen Krieges", in: Landmann, Georg Peter (Hrsg.) (1981): 3. Aufl., München.
Tomkins, Peter: „Neolithic Antecedents", in: Cline, Eric H. (Hrsg.) (2010) „The Oxford Handbook of the Bronze Age Aegean", Oxford, S. 31–49.
Verbrugghe, Gerald P.; Wickersham, John M. (2001): „Berossos und Manetho – Introduced and Translated – Native Traditions in Ancient Mesopotamia and Egypt", Michigan.
Wilhelm, Genot: „Kadesch und der Friedensvertrag der Supermächte", in: Yalcin, Ünsal; Pulak, Cemal; Slotta, Rainer (Hrsg.) (2005) „Das Schiff von Uluburun – Welthandel vor 3000 Jahren", Katalog der Ausstellung des Deutschen Bergbau-Museums Bochum, Bochum, S. 235–240.
Wright, James Clinton: „Early Mycenaean Greece", in: Shelmerdine, Cynthia W. (Hrsg.) (2008) „The Cambridge Companion to the Aegean Bronze Age", Cambridge, S. 230–257.
Woudhuizen, Frederik Christiaan (2006): „The Ethnicity of the Sea Peoples", Rotterdam.
Yasur-Landau, Assaf (2010): „The Philistines and Aegean migration at the end of the Late Bronze Age", Cambridge.
Zangger, Eberhard (1994): „Ein neuer Kampf um Troia: Archäologie in der Krise", München.

C) Archäologischer Hintergrund des Endes der Bronzezeit

Akurgal, Ekrem: „Das dunkle Zeitalter Kleinasiens", in: Deger-Jalkotzy, Sigrid (Hrsg.) (1983) „Griechenland, die Ägäis und die Levante während der Dark Ages vom 12. bis zum 9. Jh. v. Chr.", Symposium Zwettl, Wien, S. 67–78.
Barako, Tristan J.: „Philistines and Egyptians in Southern Coastal Canaan during the Early Iron Age", in: Killebrew, Ann E. und Lehmann, Gunnar (Hrsg) (2013) „The Philistines and Other Sea Peoples in Text and Archaeology", Atlanta, S. 37–52.
Bass, George F.: „Die Schiffswracks der Bronzezeit im östlichen Mittelmeer", in: Yalcin, Ünsal; Pulak, Cemal; Slotta, Rainer (Hrsg.) (2005) „Das Schiff von Uluburun – Welthandel vor 3000 Jahren", Katalog der Ausstellung des Deutschen Bergbau-Museums Bochum, Bochum, S. 303–308.
Bittel, Kurt: „Die archäologische Situation in Kleinasien um 1200 v. Chr. Und während der nachfolgenden vier Jahrhunderte", in: Deger-Jalkotzy, Sigrid (Hrsg.) (1983): „Griechenland, die Ägäis und die Levante während der Dark Ages vom 12. bis zum 9. Jh. v. Chr.", Symposium Zwettl, Wien, S. 25–46.

Blum, Stephan W.E.; Thater, Mariana; Thumm-Dograyan, Diane: „Die Besiedlung der Troas vom Neolithikum bis zum Beginn der mittleren Bronzezeit: Chronologie und Siedlungsstruktur“ in: Pernicka, Ernst, Rose, Charles Brian, Jablonka, Peter (Hrsg.) (2014): „Studia Troica Monographien 5“, Tübingen, S. 770–863.

Davis, Jack L.: „Minoan Crete and the Aegean Islands“ in: Shelmerdine, Cynthia W. (Hrsg.) (2008) „The Cambridge Companion to the Aegean Bronze Age“, Cambridge, S. 186–208.

Deger-Jalkotzy, Sigrid: „Decline, Destruction, Aftermath“, in: Shelmerdine, Cynthia W. (Hrsg.) (2008) „The Cambridge Companion to the Aegean Bronze Age“, Cambridge, S. 387–415.

Dickinson, Oliver: „The Collapse at the End of the Bronze Age“, in: Cline, Eric H. (Hrsg.) (2010) „The Oxford Handbook of the Bronze Age Aegean“, Oxford, S. 483–490.

Drews, Robert (1993): „The End of the Bronze Age – Changes in Warfare and the Catastrophe ca. 1200 B.C.“, Princeton, New Jersey.

French, Elisabeth: „Cilicia“, in: Killebrew, Ann E. und Lehmann, Gunnar (Hrsg) (2013) „The Philistines and Other Sea Peoples in Text and Archaeology“, Atlanta, S. 479–484.

Genz, Hermann: „No Land could stand before their arms, from Hatti...on. New Light on the End of the Hittite Empire and the Early Iron Age in Central Anatolia“, in: Killebrew and Lehmann (Hrsg.) (2012) „The Philistines and Other Sea Peoples in Text and Archaeology“, Atlanta, S. 469–478.

Georganas, Ioannis: „Weapons and Warfare“, in: „The Oxford Handbook of the Bronze Age Aegean“, Cline, Eric H. (Hrsg.), Oxford, 2010, S. 305–314.

Greaves, Alan M.: „Western Anatolia“, in: Cline, Eric H. (Hrsg.) (2010) „The Oxford Handbook of the Bronze Age Aegean“, Oxford, S. 877–889.

Hertel, Dieter (2001): „Troia – Archäologie, Geschichte, Mythos“, München.

Jablonka, Peter: „Troy“, in: Cline, Eric H. (Hrsg.) (2010) „The Oxford Handbook of the Bronze Age Aegean“, Oxford, S. 849–861.

Jablonka, Peter: „Bronzezeitliche Archäologie in Troja seit 1987“, in: Pernicka, Ernst, Rose, Charles Brian, Jablonka, Peter (Hrsg.) (2014) „Studia Troica Monographien 5“, Tübingen, S. 158–189.

Jung, Reinhard: „Die mykenischen Palastzentren und das mykenische Staatssystem“, in: Yalcin, Ünsal; Pulak, Cemal; Slotta, Rainer (Hrsg.) (2005) „Das Schiff von Uluburun – Welthandel vor 3000 Jahren“, Katalog der Ausstellung des Deutschen Bergbau-Museums Bochum, Bochum, S. 265–274.

Killebrew, Ann E. und Lehmann, Gunnar: „The World of the Philistines and Other Sea Peoples“, in: Killebrew, Ann E. und Lehmann, Gunnar (Hrsg) (2013) „The Philistines and Other Sea Peoples in Text and Achaeology“, Atlanta, S. 1–18.

Knapp, Bernard A.; Manning, Sturt W.: (2016): „Crisis in Context: The End of the Late Bronze Age in the Eastern Mediterranean“, in: American Journal of Archaeology, 120. Jg., Nr. 1, S. 99–149.

Korfmann, Manfred O.: „Troia in der Späten Bronzezeit“, in: Yalcin, Ünsal; Pulak, Cemal; Slotta, Rainer (Hrsg.) (2005) „Das Schiff von Uluburun – Welthandel vor 3000 Jahren“, Katalog der Ausstellung des Deutschen Bergbau-Museums Bochum, Bochum, S. 249–263.

Lehmann, Gustav Adolf: „Zum Auftreten von Seevölker-Gruppen im östlichen Mittelmeerraum – Eine Zwischenbilanz“, in: Deger-Jalkotzy, Sigrid (Hrsg.) (1983): „Griechenland, die Ägäis und die Levante während der Dark Ages vom 12. bis zum 9. Jh. v. Chr.“, Symposium Zwettl, Wien, S. 79–92.

Manning, Sturt W.: „Eruption of Thera/Santorini“, in: Cline, Eric H. (Hrsg.) (2010) „The Oxford Handbook of the Bronze Age Aegean“, Oxford, S. 457–474.

Manning, Sturt W.: „Formation of the Palaces“, in: Shelmerdine, Cynthia W. (Hrsg.) (2008) „The Cambridge Companion to the Aegean Bronze Age“, Cambridge, S. 105–120.

Maran, Joseph (2009): „The crisis years? Reflections on signs of instability in the last decades of the Mycenaean palaces" in: Scienze dell"antichita – storia archeologia antropologia 15, Roma, 2009, S. 241–262.
Maspero, Gaston (1895): „Histoire ancienne des peoples de l"Orient classique – Les Origines Egypte & Chaldee", Paris.
Mee, Christopher (1998): „Anatolia and the Aegean in the late Bronze Age", in: Aegean and the Orient, S. 137–148.
Mühlenbruch, Tobias: „Die Synchronisierung der nördlichen Levante und Kilikiens mit der ägäischen Spätbronzezeit", in: Bietak, Manfred (Hrsg.) (2007) „Ägypten und die Levante", XVII, Wien, S. 241–255.
Niemeier, Wolf-Dietrich (2000): „Milet in der Bronzezeit – ein pulsierendes Zentrum zwischen Orient und Okzident", Archäologisches Institut Heidelberg, (Internetpublikation), Ausgabe 1.
Pernicka, Ernst; Schifer, Thorsten; Schubert, Cornelia: „Keramikanalysen in Troia", in: Pernicka, Ernst; Rose, Charles Brian; Jablonka, Peter (Hrsg.) (2014): „Studia Troica Monographien 5, Tübingen", S. 642–665.
Pavuk, Peter; Schubert, Cornelia: „Die Troas in der Mittel- und Spätbronzezeit", in: Pernicka, Ernst; Rose, Charles Brian; Jablonka, Peter (Hrsg.) (2014) „Studia Troica Monographien 5", Tübingen, S. 864–923.
Phillips, Jacke: „Egypt", in: Cline, Eric H. (Hrsg.) (2010) „The Oxford Handbook of the Bronze Age Aegean", Oxford, S. 820–831.
Pullen, Daniel: „The Early Bronze Age in Greece", in: Shelmerdine, Cynthia W. (Hrsg.) (2008) „The Cambridge Companion to the Aegean Bronze Age", Cambridge, S. 19–46.
Schachermeyr, Fritz: „Die Zeit der Wanderungen im Spiegel ihrer Keramik", in: Deger-Jalkotzy, Sigrid (Hrsg.) (1983): „Griechenland, die Ägäis und die Levante während der Dark Ages vom 12. bis zum 9. Jh. v. Chr.", Symposium Zwettl, Wien, S. 241–256.
Sherratt, E.S.; Crouwel J.H. (1987): „Mycenaean Pottery from Cilicia in Oxford", in: Oxford Journal of Archaeology, 6. Jg., Ausg. 3, S. 325–452.
Silberman, Neil Asher: „When the Past was new: Moshe Dotan (1919 – 1999), An Appreciation", in: Killebrew, Ann E. und Lehmann, Gunnar (Hrsg) (2013) „The Philistines and Other Sea Peoples in Text and Achaeology" Atlanta, S. 1–18.
Steel, Louise: „Cyprus", in: Cline, Eric H. (Hrsg.) (2010) „The Oxford Handbook of the Bronze Age Aegean", Oxford, S. 804–819.
Strobel, August (1976): „Der spätbronzezeitliche Seevölkersturm: Ein Forschungsüberblick mit Folgerungen zur biblischen Exodusthematik", Beiheft zur Zeitschrift für die alttestament-liche Wissenschaft, Fohrer, Georg (Hrsg.), 1. Aufl. Berlin.
Vagnetti, Lucia: „Western Mediterranean", in: Cline, Eric H. (Hrsg.) (2010) „The Oxford Handbook of the Bronze Age Aegean", Oxford, S. 890–905.
Yasur-Landau, Assaf: „Levant", in: Cline, Eric H. (Hrsg.) (2010) „The Oxford Handbook of the Bronze Age Aegean", Oxford, S. 832–848.
Younger, John G.; Rehak, Paul: „The Material Culture of Neopalatial Crete", in: Shelmerdine, Cynthia W. (Hrsg.) (2008) „The Cambridge Companion to the Aegean Bronze Age", Cambridge, S. 140–164.

D) Mythologischer Hintergrund des Endes der Bronzezeit

Baikouzis, Constantino; Magnasco, Marcelo O.: „Is an Eclipse described in the Odyssey?“, in: Proceedings of the National Academy of Sciences of the United States of America, 24.06.2008, Online Publikation.

Bryce, Trevor: „The Trojan War“, in: Cline, Eric H. (Hrsg.) (2010) „The Oxford Handbook of the Bronze Age Aegean“, Oxford, S. 475–482.

Burgess, Jonathan S. (2001): „The Tradition of the Trojan War in Homer & the Epic Cycle“, Baltimore.

Burkert, Walter: „Lydia between East and West or how to date the Trojan War: A Study in Herodotus“, in: Carter, J.B. und Morris, S.B. (Hrsg.) (1995): „The Ages of Homer: A Tribute to Emily Townsend Vermeule“, Austin, Texas, S. 139–148.

Clarke, Michael: „Manhood and heroism“, in: Fowler, Robert (Hrsg.) (2004) „The Cambridge Companion to Homer“, Cambridge, S. 74–90.

Codino, Fausto (1970): „Einführung in Homer“, Berlin.

Dowden, Ken: „The epic tradition in Greece“, in: Fowler, Robert (Hrsg.) (2004) „The Cambridge Companion to Homer“, Cambridge, S. 188–205.

Felson, Nancy; Slatkin, Laura: „Gender and Homeric epic“, in: Fowler, Robert (Hrsg.) (2004) „The Cambridge Companion to Homer“, Cambridge, S. 91 – 114.

Görke, Susanne (2015): „Das Weltbild der Hethiter“, in: Spektrum der Wissenschaft, S. 62–66.

Homer: „The Iliad“, Translation by E.V. Rieu, London, 2003.

Homer: „The Odyssey“, Translation by E.V. Rieu, 4. Ausg., London, 2009.

Hope Simpson, R.; Lazenby, J.F. (1970): „The Catalogue of the Ships in Homer“s Iliad“, Oxford.

Kearns, Emily: „The Gods in the Homeric epics“, in: Fowler, Robert (Hrsg.) (2004) „The Cambridge Companion to Homer“, Cambridge, S. 59–73.

Kershaw, Stephen P. (2007): „The Greek Myths – Gods, Monsters, Heroes and the Origins of Storytelling“, London.

Latacz, Joachim (2004): „Troy and Homer – Towards a Solution of an Old Mystery“, Oxford.

Millington, Alexander T.: „Iyarri at the Interface: the Origins of Ares“, in: Mouton, Alice; Rutherford, Ian; Yakubowitch, Ilya (Hrsg.) (2013) „Luwian Identities – Culture, Language and Religion between Anatolia and the Aegean“, Leiden, S. 543–566.

Osborne, Robin: „Homer“s society“, in: Fowler, Robert (Hrsg.) (2004) „The Cambridge Companion to Homer“, Cambridge, S. 206–219.

Puhvel, Jaan (1993): „Comparative Mythology“, 2. Aufl., Baltimore.

Scodel, Ruth: „The story-teller and his audience“, in: Fowler, Robert (Hrsg.) (2004) „The Cambridge Companion to Homer“, Cambridge, S. 45–55.

Siebler, Michael: „In Theben ging“s los“, in: Frankfurter Allgemeine Zeitung, 11.08.2003.

Strauss, Barry (2006): „The Trojan War – A new History“, New York.

The Mahabharata, übersetzt von John D. Smith, London, 2009.

Visser, Edzard (1997): ‚Homers Katalog der Schiffe“, Stuttgart und Leipzig.

Von Ranke Graves, Robert (1986): „Griechische Mythologie“, 2. Aufl., Hamburg.

Wood, Michael (2005): „In Search of the Trojan War“, 3. Aufl., London.

E) Linguistischer Hintergrund des Endes der Bronzezeit

Bartonek, Antonin (2003): „Handbuch des mykenischen Griechisch", Heidelberg.
Cavalli Sforza, Luigi Luca (2001): „Genes, Peoples and Languages", London.
Fortson, Benjamin W. IV (2010): „Indo-European Language and Culture", 2. Aufl., Oxford.
Panagl, Oswald: „Die linguistische Landkarte Griechenlands während der dunklen Jahrhunderte", in: Deger-Jalkotzy, Sigrid (Hrsg.) (1983): „Griechenland, die Ägäis und die Levante während der Dark Ages vom 12. bis zum 9. Jh. v. Chr.", Symposium Zwettl, Wien, S. 321– 349.
Svenbro, Jesper: „Stilles Lesen und die Internalisierung der Stimme im alten Griechenland", in: Kittler, Friedrich; Macho, Thomas; Weigel, Sigrid (Hrsg.) (2008): „Zwischen Rauschen und Offenbarung – Zur Kultur- und Mediengeschichte der Stimme", Berlin, S. 55–72.
Tomas, Helena: „Cretan Hieroglyphic and Linear A", in: Cline, Eric H. (Hrsg.) (2010) „The Oxford Handbook of the Bronze Age Aegean", Oxford, S. 340–355.
Woudhuizen, Fred (1992): „The Language of the Sea Peoples", Amsterdam.

F) Ökonomische Hintergründe der Bronzezeit (Metallgewinnung, Handel und Transportlogistik)

Alparslan, Metin: „Der Handel im Hethiterreich: Ein Interpretationsversuch nach den hethitischen Quellen", in: Yalcin, Ünsal; Pulak, Cemal; Slotta, Rainer (Hrsg.) (2005) „Das Schiff von Uluburun – Welthandel vor 3000 Jahren", Katalog der Ausstellung des Deutschen Bergbau-Museums Bochum, Bochum, S. 381–383.
Bassiakos, Yannis; Tselios, Thomas: „On the cessation of local copper production in the Aegean in the 2nd millennium BC", in: Kassianidou, Vasiliki; Papasavvas, George (Hrsg.) (2012) „Eastern Mediterranean Metallurgy and Metalwork in the Second Millennium BC", Oxford, S. 151–161.
Bell, Carol: „Merchants of Ugarit: oligarchs of the Late Bronze Age trade in metals?" in: Kassianidou, Vasiliki; Papasavvas, George (Hrsg.) (2012) „Eastern Mediterranean Metallurgy and Metalwork in the Second Millennium BC", Oxford, S. 180–187.
Betancourt, Philip P.: „Minoan Trade", in: Shelmerdine, Cynthia W. (Hrsg.) (2008) „The Cambridge Companion to the Aegean Bronze Age", Cambridge, S. 209–229.
Betancourt, Philip P.: „Cyprus and Crete: the transformation of the Minoan metalworking industry", in: Kassianidou, Vasiliki; Papasavvas, George (Hrsg.) (2012) „Eastern Mediterranean Metallurgy and Metalwork in the Second Millennium BC", Oxford, S. 129–134.
Buchholz, Hans-Günter; Weisgerber, Gerd: „Prominenz mit Steingerät", in: Yalcin, Ünsal; Pulak, Cemal; Slotta, Rainer (Hrsg.) (2005) „Das Schiff von Uluburun – Welthandel vor 3000 Jahren", Katalog der Ausstellung des Deutschen Bergbau-Museums Bochum, Bochum, S. 149–153.
Cierny, Jan; Stöllner, Thomas; Weisgerber, Gerd: „Zinn in und aus Mittelasien", in: Yalcin, Ünsal; Pulak, Cemal; Slotta, Rainer (Hrsg.) (2005) „Das Schiff von Uluburun – Welthandel vor 3000 Jahren", Katalog der Ausstellung des Deutschen Bergbau-Museums Bochum, Bochum, S. 431–448.
Cline, Eric H.: „Bronze Age Interactions between the Aegean and the Eastern Mediterranean Revisited: Mainstream, Periphery or Margin?", in: Parkinson, William A. und Galaty, Michael L. (Hrsg.) (2010) „Archaic State Interaction – The Eastern Mediterranean in the Bronze Age", Santa Fe, S. 161–180.
Constantinou, George: „Late Bronze Age copper production in Cyprus from a mining geologist's perspective", in: Kassianidou, Vasiliki; Papasavvas, George (Hrsg.) (2012) „Eastern Mediterranean Metallurgy and Metalwork in the Second Millennium BC", Oxford, S. 4–14.

Farr, Helen: „Measurement in navigation: Conceiving distance and time in the Neolithic", in: Morley, Iain; Renfrew, Colin (Hrsg.) (2010) „The Archaeology of Measurement – Comprehending Heaven, Earth and Time in Ancient Societies", New York, S. 19–26.

Gale, Noel; Stos-Gale, Zofia, A.: „Zur Herkunft der Kupferbarren aus dem Schiffswrack von Uluburun und der spätbronzezeitliche Metallhandel", in: Yalcin, Ünsal; Pulak, Cemal; Slotta, Rainer (Hrsg.) (2005) „Das Schiff von Uluburun – Welthandel vor 3000 Jahren", Katalog der Ausstellung des Deutschen Bergbau-Museums Bochum, Bochum, S. 117–131.

Gering, Eberhardt: „Über die Bronzezeit im Vorderen Orient unter den Aspekten der Metallgewinnung, der Waffentechnik und der Energiebasis Holzkohle – Eine Studie", Internetpublikation, 2011.

Guttandin, Thomas; Panagiotopoulos, Diamantis; Pflug, Hermann; Plath, Gerhard (Hrsg.) (2014): „Inseln der Winde – Die maritime Kultur der bronzezeitlichen Ägäis", Heidelberg.

Guggisberg, Martin: „Nilpferdzähne auf dem Meeresgrund – Eine Ausstellung in Bochum zum Wrack in Uluburun", in: Neue Züricher Zeitung, Internetpublikation, 20.02.2006.

Höckmann, Olaf: „Schifffahrt im östlichen Mittelmeer im 2. Jt. v. Chr.", in: Yalcin, Ünsal; Pulak, Cemal; Slotta, Rainer (Hrsg.) „Das Schiff von Uluburun – Welthandel vor 3000 Jahren", Katalog der Ausstellung des Deutschen Bergbau-Museums Bochum, Bochum 2005, S. 309–324.

Lo Schiavo, Fulvia: „Metallhandel im zentralen Mittelmeer", in: Yalcin, Ünsal; Pulak, Cemal; Slotta, Rainer (Hrsg.) (2005) „Das Schiff von Uluburun – Welthandel vor 3000 Jahren", Katalog der Ausstellung des Deutschen Bergbau-Museums Bochum, Bochum, S. 399–414.

Lo Schiavo, Fulvia: „Cyprus and Sardinia, beyond the oxhide ingots", in: Kassianidou, Vasiliki; Papasavvas, George (Hrsg.) (2012) „Eastern Mediterranean Metallurgy and Metalwork in the Second Millennium BC", Oxford, S. 142–150.

Maran, Joseph: „Wessex und Mykene. Zur Deutung des Bernsteins in der Schachtgräberzeit Südgriechenlands", in: Hänsel, Bernhard; Studenikova, Etela (Hrsg.) (2004) „Zwischen Karpaten und Ägäis – Neolithikum und ältere Bronzezeit", Gedenkschrift für Viera Nemejcova-Pavukova, Rahden, S. 47–65.

Maran, Joseph: „Seaborne contacts between the Aegean, the Balkans and the Central Mediterranean in the 3rd Millennium BC: The unfolding of the Mediterranean world", in: Galanaki, Ioanna; Tomas, Helena; Galanakis, Yannis; Laffineur, Robert (Hrsg.) (2007) Aegaeum 27 „Between the Aegean and the Baltic Seas – Prehistory across borders", Liege.

Mee, Christopher: „Mycenaean Greece, the Aegean and Beyond", in: Shelmerdine, Cynthia W. (Hrsg.) (2008) „The Cambridge Companion to the Aegean Bronze Age", Cambridge, S. 362–386.

Michailidou, Anna: „Measuring by weight in the Late Bronze Age Aegean", in: Morley, Iain; Renfrew, Colin (Hrsg.) (2010) „The Archaeology of Measurement – Comprehending Heaven, Earth and Time in Ancient Societies", New York, S. 71–87.

Nieling, Jens (2009): „Die Einführung der Eisentechnologie in Südkaukasien und Ostanatolien während der Spätbronze- und Früheisenzeit", Aarhus.

O'Brien, William (2015): „Prehistoric Copper Mining in Europe 5500–500 BC", Oxford.

Papasavvas, George: „Profusion of Cypriot copper abroad, dearth of bronzes at home: a paradox in Late Bronze Age Cyprus", in: Kassianidou, Vasiliki; Papasavvas, George (Hrsg.) (2012) „Eastern Mediterranean Metallurgy and Metalwork in the Second Millennium BC", Oxford, S. 117–128.

Pare, Christopher: „Bronze and the Bronze Age", in: Pare, Christopher T. E. (Hrsg.) (2000), „Metals Make The World Go Round – The Supply and Circulation of Metals in Bronze Age Europe", Oxford, S. 1–38.

Pulak, Cemal: „Uluburun Shipwreck", in: Cline, Eric H. (Hrsg.) (2010) „The Oxford Handbook of the Bronze Age Aegean", Oxford, S. 862–876.

Pulak, Cemal: „The balance weights from the Late Bronze Age shipwreck at Uluburun“ in: Pare, Christopher T. E. (Hrsg.) (2000) „Metals Make The World Go Round – The Supply and Circulation of Metals in Bronze Age Europe“, Oxford, S. 247–266.

Pulak, Cemal: „Das Schiffswrack von Uluburun und seine Ladung“ in : Yalcin, Ünsal; Pulak, Cemal; Slotta, Rainer (Hrsg.) (2005) „Das Schiff von Uluburun – Welthandel vor 3000 Jahren“, Katalog der Ausstellung des Deutschen Bergbau-Museums Bochum, Bochum, S. 55–102.

Rahmstorf, Lorenz: „The concept of weighing during the Bronze Age in the Aegean, the Near East and Europe“, in: Morley, Iain; Renfrew, Colin (Hrsg.) (2010) „The Archaeology of Measurement – Comprehending Heaven, Earth and Time in Ancient Societies“, New York, S. 88–105.

Rahmstorf, Lorenz: „Die Nutzung von Booten und Schiffen in der bronzezeitlichen Ägäis und die Fernkontakte in der Frühbronzezeit“, in: Meller, Harald; Bertemes, Francois (Hrsg.) (2010) „Der Griff nach den Sternen“, Internationales Symposium in Halle (Saale), 16.–21. Februar, 2005, Tagungen des Landesmuseums für Vorgeschichte, Bd. 5, S. 675–697

Rahmstorf, Lorenz: „The Archaeology of Money“, in: Haselgrove, Colin; Krmnicek, Stefan (2016), „Proceedings of the Workshop „Archaeology of Money“, University of Tübingen, October 2013, Leicester Archaeology Monograph 24, Leicester, S. 19–42

Rahmstorf, Lorenz: „Die Rahmenbedingungen des bronzezeitlichen Handels in Europa und im alten Orient einschliesslich Ägyptens“, in: Dietz, Ute Luise; Jockenhövel, Albrecht (Hrsg.) (2016) „Prähistorische Bronzefunde, Abteilung XX, Band 14, Stuttgart, S. 291–310

Schon, Robert: „Think Locally, Act Globally – Mycenaean Elites and the Late Bronze Age World System“, in: Parkinson, William A. und Galaty, Michael L. (Hrsg.) (2010) „Archaic State Interaction – The Eastern Mediterranean in the Bronze Age“, Santa Fe, S. 213–236.

Shelmerdine, Cynthia; Bennet, John: „Economy and Administration“ in: Shelmerdine, Cynthia W. (Hrsg.) (2008) „The Cambridge Companion to the Aegean Bronze Age“, Cambridge, S. 289–309.

Shelmerdine, Cynthia W. (2008): „Background, Sources and Methods“ in: The Cambridge Companion to the Aegean Bronze Age“, Shelmerdine, Cynthia W. (Hrsg.), S. 5.

Sherratt, Susan: „Circulation of metals and the end of the Bronze Age in the Eastern Mediterranean“, in: Pare, Christopher T. E. (Hrsg.) (2000) „Metals Make The World Go Round – The Supply and Circulation of Metals in Bronze Age Europe“, Oxford, S. 82–98.

Sherratt, Susan: „The Aegean and the Wider World“, in: Parkinson, William A. und Galaty, Michael L. (Hrsg.) (2010) „Archaic State Interaction – The Eastern Mediterranean in the Bronze Age“, Santa Fe, S. 81–106.

Wengrow, David: „The Voyages of Europa – Ritual and Trade in the Eastern Mediterranean circa 2500–1850 BC“, in : Parkinson, William A. und Galaty, Michael L. (Hrsg.) (2010) „Archaic State Interaction – The Eastern Mediterranean in the Bronze Age“, Santa Fe, S. 141–160.

Yalcin, Ünsal: „Ein Schiff macht Geschichte“, in: Yalcin, Ünsal; Pulak, Cemal; Slotta, Rainer (Hrsg.) (2005) „Das Schiff von Uluburun – Welthandel vor 3000 Jahren“, Katalog der Ausstellung des Deutschen Bergbau-Museums Bochum, Bochum, S. 19–24.

Anhang

Anhang: Liste der hethitischen Koenige (nach Latacz)

Regierungszeit (BCE)	**Koenig**
Ende des 18. Jh.	**Koenige von Nesa (Kanesh)**
	Pithana von Kussara
	Anitta
	Grosskoenige von Hattusha
1565–1540	Hattusilis I
1540–1530	Mursilis I
Nach 1530	Hantili I
	Zidanta I
	Ammuna
	Huzzika I
Ca. 1500	Telibinu
	Tahurwalli
	Alluwamna
	Hantilii II
	Zidanta II
	Huzzija II
	Muwatalli I
1420–1400	Tudhalija I
1400–1375	Arnuwanda I
1375–1355	Tudhalija II
1355–1320	Suppiluliuma I
1320–1318	Arnuwanda II
1318–1290	Mursili II
1290–1272	Muwatalli II
1272–1265	Mursilis III
1265–1240	Hattusili II (formerly III)
1240–1215	Tudhaliya III (formerly IV)
Ca. 1220	Kurunta of Tarhuntassa
After ca. 1215	Arnuwanda III
	Suppiluliuma II

Abb. 32: Liste der hethitischen Koenige [In Anlehnung an Latacz 2004, S. 64]

Chronology High	Chronology Low	Crete	Cyclades	Greece	Egypt	
	3100					
	3000					
	2900	EM I	EC I	EM I	1st–2nd Dynasty 3100/3000–2700	
	2800					
	2700					
	2600	EM IIA		EM IIA		
	2500		EC II		Old Kingdom (2700–2136)	
	2400					
	2300	EM IIB		EM IIB		
	2200					
	2100	EM III	EC III	EM III	1st Intermediate Period (2136–2023)	
	2000	MM IA	MC I	MM I	Middle Kingdom (2116–1795)	
	1900	MM IB	MC II	MM II		
	1800	MM II				
	1700	MM III	MC III	MH III	2nd Intermediate Period (1795–1540)	
1700	1600	LM IA	LC I	LH I		
1600	1500	LM IB	LC II	LH IIIA	New Kingdom (1540–1070)	Hatshepsut Tuthmosis 1479–1425
1500				LH IIIB		
1400	1400	LM II LM IIIA1		LH IIIA1		
	1300	LM IIIA2	LC III	LH IIIA2	18th Dynasty (1540–1295)	Amenhotep 1391–1353 Akhenaten 1353–1337
	1200	LM IIIB		LH IIIB	19th Dynasty (1295–1186)	Ramses II 1279–1213
	1100	LM IIIC		LM IIIC	20th Dynasty (1186–1070)	Ramses III 1184–1153
	1000	Subminoan		Submycenaean		

Abb. 33: Chronologie der Bronzezeit [Shelmerdine 2008, S. 4]